Les Vendéens

LES VENDÉENS

DES ORIGINES À NOS JOURS

par Alain Gérard

préface de Pierre Chaunu

Cet ouvrage est publié avec le concours
du Conseil général de la Vendée

Centre vendéen de recherches historiques
87 rue Chanzy
85000 La Roche-sur-Yon

ISBN 2-911253-12-4

Cet ouvrage est un essai tenté à partir d'une synthèse des travaux anciens et récents. C'est dire la dette contractée à l'égard de mes collègues, tout particulièrement des chercheurs actuels qui renouvellent puissamment notre regard en des domaines souvent très pointus. Voilà pourquoi je n'ai pas hésité à les nommer, et pas seulement dans la bibliographie. Sollicité, aucun d'eux n'a hésité à me prodiguer ses lumières ni à me prêter ses documents. À ceux qui, infatigablement, scrutent notre passé, je tiens à rendre un chaleureux hommage.

Il n'aurait pas non plus été possible sans le concours des élus et des directeurs de sites qui m'ont libéralement accueilli. Ni des propriétaires de logis qui m'ont ouvert leur porte et leur cœur. Ils sont, m'ont expliqué plusieurs d'entre eux, moins des possédants que les conservateurs d'un patrimoine issu des talents et des efforts de ceux qui les ont financés, conçus et bâtis. Ainsi invité à me sentir un peu chez moi, j'ai tenté de donner à voir le plus possible, par la photographie, ces témoignages de pierre qui, avec notamment les églises, expriment le génie d'une terre et d'un peuple.

Mais la Vendée, plusieurs fois ravagée, est plutôt chiche de merveilles architecturales. Sa vraie richesse, il faut la rechercher dans son histoire, et celle-ci, devrait-on croire, se trouve dans les archives. Certes. Mais que je l'avoue, quitte à choquer, jamais je n'aurais pu comprendre ces choses mortes sans les Vendéens d'aujourd'hui qui, souvent sans le savoir, prolongent en eux les inspirations profondes de leurs ancêtres.

Il n'est d'histoire que de femmes et d'hommes : c'est aux Vendéennes et Vendéens que je dédie ce livre.

REMERCIEMENTS À :

Denis Allais, directeur des sites départementaux de la Vendée ; Jean André, Luçon ; Archives nationales ; Daniel Arnaud, documentaliste au Conseil général de la Vendée ; Louis Arrivé ; Maurice Baranger, maire d'Apremont ; Michel Beauchet-Filleau ; Sœur Marie-Joseph Beliard, supérieure des Filles de la Sagesse ; Yvonne Bérard, documentaliste à la Direction régionale des affaires culturelles des Pays de la Loire ; Émile Bernard, archéologue ; Patrice Birocheau, archéologue ; M. Bloch, château de la Guignardière ; Jean-Loup Boduin, administrateur de la maison de Clemenceau à Saint-Vincent-sur-Jard, Albert Grambin ; Constant Boudaud, le Colombier ; Jean Caillé, Saint-Fulgent ; Emmanuel Caloyanni, directeur de la communication à la mairie de La Roche-sur-Yon ; Marie-Thérèse Camus ; CDDP des Deux-Sèvres ; Michel Chamard, Conseil général de la Vendée ; Madeleine Châtaignier ; William Christie ; Abbé Yves Clénet et Pierre Tesson ; Roger Colin, maire de Pouzauges ; Comité d'expansion de la Vendée ; Benoît Decron, conservateur du musée Sainte-Croix, Lydie Joubert, documentaliste ; Mme Defontaine, Clisson ; Yves Dopsent et Yves Chauvet, Fleury-Michon ; Alain Duranthe, logis de Chaligny ; Maurice Esseul, Île d'Yeu ; Roland du Fontenioux, château de La Court d'Aron ; Henri du Fontenioux, château de Terre Neuve ; Octave Fort, Avrillé ; Abbé Antoine Gagnié, administrateur diocésain, et abbé Jacques Bertrand ; Gautier-France ; Christian Gendron, conservateur en chef des musées municipaux de Niort ; Michel Girard, Le Puy-du-Fou ; Jean-Pierre Giraud, maire de Tiffauges et Jean-Daniel Ménard, directeur du château ; Frédéric Goudé ; Claude Goumoës-Breton, Bibliothèque municipale des Sables d'Olonne ; Hélène Guery, directrice du château de Talmont ; Janine Guillet, Musée du Bois-Tiffrais ; Nicole Hébert, château de L'Hermenault ; Thierry Heckmann, conservateur des Archives départementales de Vendée, Virginie Bonneau, Juliette Grison et Sylvie Yavschitz ; Jean-Marie Jauneau, directeur du Centre archéologie initiation et recherche néolithique ; Roger Joussaume, préhistorien ; Alain Katz, Ariane Jurquet, Musée d'Art et d'Histoire de Cholet ; Hervé de La Laurencie, président des Vieilles maisons françaises ; Mme et M. La Roche Saint-André, château de Pierre-Levée ; Mme et M. La Rochethulon, château des Granges-Cathus ; Michel Lajeunette, Speed-Impression ; Bruno de Lambilly, Le Guy ; Jean-Marc Large, archéologue ; Alain Le Bot, photographe ; Monique Le Roux, Abbaye de Saint-Michel-en-L'Herm ; Jeanne-Marie Lebel ; Alain Legoupil, rédacteur en chef à Ouest-France ; Patrice Lenoble, responsable du département de la Vendée à la Direction régionale des affaires culturelles des Pays de la Loire ; Jean Lesage, photographe ; Richard Levesque, conservateur des Antiquités et objets d'art de la Vendée ; Mme et M. François Loyau, logis de la Bonnelière ; André Maesset, Père Supérieur de l'abbaye de La Grainetière ; Mme Marsac ; Paul Masseron, ancien Préfet de la Vendée ; Médiathèque François-Mitterrand, Poitiers ; Musée Bertrand, Châteauroux ; Musée municipal de La Roche-sur-Yon ; Musée Tessé, Le Mans ; Pierre Nauche, maire de Saint-Juire ; Olivier Nillesse, archéologue ; Gérard Nocquet ; Oeffentliche Kunstammlung Basel ; Office départemental de tourisme de Vendée ; Jean Pageot, Machecoul ; Patrick Péridy, archéologue ; Jacques Perot, conservateur et Jean-François Bourasseau, secrétaire général du Musée des Deux Victoires à Mouilleron-en-Pareds ; Laurence Perrin, château de Saint-Juire ; Mme et M. André Phelipon, château de l'Aubraie ; Henriette Pilastre, logis de la Petite Coudraie ; Michel Ragon ; Bernard Raymond ; Marie-Thérèse Réau, chercheur à la Direction régionale des affaires culturelles ; Abbé Jacques Reverseau ; Annette Roux et Bénéteau entreprise ; Dominique Salva, Musée de la marine ; SHAT ; Dominique Souchet, logis de la Popelinière ; Éric Surget,

Bibliothèque municipale de Niort ; Guy Tossato, directeur du Musée des Beaux-Arts de Nantes ; Sœur Supérieure des Ursulines de Luçon ; M. Uzureau, La Salle de Vihiers ; Jean-Marc Viaud ; Erika et Patrice Vignial, château de La Flocellière ; Christophe Vital, conservateur de la Conservation départementale des Musées de Vendée, Jean-Pierre Remaud, documentaliste, Serge Beauchet, photographe ; Sœur Marguerite Vrignaud, archiviste des sœurs de Mormaison ; ainsi que les particuliers qui ont tenu à rester anonymes.

SANS ÉVIDEMMENT OUBLIER :

Le Conseil scientifique du Centre vendéen de recherches historiques :

MM. les professeurs Pierre Chaunu et Jean-Pierre Bardet, présidents,
Mmes Marie-Thérèse Camus et Marie-Yvonne Crépin,
MM. Jean-Marie Bercé, Alain Besançon, Georges Cesbron, Roger Dupuy, Alain Erlande-Brandenburg, Robert Favreau, Raoul Girardet, Olivier Guillot, Roger Joussaume, Emmanuel Le Roy-Ladurie, Jacques Marcadé, Xavier Martin, Yves-Henri Nouilhat, Claude Petitfrère, Jean-Pierre Poussou, Pierre Rézeau, Jean Tulard.

L'Association gestionnaire du Centre de recherches, notamment :

MM. Olivier Guillot, président ; Jean Artarit, vice-président ; Thierry Heckmann, secrétaire ; Pierre-Yannick Legal, secrétaire-adjoint ; Henri-Jacques Masson, trésorier ; Christiane Astoul-Calendreau, trésorière-adjointe.

L'équipe du Centre vendéen de recherches historiques, tout particulièrement :

Marie-Hélène Brossard pour la dactylographie, Fabienne Réaud, et Catherine Blanlœil pour la recherche iconographique, la mise en pages et la couverture.

Photo de couverture : Milcendeau, Intérieur maraîchin, la partie de cartes, 1906. Musée Milcendeau - Jean-Yole. Quatrième de couverture : statue de Saint-Roch, église de Vendée.

PRÉFACE

« L'honneur est rare, l'honneur est grand ». Ces quelques lignes étaient-elles nécessaires ? *Les Vendéens des origines à nos jours* n'en avaient nul besoin. Alain Gérard, *Vendéen* comme moi par affinité élective, l'a voulu. La générosité, ce legs de leur culture chrétienne chevillée à l'âme et au cœur, trait majeur avec le pardon de d'Elbée et de Bonchamps, traite tirée sur l'Éternité, explique et, je l'espère, excuse.

Je connais Alain Gérard — c'est un privilège — depuis la préparation du colloque de 1993, publié en 1994 par le Centre vendéen de recherches historiques, à la tête duquel il a été élu. Né en 1951, ce Breton que le hasard d'une carrière au départ modeste a fait atterrir en Vendée, a gravi tous les échelons depuis la base. L'œuvre qu'il a réalisée dans des conditions difficiles et sans aucune aide extérieure pendant vingt ans, est de celles qui comptent et qui marquent durablement. Des livres, de longs articles sur Siegfried, sur les massacres de Septembre…, qui en trente, quarante, cinquante pages disent et établissent plus que beaucoup d'ouvrages. Et au sommet, chef-d'œuvre qui aurait honoré les plus belles grandes thèses d'État de jadis — elles avaient imposé longtemps le prestige international de l'École historique française —, « *Par principe d'humanité…* » *La Terreur et la Vendée*. Mais quand on croit le sommet atteint, un autre se profile à l'horizon, *tanto monta, monta tanto*. Ma rencontre fortuite avec ce jeune savant et remarquable administrateur a été pour moi un vrai bonheur. On peut donc encore être heureux à notre âge.

Je n'étais pas totalement convaincu d'entrée de jeu : il a fallu que je découvre l'enfant. Cet accoucheur socratique, ce pédagogue vous prend par la main et vous fait partager son bonheur, utilisant tous vos sens et votre bon sens. Après vous avoir convié à ce voyage initiatique à travers la Vendée que vous croyiez connaître, il vous dit la Vendée, la France, la chrétienté — rendons-lui son nom —, précédée de la longue quête tâtonnante du sens ultime, à travers les tombes, les urnes et les mégalithes dressés, encore debout. Il me vient à l'esprit, je l'avais écrit jadis, que la France, donc la Vendée française — par affinité élective, comme nous venus de l'Ouest ou de l'Est sommes Vendéens — partage avec *Eretz Israël* le privilège du plus de morts sous les pieds : aujourd'hui, pour un peu moins de 1 % des vivants, 4,5 % des morts. Cette terre est donc terre de mémoire, de l'héritage à transmettre, de nos trésors. On y comprend la colossale bêtise des idéologies qui voudraient que tout commence le 14 juillet 1789, à trois heures de relevée, voire plus tard, jamais plus tôt.

L'aventure humaine est sensiblement plus longue. Et pourtant la Vendée date d'hier. Ce département, le seul hissé à la dignité d'une province, d'une patrie, ne coïncide pas tout à fait avec le tracé administratif. Elle doit son inscription dans la mémoire de tous les peuples à une action criminelle préméditée à l'encontre d'un peuple courageux et tranquille, à la *Vendée militaire*, cette réponse dont vous voyez les contours géographiques déjà dessinés à l'époque de Jules César, resurgissant déjà à cette époque d'un passé antérieur.

Pendant deux longues décennies, on le devine, Alain Gérard a enseigné cette histoire dans son cadre comme une leçon de choses faite de ciels changeants, de ruines qui surgissent derrière un rideau d'arbres, éclairées du labeur désintéressé des *Antiquaires* du XIXe siècle, moins stupides qu'on ne l'a stupidement prétendu, et du travail systématique des archéologues qui acceptent la filiation. Ce géographe humain, cet antiquiste a la passion du Moyen Âge. Je le découvre architecte, urbaniste, géologue, botaniste, et paysan comme moi. Il me fait découvrir les flottements, bien expliqués, entre Oc et Oïl, moi qui croyais par contamination ces limites plus stables : je suis né à proximité d'une frontière solide, rigide, entre Welches et Thiois : « Nous autres les Lorrains welches... », aimait à me dire Fernand Braudel, mon maître.

Même par rapport à tout ce qu'Alain Gérard a pu antérieurement écrire et prouver sur la Révolution — touchés, ils ne le lui pardonnent pas —, le texte progresse encore en clarté, concision, puissance, et formules frappées comme une monnaie antique. Le premier grand massacre idéologique, fruit d'une « logique de l'imprévisible » avant, et d'une manigance criminelle, les piètres acteurs pris la main dans le sac, photocopie à l'appui, et pourvus d'une belle descendance, en *crescendo*, communismes, nazisme. J'ajoute *soft idéologie*, discrète et efficace. Nous n'aurons pas à attendre longtemps des suites... Nous en connaissons les profils ; manque encore l'étendue de la contamination, le *hic et nunc* et le détail des modes d'emploi.

À presque trois décennies d'intervalle, je suis fier de constater combien nos cheminements se ressemblent, partis l'un et l'autre d'une approche quantitativiste. C'est une bonne ascèse : la maîtrise de la donnée chiffrée est un gain, tout au long du parcours. Puis il arrive que l'on débouche sur un plus essentiel, sans renier la leçon du début.

Ultime question : « la Vendée existe-t-elle ? On peut en douter peut-être, mais pas de l'existence des Vendéens. » Lisant et relisant, vous apprendrez à respecter et à aimer. Aimer la vie reçue puis transmise à ceux « qui après nous vivront ».

Pierre Chaunu,
de l'Institut.

1. LA VENDÉE EXISTE-T-ELLE ?

Omniprésente et pourtant rare : l'eau dans le marais Poitevin. Puits à Chaillé-les-Marais.

TELLE PROVINCE tire son unité de son paysage : montagnes, collines ou plaines ; ainsi la Savoie, l'Auvergne ou l'Alsace. D'autres, comme la Provence, sont d'abord un climat. D'autres encore, telles la Bretagne, la Corse ou le Pays Basque ont, de leur réunion relativement récente à la France, gardé, outre leur langue, une certaine nostalgie de leur indépendance d'antan. Ici rien de tel. Pour ce qui est des paysages et des roches qui les portent, la Vendée offre même, en un espace si réduit que l'œil peut souvent les embrasser tous à la fois, l'assemblage de presque tous les terroirs possibles — il n'y manque que la montagne. Et ceux-ci, loin de marquer une quelconque limite, ouvrent le pays de tous les côtés. Par son Bocage la Vendée est armoricaine, par sa Plaine et son Marais du sud elle est aquitaine, et par sa côte elle est atlantique. Par ses paysages, pourrait-on dire en somme, la Vendée est comme une France en raccourci.

Le climat pourrait mieux la caractériser. La Loire la garantit des crachins bretons, et elle est loin des orages aquitains. Placée de la sorte entre deux trajectoires dépressionnaires, elle s'apparente à un morceau de Méditerranée qui aurait colonisé de ses chênes verts un bout du rivage atlantique. Les amoureux du soleil ne s'y trompent pas, qui font de la Vendée le second département de France pour leurs vacances. Souvent, le ciel y est d'un bleu si doux qu'il semble gris, et l'émerveillement se renouvelle chaque fois que le soleil à son déclin vient revêtir d'or les murs de nos maisons paysannes et faire chatoyer le camaïeu de leurs tuiles romaines. Mais quoi de plus évanescent que cette luminosité, qui du reste fait penser à l'Aunis et à la Saintonge voisines ? Alors, puisque les données naturelles ne sauraient caractériser la Vendée, force est d'interroger l'histoire.

Par son sol comme par son climat, nous venons de le voir, la Vendée relève à la fois du nord et du sud. Et à cette image son histoire tout entière ressemble à un jeu de bascule. Certes, les agriculteurs néolithiques se rattachent à une civilisation centre-atlantique, mais leur inspiration principale vient de la Méditerranée et la péninsule ibérique, et ils regardent parfois aussi du côté de l'Armorique. Curieusement, les nombreux menhirs du Talmondais se dressent sur le socle ancien, tandis que pour donner à leurs

Chalutiers aux Sables.

Le dolmen de la Sulette à Saint-Hilaire-la-Forêt, sous son tumulus reconstitué.

morts une demeure d'éternité les mêmes hommes ont le plus souvent transporté dans la plaine calcaire, juste au sud, les énormes blocs de granite qui constituent l'ossature de leurs dolmens. Plus tard, au moment de la conquête romaine, si le sud picton a tôt fait de se ranger dans le camp des vainqueurs, les Ambilâtres du futur Bocage au nord-ouest du Lay sont en revanche du côté des dernières rébellions celtes ; du coup Rome accorde à ses alliés tout le territoire au sud de la Loire.

Viennent les grandes invasions, et voilà le royaume wisigothique qui couvre la grande Aquitaine ainsi délimitée. Battus par Clovis près de Poitiers en 507, les Wisigoths fuient par-delà les Pyrénées, laissant ainsi la région sous domination franque. Mais le nord n'en a pas fini de conquérir le sud. Le morcellement féodal est l'occasion d'une nouvelle donne. Le Poitou qui en émerge craint avant tout la menace bretonne, au point qu'il crée à son encontre toute une zone de marches dans les Mauges ainsi que dans les pays de Retz et d'Herbauges. On regarde de nouveau vers le sud. Ainsi, en 928, le comte de Poitou devient duc d'Aquitaine. Au XIIe siècle, celle-ci

Face à l'Océan, le château de l'île d'Yeu, vu par Paul-Émile Pajot.

hésite même entre la France et l'Angleterre, lorsque Aliénor passe du lit de Louis VII dans celui d'Henri Plantagenêt. Reconquis par Philippe-Auguste, le Poitou est de nouveau cédé aux Anglais en 1360, mais une douzaine d'années plus tard Du Guesclin le rattache, définitivement cette fois, au royaume des lys. De toutes façons, même sous la souveraineté des Plantagenêts, il n'a jamais été question de remettre la langue en question, et de fait un même savoureux parler d'oïl couvre toute la campagne du Centre-Ouest, infléchissant ses accents d'un village à l'autre et changeant quelques mots, comme dans tout langage qui ne se fige pas à l'écrit. Ainsi n'existe-t-il pas non plus de spécificité linguistique, dans cette région précocement acquise au français d'oïl et dont nous ne parvenons toujours pas à découvrir l'âme.

Voilà donc la future Vendée désormais solidement amarrée à l'espace national, au point que jamais, même isolée dans sa révolte ou écrasée par la vindicte révolutionnaire, elle ne manifestera une quelconque velléité sécessionniste. À y regarder de près, son rôle de charnière entre le nord et le sud se transpose alors sur un autre plan, non plus géographique mais métaphysique pourrait-on dire. Au cours des deux grandes tragédies qui vont déchirer la France moderne, elle sera écartelée, et la deuxième fois elle sera la déchirure elle-même. Lors de la Réforme, que Calvin en personne vient prêcher à Poitiers en 1534, la moitié de la noblesse du Bas-Poitou s'enflamme pour le protestantisme et la guerre ravage cette région qui redevient alors une sorte de marche frontière entre la Bretagne catholique et le Centre-Ouest réformé. Il revient à Richelieu, évêque de Luçon puis Premier ministre, de tenter de consolider l'unité du royaume, par la réforme de son

La foi sculptée dans le granite à l'abbaye de la Grainetière.

Un logis vendéen : l'Aubraie, à la Réorthe.

Lumière et raffinement au château de Saint-Juire.

clergé d'abord, puis par les armes lors du siège de La Rochelle. Et c'est encore en Bas-Poitou, à Riez, que le chef protestant Soubise est battu par Louis XIII en personne. Significativement, la prédication de Grignion de Montfort commence par sa Bretagne natale et descend toujours plus au sud, jusque dans l'Aunis, et s'il revient mourir à Saint-Laurent-sur-Sèvre c'est comme pour garder depuis sa tombe un avant-poste en frontière de catholicité.

Le second de ces drames, c'est celui dont la Vendée est née, ou plutôt dont elle est deux fois née, comme département et comme province. La Révolution commence par entériner sous un nouveau nom, emprunté à la petite rivière qui arrose Fontenay-le-Comte, les limites de l'ancien Bas-Poitou, créant ainsi le département de la Vendée. Pour l'heure, ici comme partout ailleurs chacun salue l'instauration de la liberté des personnes et de l'égalité des droits. Les Vendéens, n'en déplaise aux réactionnaires, ne se soulèvent pas pour la défense de l'Ancien Régime mais bien contre la construction du nouveau. En mars 1793 les paysans et les artisans du Bocage du sud de la Loire s'insurgent en effet contre la levée d'hommes qui prétend leur faire défendre aux frontières une Révolution qui trahit leurs espérances et bafoue leur foi catholique. Face à cette révolte authentiquement plébéienne qu'elles n'identifient pourtant que vaguement, les factions montagnarde et girondine qui se disputent le pouvoir promulguent le 19 mars une loi de sang qui ne donne aux rebelles d'autre choix que de faire la guerre à la Révolution. Une nouvelle province est née, que les autorités environnantes appellent déjà la Vendée. Bien plus tard Clemenceau, tout en se réclamant farouchement de l'héritage révolutionnaire, se rappellera aussi qu'il est le fils du Bocage insoumis lorsqu'il se réclamera de « ceux qui n'ont pas capitulé devant César ». De très vieilles failles ont ainsi rejoué sur un mode propre à notre temps. Rejetant les délimitations officielles, de l'ancien comme du nouveau régime, la Vendée rebelle laisse provisoirement de côté la Plaine et le marais Poitevin pour épouser, jusqu'à la Loire, l'antique mouvance armoricaine.

La dissymétrie des comportements pendant la Guerre de Vendée :

Le pardon de Bonchamps.

Le massacre délibéré et gratuit de la population.

Militairement vaincue en 1793, la Vendée paie au prix fort, dans les premiers mois de 1794, de s'être dressée à l'encontre de la dérive terroriste de la Révolution : nul ne doit être préservé de l'extermination par les colonnes infernales, ni les femmes, ni les enfants, pas même les partisans du nouveau régime et pas davantage encore les habitants de la Plaine. Croyant pouvoir du passé faire table rase, la Révolution a ainsi créé deux France, celles des radieuses utopies et celle des obscures fidélités, qu'elle a dressées l'une contre l'autre et qui n'ont ensuite longtemps cessé de diverger. Là encore, la Vendée est comme une France miniature, dont on aurait toutefois inversé les proportions. Au XIXe siècle et jusque tard dans le XXe, tandis que la Plaine et le Marais font de l'anticléricalisme et de la politique un substitut de religion, le Bocage réinvente le catholicisme, multipliant les vocations religieuses et

atteignant parfois une pratique unanime. L'offensive de la IIIe République à l'encontre des congrégations n'a pour effet que de durcir les oppositions et de souder politique et religion : jamais sans doute la frontière n'aura été aussi dure entre le nord chrétien et le sud de gauche.

La suite appartient déjà au présent. Au sortir de la Seconde Guerre mondiale, les militants d'action catholique créent dans le Bocage un modèle inédit d'industrialisation en milieu rural tandis que le sud, depuis longtemps saigné par l'exode, s'installe dans le sous-développement. Cependant la réussite économique du nord se paie de l'implosion du modèle clérical, avec à la clé une chute brutale des vocations et de la pratique religieuse. Quant à la Plaine et au marais Poitevin, mimétisme aidant, ils ont commencé à lui emboîter le pas. Bocains ou Plainauds, Maraîchins du nord ou du sud, tous ne se sentent pas moins Vendéens.

Alors, la Vendée existe-t-elle ? Les historiens, et davantage encore les géographes pensent, souvent à juste titre, que les terroirs insufflent leurs caractères aux hommes qui les peuplent. La Vendée serait donc à compter parmi les exceptions : force est de constater qu'elle ne saurait en effet se caractériser ni par un paysage, ni par un climat, ni par une langue particulière. Serait-elle pour autant et de toute éternité le bastion catholique dont le XIXe siècle a longtemps imposé l'image ? C'est oublier qu'il est, pour une bonne part, fils d'une histoire relativement récente, et faire peu de cas de ses protestants et de ses anticléricaux.

La Vendée ne se définirait-elle en fin de compte que par son histoire ? Pas en tout cas par une histoire qui serait le fait des seuls grands hommes. Certes, la région en a enfanté quelques-uns, comme naguère Clemenceau ou de Lattre, mais ils sont partis s'illustrer sur d'autres théâtres tandis que certains venus d'ailleurs, comme Rabelais ou Richelieu, ont trouvé ici le lieu de leur inspiration initiale. Il y a bien, dira-t-on, la guerre de Vendée. Mais là c'est le peuple qui, brisant ses chaînes de servitudes anciennes et nouvelles, démocratise l'héroïsme et redécouvre le geste libre par excellence, celui qui repousse la haine et prend sur soi de pardonner aux prisonniers. Quant aux chefs, ils n'ont d'autre choix que de se hausser à la hauteur de l'épopée que ces humbles leur ont dictée.

Symbole de l'élan religieux du XIXe siècle : l'église de Chambretaud.

Insolite témoin de la Vendée ouvrière : un coron à Faymoreau.

Un air d'Italie sur le Remblai des Sables : le Palazzo Clementina.

Et si le secret de l'identité de la Vendée était plutôt à chercher dans ce peuple irréductiblement réfractaire à toute sujétion, y compris à l'égard d'une liberté imposée par des propagandistes intéressés ? Si ses déchirures, loin de l'isoler dans quelque ethnisme ou autre enfermement à la mode, le vouaient au contraire à l'universalisme, faisant de cette région un concentré de nos plus intimes contradictions, mêlant les rêves et les fidélités qui nous écartèlent mais qui en définitive conjuguent nos inspirations ? Si en définitive la Vendée n'existait que par les hommes qui la font et inlassablement la refont ? Telles sont les interrogations auxquelles ce livre va tenter de répondre.

Voici donc un essai, celui d'un Vendéen d'adoption qui se donne pour ambition d'aller aux sources vives de l'histoire des Vendéens pour tenter d'atteindre, par-delà les monuments, par-delà les faits, par-delà même les témoignages, le mystère de ces femmes et de ces hommes qui ne se livrent guère mais qui cultivent — je m'en suis souvent étonné — une liberté intérieure, une sensibilité offerte, une solidarité concrète qui, à notre époque d'argent roi et de verbe arrogant, d'hédonisme et de repli sur soi, méritent semble-t-il d'être réellement méditées.

2. CÔTE, MARAIS, PLAINE ET BOCAGES

SANS DOUTE EST-IL peu commun de rencontrer sur un tel espace une aussi grande diversité de paysages.

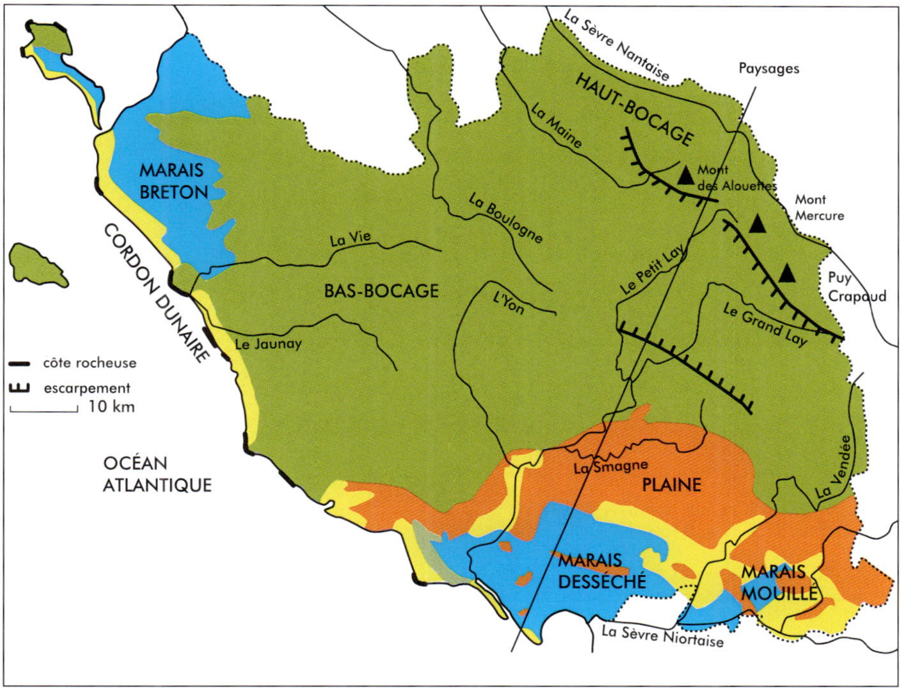

Les paysages vendéens.

Rarement rocheuse, la côte adosse à un cordon de dunes ses interminables plages sablonneuses.

Séparant l'île de Noirmoutier du continent, le goulet de Fromentine laisse découverte à marée basse la chaussée du Gois, maintenant doublée par un pont.

Les rares estuaires luttent contre l'envasement, comme à l'Aiguillon-sur-Mer.

Au nord-ouest s'étend le marais Vendéen, appelé également marais Breton, parsemé d'anciennes salines.

Carrelets sur le grand étier à La Barre-de-Monts.

L'hiver, le marais ennoyé.

Au sud, le marais Poitevin occupe l'ancien emplacement du golfe des Pictons. Plus près de la mer, le marais desséché est semé d'anciens îlots calcaires, comme le rocher de la Dive. Tout au fond, le marais mouillé, plus difficile à assécher, fait office de réserve d'eau.

La Sèvre à Damvix.

La « Venise verte » au Mazeau.

En remontant vers le nord, l'étroite Plaine de Luçon-Fontenay. Les rares cours d'eau ne font qu'y passer, comme la Smagne à Saint-Jean-de-Beugné.

Mais c'est le Bocage qui recouvre l'essentiel de la Vendée, même si des remembrements excessifs l'ont considérablement effacé. Le Bas-bocage vers Chantonnay.

Bordant le département au nord-est, la Sèvre, ici à Tiffauges.

Le Haut-Bocage au Mont des Alouettes, à 231 m d'altitude. Il culmine au Puy Crapaud, à 269 m.

3. SOUS LES PAYSAGES, LES ÈRES GÉOLOGIQUES

POUR COMPRENDRE la diversité des paysages vendéens, il faut évoquer à grands traits la succession des ères dont ils constituent les témoignages. En simplifiant, on peut dire que le Bocage, ce prolongement du Massif Armoricain au sud de la Loire, est l'héritage, remanié par la suite, du précambrien (avant 570 millions d'années) et de l'ère primaire (570-265 M.a.). Sur sa bordure méridionale vient s'appuyer le Bassin Aquitain, avec d'abord la Plaine vendéenne dont les roches ont été formées à l'ère secondaire (265-65 M.a.), puis à l'extrême sud le marais Poitevin qui, comme le marais Breton, date de l'ère quaternaire (depuis 1,8 M.a.).

Le schiste très plissé à Saint-Christophe-du-Ligneron.

Le Bocage est formé soit de roches magmatiques comme le granite qui résultent de la cristallisation du magma en profondeur, soit de roches métamorphiques comme le gneiss ou le schiste, elles-mêmes issues de roches magmatiques ou sédimentaires transformées sous l'action de hautes pressions. Cet ensemble, soulevé et plissé puis raboté, est différencié dès la fin de l'ère primaire suivant une ligne de fracture de direction nord-ouest/sud-est. Dès cette époque, ce qui constitue aujourd'hui le Haut-Bocage est en effet placé hors d'atteinte de la montée du niveau marin ; puis au cours de l'ère tertiaire de nouveaux soulèvements et fragmentations sont à l'origine des points culminants actuels. Quant au Bas-Bocage, il est plusieurs fois envahi par la mer : ainsi, dans la boutonnière de Faymoreau-Chantonnay s'accumulent successivement des veines de houille à la fin de l'ère primaire et sous climat équatorial, puis des sédiments calcaires au cours de l'ère secondaire. À noter qu'il y a environ 50 M.a., un fleuve baptisé depuis Ypresis traversait d'est en ouest cette région alors sous climat tropical, avant d'être remplacé, plus au nord, par la Loire.

Dans les entrailles de la mine d'uranium de l'Écarpière.

Pendant la plus grande partie de l'ère secondaire, ce qui forme aujourd'hui la Plaine est submergé par deux grandes remontées du niveau marin. C'est ainsi que s'accumulent, dans une mer généralement peu profonde, des couches successives de débris issus de l'érosion du Massif Armoricain. Ceux-ci, empilés, donnent naissance à des roches sédimentaires comme des

Le vieux socle armoricain attaqué par les flots : la corniche de Sion à marée basse.

Géologie de la Vendée.

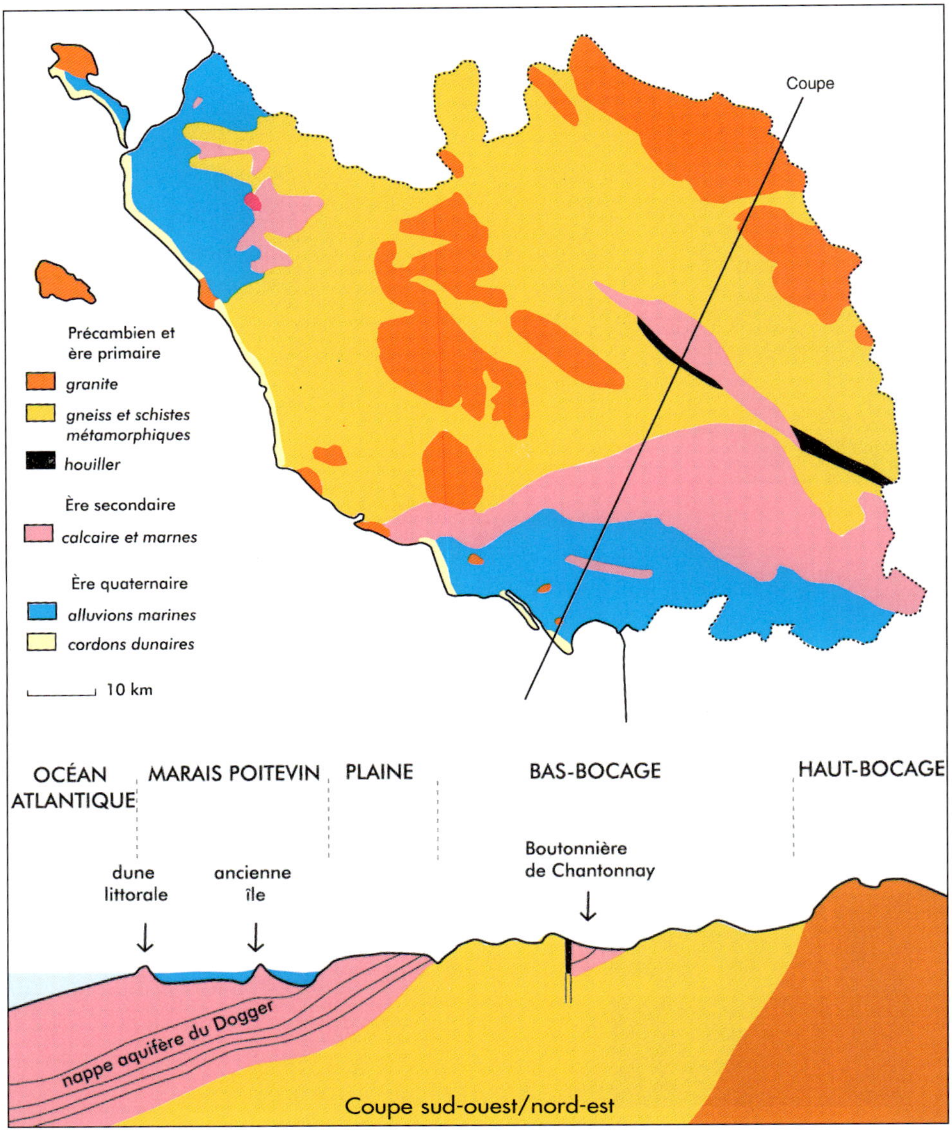

Rocher Sainte-Véronique à Brétignolles : des phtanites à radilaires du Llandovérien (-430 M.a.).

Le socle ancien usé puis recouvert par les calcaires jurassiques à la Pointe du Payré (-203 M.a.).

Empreinte de pas de dinosaure datée de l'Hettangien, Anse de la République à Talmont (-203 M.a.).

Le Toarcien de Chantonnay (-185 M.a.).

marnes et des calcaires, qui témoignent abondamment du développement de la vie animale. Ainsi a-t-on pu découvrir dans l'argile du Veillon les traces d'une dizaine d'espèces de dinosaures qui, il y a 205 M.a., fréquentaient là l'estuaire d'un grand fleuve. De même, il est fréquent de découvrir dans la Plaine les corps fossilisés d'animaux marins comme les ammonites ou les bélemnites. Toutefois, à la fin de l'ère secondaire, la plupart de ces espèces disparaissent brusquement à cause d'une modification climatique majeure probablement due à des éruptions volcaniques en Inde et à l'impact d'une

Sablière à Notre-Dame-des-Landes : un dépôt d'âge inconnu.

énorme météorite sur le Mexique. L'absence de ruisseaux à la surface de la Plaine ne doit pas étonner : l'eau, infiltrée dans le calcaire, se retrouve en profondeur, notamment dans la nappe du Dogger.

Ammonite du jurassique (Callovien, -55 M.a.).

Aussi étonnant que cela puisse paraître, dans cette succession des ères géologiques où l'on parle en millions et parfois en centaines de millions d'années, les Marais se sont, quant à eux, constitués très récemment, sous les yeux des premiers hommes. Il faut imaginer au départ des plaines calcaires légèrement inclinées vers la mer ; par trois fois au moins pendant l'ère quaternaire, des refroidissements climatiques font avancer les glaciers polaires jusque sur l'ensemble du nord de l'Europe et provoquent de fortes baisses du niveau marin. De ce fait, l'érosion attaque les roches calcaires et dégage des buttes plus résistantes. Puis la mer remonte et dépose ses sédiments, emprisonnant notamment, à Brétignolles, les restes d'un éléphant antique d'il y a quelque 100 000 ans. Lors de la dernière glaciation, appelée Würmienne, entre 80 000 et 10 000 avant J.-C., un climat sibérien règne dans notre région, et la mer, en baissant d'une centaine de mètres, se retire à 150 ou 200 km du rivage actuel. Le dernier en date des réchauffements, qui avec quelques fluctuations se poursuit à l'époque actuelle, amène progressivement la mer au niveau actuel et la conduit, vers 3000 avant J.-C., à envahir complètement les dépressions au nord et au sud de la Vendée. Le bri, une alluvion marine argileuse telle qu'on peut en voir dans l'actuelle baie de l'Aiguillon, comble alors ces golfes marins sur une dizaine de mètres d'épaisseur en épargnant seulement les quelques îlots calcaires. Le reste résulte largement de l'action humaine : alors que les hommes du néolithique et de l'époque gallo-romaine, tirant parti des ressources marines, s'installent densément sur le pourtour du golfe des Pictons, ceux du Moyen Âge et davantage encore leurs successeurs à partir du XVIe siècle, prenant acte des progrès de l'envasement, entreprennent de bâtir des digues et assèchent progressivement le Marais. Il faut dire que leur action est également favorisée par l'avancée des flèches sableuses comme la pointe d'Arcay, commencée à la fin du XVIIe siècle et qui depuis progresse d'une vingtaine de mètres par an. Il y a deux siècles, le rocher de la Dive était encore une île, et la dernière prise, dans le marais Poitevin, date seulement de 1965…

Pollen de palmier (spinizonocolpites echinatus au bois de La Chaise, à Noirmoutier (-50 M.a.).

Riches en pollens de type tropical, les argiles de l'Anse Rouge du bois de La Chaise, à Noirmoutier, témoignent de l'existence d'un marécage en bordure de l'estuaire du fleuve Ypresis, il y a 50 millions d'années.

Il y a 50 M.a., la vallée creusée par le fleuve Ypresis, à Saint-Mars-la-Réorthe.

À Challans, des sables du quaternaire occupant l'emplacement d'un coin de glace dans des cailloutis.

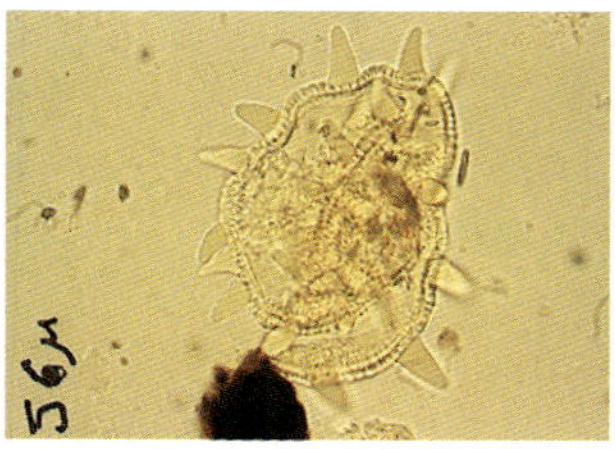

Le bri (quaternaire) du Marais de Monts sous le soleil d'été.

Une molaire inférieure d'elephas antiquus (-120 000 / -80 000 av. J.-C.).

Bois daté de l'Holocène (-3000 ans) sur la plage de la Parée, à Brétignolles.

4. DES « ANTIQUAIRES » AUX ARCHÉOLOGUES

COMMENT VIVAIENT nos prédécesseurs en ces lieux ? De quoi se nourrissaient-ils ? Que pensaient-ils ? Autant il n'est pas trop malaisé de répondre à ces questions pour les siècles plus proches, autant nous nous trouvons plutôt dépourvus au fur et à mesure que nous nous éloignons dans le passé et que les témoignages disponibles deviennent toujours plus rares. Pour qui étudie la préhistoire, autrement dit la période qui précède l'écriture, il ne reste souvent que des traces, et à les interroger les préhistoriens découvrent avant tout, le plus souvent, d'autres questions.

Avec des pelles et des pioches, les « antiquaires ». Fouilles d'Émile Boutin au Clos des Jacobins.

Descente dans un puits funéraire. Fonds Marcel Baudouin.

Et pourtant, depuis un siècle les méthodes et les techniques mises en œuvre ont incroyablement progressé. Pour s'en tenir au cas de la Vendée, le pionnier en matière préhistorique est un certain Marcel Baudouin (1860-1941), une forte personnalité à laquelle ses études médicales ont inculqué le goût de l'observation rigoureuse. Les « antiquaires » de la génération précédente comme Benjamin Fillon (1819-1881) ou Octave de Rochebrune (1824-1900), en quête des beaux objets susceptibles d'enrichir leurs collections, en livraient certes de précieuses analyses, mais négligeaient tout le reste. Quant à Baudouin, auteur d'un solide *Manuel des recherches préhistoriques*, il s'astreint à des relevés précis et va même jusqu'à utiliser la photographie. Doué d'une insatiable curiosité, il publie au bas mot cinq cents titres, parfois encore utiles de nos jours, par exemple lorsqu'il décrit des mégalithes disparus depuis. Mais si ses méthodes préfigurent celles des archéologues actuels, en revanche ses interprétations prêtent plutôt à sourire. Ainsi la pierre à cupules de la Merlière, au Poiré-sur-Vie, devient-elle pour lui un

« lieu de rendez-vous des Farfadets », ce qui ne fait que reprendre la tradition populaire, et même « une sorte de temple où les prêtres de l'époque, descendants des Atlantes, procédaient aux opérations rituelles de leur culte astronomique à l'aide de ce calendrier »... Et dans les buttes coquillières de Saint-Michel-en-L'Herm ce grand imaginatif va jusqu'à discerner... des sacrifices rituels d'huîtres.

Il faut ensuite attendre le début des années 1970 pour que s'impose une nouvelle approche, scientifique et pluridisciplinaire. Sous l'impulsion notamment de Roger Joussaume, des équipes de chercheurs entreprennent la fouille systématique des Châtelliers du Vieil-Auzay et de Champ-Durand, à Nieul-sur-l'Autise, pour ne mentionner que ces deux sites majeurs du néolithique. Troquant la pioche pour le pinceau, ceux-ci relèvent méticuleusement les moindres détails, leurs localisations respectives, et recourent à toutes les disciplines auxiliaires de l'archéologie, faisant analyser par des spécialistes aussi bien les ossements et les poteries, que les cendres et les pollens. Ainsi espèrent-ils approcher les groupes humains dans leur globalité : environnement, techniques, vie quotidienne, structures sociales, rites funéraires... Le recours systématique à la photographie aérienne permet, en profitant notamment des périodes de sécheresse et des moments de lumière rasante, de repérer des sites insoupçonnés au sol, les fondations de murs ou les fossés se traduisant alors par une couleur ou une hauteur différente de la végétation. L'étude des cartes, le relevé des noms de lieux et des alignements remarquables, se complètent également d'une prospection sur le terrain. Parallèlement à ces opérations programmées se développent, surtout lors des grands travaux autoroutiers des années 1990, des fouilles de sauvetage encadrées par la Direction régionale des affaires culturelles et diligentées par l'Association pour les fouilles archéologiques nationales. Cette fois, c'est surtout l'implantation celtique qui est vue sous un nouveau jour.

Progressivement, une prise de conscience s'opère parmi le public : le temps n'est plus où l'on pouvait sans état d'âme utiliser les mégalithes du Talmondais à la construction de la digue des Sables d'Olonne, ou procéder à des fouilles sauvages dont chacun comprend qu'elles soient rigoureusement interdites, y compris sur sa propriété.

Les étapes d'une fouille récente, aux Châtelliers du Vieil-Auzay.

Le quadrillage en trois dimensions permet de situer précisément les trouvailles.

Tombe 2 : le tertre de pierres, effondré en son centre.

Les pierres enlevées, on distingue la terre fine qui enveloppait les squelettes et qui a permis leur conservation.

Les squelettes apparaissent.

Les deux squelettes, complètement dégagés, ont chacun près de la tête une céramique.

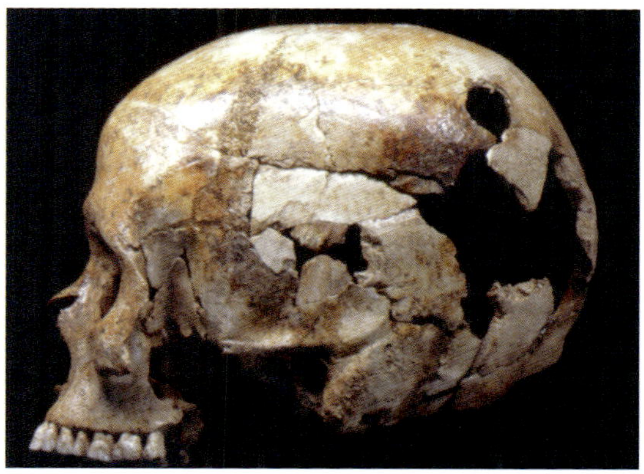

L'un des squelettes porte au crâne une perforation cylindrique, trace d'un coup qui a détaché une rondelle osseuse, également retrouvée…

Le cabinet d'antiquités
de Louis Charbonneau-Lassay.

5. LES CHASSEURS DU PALÉOLITHIQUE

Les plus anciennes traces de l'homme en Vendée sont relativement récentes et même très récentes. Certes, le rivage a pu être éloigné de plus de cent kilomètres de la côte actuelle, ce qui nous prive de nombreux vestiges, et il faut reconnaître que les grottes naturelles ne sont pas légion, mais il faut se rendre à l'évidence : les outils les plus anciens, collectés au bois de La Chaise à Noirmoutier, datent d'environ 80 000 ans. Même si l'on admet les hypothèses les plus hautes, avec 400 000 ans, il faut admettre un énorme décalage avec l'apparition du premier australopithèque, il y a quelque 6 millions d'années. En clair, le processus d'hominisation, à l'origine de l'homme actuel, ne s'est évidemment pas opéré sur place : la Vendée recueille ces progrès, comme du reste elle en adoptera bien d'autres. En arrière-plan de cette histoire d'avant notre histoire, il convient donc d'évoquer brièvement l'aventure dont nous sommes issus.

Galet aménagé, Angles. Musée de La Roche-sur-Yon.

À en juger d'après les fossiles, premières archives de notre espèce conservées dans la Rift Valley, notre plus lointain ancêtre est apparu en Afrique orientale. C'est là que l'on a notamment découvert le plus ancien squelette relativement complet, celui de Lucy, une jeune femme vieille de 3,4 M.a. Certes, sa taille n'excède pas 1,20 m et sa capacité crânienne est de 400 cm^3 environ, mais elle a déjà complètement acquis la station debout. Ainsi l'extrémité des membres antérieurs, libérée de la fonction motrice, peut-elle devenir la main, ce merveilleux instrument dont tout notre développement ultérieur est issu.

Il y a quelque 2,5 M.a. apparaissent de ce fait les premiers outils, des galets aménagés résultant du dialogue entre la main et le cerveau de l'*Homo Habilis*, qui avoisine désormais les 500 cm^3. Le développement buissonnant de l'espèce humaine conduit, vers 1,8 M.a., à l'apparition de l'*Homo Erectus*, dont la capacité crânienne dépasse 800 cm^3. Le biface, son outil à tout faire, est comme son nom l'indique taillé systématiquement, ce qui témoigne d'un modèle mental chez son auteur. Ayant colonisé presque toute l'Afrique, celui-ci se répand maintenant sur l'ancien monde. Est-ce à cause des difficultés de vie plus importantes au contact des avancées glaciaires ? L'Europe devient bientôt son principal foyer d'innovation. Les plus anciennes traces d'une avancée décisive, la domestication du feu, il y a 400 000 ans, ont été trouvées à Nice et en Hongrie. Grâce à la conformation de son larynx, l'homme élabore peu à peu un langage articulé, formidable moyen de transmission d'une expérience de plus en plus riche.

L'*Homo pré-Sapiens* apparaît il y a 300 000 ans. Une première branche en est issue, l'*Homo Néanderthalis*, qui peuple essentiellement l'Europe de l'Ouest. Sa capacité crânienne de 1 500 cm^3 et sa taille d'un mètre soixante le feraient ressembler à l'homme actuel s'il n'avait conservé d'épaisses arcades sourcilières, un front fuyant et une puissante mâchoire. Son outillage se diversifie, avec des racloirs, des grattoirs et des pointes. C'est également lui qui se différencie radicalement des autres espèces en s'interrogeant, voici 80 000 ans, sur son devenir après la mort. Les défunts, disposés selon certains rites précis, sont ornés de parures et accompagnés d'offrandes pour leur grand voyage. En s'éveillant à la pensée religieuse, l'homme cesse de dépendre des seules contraintes matérielles et se crée un destin.

Parallèlement une autre branche humaine se développe au Proche-Orient, l'*Homo Sapiens Sapiens*, dont nous sommes tous issus, et qui supplante progressivement l'*Homo Néanderthalis*. C'est lui qui, au plus fort de la dernière glaciation, entre 20 000 et 16 000 avant J.-C., fréquente les grottes des vallées de la Dordogne, des Pyrénées et des Asturies. Est-ce mu par des préoccupations magiques, ou a-t-il déjà acquis une inspiration artistique susceptible d'une totale gratuité ? Ses peintures pariétales, notamment celles de Lascaux, vers 15 000 avant J.-C., atteignent un absolu de beauté qui continue de nous subjuguer.

À ce moment-là, c'est sûr, des bandes de chasseurs parcourent depuis longtemps déjà les forêts de chênes et de pins qui vont plus tard devenir la Vendée ainsi que le vaste espace alors découvert par le retrait de la mer. Faute de grottes ou d'autres conditions exceptionnelles de conservation, les traces de ses campements ont le plus souvent disparu. Tout juste peut-on constater, en localisant les découvertes d'outils préhistoriques, que l'homme préfère alors les vallées, surtout celles du Lay, de la Smagne, de la Sèvre et de la Vendée, ainsi que ce qui constitue aujourd'hui le Talmondais.

C'est d'ailleurs là que l'on a découvert, à Jard-sur-Mer et plus précisément à la pointe du Payré, un site mésolithique daté d'environ 5000 avant J.-C. Sur une falaise alors éloignée de la mer d'un bon kilomètre, des hommes ont installé leur campement, duquel l'action conjuguée des vagues et des pluies découvre maintenant les outils de silex. Ces pièces témoignent d'une grande dextérité à tirer d'un galet, en le frappant, des lames et des éclats souvent triangulaires, et sont souvent minuscules car destinées à leur servir de pointes de flèches. D'autres sites révèlent le même outillage, notamment dans le pays de Retz, et permettent d'individualiser, entre Loire et Gironde, un groupe humain appelé Retzien. Mais déjà se profile une mutation essentielle, qui va faire du nomade un sédentaire et du chasseur-cueilleur un agriculteur-éleveur.

Biface, La Bruffière. Musée de La Roche-sur-Yon.

Âge du Fer

-800

Âge du Bronze

-1800

Âge du Cuivre

-2300

Néolithique final

-2800

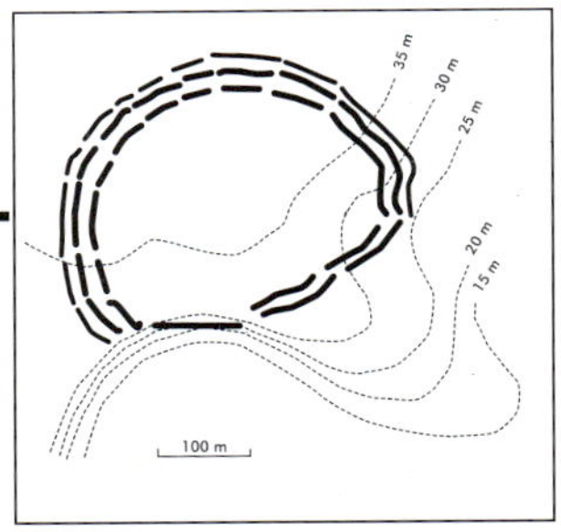

Néolithique récent

-3500

Néolithique moyen

-4500

Néolithique ancien

-5300

Paléolithique

6. L'HOMME SE FAIT AGRICULTEUR

Au paléolithique succède au Proche-Orient, voici environ 10 000 ans, une nouvelle période appelée Néolithique, qui inaugure le plus formidable des changements dans le mode de vie des hommes. Là encore, l'initiative provient d'ailleurs, et se dissémine de proche en proche pour s'étendre au Bassin Méditerranéen puis à l'ensemble de l'Europe. Tout d'abord, l'homme se sédentarise en des villages qui lui servent à stocker le fruit de ses collectes. Puis il se met à cultiver l'orge et le blé, qui jusque-là poussaient à l'état naturel. Enfin il domestique les principaux animaux d'élevage actuels. De prédateur, il établit ainsi un nouveau rapport avec la nature, qu'il modifie considérablement mais qui en retour le conduit lui-même à beaucoup changer. Aux bandes de chasseurs, nécessairement peu nombreuses, succèdent ainsi des agglomérations de population, et c'est le début d'un essor démographique sans précédent.

Les plus anciennes traces du Néolithique, en France atlantique, sont datées de 5300 avant J.-C. et ont été découvertes à la pointe du Grouin du Cou, à La Tranche-sur-Mer. Des tessons de poteries ont également été découverts sur les plages du Rocher à Longeville et de Bâtard à Brétignolles-sur-Mer. Des groupes de colons, probablement venus par la mer, se seraient ainsi installés sur ces sols calcaires en bordure de l'Océan, prolongeant la préférence, déjà nette chez les Paléolithiques et qui va s'accentuer par la suite, pour le midi de la Vendée. Ces promoteurs de la révolution néolithique utilisent tout un outillage de grattoirs, de racloirs, de perçoirs, de meules, et leurs flèches se terminent de façon caractéristique, non par une pointe mais par un tranchant transversal. Comme ils ignorent le tour, les parois de leurs vases, à fond rond et plutôt grossiers, sont faites d'un empilement de boudins ensuite lissé et décoré. Leurs détritus culinaires prouvent qu'ils élèvent le bœuf, la chèvre, le mouton et le porc, tout en continuant à s'approvisionner en coquillages et à chasser le cerf, le chevreuil et le sanglier dans les forêts des alentours, grâce notamment au chien, qui ne paraît pas figurer à leur menu.

Au total, une culture propre au littoral atlantique se développe au début du néolithique, même si ces hommes conservent avec la Méditerranée, dont ils sont peut-être originaires, de nombreuses affinités.

Découvertes sur la plage du Rocher à Longeville, des empreintes de bovins, d'ovins et de caprins laissées par un troupeau néolithique.

Tessons de poteries de la plage du Bâtard, à Brétignolles.

Parmi les outils de la révolution néolithique, les pointes de flèches en silex à tranchant transversal des Châtelliers du Vieil-Auzay.

La pointe du Grouin du Cou à La Tranche-sur-Mer, lieu de découverte des plus anciennes traces néolithiques de la France atlantique.

7. L'HABITAT NÉOLITHIQUE DU VIEIL-AUZAY

PEU DE SITES présentent autant d'intérêt que celui des Châtelliers du Vieil-Auzay, minutieusement fouillé par Jean-Marc Large et Patrice Birocheau. À vrai dire, l'endroit ne pouvait manquer d'attirer les hommes. Il faut imaginer la mer recouvrant alors le marais Poitevin actuel et s'avançant très profondément dans les terres jusqu'aux environs de l'actuelle ville de Niort. Large d'une bonne vingtaine de kilomètres à son embouchure, le golfe des Pictons s'étrangle considérablement au niveau de Velluire, dans la mesure où en cet endroit une presqu'île calcaire s'avance sur une dizaine de kilomètres en direction du sud. Dans l'angle ainsi formé avec la bordure de la Plaine se jette la Vendée, dont l'embouchure à l'époque a probablement l'aspect d'une ria. Au fond de celle-ci, la rivière d'un côté et de l'autre une vallée sèche découpent un éperon qui, du haut de ses 29 mètres, constitue un excellent observatoire et un lieu facile à défendre.

La pointe des Châtelliers du Vieil-Auzay, vue du sud : à droite la vallée de la Vendée, à gauche une vallée sèche. Les fouilles apparaissent à la jonction entre la pointe et le plateau.

C'est vers 4000 avant J.-C. que l'homme paraît s'être établi sur ce promontoire jusqu'alors couvert de chênes mélangés de tilleuls et de noisetiers. Il y chasse le cerf, le chevreuil, le sanglier, et y cueille mûres, prunelles, noisettes et glands. De la mer toute proche, il se procure des lavagnons, des bigorneaux, des huîtres, des couteaux, des patelles, des moules et des palourdes, ces dernières lui servant non seulement pour son alimentation, mais de parures et même d'outils pour préparer les peaux et lisser les poteries. Mais surtout, il défriche le plateau pour y cultiver du froment et un peu d'orge, de lin et de la caméline, un oléagineux. Cette agriculture se développe considérablement, si l'on en juge d'après les pollens : on estime qu'en 3300 avant J.-C. le tiers du terroir est cultivé, tandis qu'au pied du

Surplombant la vallée de la Vendée, les traces d'un habitat semi-enterré dans le calcaire.

promontoire s'étendent des tourbières et des prairies où l'on élève surtout des bœufs, mais également des moutons, des chèvres et quelques porcs.

Sur l'éperon, les premiers occupants, profitant des failles naturelles du plateau calcaire, se creusent avec des pics en bois de cerf, jusqu'à 1,50 m de la surface, des maisons semi-souterraines surplombées par des murs en pierres sèches qui supportent une couverture végétale en plan incliné. On y pénètre par une ouverture placée à l'opposé des vents dominants. À l'intérieur, le drainage est assuré par un radier d'étanchéité, et l'on remarque un foyer. Un espace est également consacré à la taille des silex importés d'au-delà du Golfe et à l'affûtage des haches polies. Des céramiques à fond rond, aux formes peu variées, parfois ornées de motifs géométriques et fabriquées sur place, servent à stocker et à préparer les aliments. Une dent de canidé et une pendeloque en schiste, toutes deux perforées, ont dû servir de parure, petit luxe en des temps manifestement difficiles.

Curieusement, vers 2400 avant J.-C. l'homme abandonne ce site, et la forêt reprend peu à peu le dessus ; il faudra attendre les environs de 1000 avant J.-C. pour qu'une nouvelle occupation se traduise par de nouveaux défrichements.

Dent de canidé et pendeloque en schiste.

8. PARMI LES PLUS ANCIENS BÂTISSEURS DES MÉGALITHES

LE MÉGALITHISME caractérise le Néolithique moyen, dans notre région, entre 4500 et 3500 avant J.-C. Si, comme nous allons le voir, la fonction des menhirs demeure bien mystérieuse, celle des dolmens en revanche paraît évidente. Tandis que d'autres populations donnaient à leurs morts des sépultures individuelles, celles du Poitou et de la Saintonge ont imaginé, apparemment de leur propre chef, de leur bâtir des maisons de pierre, elles-mêmes recouvertes d'un tumulus de terre ou de cailloux. Une ouverture généralement suivie d'un couloir, permet d'accéder à la chambre funéraire où l'on dispose les morts couchés sur le côté, bras et jambes repliés, parés d'armes et de bijoux, probablement destinée à un groupe familial dominant. L'édifice peut servir à plusieurs générations, car lorsque la place manque les ossements sont simplement poussés sur les côtés. À l'extérieur, près de la porte, on a coutume de déposer des offrandes.

On s'est souvent, et à juste titre, extasié sur ces énormes blocs de pierre de plusieurs dizaines de tonnes, souvent extraits à des kilomètres de distance et pour le déplacement desquels il a fallu mobiliser, des semaines durant, plusieurs centaines de personnes. Si ces hommes se contentaient pour eux-mêmes de maisons rondes en pierres sèches, aujourd'hui disparues, ils entendaient donc en revanche édifier à leurs défunts des demeures d'éternité, signe évident d'une conscience religieuse exacerbée autour du mystère de l'au-delà. Et probablement faut-il voir également dans ces constructions, qui généralement occupent des hauteurs, une démonstration de la force et de la cohésion du groupe social qui en est l'auteur et qui impose ainsi sa marque à son territoire. Hier nomade, l'homme s'est approprié un espace qui, bien davantage qu'un moyen de subsistance, est désormais devenu la terre sacrée des ancêtres.

Le dolmen de Savatole, au Bernard.

Ce mégalithisme n'est uniforme ni dans le temps ni dans l'espace. On en retrouve en effet ses constructions à travers le monde, certaines populations continuant de nos jours à en maintenir la tradition. Quant à leur chronologie, plusieurs foyers originels sont reconnus, dont celui de la façade atlantique, à laquelle les trouvailles de céramique permettent d'attribuer une certaine unité. Une évolution cependant s'y dessine nettement.

Les plus anciens dolmens, datés de 4500 avant J.-C., ne méritent guère, à vrai dire, ce nom breton qui signifie « table de pierre ». Dans celui du Pey de Fontaine au Bernard comme celui des Cous à Bazoges-en-Pareds, la chambre funéraire, de plan circulaire, n'est pas en effet coiffée d'une ou de plusieurs dalles de pierre, mais de centaines de plaques qui, disposées en encorbellement, finissent par se rejoindre en une sorte de coupole. Celui des Cous, qui a été en grande partie reconstitué, se situe sur un plateau calcaire qui domine la confluence du Loing et de l'Arkanson, et a en réalité appartenu à un vaste ensemble composé de trois autres dolmens et de deux menhirs. Le tumulus originel, d'une quinzaine de mètres de diamètre, est percé d'un couloir d'un mètre de large sur 1,20 m de hauteur. Dans la chambre funéraire, d'une ampleur exceptionnelle pour l'époque — 4,50 m de diamètre, soit 16 m^2 au sol —, on a retrouvé les restes de quelque 150 personnes dont on a pu évaluer la taille à une moyenne de 1,53 m pour les femmes et 1,60 m pour les hommes. Ce monument constitue un bon exemple de la première phase du mégalithisme atlantique.

La Ciste des Cous, à Bazoges-en-Pareds.
Entrée de la chambre sépulcrale.
Reconstitution graphique par Roger Joussaume.
Céramiques et collier issus de la fouille.

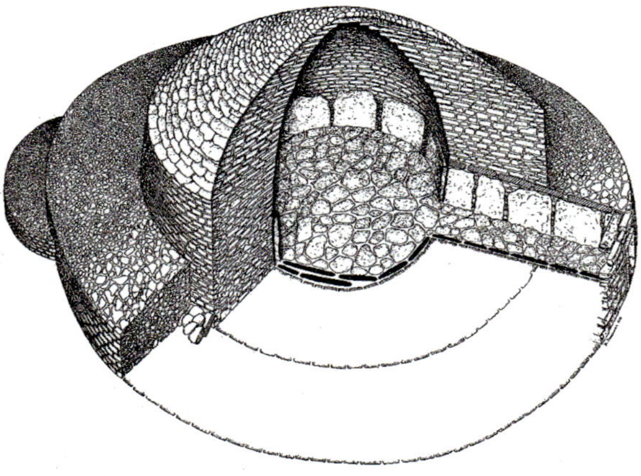

Par la suite, on trouve de véritables dolmens, à chambre rectangulaire recouverte d'une ou plusieurs dalles. Cependant, des groupes régionaux s'individualisent en fonction de leur plan général. Au sud, on rencontre le modèle angoumoisin, dont la Pierre Levée de Nieul-sur-l'Autise constitue le seul cas vendéen : le couloir permet d'accéder à une chambre compartimentée. Quant au nord, autour de l'estuaire de la Loire, il est le domaine de prédilection du modèle transepté, c'est-à-dire que sa chambre a la forme d'une croix, comme celui de la Planche à Puare, sur l'île d'Yeu. Là également on rencontre, aux Tabernaudes, une allée couverte chère aux Bretons.

Entre ces deux modèles, augoumoisin et transepté, s'intercale l'aire du dolmen angevin, ainsi nommé parce que centré sur l'Anjou et le Saumurois. Celui de la Frébouchère, au Bernard, en constitue un bel exemple, aux proportions fort imposantes. À l'origine, il était recouvert d'un tumulus de pierres limité par un mur parementé. Sa table de couverture, brisée vers 1830 et restaurée en 1887, est constituée par une énorme dalle de granit de 0,65 m d'épaisseur et pesant plus de 80 tonnes. Elle repose sur neuf piliers qui délimitent un si vaste espace — 7,20 m sur 5,50 m — que cette chambre funéraire a un temps servi de bergerie. Un portique, auquel il manque le linteau, marque l'entrée, orientée en direction du lever du soleil au solstice d'hiver et fermée à l'origine par un mur de pierres sèches ou par une dalle dressée.

Le dolmen de la Planche à Puare, île d'Yeu.

L'énorme dolmen angevin de la Frébouchère.

Ces dolmens de type angevin se retrouvent dans toute la Vendée, avec néanmoins une plus grande fréquence le long de la côte, surtout dans la région d'Avrillé-Saint-Hilaire-la-Forêt-Le Bernard, qu'on a parfois appelé « le Carnac vendéen ». On y dénombre en effet pas moins d'une centaine de

Les mégalithes vendéens.

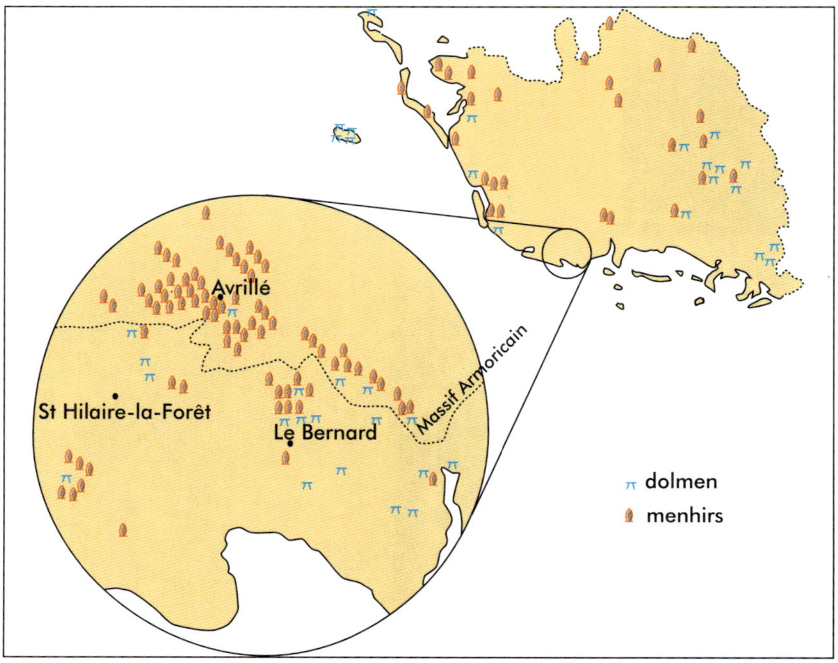

mégalithes, en une concentration qui conserve quelque chose de mystérieux. Certes, ce petit pays associe les terroirs les plus divers : la plaine calcaire est en effet propice aux cultures, les vallées à l'habitat et à l'élevage, tandis qu'au sud la mer toute proche fournit des coquillages et du poisson et qu'au nord la forêt permet de chasser le cerf et le sanglier. Il paraît donc plausible qu'une population assez nombreuse se soit fixée en un endroit aussi privilégié et y ait bâti un nombre considérable de mégalithes. Toutefois, leur répartition ne va pas de soi. Les plus anciens dolmens se situent tout au sud en des points dominants, et plus généralement les monuments proprement funéraires, quoique constitués de blocs de granit, se concentrent sur la plaine calcaire. Les menhirs en revanche se dressent le plus souvent sur le Massif Armoricain, et l'on a d'ailleurs remarqué leur absence totale au sud d'une ligne Thouars-Luçon. Se pose également le problème de la fonction de ces pierres dressées, au pied desquelles on ne trouve aucun vestige significatif. Parfois, elles paraissent délimiter une sorte d'enceinte sacrée autour d'un dolmen. D'autres fois elles forment des alignements : on en compte pas moins de 14 dans la région d'Avrillé, tous orientés selon un axe nord/sud ou nord-ouest/sud-est. Situé dans le bourg de cette localité, le menhir dit du Camp de César, autrefois jouxté de deux autres, est le plus impressionnant, avec ses 7 mètres au-dessus du sol. Ces monuments avaient-ils des fonctions astronomiques, commémoratives, symboliques ? Le mystère demeure.

Le menhir dit du Camp de César, à Avrillé.

Les pierres jumelles d'Olonne-sur-Mer.

Sous son tumulus reconstitué, le dolmen de la Sulette, à Saint-Hilaire-la-Forêt.

9. LES ENCEINTES FORTIFIÉES DU NÉOLITHIQUE RÉCENT

EST-CE à cause d'une accumulation de richesses, suite à la mise en valeur agricole, ou parce que les hommes, devenus plus nombreux, se disputent leurs territoires ? La période suivante, appelée Néolithique récent, de 3500 à 2800 avant J.-C., laisse transparaître d'indéniables traces de développement de la violence, qui se traduit notamment par la construction d'enceintes fortifiées. Celles-ci ont été surtout repérées sur le pourtour du golfe des Pictons, en des endroits susceptibles d'être facilement défendus et qui servent aussi de marchés. Situées au cœur du territoire tribal, elles contrôlent ces terroirs complémentaires que sont la plaine, la côte et les vallées, le recours à la chasse en forêt s'étant nettement réduit. Des poteries à fond plat, peu décorées, sont essentiellement utilisées pour le stockage. Curieusement, ces camps servent également avant tout de lieu de culte et de cimetière, instaurant ainsi une nouvelle relation entre les morts et les vivants. Ils reprennent donc à leur compte le caractère sacré naguère dévolu aux dolmens, qui continuent toutefois d'être parfois utilisés mais dont on ne construit plus guère de nouveaux. Le mieux, pour se rendre compte des changements intervenus, est de visiter, derrière les archéologues, deux sites importants pour la compréhension du Néolithique en France : celui de Champ-Durand et celui des Châtelliers, que nous avons déjà aperçu.

La photo aérienne fait apparaître, en bordure de coteau, le triple fossé de Champ-Durand.

Le plan correspondant.

Reconstitution graphique de la triple enceinte, d'après Roger Joussaume.

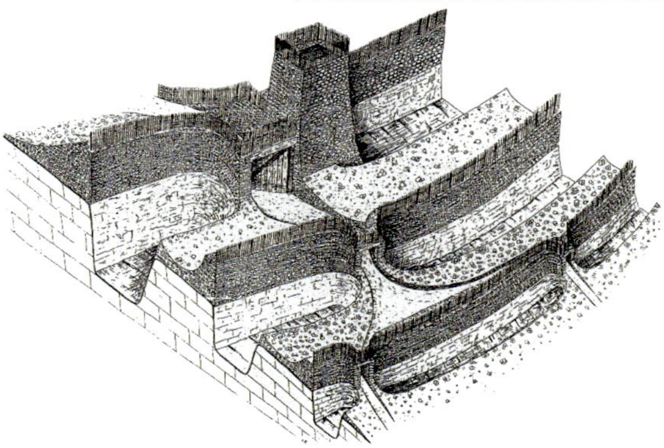

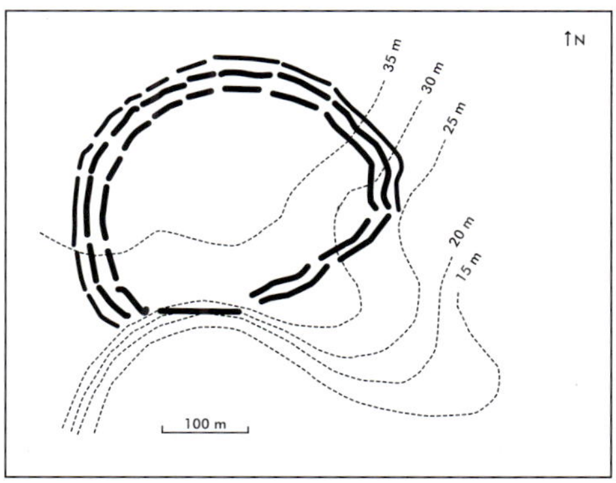

C'est en 1971 qu'au cours d'une prospection aérienne Maurice Marsac aperçoit, au lieu-dit Champ-Durand à Nieul-sur-l'Autise, dominant d'une quinzaine de mètres la vallée actuellement sèche des Maléons, une triple ligne sombre discontinue qui trahit l'existence, sous les cultures, d'une enceinte de 250 m de diamètre constituée par 2 km de fossés coupés par douze interruptions. Les fouilles, conduites pendant dix ans par Roger Joussaume, révèlent, à partir de l'extérieur du camp, un premier fossé de 3 m de large sur 1,8 m de profondeur, un second de 4 m sur 2 m, enfin un troisième encore plus important de 6 m sur 2,5 m environ. Au moment où le camp est occupé, entre 3500 et 1500 avant J.-C., les pierres maintenant tombées dans les fossés constituent, en arrière de chacun d'eux, trois murailles successives de plus en plus hautes et qui permettent donc aux archers de tirer sans blesser les défenseurs situés

Un poterie funéraire peu-richardienne.

Un ciseau en os.

Un crâne de bœuf trépané.

Dans l'un des fossés, une sépulture.

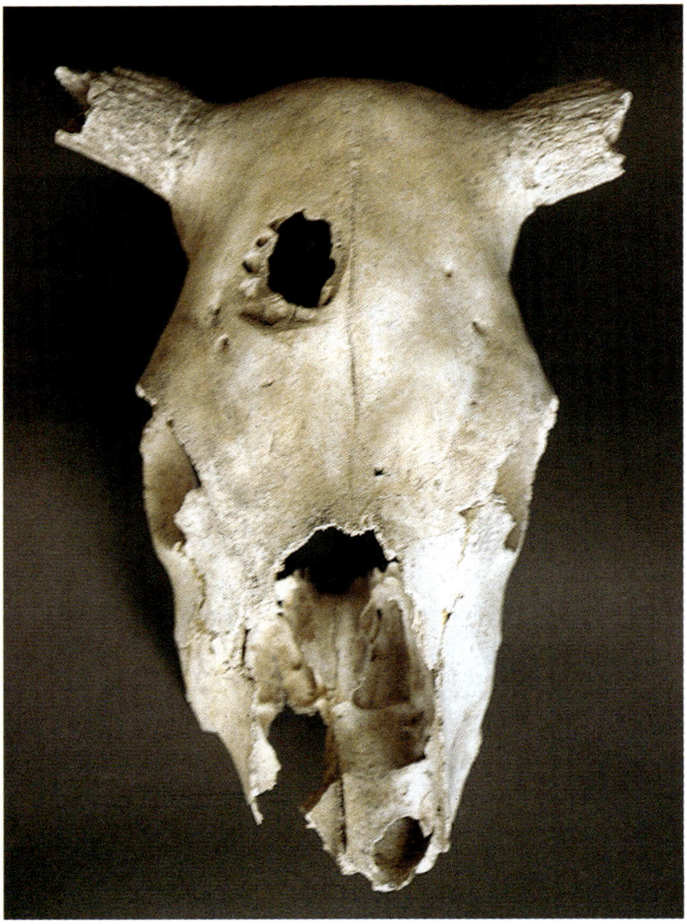

devant eux. Aux entrées, les trous de poteaux indiquent l'existence de lourds portails de bois flanqués de tours. À l'intérieur, un premier espace vierge de débris trahit l'existence de maisons adossées à la muraille, tandis que l'espace central est utilisé notamment pour parquer les bœufs, les chèvres, les moutons et les porcs. On a manifestement là le centre d'un territoire tribal où l'on cultive l'orge et le blé, et d'où, à une dizaine de kilomètres à l'entour, on chasse le cerf, le chevreuil et le sanglier, sans oublier d'aller en bord de mer ramasser des lavagnons, des patelles, des palourdes et pêcher des seiches et autres poissons. De toutes ces activités témoigne un abondant outillage de flèches tranchantes, de couteaux, de grattoirs, de haches polies en silex ou en dolérite, de meules en poudingue, de pelles en omoplates de bovidés, de pics et de fourches en ramures de cerf.

Structures ovalaires à Xanton-Chassenon.

La tombe 3 des Châtelliers du Vieil-Auzay : les deux squelettes. L'un des squelettes a une flèche profondément fichée dans une vertèbre.

Cette simplicité de lecture des vestiges de Champ-Durand ne doit cependant pas faire illusion. Le grand nombre des portes, difficiles à défendre, est-il réellement explicable par la nécessité, en cas d'attaque, de rentrer au plus vite par tous les côtés ? Il semble bien qu'en réalité la fonction première de cette enceinte n'ait pas été défensive mais sacrée. À l'intérieur du fossé intermédiaire, les archéologues ont en effet découvert cinq tombes, dont trois abritent deux corps : à chaque fois une femme, accompagnée soit d'un homme, soit d'un adolescent, soit d'un enfant. Cent squelettes peut-être peuplent ainsi ce deuxième fossé, à l'intérieur duquel on trouve également des ossements épars, apparemment les restes de corps primitivement déposés ailleurs et ramenés ensuite ici. Les morts, disposés en cercle autour des vivants, ont-ils eu pour mission de les protéger ? On ne sait. Toujours est-il que, même lorsque la fonction défensive du camp devient prépondérante, on continue à vouer à cet usage le pied de la deuxième muraille. Où sont donc les autres sépultures ? On pense aux dolmens, mais également aux importantes structures ovalaires repérées aux alentours et qui, longues de 100 à 150 m ressemblent fort aux *longs barrows* anglais contemporains, dont on sait qu'elles sont des tombes de chefs.

L'éperon rocheux du Vieil-Auzay, déjà occupé à l'époque précédente, ne pouvait guère manquer d'intéresser également les hommes du Néolithique récent. Profitant des fissures dans le calcaire, ceux-ci creusent alors un fossé de 6 m de large pour 2 à 3 m de profondeur. Si l'on ne s'étonne pas de trouver une muraille surplombant la bordure interne de ce fossé, on est en revanche intrigué par le tumulus de pierres sèches et de terres brûlées qui s'étend à l'avant de celui-ci. À l'intérieur, les archéologues ont découvert, outre celle d'un nouveau-né, trois sépultures renfermant chacune les corps de deux hommes, l'un d'une vingtaine d'années et l'autre environ deux fois plus âgé. Dans l'une de ces tombes, le plus jeune porte des marques d'incisions au silex à la base du crâne, tandis que le second a reçu sur la tête un coup si violent qu'une rondelle d'os s'est détachée. Dans une deuxième, l'un porte encore, fichée dans une vertèbre, une flèche qui lui a traversé l'abdomen ; l'autre, outre qu'il a probablement reçu trois flèches dans le corps, a été brutalement frappé au crâne. Voici à n'en pas douter les conséquences des humeurs belliqueuses du temps, pensera-t-on. Certes, mais pourquoi à chaque fois deux hommes ensemble, le guerrier en pleine force de l'âge et l'autre qui à l'époque était déjà vieux ? On ne peut s'empêcher de penser, pour l'un d'eux au moins, à une mise à mort ritualisée, comme s'il avait fallu donner au premier mort, vers 3000 avant J.-C., un compagnon de voyage.

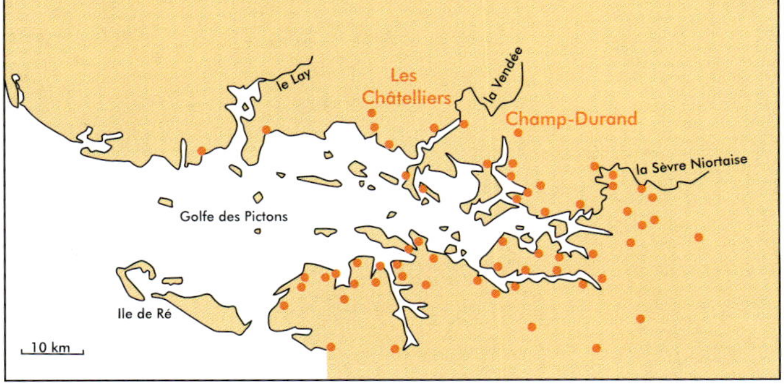

Les enceintes fortifiées néolithiques autour du golfe des Pictons.

10. DU NÉOLITHIQUE AUX PREMIERS MÉTALLURGISTES

LA RÉUTILISATION des dolmens sur de longues périodes conduit les archéologues à considérer leur mobilier comme l'accumulation de témoignages de plusieurs époques successives. Ainsi le dolmen de la Pierre Folle, à Thiré, témoigne-t-il à la fois du Néolithique récent et du Chalcolithique. À cette dernière époque se rattache en effet une alène faite d'une nouvelle matière, le cuivre, ainsi que des plaquettes d'or. Celui de la Pierre Virante, à Xanton-Chassenon, date d'environ 3000 avant J.-C., et son architecture paraît unique en France. Un bloc calcaire pyramidal haut de 1,20 m repose sur trois empilements d'une cinquantaine de centimètres. D'après Roger Joussaume, il a pu être abrité sous une cabane de plan triangulaire dont il aurait occupé la pointe sud. Sur le dallage au nord, on trouve quatre squelettes, initialement assis le dos à la paroi, et dont les crânes ont roulé au sol. Ces derniers occupants des lieux sont accompagnés d'un riche matériel : des poignards en silex, des flèches à ailerons et à pédoncules, ainsi qu'un collier en perles de pierres, de dents, d'ambre et de cuivre, celles-ci provenant peut-être des Causses ou de la Baltique. Quant aux hôtes précédents, leurs ossements ont été repoussés vers la pyramide, et l'on trouve parmi eux des pointes de flèche à tranchant transversal, une hache en dolérite issue des ateliers de Plussulien en Bretagne avec son emmanchement en bois de cerf, ainsi que des pendeloques en défense de sangliers. On le voit : les objets circulent désormais sur de longues distances, les plus significatifs d'entre eux étant les fameuses lames de silex du Grand Pressigny, dans l'Indre, que l'on retrouve aussi jusqu'en Suisse et en Hollande.

Avant de quitter complètement le Néolithique, il faut encore évoquer le curieux enclos funéraire des Terriers, à Avrillé, daté de 2000 avant J.-C., et pour lequel il faut aller jusqu'en Angleterre pour trouver des modèles analogues. Deux menhirs hauts de 2,15 m et 2,54 m occupent la partie centrale d'un enclos circulaire de 13,50 m de diamètre, percé de deux ouvertures. Près de l'une d'elles ont été placées des offrandes de coquillages, tandis qu'au pied des deux stèles ont été déposés des ossements de cinq personnes, manifestement récupérés d'une première sépulture. À quel rituel correspondent ces vestiges ? On ne sait, et le mystère est encore plus troublant si l'on considère que les deux pierres sont orientées nord-sud et que les deux ouvertures indiquent le lever et le coucher du soleil au solstice d'été.

Plaquette d'or, alène de cuivre, perle d'angélite et objets d'os du dolmen de Thiré.

Hache en dolérite et son emmanchement en bois de cerf. La Pierre Virante, à Xanton-Chassenon.

Pointes de flèche à ailerons et à pédoncule, et une à tranchant transversal.

Lame importée du Grand Pressigny.

Mais déjà en ce moment la métallurgie s'est localement affirmée, ainsi que le prouve le site de la République à Talmont-Saint-Hilaire, le plus ancien de l'Ouest de la France. Daté de 2500 avant J.-C., celui-ci se situe sur la falaise littorale non loin de l'embouchure du Payré. Un four de métallurgiste y a fonctionné, utilisant très probablement du minerai de cuivre en provenance de la péninsule ibérique et faisant appel à une technique découverte au Proche-Orient un quart de millénaire auparavant. Ainsi donc faut-il imaginer à l'époque une prodigieuse intensification de la circulation des objets et des idées, à une échelle déjà européenne. Cette nouvelle culture est appelée campaniforme, d'après la forme en cloche des vases qui la caractérisent. Exportés depuis les Pays-Bas et peut-être emplis d'une boisson alcoolisée, ceux-ci se répandent à profusion sur le littoral atlantique. Dans un deuxième temps, cette région paraît devenir un pivot commercial de premier plan : ainsi la Vendée, pourtant pratiquement dépourvue de minerai, constitue-t-elle l'un des départements les plus riches en objets de cuivre. Ceux-ci témoignent donc de son activité métallurgique, mais peut-être surtout de sa richesse, dans la mesure où ils sont l'objet d'une intense thésaurisation sous forme de dépôts ou de cachettes, comme au Grand Massigny à Chaix, où l'on a trouvé quatre haches d'une taille tout à fait inusitée : de 25 à plus de 26 cm.

L'enclos funéraire des Terriers d'Avrillé.
Les Terriers : reconstitution graphique par Gérard Bénéteau.

Le site de La République à Talmont-Saint-Hilaire.

Hache en cuivre du Grand Massigny, à Chaix.

D'inspiration ibérique, la pointe de Palmela, trouvée à La Réorthe.

Page suivante : Gobelet campaniforme de Champ-Durand.

11. LES CACHETTES DE L'ÂGE DU BRONZE

Un pas décisif est franchi lorsqu'un forgeron s'avise, peut-être par hasard, de mêler un peu d'étain à du cuivre en fusion : l'alliage obtenu, le bronze, se révèle d'une dureté inusitée. Pour ce qui est de la région, celle-ci se situe certes en marge d'un foyer proche-oriental, où Égypte, Mésopotamie et Grèce s'affirment avec l'avance et l'éclat qu'on sait ; elle demeure même à l'écart de l'Europe plus continentale des urnes funéraires et des tombes princières. Au début de la période, vers seulement 1800 avant J.-C., le modèle méditerranéen y demeure prépondérant, puis cède le pas aux influences anglaise et normande. Il n'empêche : située au cœur du Bronze-Atlantique qui s'étend en arc de cercle des Iles Britanniques à la péninsule ibérique, la Vendée, tout particulièrement la bordure du golfe des Pictons, affirme une réelle originalité.

Aux premières haches plates, pauvres en étain et copiant les anciens modèles en cuivre, succèdent des haches à bords légèrement relevés par martelage. Puis s'affirme un modèle particulier de haches à tranchant arqué dont les rebords sont obtenus dès la fonte grâce à un moule approprié. L'existence d'un véritable type vendéen, dit en feuille de marronnier, témoigne certes de dynamisme et de créativité, surtout vers 1300 ou 1200 avant J.-C., mais également d'une richesse probablement liée à l'intensification de la production agricole dans la Plaine tout autant que d'une situation privilégiée, tant au point de vue du cabotage maritime que de l'axe terrestre nord-sud, qui contraint à longer le Golfe pour le contourner. Les sépultures de l'époque, comme celle de l'archer des Boulloires à Saint-Martin-de-Fraigneau, muni de son brassard de pierre et de son poignard de cuivre, ne nous disent malheureusement pas grand chose de la différenciation sociale, nécessairement liée au développement de l'artisanat métallurgique, à la possibilité de thésaurisation du précieux métal, et aussi au prestige et à l'efficacité conférés au guerrier détenteur de telles armes. Il faut plutôt l'imaginer à partir des enfouissements d'alors : les 30 haches de Sainte-Florence, les 40 de Saint-Mathurin, les 55 de Petosse, ou encore les 82 de Pouillé, pour ne mentionner que les plus importants. Parfois même, on

Cinq types de haches en bronze.
Moule pour couler les haches en bronze, trouvé à Angles.

découvre une foule d'objets qui témoignent de multiples aspects de la vie quotidienne, une quarantaine à Montaigu et plus de 200 à Challans : haches à talon, à ailettes ou à douille, épées, pointes de lance, couteaux, racloirs, tranchets, rasoirs, bracelets, anneaux, perles, et surtout une exceptionnelle tête de cerf stylisée formant l'extrémité d'une broche à rôtir. S'agit-il de cachettes de bronziers, de trésors enfouis, ou d'offrandes religieuses ? Difficile de trancher.

Épingle à tête de bronze en provenance du lit de la Vendée.

Localement, les croyances de l'âge du bronze demeurent mal connues. La fameuse pierre de la Merlière, au Poiré-sur-Vie, lui est parfois attribuée. Mais que représentent les 362 gravures de ce bloc de granit d'une douzaine de tonnes, la plupart de simples cavités éventuellement cerclées, certaines évoquant des silhouettes humaines ou en forme de pieds ? On a parfois évoqué un culte solaire. Plus sûrement, la présence de cendres humaines aux pieds d'un des douze corps richement parés du cimetière des Ouches à Auzay, et surtout les urnes funéraires découvertes à proximité d'un fond de cabane à Longeville témoignent des progrès de l'incinération aux dépens de l'inhumation, et plus encore d'une affirmation de l'individu par rapport au groupe.

Bracelet en bronze de Montaigu.

Extrémité de broche à rôtir en forme de tête de cerf, de Challans.

Pointe de lance de Challans.

Bracelet de Challans. *Vase de Longeville.* *Hache de Challans.*

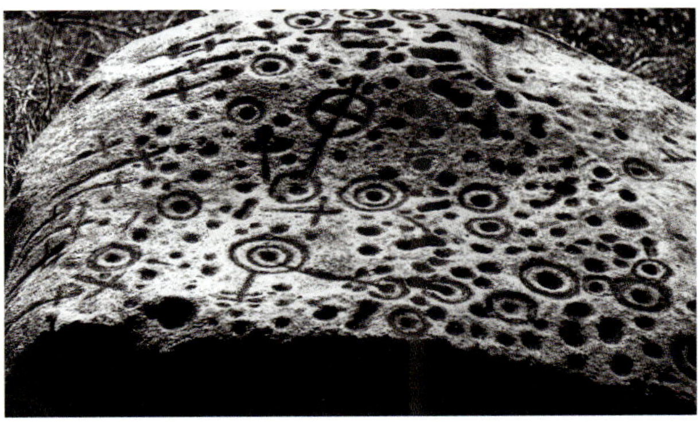

Aménagée au Bronze ancien, la fontaine Saint-Gré, à Avrillé, est entourée de six petits menhirs. Appelée aussi fontaine de la Fée ou de la Dame blanche, elle produit une eau réputée guérir les maladies des yeux et aider les enfants à marcher, pourvu qu'elle soit puisée le jour de la saint Pierre avant le lever du soleil.

Gravée de nombreuses cupules parfois cerclées et de croix, la « Pierre des Farfadets » de la Merlière, au Poiré-sur-Vie, demeure mystérieuse. De là à y lire, comme Marcel Baudouin, « nouveau Champollion », un zodiaque grâce auquel « les prêtres de l'époque, descendants des Atlantes, procédaient aux opérations rituelles de leur culte astronomique »...

12. SAULNERIES ET FERMES GAULOISES

De quand date la mise en valeur globale de la région ? Nous avons déjà évoqué les premières installations, au Néolithique, et l'on sait par ailleurs que les dernières friches ne disparaîtront qu'au XIXe siècle. À en juger par la diversité des établissements ruraux de l'âge du fer, à partir d'environ 700 avant J.-C., celui-ci correspond à une intense occupation du territoire, tout au moins de la Plaine.

On ne se fait pas suffisamment à l'idée que le golfe des Pictons constitue alors une avancée maritime d'une soixantaine de kilomètres à l'intérieur des terres. Pendant cette époque de densification des échanges, la région devient la charnière entre l'Armorique et l'Aquitaine, donc la Méditerranée. Ainsi les très nombreuses haches armoricaines trouvées sur place paraissent-elles représenter une sorte de monnaie. Surtout, eu égard à la difficulté des transports, le Golfe constitue, pour les populations de l'intérieur, l'accès le plus direct à la mer. C'est probablement là qu'elles viennent chercher l'une des plus précieuses denrées d'alors, indispensable à la vie et à peu près le seul moyen de conserver les aliments : le sel. S'avisant de cette opportunité, toute une petite zone entre Luçon et Le Gué-de-Velluire se spécialise dans cette production. On y a recensé, notamment à Mouzeuil et à Nalliers, pas moins de 16 ateliers, dont témoignent des monceaux de cendres qui, à en croire les témoignages du XIXe siècle, peuvent atteindre jusqu'à 100 000 m^3. Là, avant que la conquête romaine n'introduise la technique du marais salant, on recourt à l'évaporation de saumures dans des barquettes placées côte à côte sur des colonnettes de terre cuite ménageant un espace pour la combustion de charbon de bois. Plus à l'Ouest, à Brétignolles-sur-Mer, ces colonnettes sont remplacées par des pierres posées sur chant, qui délimitent une dizaine de fours parallèles et supportent également des enfilades d'augets, l'ensemble étant très probablement doté d'une couverture qui permet de continuer à travailler lors de la mauvaise saison.

Ces saulneries littorales sont en liaison avec tout un semis de fermes indigènes. Déjà, la prospection aérienne avait fait apparaître, sur le territoire de la Vendée, plus de 400 enclos protohistoriques, dont près de la moitié concentrés sur une étroite bande de plaine entre Benet et Nalliers, le long du Golfe des Pictons. La construction de l'autoroute A83 a permis de mettre au jour, sous la direction de Patrick Bretagne et d'Olivier Nillesse, un certain nombre de ces enclos. Les uns petits et carrés, ont comme nous le verrons plus loin une vocation funéraire. Les autres, beaucoup plus vastes et complexes, témoignent de la mise en valeur de ce territoire à l'époque gauloise.

La ferme du Grand Paisilier, à Pouillé, constitue sans doute la plus emblématique de ces exploitations agricoles. Dans un premier quadrilatère, bordé de tous côtés par des fossés profonds de 2,20 m et larges de 2,60 m

Le double enclos du Grand Paisilier, à Pouillé.

Plan du Grand Paisilier, d'après Olivier Nillesse.

puis par un muret de pierres, on trouve des trous de poteaux correspondant à deux cabanes en bois de plan rectangulaire. C'est là qu'habite, au cours du siècle qui précède l'occupation romaine, une famille de fermiers qui, grâce à une passerelle, accèdent à un deuxième enclos, plus grand mais pareillement délimité par des fossés. Deux fours culinaires à pierres chauffantes, deux fosses-ateliers, ainsi qu'une cabane abritant probablement un petit élevage de volailles derrière une palissade, indiquent une sorte de cour de ferme où, comme l'attestent une serpette, des haches à douilles, des poinçons et des gouges, on travaille volontiers le bois. De chaque côté de l'entrée, des fossés en forme d'antennes semblent avoir pour fonction de canaliser les animaux vers cette dernière. Quatre greniers surélevés sur des poteaux permettent de stocker les céréales récoltées dans les champs environnants. À quelque 600 m de là, un autre enclos, beaucoup plus vaste, avec couloir d'entrée et compartiments intérieurs, constitue une sorte de corral des-

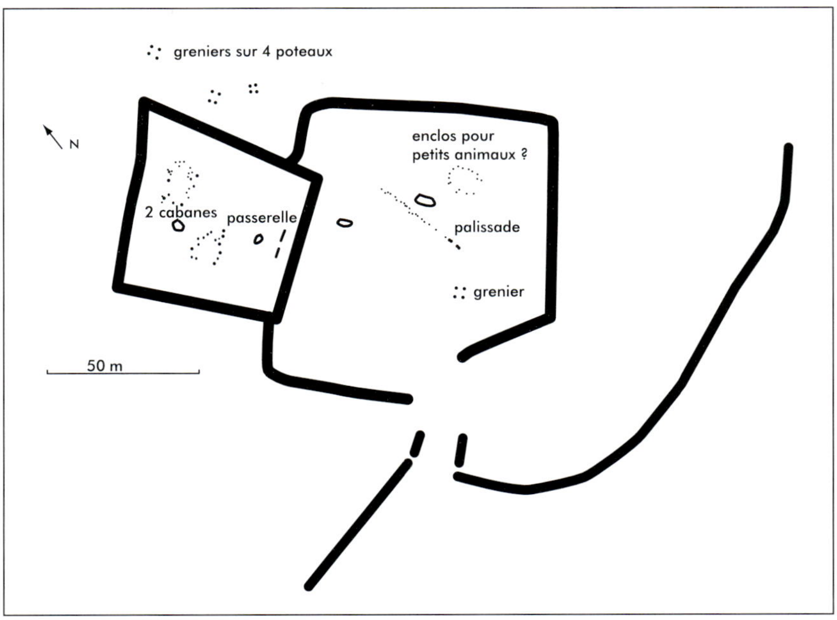

tiné au parcage des bœufs, des chevaux et des moutons, au milieu des prairies. Un tel lieu de production s'apparente notamment à celui des Grandes Versennes, à Sainte-Hermine, constitué par deux enclos emboîtés, avec un porche d'entrée précédé d'une chicane.

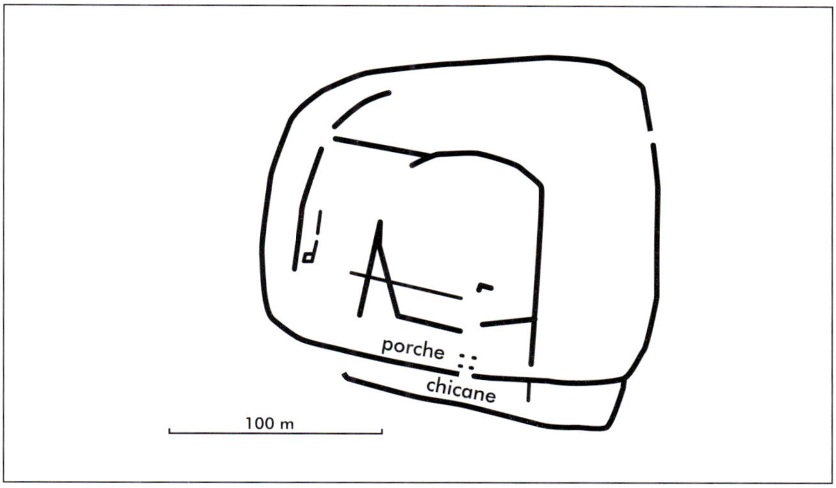

L'enclos à bétail des Grandes Versennes, à Sainte-Hermine, d'après O. Nillesse.

Cette mise en valeur du territoire ne paraît pas s'accompagner d'une quelconque urbanisation. Tout juste repère-t-on quelques éperons fortifiés, comme les Châtelliers d'Auzay, où le fossé Néolithique est recreusé, le Moulin des Vignes à Apremont, le Sauvaget à Pissotte, et surtout le cap du Châtelet, sur l'île d'Yeu, barré d'un talus haut de 3 à 4 m sur 230 m de long. Toutefois, les agglomérations dignes de ce nom sont rares et lointaines. Jusqu'alors, nous avions constaté l'existence d'affinités culturelles entre les populations du Centre-Ouest. La délimitation du territoire des Pictons confère désormais une existence politique à cette entité dont Lemonum, l'actuel Poitiers, constitue la capitale. Cependant, si l'on en juge par les monnaies en usage et l'existence à La Réorthe du toponyme Ingrande, qui indique une frontière, son influence ne s'étend guère au-delà du Lay. C'est que le Bocage, moins densément mis en valeur par une autre population gauloise, les Ambilâtres, appartient la mouvance armoricaine, ainsi que nous le constaterons lors de la conquête romaine.

L'influence armoricaine est attestée par un tel type de pièce : un statère d'or vénète, avec cheval à torque et à tête humaine ; endessous, un génie ailé (à gauche).
À droite, sur ce statère d'or picton, le génie ailé est remplacé par une main ouverte.

Barré par un fossé défensif, le cap du Châtelet à l'île d'Yeu.

13. CHEZ LES CELTES, UNE ÉPÉE POUR L'AU-DELÀ

LE GUERRIER celte se caractérise par sa grande épée de fer. Qu'on n'imagine pourtant pas un envahisseur ainsi supérieurement armé soumettant l'autochtone : l'adoption du fer paraît plutôt relever d'une évolution technologique locale, permise par l'existence de minerais de surface. En témoigne à sa façon l'épée découverte dans la rivière Vendée au Gué-de-Velluire : certes, sa lame est déjà en fer, mais elle imite encore les modèles en bronze, un métal qui continue d'ailleurs d'être utilisé pour la poignée.

Épées en fer de Nalliers.

Le guerrier celte et son épée à Lelleton, Petosse.

Reconstitution graphique d'après Dupré.

Aux Serres, à Nalliers, a été découvert en 1857, sur l'emplacement d'une inhumation et non loin d'un sanctuaire carré de 4 m de côté, un ensemble de 21 objets, des épées notamment, des poignards, des couteaux, des javelots, des hachettes et des étriers, la plupart brisés ou martelés. À n'en pas douter, ces armes volontairement détériorées constituent autant d'offrandes à des puissances surnaturelles, selon des rites fréquents dans le monde celtique.

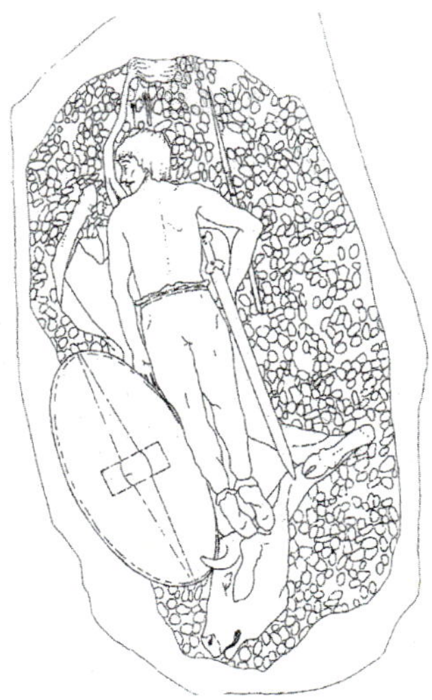

Si l'épée peut ainsi être sacrifiée aux divinités, elle peut également accompagner le guerrier lors de son dernier voyage. Les fouilles de Lelleton, à Petosse, ont ainsi révélé, à l'intérieur d'un enclos carré, une fosse contenant un homme d'environ 35 ans muni de ses armes : son épée dans son fourreau, sa lance et son bouclier. Il est allongé à plat ventre, sur une peau de bœuf fraîchement dépouillée dont on a conservé la tête. Au cou il porte, suspendus par un fil de bronze, des anneaux d'ambre, de lignite, de roche verte et de verre, qui sont autant d'amulettes dans la mesure où l'on attribue une propriété magique à chacun de ces matériaux. Toujours dans le même enclos gît un autre humain, sur le dos cette fois et accompagné de quatre animaux : un taureau, une vache, un veau et un poulain, manifestement sacrifiés pour l'occasion. Non loin de cette nécropole qui est aussi un sanctuaire, un autre corps enterré sur le ventre, avec deux bœufs, un cheval et un veau. Le riche Celte ne s'aventure pas seul, lors du grand départ…

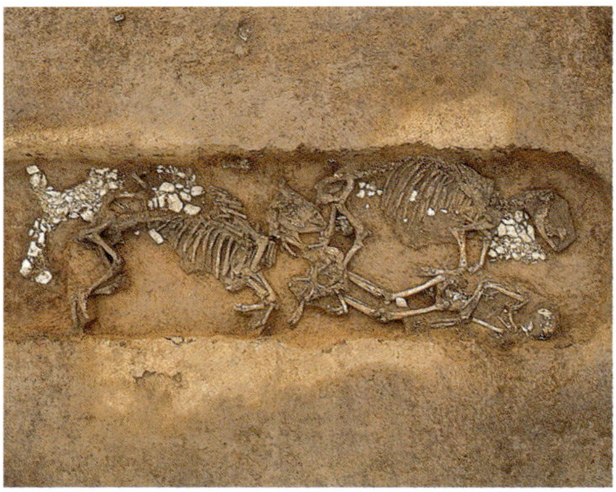

Pour accompagner un guerrier, une vache, un taureau, un poulain et un veau.

Dans une autre sépulture avec des bœufs, un cheval et un veau.

14. LA CONQUÊTE ROMAINE

D'ABORD évidemment marquée par la guerre, la conquête romaine se traduit bientôt par l'instauration d'une civilisation nouvelle, visible jusque dans les paysages.

C'est en 56 avant J.-C. que, par son lieutenant Crassus, César jette son dévolu sur la Gaule, s'acquérant d'emblée le ralliement des Pictons et des Santons, leurs voisins méridionaux. Les premiers vont même jusqu'à fournir des navires au général romain lorsqu'il entreprend de soumettre les Vénètes, dont la puissante flotte est bientôt détruite dans le golfe du Morbihan. La région donnerait ainsi l'image d'une collaboration facilement accordée aux vainqueurs si l'on ne constatait que, quatre ans plus tard, 8 000 Pictons se portent au secours de Vercingétorix assiégé dans Alésia. Alors, soumis ou réfractaires ? La clé de l'énigme est probablement livrée par une nouvelle péripétie, en 51 avant J.-C. Dans *La Guerre des Gaules*, César nous apprend en effet que, comme Duratios, le chef des Pictons, est affaibli par l'opposition d'une partie des siens, Dumnacos, le dirigeant indépendantiste des Andes, vient depuis sa région d'Angers mettre le siège autour de Lemonum c'est-à-dire de Poitiers, bientôt secouru par une armée romaine. Ces opposants, Jean Hiernard l'a démontré, sont probablement ces Ambilâtres qui peuplent le Nord-Est du Lay et qui traditionnellement regardent vers l'Armorique. Ainsi apparaît nettement, pour la première fois dans l'histoire, une différence d'attitude entre les gens de la plaine et ceux du massif ancien. Est-ce pour la conjurer ou plus prosaïquement pour récompenser les Pictons de leur adhésion précoce ? Lorsque, entre 16 et 13 avant J.-C., Auguste entreprend de réorganiser la Gaule, il étend leur cité jusqu'à la Loire, dans le cadre de la nouvelle grande province d'Aquitaine.

Statère picton en or.

Casque d'apparat, dit « du légionnaire romain de Jard », d'origine inconnue. Une probable mystification de 1878.

Quoi qu'il en soit, au morcellement politique et aux conflits qu'il implique, succèdent trois siècles et demi de paix romaine qui changent radicalement le visage de la région. Les enclos, voire certaines fermes comme au Grand Paisilier, sont carrément abandonnés. Mais même lorsqu'une continuité est visible comme à la Treille de la Charlière sur Chantonnay, à la Papaudière sur Sainte-Hermine, ou aux Genâts sur Fontenay-le-Comte, rien n'est plus comme avant. Désormais les bâtiments sont montés au mortier suivant un plan géométrique et prennent des dimensions parfois impressionnantes : 16 pièces à l'Anglée à Sainte-Hermine, 180 m sur 110 à la Noue au Poiré-sur-Vie. C'est que la ferme gallo-romaine, la villa, n'est pas seulement une exploitation agricole qui emploie une nombreuse

main-d'œuvre. Elle traduit également un nouveau mode de vie, du moins pour son riche propriétaire : alors que les dépendances se situent un peu plus loin, les bâtiments résidentiels, parfois ornés d'une galerie de façade, se disposent autour d'une cour centrale. Là se traduit le plus nettement l'adoption des mœurs romaines : mosaïques, enduits peints, système de chauffage par le sol, voire bains chauds, tièdes et froids comme à Saint-Hilaire de Noirmoutier. Une quarantaine de *villae* ont ainsi été localisées, mais elles sont probablement dix fois plus nombreuses, surtout dans la Plaine, dont les sols plus faciles à travailler continuent d'être privilégiés.

La villa de Chantonnay, dite la Treille de la Charlière. Une cave.

La villa des Vieilles Eaux avec galerie de façade et tours d'angles de Saint-Aubin-la-Plaine.

Reconstitution très hypothétique, par Octave de Rochebrune, de la villa avec atrium et péristyle de Saint-Médard-des-Prés.

Page ci-contre : Personnage vêtu à la romaine. Le Bernard.

15. L'INTÉGRATION DANS L'EMPIRE ROMAIN

Si la villa traduit en quelque sorte dans le paysage le triomphe de la cité romaine sur la Gaule chevelue, de l'empire sur la tribu, il faut tout de même souligner que la future Vendée est loin de constituer un foyer de civilisation romaine. Ici point d'aqueducs ni d'amphithéâtres comme celui de Poitiers, le deuxième de la Gaule paraît-il avec ses 3 000 places, et pas davantage de théâtres comme à Sanxay. Et l'on s'est longtemps étonné de ne trouver aucune trace tangible d'une voie transversale entre Lemonum et la côte actuelle.

Pour résoudre cette énigme, le mieux paraît être de réexaminer la carte. On a vu qu'à l'époque le golfe des Pictons constitue un obstacle majeur à la circulation entre Nantes et Saintes, qui doit emprunter un large détour. De ce fait, même si Durinum, alias Montaigu, paraît jouer un rôle de carrefour, la partie occidentale de l'actuelle Vendée se situe en marge des voies majeures de circulation, dont on distingue çà et là, sans pouvoir les suivre longtemps, quelques tronçons garnis de pierres plates ou longés de fossés d'assainissement. Une localité cependant se détache : il s'agit du Langon. Sur le rivage du Golfe s'édifie là en effet, dans la première moitié du premier siècle de notre ère, un port qui possède des thermes et dont les édifices en pierre paraissent obéir, sur une surface d'une quarantaine d'hectares, à un schéma d'urbanisme. On y a notamment découvert, dans les ruines d'un magasin incendié vers 50 ou 60, des caisses de céramiques encore emballées en provenance des

Poterie locale du Bernard…
…et céramique sigillée importée.
Caldarium (salle chaude) en abside des thermes du Langon.
Le gobelet aux gladiateurs de Chavagnes-en-Paillers, moulage de l'original conservé au Corning Glass Museum de New-York.
Lampe à huile du Bernard.

ateliers de Montans (Tarn), de Saint-Rémy-en-Rollat (Allier) et de La Graufesenque (Aveyron). Il s'agit d'un éphémère comptoir de redistribution à destination des nombreuses *villae* de la Plaine, dont l'abandon à partir du IIe siècle est peut-être dû à l'envasement du Marais.

Il n'empêche, même ces lieux écartés ou envasés sont puissamment irrigués par les objets, les modes et les idées en usage dans l'Empire. Ainsi le gobelet en verre à reliefs moulurés de Chavagnes-en-Paillers, qui reproduit avec quelque approximation la classique coupe à boire en argent figurant le combat de quatre couples de gladiateurs. Ainsi surtout les exceptionnelles verreries, toutes découvertes dans des tombes féminines à Saint-Médard-des-Prés en 1847, à Nalliers en 1893 et à Bouillé-Courdault en 1913, et qui font l'orgueil du musée de Fontenay-le-Comte. À côté de récipients d'usage courant comme les bouteilles à section cylindrique, carrée ou hexagonale de Nalliers, on trouve des récipients à onguents, les balsamaires, qui ornaient la table de toilette des belles. Surtout, la tombe de Bouillé-Courdault a livré des pièces souvent uniques provenant généralement des ateliers rhénans et dont la seule destination était d'ornement. À travers ces collections s'entrevoit un net élargissement de l'horizon : alors qu'au Ier siècle on importe de la vallée du Rhône ou de l'Italie des verres millefiori mosaïqués ou à filigranes, on se procure ensuite, essentiellement par voie terrestre ou fluviale, des objets de plus en plus précieux depuis le Nord-Est de la Gaule et les environs de Cologne. Éloquent témoignage de la richesse des grands propriétaires de la Plaine fontenaisienne.

Clé du Bernard.
Gourde en bronze avec bouchon à serrure du Bernard.
Passoire en bronze de Nalliers.
Boîte à fards de Saint-Médard-des-Prés.

La Vendée gallo-romaine.

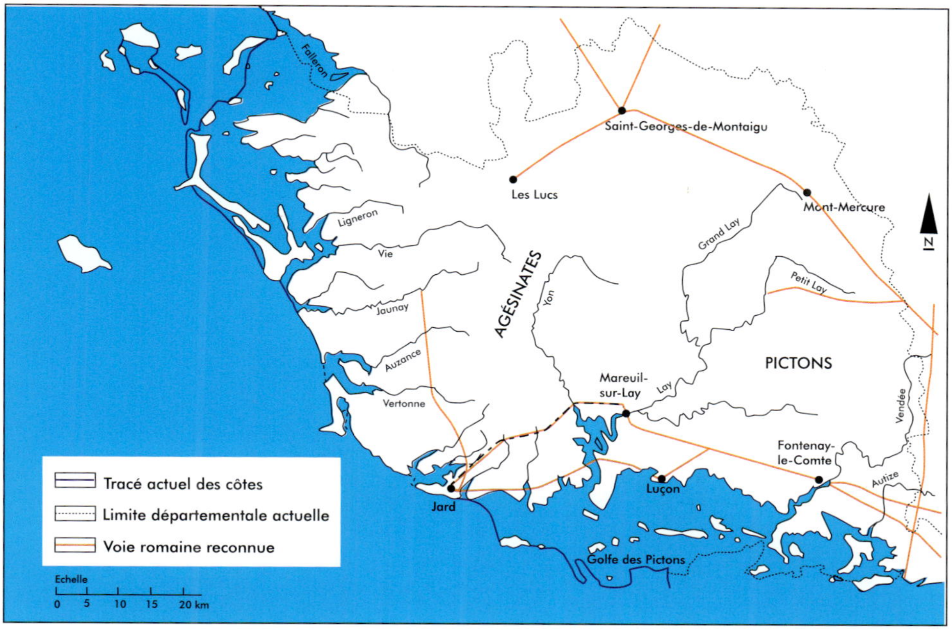

Bracelets en or du Poiré-sur-Vie. Bijoux du Veillon, à Talmont-Saint-Hilaire.

Flacon conchyforme, IIe siècle av. J.-C. et flacon en grappe de raisin, fin IIe av. J.-C. de Bouillé-Courdault.

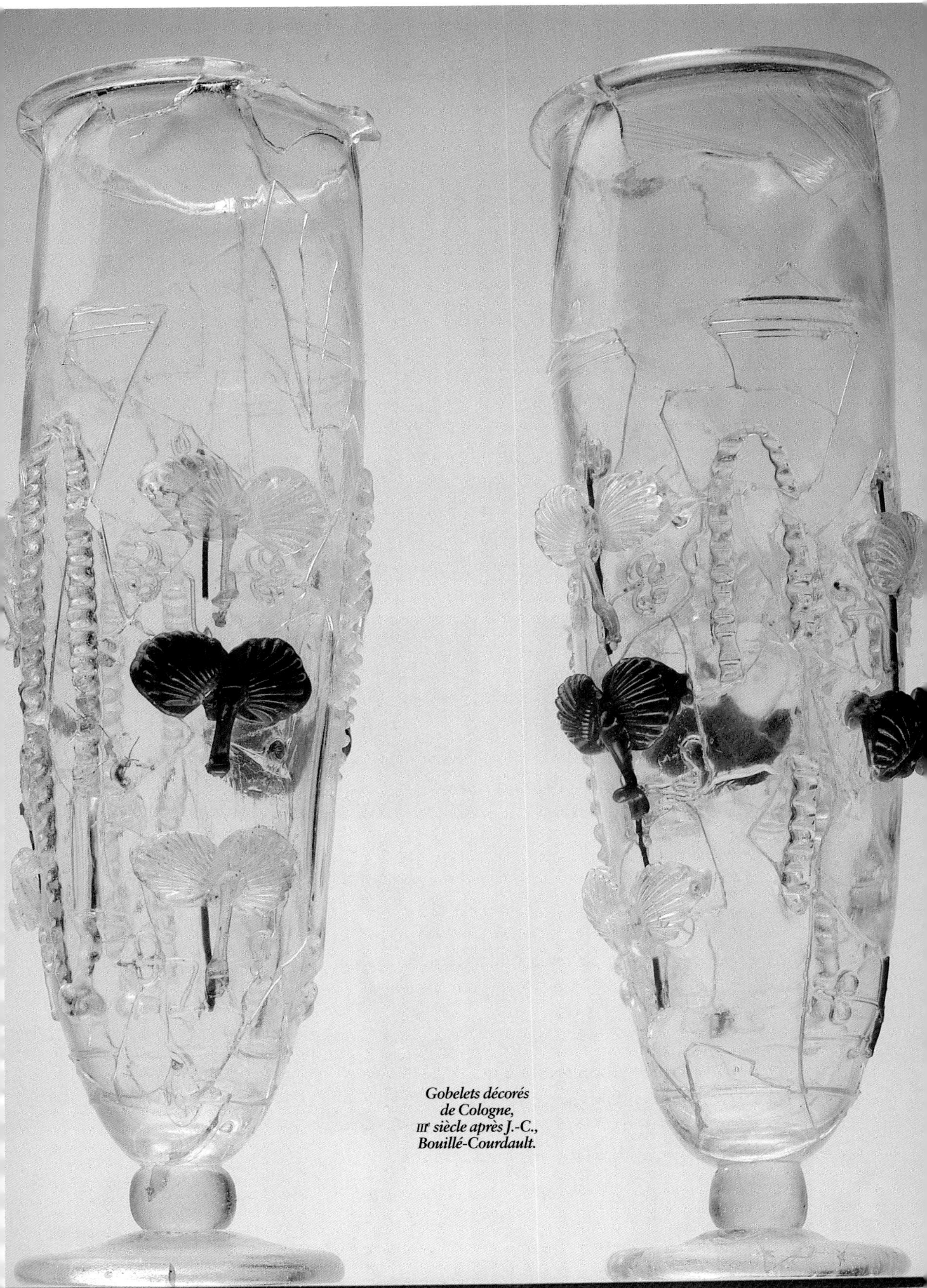

Gobelets décorés de Cologne, IIIe siècle après J.-C., Bouillé-Courdault.

16. DIEUX GAULOIS, DIEUX ROMAINS ET CHRISTIANISME

TROIS siècles et demi durant, la population s'imprègne donc de la civilisation romaine au point d'adopter ses *villae*, son mode de vie et, plus significatif encore, la langue latine. Pour mesurer les succès et percevoir les limites de cette romanisation, rien de tel que d'évoquer le fameux syncrétisme religieux, c'est-à-dire la manière dont Rome ménage les divinités chères aux peuples conquis tout en leur surimposant ses propres dieux.

Pour autant qu'on puisse en juger, Hercule, ce héros qui doit sans cesse vaincre l'adversité, paraît localement jouir d'une réelle popularité : on le retrouve notamment invoqué dans une dédicace sur un autel de La Gaubretière. Mercure, le guide des voyageurs, apparemment assimilé à Teutatès, donne son nom, plus tard associé à celui de saint Michel, à l'un des points culminants du Haut-Bocage. Du panthéon romain, on retrouve encore Diane, Mars, Vulcain, Bacchus, Jupiter, ou encore Victoria, représentée conduisant un quadrige tout en tenant d'une main la couronne de la victoire et la palme de l'autre. Une telle acculturation paraît bien superficielle, mais les Romains n'en demandent pas davantage. En profondeur perdure toutefois, sous diverses formes, le très ancien culte à la déesse mère ainsi qu'en témoignent, découvertes dans des puits du Bernard, deux statues féminines assises dont l'une tient une patère avec une offrande, ou encore cette autre entourée d'un décor à rouelles et à cercles pointés d'inspiration celtique. Sans oublier la statuette d'Épona, découverte à L'Orbrie près de Fontenay-le-Comte : vénérée jusqu'à Rome, la déesse gauloise protectrice des cavaliers, des voyageurs et des juments, est assisse sur un cheval, vêtue d'un long vêtement ceinturé sous la poitrine.

Quand saint Michel supplante Mercure à Saint-Michel-Mont-Mercure.

Pour ce qui est des sanctuaires ruraux, les *fana*, l'un au moins, celui de Nalliers, est édifié sur un lieu de culte de l'âge de Fer. Dans les deux autres cas on retrouve, comme partout en Gaule romaine, une *cella* centrale, ronde à Saint-Gervais et presque carrée à Pouzauges, entourée d'une galerie servant de déambulatoire, le tout recouvert d'un toit. À Chaix cependant, on a affaire au modèle simplifié d'un véritable temple grec, avec une façade à deux colonnes suivie d'un profond *pronaos* qui permet d'accéder, tout au fond, à la *cella* où se trouve la statue de la divinité. Non loin, une habitation à galerie de façade peut avoir servi d'hôtellerie ou de maison pour le gardien.

On a évoqué plus haut les fameux puits de Troussepoil, au Bernard, qui demeurent mystérieux à bien des égards. Fouillés à partir de 1858, ceux-ci, profonds de 3,15 à 14 m, sont au nombre de 34, sans compter 59 fosses, et datent du Ier au IIIe siècles. Un début d'excavation plus large dans le limon permet d'atteindre le schiste en parant aux éboulements. Dans ces puits sont disposés par couches plus de 600 vases au total, parfois volontairement perforés et souvent manifestement protégés par des planches, des tuiles ou des pierres. On y trouve également quantité d'offrandes alimentaires, d'objets divers et d'ossements animaux ou humains. Tout en haut, une voûte ou un amas de grosses pierres clôt le tout. Peut-être a-t-on affaire, comme dans le Val de Loire ou dans le Sud-Ouest, à des puits funéraires. Plus sûrement on peut parler de puits rituels dont la signification nous échappe largement et qui pourraient prolonger, tard sous l'Empire romain, des cultes celtiques à la Terre-Mère.

Victoria conduisant un quadrige. Intaille en jaspe rouge, du Bernard.

La déesse Épona, L'Orbrie.

Au cours de la période gallo-romaine, l'inhumation des défunts supplante peu à peu leur incinération. À la Créancière de Dompierre-sur-Yon, un mur de pierres sèches délimite sous le Haut-Empire une enceinte circulaire d'une vingtaine de mètres de diamètre, au centre de laquelle sont dressés les bûchers funéraires ; les cendres sont ensuite collectées dans des urnes que l'on enterre tout autour. On retrouve ainsi des nécropoles à incinération à Denant près de Nieul, au Langon, à Bouillé-Courdault et à Nalliers, ces dernières contenant également des inhumations. À Saint-Médard-des-Prés toutefois, le cimetière de la villa ne semble contenir qu'un cercueil, celui d'une jeune femme accompagnée notamment de sa boîte à fards, de six grandes amphores et de 80 vases en verre, et l'on retrouve de semblables offrandes à Nalliers. À Bouillé-Courdault, un sommet paraît atteint : le corps d'une fille d'une vingtaine d'années est déposé dans un énorme sarcophage de calcaire pesant près de trois tonnes, tandis que tout autour gisent les chefs d'œuvre des verriers rhénans que nous avons déjà cités.

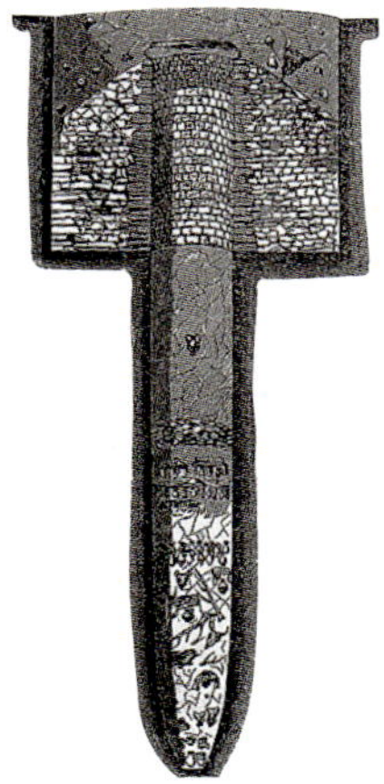

Le temple de Nalliers.

Le 18e puits funéraire du Bernard.

Statuette du Bernard.

Ce passage à l'inhumation signale-t-il un regain d'angoisse pour l'au-delà ? Les temps paraissent propices au développement du christianisme, dont la naissance en Palestine signe le début de notre ère. Il est toutefois bien difficile de savoir exactement quand il s'implante dans la région. Un certain Domnin, âgé de dix ans et né d'une famille juive, se serait, avec une quarantaine de compagnons fuyant la persécution, réfugié à Avrillé à la fin du IIIe siècle. Capturé, il aurait supporté sans sourciller les tortures infligées sur l'ordre du préfet d'Aquitaine Rictiovare, convertissant 54 de ses codétenus et ressuscitant deux de ses compagnons avant de périr martyr. Cette histoire est-elle véritable ? On ne sait. Quoi qu'il en soit, vers 350 les chrétiens de Poitiers élisent à leur tête un nommé Hilaire, qui organise la nouvelle religion au point de passer pour l'évangélisateur du Poitou — il serait même venu sur l'îlot de la Dive — et que quantité de paroisses ont pris son nom.

Stèle funéraire de Benet représentant une femme versant à boire.

Le sarcophage à toit en bâtière et à acrotères de Bouillé-Courdault.

17. LE POITOU, LIEU DES GRANDS AFFRONTEMENTS

ENTRE LA DISLOCATION de l'Empire romain et la consolidation de la nouvelle société féodale, le Poitou devient-il, comme l'affirme l'un de ses historiens, Prosper Boissonnade, le champ-clos où se décident les destinées du monde occidental, le principal foyer de préservation de la civilisation chrétienne et romaine ? Même exagérée, l'idée mérite qu'on s'y arrête, car il est vrai qu'ici s'est jouée, par deux fois au moins, en 507 et 732, la grande bataille du Nord et du Sud. Que la partie occidentale du Poitou a constitué un repaire et un axe de pénétration des redoutables Normands. Et aussi que des figures comme saint Hilaire, saint Martin et saint Philibert, pour ne citer qu'eux, ont fortement marqué la chrétienté.

Entre 260 et 285, une crise trouble la paix romaine. Mais alors que Poitiers se dote d'une enceinte au prix d'une rétractation de son périmètre urbain, on doit vers l'ouest se contenter d'enfouir ses trésors, comme ceux retrouvés au Veillon avec leurs quelque 35 000 pièces de monnaie et leurs objets de prix.

L'alerte passée, la vie reprend son cours paisible, en cette cité des Pictons qui, rappelons-le, s'étend jusqu'à la Loire et qui sert naturellement de cadre au diocèse de Poitiers. Jusque-là superficielle, la christianisation de la région se fortifie par la prédication de Hilaire qui, comme on l'a vu, est élu vers 350 évêque de Poitiers. C'est l'époque où l'empereur Constance tente de reprendre pied dans l'Occident romain en y diffusant l'hérésie arienne, qui fait du Christ une simple créature de Dieu et non pas également un Créateur. Hilaire ne tarde pas à devenir le fer de lance de la pureté de la foi chrétienne, ce qui lui vaut d'être exilé de 356 à 360 dans la lointaine Phrygie. De là cependant, il continue la lutte par des lettres adressées à ses fidèles aussi bien qu'aux autres évêques, de sorte que lorsque Constance, renonçant à l'Occident, le renvoie chez lui, il remporte un véritable triomphe, et qu'à sa mort la basilique de Poitiers passe pour un haut-lieu du christianisme et prend son nom.

À la même époque, un ancien soldat nommé Martin, lui aussi adversaire de l'arianisme, se faisant le disciple de Hilaire, crée à Ligugé, près de Poitiers, un monastère d'où son parti pris de

Le Veillon a livré deux trésors qui datent de 270 environ : l'un constitué de 25 à 30 000 pièces de monnaie et d'objets précieux, l'autre de 7 426 pièces d'argent.

Les souterrains refuges antérieurs au Moyen Âge ont la particularité de ne pas communiquer. Celui de Brillouet.

La croix mérovingienne de Challans.

Rectangulaires sous le Bas Empire, les sarcophages prennent ensuite une forme trapézoïdale. Du VIIe au IXe siècle, ceux du sud du Bas-Poitou comportent un aménagement céphalique. Sarcophage dans le parc du château de Terre-Neuve.

Mordant de ceinture.

Tête d'épingle à cheveux.

pauvreté ne tarde pas à rayonner. Lorsque le peuple de Tours le choisit comme évêque, il ne change pas pour autant son style de vie, qui jusqu'au VIIIe siècle servira de modèle à la plus grande part de l'épiscopat. Ayant renoncé aux biens de ce monde, il n'hésite pas à critiquer publiquement l'idée que l'empereur serait investi par Dieu d'un pouvoir total, sur les âmes comme sur les corps, de sorte qu'à sa disparition la basilique Saint-Martin de Tours se trouve également dotée d'un rayonnement considérable. Au total on peut considérer, à la suite d'Olivier Guillot, que ces deux saints évêques lèguent aux églises des Gaules une triple exigence de pureté de foi, de pauvreté évangélique et d'aversion pour la guerre civile, toutes valeurs que les rois francs s'efforceront de reprendre à leur compte.

Dans leur sillage s'inscrivent d'autres apôtres comme saint Martin de Vertou, très présent en Bas-Poitou et qui meurt à Montaigu, saint Benoît d'Aizenay, saint Macaire dans les Mauges, ou encore saint Vivent. Leur charisme personnel se double souvent d'un réel rayonnement intellectuel, tel saint Amand, né en Talmondais et qui va achever ses études entre 603 et 608 dans le monastère de l'île d'Yeu ; il devient par la suite le premier évêque de Maastricht et fonde l'abbaye de Gand. Dans le même temps, Venance Fortunat, un lettré italien fixé à Poitiers auprès de la communauté fondée par sainte Radegonde, compose le *Vexilla Regis*, qui bien plus tard deviendra le chant de marche des insurgés vendéens.

Mais le temps est désormais à l'anarchie. L'Empire romain, à bout de souffle, se désagrège sous la poussée des Barbares. En 406, Alains, Suèves et Vandales ravagent le Poitou. En 418, l'empereur autorise des troupes auxiliaires, les Wisigoths de Wallia, à s'installer en Espagne et en Aquitaine, où ceux-ci ne tardent pas à fonder un royaume. Vers 462, ils s'emparent du Poitou. Peu nombreux, ils se contentent cependant d'occuper le vide laissé par l'effondrement de l'encadrement romain, et peut-être auraient-ils perduré s'ils n'avaient, épousant l'hérésie arienne, commencé à persécuter l'épiscopat d'une région semble-t-il attachée à l'orthodoxie chrétienne. En 507, saisissant ce prétexte et fort de l'appui du clergé, le roi franc Clovis affronte les Wisigoths à Vouillé, près de Poitiers, tuant de sa main leur roi Alaric II. Cette

Davantage encore que saint Martin, saint Hilaire est considéré comme l'évangélisateur du Bas-Poitou. Bois polychrome du XVIIe siècle dans une église du Haut Bocage.

Saint Philibert. Vitrail de l'église de Noirmoutier.

La crypte de Noirmoutier, réaménagée aux XIe-XIIe siècles et trop restaurée au XIXe siècle.

victoire revêt une très grande portée : les Wisigoths passent en Espagne et, après avoir célébré sa victoire en la basilique Saint-Martin de Tours, Clovis convoque en 511 le concile d'Orléans qui organise l'Église des Gaules. L'Aquitaine aurait pu pencher au sud : pour un temps au moins, elle s'arrime au royaume des Francs.

On connaît l'extraordinaire rayonnement du monachisme irlandais aux VIe et VIIe siècles, avec notamment saint Columban. C'est à ce courant que se rattache saint Philibert, né entre 622 et 630 d'un père haut fonctionnaire aquitain et monté adolescent à la cour du roi Dagobert. À vingt ans, ce brillant sujet décide d'embrasser la vie monastique, puis fonde en 654 l'abbaye de Jumièges près de Rouen. Chassé en 675, il se réfugie près d'Ansoald, évêque de Poitiers, obtenant de lui la permission de créer, à l'instar des moines irlandais, un monastère dans l'endroit le plus isolé qui soit : Herio, la future île de Noirmoutier. C'est là qu'il meurt le 20 août 686 ou 687 ; son tombeau ne tarde pas à devenir un lieu de pèlerinages et, paraît-il, de miracles, tandis que l'abbaye se distingue par son rayonnement culturel. En 682 d'ailleurs, douze de ses moines, sous la conduite de Sidonius, ont fondé sur une autre île, isolée en plein Marais, l'abbaye de Saint-Michel-en-L'Herm. C'est donc par l'extrémité la plus éloignée de la capitale régionale, la plus déshéritée, que le christianisme s'impose par la seule force de la vie contemplative.

Un nouveau péril se profile cependant, sous la forme des troupes musulmanes d'Abd-ar-Rahman, le nouveau vali d'Espagne qui, remontant toujours plus vers le nord, incendie la ville de Saintes. L'Aquitaine, devenue duché en 681 puis royaume en 717, constitue de nouveau une proie facile. Désespérant de pouvoir se sauver seul, son roi Eudes fait appel à Charles Martel qui, comme chacun sait, repousse l'envahisseur en 732 près de Poitiers. De nouveau, la région retombe sous suzeraineté franque. En 781, Louis le Pieux, fils de Charlemagne, est sacré par le pape roi d'Aquitaine. Pour faire pièce aux

Poitevins et aux Nantais, qui ont participé à une rébellion contre lui, Louis distrait du Poitou sa partie atlantique en suivant la très ancienne limite constituée par le Lay et confie ce nouveau pays d'Herbauge à son fidèle Renaud.

Il fait bien, car la chrétienté, en proie à des guerres incessantes, devient pour plus d'un siècle la cible des pillards normands. En 799, ceux-ci effectuent un premier raid sur Bouin, qui est alors une île et qu'ils reviennent saccager en 813. Chaque fois que revient la belle saison, les rapts et les pillages reprennent, d'abord sur la côte puis de plus en plus loin à l'intérieur des terres. En 819, l'abbé de Noirmoutier Arnould obtient la permission de se transporter en cas de besoin à Deas, sur le continent, c'est-à-dire à Saint-Philbert-de-Grand-Lieu, qu'il fait fortifier quelques années plus tard. Le 7 juin 836, les moines doivent en effet quitter l'île, emportant le corps de saint Philibert dans son lourd sarcophage de marbre. Tout un symbole, que cette pérégrination qui ne s'arrête pas là, puisque Deas est incendié en 847 et que les reliques du saint reprendront la route pour Cunauld en Anjou en 858, Messay en Poitou en 862, Saint-Pourçain en 870, pour aboutir en Bourgogne, à Tournus, en 876. Luçon est brûlé en 853, et les Normands

La bataille de Poitiers en 732, vue par Charles Steuben (1788-1856).

d'Hasting, désormais dotés de troupes montées, font de Noirmoutier, entre 836 et 846, l'une des principales bases de départ de leurs razzias.

Plaque de fibule.

De leur côté, les Bretons ne sont pas en reste. En 845, les troupes de Nominoë écrasent celles de Charles le Chauve à Ballon. Par le traité d'Angers, le Poitou perd les pays de Retz et d'Herbauge. Un siècle plus tard, il se séparera également des Mauges, d'abord rattachées à la Bretagne puis à l'Anjou, et ensuite récupérera Herbauge. Ainsi se crée, entre la Bretagne, l'Anjou et le Poitou, une zone frontière, appelée *marches séparantes*, très au sud de la Loire. Et il n'est pas indifférent de constater que celle-ci, reconduite huit siècles plus tard lors de la délimitation des départements, sera spontanément ignorée par l'insurrection vendéenne. En attendant, en 868 le comte de Poitou Renoul II, vainqueur des Normands près de Poitiers, se proclame duc d'Aquitaine. Aucune puissance centralisée n'ayant pu assurer la protection des populations, le temps est désormais au pouvoir des bâtisseurs de forteresses : c'est la naissance de la féodalité.

Que conclure de ces siècles de violence, qui succèdent à une longue période de paix romaine presque ininterrompue ? Dans un Occident européen en proie à la désagrégation, le Poitou fait figure de lieu de résistance contre les forces accourues de toutes parts : de l'est avec les Wisigoths, du sud avec les Musulmans, du nord avec les Normands puis les Bretons. Parmi ces multiples influences, le tropisme franc semble pourtant décisif, même si pour l'heure les forces centrifuges l'emportent en une décomposition générale dont une nouvelle société va émerger à partir du même mot latin *fides : la fidélité* comme fondement du lien d'homme à homme et la *foi* qui cimente le tout.

Les vitraux de l'église de Noirmoutier témoignent des tribulations des reliques de saint Philibert depuis Herio jusqu'à Tournus en passant par Saint-Philbert-de-Grand-Lieu.

18. Xᵉ-XIIᵉ SIÈCLES : CHÂTELLENIES ET HERBERGEMENTS

MALGRÉ les lacunes béantes de nos archives, le cœur du Moyen Âge apparaît bien en Bas-Poitou comme l'époque par excellence de l'enfantement d'une nouvelle société et de l'invention d'un nouveau paysage, celui en somme d'un nouveau départ. En l'an mil, la paix romaine n'est plus en effet qu'un lointain souvenir, tant les invasions ont déferlé par vagues successives depuis les divers coins de l'horizon sans qu'aucun pouvoir ait pu assurer la première des libertés : le droit à la sécurité. La Plaine, jadis terre de grands domaines minutieusement mis en valeur par des esclaves, est partiellement retournée à la friche et ne se différencie plus guère du massif ancien, jamais totalement cultivé. Quant à la population, elle a souvent fui les pillages ou s'est provisoirement réfugiée dans les forêts. Une telle désagrégation, cependant, est propice à des initiatives fécondes, issues du plus profond d'une société.

Une saisissante évolution des techniques de défense, de la motte féodale à Bois-de-Céné (vers le Xᵉ siècle) à la tour Mélusine de Vouvant (XIIIᵉ siècle).

Au départ il y a, semble-t-il, l'initiative de laïcs ou parfois de communautés monastiques qui, créant les premières paroisses, sont à l'origine, par des divisions ultérieures, d'un nouveau maillage du territoire dont découle quasi directement, inchangé ou presque depuis le XIVᵉ siècle, le riche tissu de nos communes rurales.

Dans les premières décennies du XIᵉ siècle, de riches personnages, dont les familles ont pu occuper des fonctions publiques à l'époque carolingienne, prennent sur eux d'édifier des tertres d'une cinquantaine de mètres de diamètre pour une dizaine de haut, et de les coiffer d'une palissade. C'est assez pour que d'autres hommes mettent leurs armes à leur disposition, devenant des chevaliers préposés à la garde de ces premières mottes féodales. Bientôt des bourgs castraux naissent de ces noyaux initiaux, regroupant ceux qui dès lors se résolvent à payer à leur puissant protecteur un impôt personnel, la taille, ainsi que des terrages et divers droits pour utiliser son moulin ou son four. Sans compter qu'en contrôlant les voies de communication, le seigneur s'arroge le bénéfice des différents péages et qu'il garde jalousement pour lui les droits de chasse et de pêche. Parfois une spé-

Fantassins (église de Foussais) et chevalier (église de Vouvant).

cialisation se fait jour : ainsi la seigneurie de La Garnache garde-t-elle un rôle politique et administratif, tandis que sa jumelle de Beauvoir prend au XIIe siècle une dimension plus économique.

L'isolement n'étant guère imaginable dans une telle société, sinon à régler tous les litiges par d'incessantes guerres privées, des liens d'allégeance se tissent entre ces seigneurs et des sires plus puissants comme ceux de Parthenay, Talmont ou Lusignan, qui eux-mêmes se placent sous la dépendance de vicomtes comme celui de Thouars. Au sommet se situe le puissant comte de Poitou, soucieux de créer sur ses domaines un ordre garantissant la sécurité publique et la prospérité économique, et plus haut encore le roi, d'autant mieux accepté que son pouvoir est somme toute très théorique. Ainsi la pyramide vassalique apparaît-elle garante d'une certaine cohésion sociale. Des lois coutumières s'instituent peu à peu, qui seront quelques siècles plus tard codifiées sous le nom de *Coustume du Poitou*. Dans la partie la plus orientale du comté, la plus éloignée des pays de droit écrit, l'empreinte féodale y est plus forte, notamment pour ce qui concerne l'application très rigoureuse du droit d'aînesse, chez les nobles. À la fin du XIe et au XIIe siècle, les églises, primitivement surtout détenues par des laïcs, passent sous la tutelle des établissements monastiques, de Talmont et de Maillezais surtout, et l'institution ecclésiastique y gagne le surcroît d'autonomie qui lui permet de commencer à civiliser les mœurs d'une société naturellement violente.

Cette violence ne saurait cependant être surestimée, dans la mesure où le retour d'une certaine sécurité se traduit par une réelle croissance économique. Celle-ci bénéficie d'abord à la côte, où des salines sont à nouveau mentionnées et où l'on compte au moins les trois petits ports de Maillezais, Olonne et Talmont, qui font le commerce du sel et surtout du vin. Cette croissance se voit également dans les défrichements, surtout sur le massif ancien. Le système de l'herbergement, par lequel des tenures sont conférées à titre individuel, y aboutit à la création des borderies, des exploitations de deux à dix hectares, et à la constitution d'un habitat dispersé. Les premières haies du Bocage datent-elles de cette époque ? On l'ignore, mais déjà s'esquisse au moins une différenciation avec la Plaine, où les maisons se regroupent dans les bourgs. Là, on cultive les céréales et la vigne, tandis que plus au nord dominent la polyculture et l'élevage ovin ou porcin.

La dame et le chevalier, église du Vieux-Pouzauges

Au total, une politique volontariste de remise en valeur se fait jour chez les propriétaires fonciers qui, pour attirer des exploitants, leur consentent des conditions exceptionnellement favorables. Dès le XIe siècle, le servage a presque disparu, et la région est désormais majoritairement peuplée de petits tenanciers libres qui possèdent sur leurs terres un droit héréditaire. Un incontestable essor démographique se fait jour, qui sera peut-être à l'origine de la mise en valeur du Marais, l'œuvre majeure du XIIIe siècle.

Que doit-on penser de l'image du manant accablé d'impôts ? Certes, il n'est jamais agréable d'en payer, et certains seigneurs, laïcs ou ecclésiastiques, ont été particulièrement rapaces. Mais la sécurité a un prix, et le fait que les redevances, d'abord exigibles en nature, soient de plus en plus souvent converties en argent constitue le signe d'une économie monétaire d'une certaine prospérité. Excessivement décriée, cette société médiévale recèle ici comme ailleurs un formidable potentiel de développement ultérieur.

Scènes de vie quotidienne :
les bergers, ci-contre
le chien
le moissonneur, en bas
et le battage au fléau, page ci-contre.

« L'hommage » au seigneur.
La basse justice seigneuriale.
La haute justice seigneuriale : la question
la haute justice seigneuriale : le gibet.
Le serment de « foi ».
Les mesures seigneuriales : « boisseaux » et « pintes ».
Les droits de juridiction.
L'Église et le fief.

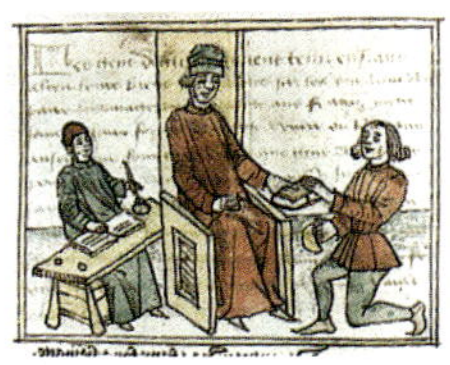

Extraits de « Société et vie sociale au Moyen Âge : le Vieux Coustumier du Poictou », *de F. Rieupeyroux, éd. CDDP des Deux-Sèvres, 1983.*

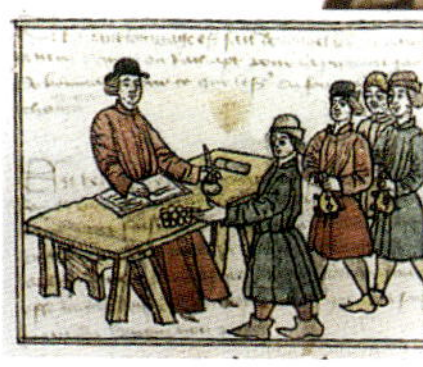

La justice royale
et les « hommes de loi ».
Les notaires.
Les marchands.
Domaine seigneurial et
tenures paysannes.
Les droits du seigneur foncier.
La culture.
L'élevage en vaine pâture.
La maison et le mobilier.
La tutelle des enfants.
L'émancipation des enfants.

19. LES GUILLAUME, COMTES DE POITOU, DUCS D'AQUITAINE ET ROIS SANS COURONNE

CHACUN le sait : en 987 Hugues Capet devient roi de France et fonde la dynastie des Capétiens, appelée à durer près de mille ans. Mais qui sait que son épouse Adélaïde est la sœur de Guillaume IV, comte de Poitou et « par la grâce de Dieu duc de toute la monarchie d'Aquitaine » ? Alors que Hugues, même pas sacré, ne dispose que d'un minuscule domaine autour de Paris, Guillaume possède théoriquement près du quart du royaume dont il est l'un des principaux seigneurs. Comme le pouvoir de cette dynastie poitevine va aller en s'affermissant tout au long du XIe siècle, on peut s'interroger sur les ressorts de cette puissance, tout comme on doit se demander quelles fragilités profondes conduiront, dès 1204, à la disparition pure et simple de cette principauté.

Gisant d'Eudes d'Aquitaine, inhumé à Maillezais, Musée du Pilori, Niort.

Les deux premiers de la dynastie s'illustrent dans leur lutte contre les Normands et même Renoul II, mettant la main sur l'atelier monétaire de Melle, se déclare duc, héritier des rois d'Aquitaine. Guillaume III (935-963), surnommé Tête d'Étoupe à cause de sa perruque, se proclame abbé de Saint-Hilaire de Poitiers et en fait le Saint-Denis des ducs d'Aquitaine. Il a compris que le mieux, pour s'imposer aux autres féodaux, est de passer par le symbolique et de s'assurer l'appui de l'Église. Son frère et conseiller Eble n'est-il pas également évêque de Limoges, dont la cathédrale sert à l'intronisation de la dynastie ? Il a également compris toute l'importance stratégique du Bas-Poitou. Ce même frère Eble transforme Saint-Michel-en-L'Herm, jusque-là un prieuré dépendant de Noirmoutier, en une puissante abbaye dont il prend la tête et qu'il entreprend de fortifier. Ainsi barre-t-il tout à la fois l'expansion bretonne vers le sud et l'axe essentiel de pénétration des Normands par la Sèvre et le Lay, sans pour autant inquiéter les seigneurs de la région comme il n'aurait manqué de le faire en construisant un château. Et ce n'est pas un hasard si, à la mort d'Eble, la place est confiée à un laïc, le puissant vicomte de Thouars, qui assure ainsi, sous la suzeraineté au duc, sa prééminence sur le Bas-Poitou.

Guillaume IV Fier-à-Bras (963-995), flanqué de son épouse Emma, une femme de caractère, poursuit cette politique. C'est lui qui récupère Herbauge et qui fonde l'abbaye de Maillezais, posant ainsi un jalon essentiel pour la mise en valeur de la région et créant le haut-lieu spirituel où ses trois successeurs immédiats tiendront à se faire inhumer. Rien moins que cinq évêques et l'archevêque de Bordeaux en personne viendront consacrer l'abbatiale et avec elle la dynastie.

Château de Talmont : tour du XIIe siècle.

Les murailles de La Chaize-le-Vicomte.

C'est néanmoins avec son fils Guillaume V le Grand (995-1030), gendre du duc de Gascogne beau-père de l'Empereur Henri III, que l'Aquitaine devient une principauté de dimension européenne. Les Normands ont une nouvelle fois fait parler d'eux en enlevant la vicomtesse de Limoges en pèlerinage à Saint-Michel-en-L'Herm et ne l'ont libérée qu'au bout de trois ans au prix d'une importante rançon. Guillaume V entreprend alors de réorganiser la défense du Bas-Poitou, choisissant comme principal point d'appui le site de Talmont et comme base arrière La Roche-sur-Yon, deux forteresses qu'il confie à son fidèle Guillaume le Chauve. Pour repeupler le Talmondais il y institue le système de *l'hostise*, en vertu duquel des paysans reçoivent une terre vacante qu'ils doivent mettre en valeur ; comme ils demeurent libres de partir à tout moment et que leurs redevances sont modiques, le servage disparaît rapidement de la région.

Quatre des fils de Guillaume le Grand lui succèdent : Guillaume VI le Gros (1030-1038), Eudes (1039-1039), Guillaume VII Aigret (1039-1050) et Guillaume VIII (1058-1086), dont les deux filles épouseront les rois d'Aragon et de Castille. En 1063, ce dernier a l'initiative de la première expédition européenne à être entreprise contre les Sarrazins, et la bataille de Barbatro confère à la dynastie un surcroît de prestige. Trois ans plus tard, Aimery, le vicomte de Thouars, est avec 4 000 Poitevins de la fameuse conquête de l'Angleterre par un autre Guillaume.

En 1099, les croisés prennent Jérusalem : les temps sont décidément à l'expansion de la chrétienté. En décembre de la même année, lorsque Herbert, le fils d'Aimery, fait consacrer la nouvelle église de La Chaize-le-Vicomte, édifiée à grands frais grâce au butin rapporté par son père, Guillaume IX (1086-1126) fait part de son intention de s'en aller pour la croisade. Parti en mars 1101 avec 30 000 compagnons, il revient en octobre 1102 avec seulement quelques poignées de rescapés. Le nouveau duc n'est pas à vrai dire du même bois que ses prédécesseurs. Plutôt que la guerre, il préfère célébrer l'amour courtois, gagnant le surnom de Troubadour en composant en langue d'oc des chansons qui, si l'on en juge par celles qui nous sont parvenues, constituent des pièces marquantes de notre littérature. Ce poète du *fin'amor* ne craint pas de s'afficher avec sa maîtresse, la femme du vicomte de Châtellerault, prénommée Dangereuse, dont il fait épouser la fille à son propre héritier. Avec ce duc deux fois excommunié, on est décidément loin des fondateurs d'abbayes. Certes, son fils Guillaume le Toulousain (1126-1137) mort un vendredi saint lors d'un pèlerinage à Saint-Jacques-de-Compostelle, est enterré dans la basilique, mais la dynastie touche à sa fin.

Qu'aura-t-il manqué aux comtes de Poitou pour pérenniser un royaume d'Aquitaine de langue d'oc ? Un grand dessein sans doute, eux qui n'auront su poursuivre une patiente politique de rassembleurs de terres. Mais cet espace est tellement disparate ! Surtout que d'autres grands prédateurs ont déjà, depuis Londres et Paris, l'œil sur cette riche principauté…

Œuvre d'Herbert, vicomte de Thouars, l'église de La Chaize :

La façade.

La nef.

Pour les chapiteaux de l'église de La Chaize, le granit laisse place au calcaire.

Trouvée à l'intérieur d'une sépulture de l'église d'Oulmes,
la coquille Saint-Jacques du pèlerin de Compostelle.

20. ALIÉNOR, LA TROIS FOIS REINE

HÉRITIÈRE très convoitée de la dynastie des ducs d'Aquitaine, Aliénor est un destin exceptionnel. À quinze ans, trois mois et demi à peine après la mort de son père, elle convole avec l'héritier des Capétiens ; plus tard, deux mois seulement après son divorce, elle épouse le fils de son grand rival Plantagenêt. Déjà deux fois reine, elle l'est peut-être encore davantage que jamais lorsqu'elle gouverne ses fils Richard Cœur de Lion puis Jean Sans Terre. Avec cette femme de culture et de caractère, l'Aquitaine indépendante brille cependant de ses derniers feux : quatre mois après sa mort, à 82 ans, la France de Philippe-Auguste entreprend la conquête de la principauté.

Avec Guillaume X le Toulousain s'éteint, le 9 avril 1137, la lignée mâle des ducs d'Aquitaine. Aussitôt le roi Louis VI conclut pour son fils un mariage qui à vrai dire arrange bien les deux parties : Aliénor se trouve un allié de poids pour contenir ses vassaux, tandis que, bientôt devenu roi, Louis VII double d'un seul coup l'étendue de ses états en portant ses frontières aux Pyrénées. Encore ne s'agit-il pas d'une annexion, mais bien d'une union personnelle au cours de laquelle chacun des époux conserve ses propres territoires. Bien leur en fait, car la différence des caractères rend ce mariage des plus hasardeux. Autant la belle Aquitaine est libre d'allure et orgueilleuse, indépendante et sensuelle, autant le jeune roi de France se révèle dévot et scrupuleux, amoureux et jaloux. Généreux pourtant à l'égard de l'abbaye de Nieul-sur-l'Autise où repose la mère d'Aliénor, Louis VII l'aide aussi par exemple en 1138 pour réprimer une révolte à Poitiers ainsi que pour monter une expédition punitive contre des brigands dans le Talmondais. En 1147 les époux, partis pour la croisade, retrouvent là-bas l'oncle d'Aliénor, Raymond de Poitiers, qui est devenu prince d'Antioche. Dans cette cour de plaisirs à la mode aquitaine, les rapports dans le couple achèvent de se détériorer : le 21 mars 1152, une assemblée d'évêques, arguant d'un lien de parenté, prononce la dissolution de l'union.

Le 18 mai suivant, Aliénor épouse en la cathédrale de Poitiers celui qui, deux ans plus tard, deviendra roi d'Angleterre sous le nom d'Henri II. Sportif et spirituel, peu dévot et lettré, celui-ci, de douze ans son cadet, est à l'exact opposé du roi de France, pour lequel ce remariage est une véritable catastrophe. Aliénor vient de faire basculer l'équilibre européen. Déjà duc de Normandie, comte d'Anjou et du Maine,

Aliénor serait née à Nieul en 1122. Dans le cloître, un enfeu gothique marque la tombe de sa mère.

Le donjon de Pouzauges, de type niortais, XIIe.

Henri II réunit désormais en effet entre ses mains rien moins que l'Angleterre et la moitié ouest de la France, à l'exception de la Bretagne. Cette puissance se marque d'ailleurs par les mariages prestigieux des trois filles du couple, la première avec l'Empereur Othon de Brunswick, les deux autres avec les rois de Castille et de Sicile. Dans un premier temps, Aliénor prend une grande part aux affaires du royaume, tandis qu'Henri II entreprend de mater les féodaux aquitains. Il rase notamment le château du vicomte de Thouars en 1158 et fortifie la région, construisant le donjon de Niort et restaurant l'enceinte de Poitiers. C'est l'époque où cette dernière devient, dit-on, avec les poètes Bernard de Ventadour et Marie de France, la capitale européenne de la vie courtoise.

Tout se gâte en 1170, lorsque Henri II, en faisant assassiner l'archevêque de Canterbury Thomas Becket, commet la faute dont la monarchie anglaise ne se relèvera jamais vraiment. Dès lors les barons n'auront de cesse que de se révolter contre ces souverains qui ne parlent même pas anglais, jusqu'à obtenir la Grande Charte de 1215 et à terme un Parlement. Sur le continent, Henri II a pris soin de conférer nominalement le comté de Poitou et le duché d'Aquitaine à son fils Richard, mais rien n'y fait : il se heurte tout à la fois aux menées des féodaux et aux révoltes d'une population exaspérée par le fisc. Surtout qu'en 1173 Aliénor, avec la complicité de Louis VII, pousse ses trois fils Henri, Richard et Geoffroy contre leur père. Ce dernier cependant reprend la situation en main et, incarcérant son épouse, retourne Richard en lui confiant le soin de pacifier le pays, une tâche que ce dernier exécute avec une irréprochable brutalité. Nouvelles discordes familiales en 1183, nouvelles révoltes féodales, nouvelles intrigues du roi de France : les guerres

La tradition voit, dans les trois statues mutilées de l'église d'Angles, Aliénor, son époux Henri II et son fils Richard.

Le sceau d'Henri II.

incessantes ruinent le pays. En 1189, Henri II meurt à Chinon et Richard délivre sa mère, captive depuis quinze ans.

Commencent alors les dix ans de règne de Richard Cœur de Lion, un souverain plus poitevin qu'anglais, brillant et lettré, doué de réels talents militaires. Amoureux du Talmondais, un pays giboyeux où il a sa résidence favorite à Port-Juré, tout près de l'anse de Cayola, il y fonde en 1190 l'abbaye de Lieu-Dieu en Jard. Poursuivant la politique de son père qui est aussi celle des souverains éclairés de son temps, il favorise l'ascension d'hommes nouveaux choisis en dehors des grands lignages et qui lui doivent tout. Les prévôts comme celui de Talmont, ou encore les sénéchaux, dont les responsabilités sont plus importantes, tel le châtelain de La Roche-sur-Yon Pierre de La Garnache. Partant pour la troisième croisade, il confie la régence à sa mère. À son retour, comme il est retenu captif par l'empereur Henri VI, c'est encore la vieille reine qui remue ciel et terre pour réunir l'énorme rançon.

En 1199, Richard est tué au cours du siège de Chalus, et son frère Jean Sans Terre lui succède. Le concours d'Aliénor se révèle encore bien utile à ce prince étranger au Poitou et qui accumule les maladresses. Heureusement celle-ci s'assure l'appui de cette classe montante qu'est la bourgeoisie en concédant d'importantes chartes de franchises aux villes de La Rochelle et de Poitiers en 1199. Une nouvelle fois, les féodaux se révoltent et Aliénor doit sortir de sa retraite pour se jeter dans la place de Mirebeau afin d'assurer la victoire de son dernier fils. Le 31 mars 1204, lorsque la reine mère s'éteint en l'abbaye de Fontevraud, c'est une page d'histoire qui se tourne.

Aussitôt, Philippe-Auguste entreprend la conquête du Poitou. En 1206, Jean Sans Terre reprend son bien, mais son rival, victorieux à Bouvines en 1214, le contraint à renoncer à la majeure partie du Poitou, et dix ans plus tard son fils Louis VIII finit de le récupérer. En confirmant systématiquement les chartes communales, le roi de France achève de se concilier la plupart des villes, et le peuple déteste les Anglais. De nouvelles hostilités s'ensuivent, auxquelles saint Louis met fin en 1242 en prenant d'assaut les châteaux de Pouzauges, Mervent, Vouvant et Fontenay. Par le traité de 1259, après avoir bien failli être anglaise, la région s'arrime à la France.

Mariage de Louis VII et d'Aliénor. Miniature.

Fondée par Richard, l'abbaye de Lieu-Dieu en Jard.

T rois fois le fort enuironna
A chascun tour ung son donna
E t getta ung cry merueilleux
M oult estrange et moult doulereux

MÉLUSINE, LA REINE DES LÉGENDES

Raimondin, neveu du comte de Poitiers, épouse la fée Mélusine, qui lui fait promettre de ne jamais tenter de la voir un samedi. C'est en effet le jour où elle se transforme en femme serpent. Dès lors, la prospérité comble le couple, qui se bâtit une foule de châteaux comme celui de Lusignan et a de nombreux enfants, dont Geoffroy la Grande dent.
Mais celui-ci brûle l'abbaye de Maillezais et Raimondin s'emporte contre Mélusine, qu'il a vue se baigner un samedi. Alors la fée, désespérée de quitter ses enfants, s'envole de Lusignan, tandis que Raimondin se fait ermite et que Geoffroy rebâtit Maillezais.
Les Lusignan font de Mélusine, la maternelle et défricheuse, leur ancêtre mythique.

Mélusine insultée par Raimondin.

L'envol sous forme de dragon, page de gauche.

Mélusine représentée à Vouvant, ci-dessous et à Foussais-Payré, ci-dessous à droite.

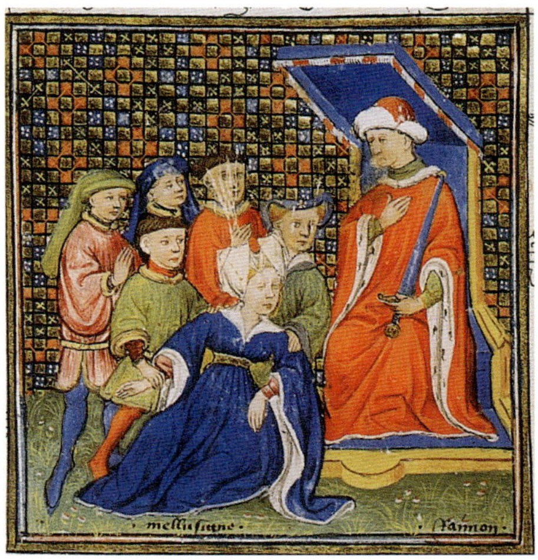

Richard Cœur de Lion en croisé,
par Joseph Blondel Merry, page suivante.

21. LA FOI DES HUMBLES : LES ÉGLISES ROMANES

Le Poitou étant souvent considéré comme l'un des principaux foyers de l'art roman, on s'attendrait à retrouver ici une même somptuosité ou du moins l'influence de ses maîtres d'œuvre. Il n'en est rien. Comme nous allons le voir, le Bas-Poitou regarde alternativement vers le sud puis vers le nord, et force est de constater que les églises romanes y sont moins nombreuses et souvent plus frustes. Pour l'expliquer, on a souvent évoqué les ravages de la guerre de Cent Ans puis des guerres de religion, enfin de la Révolution. Ces raisons, bien que recevables, paraissent cependant un peu courtes dans la mesure où les régions voisines non plus n'ont guère été préservées. Surtout, les édifices qui nous sont parvenus, le plus souvent situés

Vitrail de La Guérinière.

dans la Plaine ou sur ses marges, ne se haussent pas, sauf exception, au niveau de leurs voisins poitevins ou saintongeais. Voilà plutôt, semble-t-il, l'illustration de la relative pauvreté de la région, durablement ruinée par l'oc-

Si l'on fait abstraction des deux ouvertures percées au XVe siècle au centre du chevet et dans le mur nord, ainsi que de la façade récente, l'église de Cézais, parcimonieusement éclairée par d'étroites fenêtres et couverte d'une charpente, est typique du roman primitif.

cupation normande, globalement handicapée par ses sols ingrats et isolée derrière un marais Poitevin d'où la mer n'en finit pas de se retirer.

Et c'est peut-être justement cette humilité qui rend les églises romanes bas-poitevines si intéressantes à découvrir dans leur écrin villageois. Si la foi pousse à édifier à Dieu une maison, souvent l'orgueil ne tarde pas, on le sait, à prendre le relais, et au bout du compte la splendeur de l'édifice finit par éclipser sa vocation première. Ici rien de tel, semble-t-il : on a l'impression que les pierres ont toujours été secondaires. L'antique bâtiment menace-t-il ruine ou se révèle-t-il trop exigu ? On n'hésite pas à le reconstruire partiellement et parfois même en entier. Ainsi les vieilles églises vendéennes sont-elles le plus souvent très composites, l'église romane primitive ayant plus d'une fois été fortement remaniée. À croire que le culte des vieilles pierres est inversement proportionnel à la vitalité de la foi…

De l'église à trois nefs de Saint-Nicolas-de-Brem, il ne reste plus que la nef centrale édifiée au début du XIe et quelques murs ruinés. Le porche, de style archaïsant, est de la fin du XIe et représente un saint terrassant un dragon ailé. Chaque premier mai, les habitants « fleurissent saint Nicolas ».

Flanqué de colonnes et décoré d'arcs brisés, le mur sud de l'église de Mareuil-sur-Lay, du XIe siècle, est avec le narthex le seul à avoir échappé à une restauration excessive au XIXe siècle.

Les spécialistes de l'art roman bas-poitevin, Michel Dillange notamment, distinguent trois époques. Jusque vers 1080, il s'agit du **roman primitif**, dont l'exemple le mieux préservé des remaniements ultérieurs est l'église de Cézais. À l'emplacement des édifices antérieurs ruinés par les Normands, les hommes du XIe siècle construisent des nefs uniques, simple-

La crypte de l'église de Curzon, XIe.

Seule la façade de l'église de Belleville a échappé au zèle rebâtisseur du XIXe siècle, ci-dessous.

ment couvertes d'une charpente et terminée par une abside voûtée en cul de four. N'ayant pas à supporter le poids d'une voûte, les murs sont relativement peu épais — 80 cm environ — et les contreforts, très plats, jouent plutôt le rôle de raidisseurs. Ces églises sont parcimonieusement éclairées par des fenêtres hautes, très étroites, et qui ont la particularité d'être ébrasées seulement vers l'intérieur, comme des meurtrières.

L'église XIIe Saint-Nicolas de La Chaume.

Le roman classique généralise la voûte en berceaux renforcée d'arcs doubleaux. L'abbatiale de Nieul-sur-l'Autize, l'une des rares églises à trois nefs, possède une façade très harmonieuse.

Avant et après la restauration de 1862 (haut et bas).

Aucun décor, pas même au portail. En dépit de cette relative pauvreté, la rigueur de l'exécution fait attribuer ces constructions à des ouvriers hautement qualifiés, dirigés sans doute par des maîtres d'œuvre itinérants.

L'apogée de l'Aquitaine indépendante, entre 1080 et 1150, coïncide avec l'âge d'or de la société féodale et l'essor économique de l'Occident chrétien. C'est également une époque de foi profonde, celle des pèlerinages et des premières croisades, de la fondation de nouveaux ordres religieux et de la réformation des anciens. De nouvelles paroisses se créent, et donc de nouvelles églises sortent de terre, manifestations de l'universalité chrétienne et en même temps émanations des différents terroirs. De par l'ampleur du chantier, les constructeurs, moins contraints à l'itinérance, bâtissent en effet des édifices qui ont des airs de famille. Même si techniquement ils ne valent pas leurs devanciers, ils osent innover, abandonnant dans ce **roman classique** le pied d'œuvre de 36 cm probablement inspiré de l'Italie, pour une mesure de base de 33 cm, bien française celle-là puisqu'elle préfigure le pied de roi : influence sans doute de la Saintonge voisine à travers les routes du pèlerinage vers Saint-Jacques-de-Compostelle. Abandonnant les charpentes, inflammables et jugées peu dignes de l'œuvre, les Bas-Poitevins du XIIe siècle édifient des voûtes en berceau que des arcs doubleaux viennent renforcer au niveau de chaque pilier. Le poids de l'ensemble, considérablement augmenté, oblige à épaissir les murs — 100 à 120 cm — et à les renforcer par des contreforts beaucoup plus saillants. Le plan change également : un transept, souvent doté de deux absidioles, donne désormais à l'édifice la forme d'une croix latine. À la croisée de ce transept, on trouve généralement une coupole ; le clocher la surmonte, à moins qu'il ne se situe au-dessus du porche. Les voussures de ce dernier ainsi que les différents chapiteaux sont abondamment décorés de motifs géométriques et de figures végétales ou animales souvent fantastiques et parfois

L'église de Foussais, du XVe, a conservé sa façade du XIIe, l'un des chefs d'œuvre de l'art roman, dû à la riche imagination du sculpteur saintongeais Giraud Audebert. La décoration du portail central s'inspire de l'Apocalypse. Sur l'arcature aveugle du côté sud, on reconnaît Marie-Madeleine répandant du parfum sur les pieds du Christ lors du repas chez Simon ; les deux personnages se retrouvent dans la partie supérieure.

L'église paroissiale de Maillezais : la riche composition de sa façade, la nef en plein-cintre avec doubleaux, des chapiteaux du chevet.

de figures humaines pleines d'humour. Autant que la parure de l'édifice, il fait la fierté des villageois, qui ont coutume de s'assembler en cet endroit. Et cette fierté comme cette foi sont encore accrues quand, s'étant procuré des reliques, ils construisent sous le chœur une crypte pour les exposer à la vénération des pèlerins.

Un tournant s'opère à partir de 1174, date à laquelle Richard Cœur de Lion fait de l'Aquitaine sa principauté. Ce fils d'Aliénor, amoureux du Talmondais, y multiplie les donations et importe, avec des maîtres maçons angevins et le pied d'œuvre anglais de 30 cm, la technique de la croisée d'ogive en usage en Normandie depuis déjà un demi-siècle. On pourrait parler d'architecture gothique, n'était l'esprit roman de l'ensemble et notamment la décoration, qui demeure inspirée de la Saintonge et qui revêt sans doute une inspiration moins profane qu'avant. Cinquante ans durant, cette double influence se manifeste dans ce qu'il est convenu d'appeler le **roman plantagenêt** ou le gothique de l'Ouest, conduisant à la disparition des voûtes en berceau ainsi que des chevets arrondis et des coupoles, ce qui permet de diminuer l'épaisseur des murs — 100 cm —, maintenant flanqués de contreforts plus plats et plus larges.

En 1204, avec la disparition d'Aliénor, commence une nouvelle période de troubles liés à la réintégration du Poitou dans le giron français. L'arrêt des constructions signe localement la fin de l'architecture romane, cet art éminemment rural et populaire, et dont cette rapide évocation nous a révélé à quel point les Bas-Poitevins de l'époque n'entendaient pas laisser Poitiers leur dicter leurs goûts.

L'église de La Chaize-Giraud, bien que remaniée, a gardé sa façade romane.
Dans les arcatures aveugles, de part et d'autre du portail, l'Annonciation et l'Adoration des Mages.

De lourds contreforts et un nouveau portail du XVe masquent en partie la façade romane de l'église de Benet. Les voussures de la fenêtre, à l'étage supérieur, s'inspirent de l'Ancien et du Nouveau Testament.

Chalais et ses modillons :
la calomnie, la luxure et le reste traités
avec une verve toute populaire.

Vouvant, son chevet et son exceptionnel portail, une double porte coiffée d'une grande arcade et surmontée au XVe de représentations de la Cène et de l'Ascension.

L'église d'Angles constitue un bon résumé des modes de couverture du roman classique et du roman plantagenêt : les bras du transept couverts en berceau et la croisée en coupole sur pendentifs sont du début XII

La rencontre d'Anne et Joachim.

Marie, désormais auréolée, seule devant l'autel du Temple.

Découvertes en 1948, les fresques du Vieux-Pouzauges, datées du début du XIIIe*, traitent de l'enfance de la Vierge : la rencontre d'Anne et Joachim, la présentation au Temple, la visite de l'ange.*

Deux scènes : Anne et Joachim présentent Marie au Temple. Marie auréolée est seule devant l'autel.
La visite de l'ange, page suivante.

22. SPLENDEURS ET MISÈRES DE MAILLEZAIS, L'ABBAYE DES DUCS D'AQUITAINE

Aujourd'hui ne subsistent de l'abbatiale de Maillezais que d'émouvantes ruines, dont l'ampleur permet cependant d'imaginer un gigantesque et somptueux monument, tout à fait incongru en cet endroit isolé du marais Poitevin. Parvenu au centre de la vaste esplanade où se distinguent encore les fondations du cloître, on est saisi par la magie de ces lieux dont il faut évoquer la dramatique histoire.

Les ruines de l'abbatiale juxtaposent roman et gothique.

Si l'on en croit le moine Pierre, qui a rédigé vers 1070 le récit de fondation de l'abbaye, un siècle plus tôt le pays est presque désert à l'issue des invasions normandes : tout juste y rencontre-t-on quelques colliberts qui vivent de la pêche dans les vastes étendues marécageuses des bords de la Sèvre et de l'Autise. Le comte de Poitou Guillaume Tête d'Étoupe a édifié un pavillon de chasse au milieu des bois qui couvrent cette presqu'île tout juste raccordée à la Plaine par une étroite chaussée. C'est en ce lieu stratégique que son fils Guillaume Fier à Bras et son épouse Emma entreprennent vers 977 d'édifier une forteresse destinée à marquer la protection qu'ils entendent désormais étendre à la partie occidentale de leur comté. Un jour, un de leurs chevaliers nommé Goscelme, poursuivant un énorme sanglier, se retrouve seul dans un fourré face à la bête. Pour se défendre, il saisit une pierre, mais c'est la table d'autel d'une église en ruines et le sacrilège lui vaut de perdre immédiatement la vue et l'usage de ses membres. Heureusement, la comtesse Emma prend l'initiative d'exposer sur place entre deux cierges le malheureux qui, à l'issue d'une nuit de prières, recouvre miraculeusement la santé. Elle persuade alors son époux d'édifier une abbaye en ces lieux que plus tard on appellera significativement Saint-Pierre-le-Vieux. Le récit du moine Pierre n'est pas qu'une pieuse légende, puisqu'il raconte ensuite sans détours comment Emma, trompée par son mari, se venge de sa rivale la vicomtesse de Thouars en la faisant violer par ses gens. S'ensuit entre les époux une brouille d'une dizaine d'années à l'issue de laquelle le monastère, enfin achevé, peut accueillir treize moines que cette femme de caractère a obtenus de son parent Gauzbert, abbé de Saint-Julien de Tours.

Le donjon-porche, XIe.

Le gisan de Goderan (mort en 1070).

Dans le massif roman, des sépultures.

En 1003, son successeur Théodelin obtient de Guillaume le Grand qu'il lui cède l'ensemble de l'île. Ayant rasé le château comtal, il transfère la communauté dans des bâtiments provisoires en bois. Le monastère, dédié à Saint-Pierre et désormais placé sous l'autorité directe du Saint-Siège, contrôle le trafic sur la Sèvre depuis le donjon-porche qui est toujours visible. Reste, en ces temps de culte des reliques, à attirer les pèlerins : c'est chose faite lorsque Théodelin obtient du comte du Maine la dépouille de saint Rigomer, un ermite manceau du VIe siècle. Le rayonnement de l'abbaye est désormais assuré, au point que le duc d'Aquitaine Guillaume le Grand et les deux fils qui lui succèdent tiennent à s'y faire inhumer.

En 1058 l'abbaye, maintenant placée sous la dépendance de Cluny, adopte la règle de Saint-Benoît. La partie romane des restes de l'abbatiale date de la reconstruction entreprise vers 1065-1070 par l'abbé Goderan. Sur le mur de la nef, on distingue deux niveaux d'arrachement subsistant qui correspondent à deux voûtes : celle du bas-côté et, au-dessus, celle de la tribune qui augmentait le nombre de places disponibles. À la suite d'un incendie en 1082 est édifié un important massif d'entrée avec un étage dont l'immense baie surplombe la nef et qui permet de desservir les tribunes. Des fouilles récentes ont révélé, du côté du chœur, un déambulatoire avec trois chapelles rayonnantes, ce qui ne surprend pas dans une église de pèlerinage. Au début du XIIe siècle, l'abbaye possède déjà plus de 50 églises et de nombreux domaines. Le cloître, dont il ne reste que les fondations, date de cette époque.

En 1217 Pierre de Volvire, seigneur de Chaillé, concède un marais aux abbayes de Maillezais, Nieul, Saint-Michel-en-L'Herm, Saint-Maixent et L'Absie, à charge pour elle de le mettre en valeur. C'est le début du dessèchement méthodique de l'ancien golfe des Pictons. Cette nouvelle fonction se matérialise par la construction, au début du XIVe siècle, de l'ensemble de

Chapiteaux romans.

bâtiments destinés à abriter les frères convers, chargés des travaux manuels, ainsi que de l'hôtellerie, pour accueillir les voyageurs. Quelques décennies plus tôt, la décision a été prise de reconstruire complètement l'abbatiale, et c'est donc de la fin du XIIIe siècle que date la partie conservée du transept. Toutefois les travaux s'interrompent, de sorte que coexistent aujourd'hui les deux styles, roman et gothique, sur le mur de la nef. Quoi qu'il en soit, le prestige de l'abbaye est désormais tel que lorsqu'en 1317 le pape Jean XXII décide de scinder le diocèse de Poitiers, Maillezais devient siège d'évêché.

Le transept gothique.

Crosse abbatiale en émail de Limoges (fin XIIIe) trouvée dans une sépulture.

Reviennent les guerres et l'abbaye renoue avec son rôle stratégique. Pendant la guerre de Cent Ans, les fortifications sont renforcées : le massif occidental de l'abbatiale est obturé, et l'on coiffe les murs d'enceinte d'un chemin de ronde sur mâchicoulis. La paix revenue, l'abbaye connaît l'apogée de sa gloire lorsque, à partir de 1540, l'évêque Geoffroy d'Estissac édifie un nouveau chœur doté de sept chapelles rayonnantes et délimité par un jubé antiquisant en forme d'arc de triomphe. C'est le premier de ce genre en France, selon son découvreur Richard Levesque, et Maillezais devient alors un centre d'expérimentation et de diffusion d'une architecture d'avant-garde qui se répand dans toute la région. On comprend mieux dès lors pourquoi elle attire tout un cénacle de lettrés, dont Rabelais en personne. Cette magnificence ne dure cependant que quelques années, puisque dès 1562 l'abbaye est détruite par les protestants. En 1589, le futur Henri IV y nomme gouverneur Agrippa d'Aubigné, qui jusqu'en 1620 y écrit une partie de son œuvre et entreprend de fortifier encore la place. Les pierres de la cathédrale sont utilisées pour construire une enceinte bastionnée dont on devine encore les demi-lunes du côté occidental. Datent également de cette époque l'éperon surmonté d'une échauguette près du port ainsi que, vers l'entrée, le fossé que franchissait un pont-levis.

L'hostellerie et le bâtiment des convers (XIVe).

La cave à sel.

Le chœur Renaissance révélé par les fouilles.

Une échauguette du temps d'Agrippa d'Aubigné.

Désormais, la splendeur de Maillezais n'est plus qu'un souvenir, surtout qu'en 1648 le pape Innocent X décide de transférer l'évêché à La Rochelle. En 1791 l'abbaye, vendue comme bien national, devient une carrière de pierres. Sauvée par l'érudit Edgar Bourloton, qui en 1872 édifie une demeure néo-gothique sur l'emplacement du château de 1230, elle est devenue en 1996 la propriété du département de la Vendée. Isolée en plein marais, l'abbaye de Maillezais a été un lieu de prière et de rayonnement de premier plan. Pour son malheur cependant, elle était aussi un endroit stratégique, cible de la folie des hommes. Ses ruines qui découpent le ciel ne constituent-elles pas comme une muette protestation ?

Un fragment du jubé Renaissance.

Le jubé reconstitué par Richard Levesque.

Maillezais vu du marais par l'objectif de Robuchon.

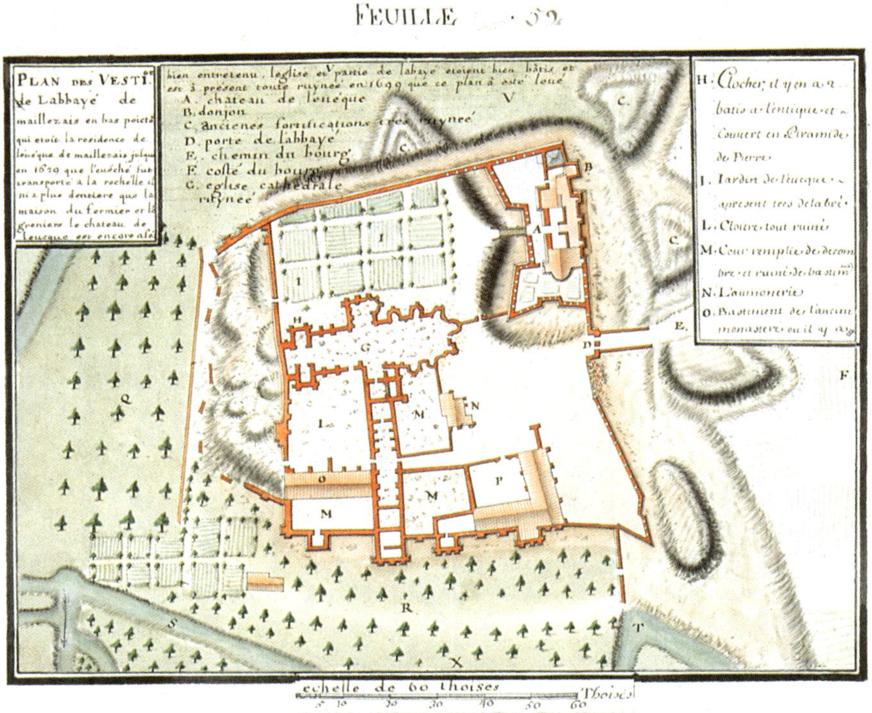

Le plan de Claude Masse, vers 1700.

L'abbaye de Maillezais.

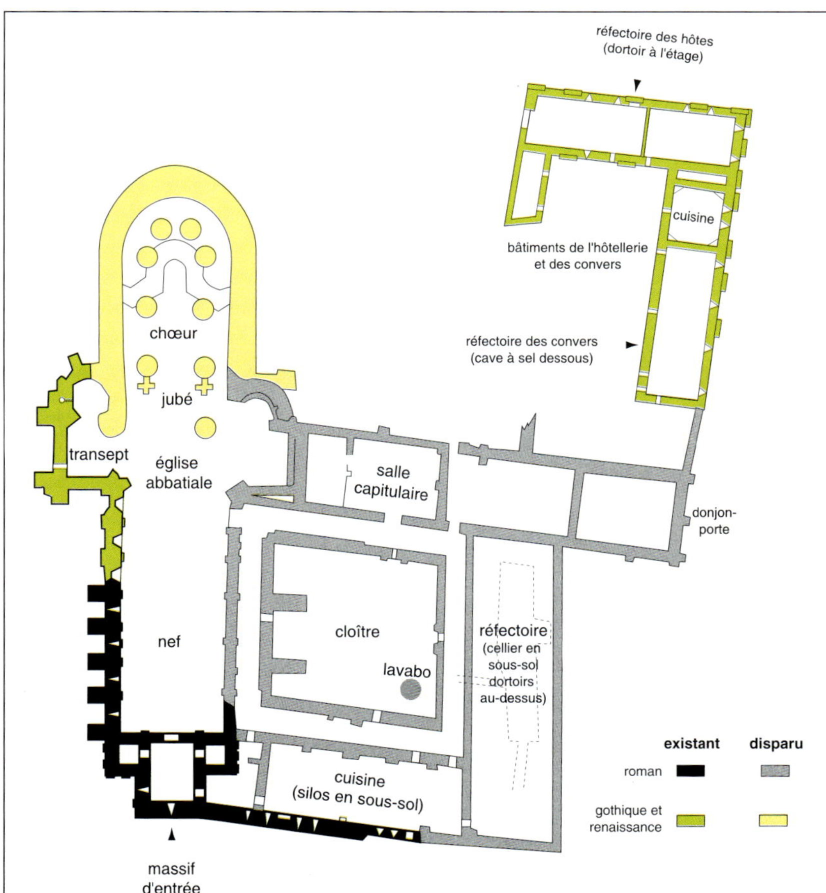

23. LES ABBAYES AU SERVICE DE LA RECHRISTIANISATION

IL N'EST PAS si facile d'imaginer l'existence des hommes du haut Moyen Âge. Leur espérance de vie est très courte car la mort les guette au détour d'une guerre, d'une famine ou d'une épidémie. D'où le recours fréquent à Dieu, qui leur rend espoir. De même que l'église est le cœur du village, le centre de gravité, discret mais fondamental, de cette civilisation profondément chrétienne est le monastère.

Sur quels critères en choisit-on le lieu d'implantation ? À l'origine de la fondation, il y a toujours un généreux donateur qui se préoccupe du salut de son âme. Ainsi Hervé de Mareuil « poussé par l'esprit de bon conseil, le remords de ses péchés et de sa mauvaise vie » concède-t-il, par une charte de 1137, des terres à un groupe de moines venus de l'abbaye cistercienne de Pontigny. L'endroit, situé à Trizay au bord du Lay près de Saint-Vincent-Puymaufrais, est isolé et répond donc à la vocation des religieux de se retrancher du monde. Cependant, si l'on examine attentivement les lieux et les dates d'implantation des abbayes bas-poitevines, ces préoccupations religieuses se doublent d'autres considérations. Pendant plus d'un demi-siècle, les Normands ont fait des îles d'Yeu, Noirmoutier et de Saint-Michel-en-L'Herm leurs bases opérationnelles, ruinant les abbayes qui y avaient été établies au VIIe siècle et coupant le Bas-Poitou des autorités civiles et religieuses. Dans cette optique, l'implantation de monastères sur les rives de l'ancien golfe des Pictons correspond, dans une première phase de reconquête, à un désir de réévangéliser la région autant que d'y implanter des exemples de remise en valeur. C'est Maillezais en 989, Luçon en 993, Saint-Michel-en-L'Herm, Talmont en 1049, Nieul en 1068, Moreilles, et Orbestier en 1107. Puis on se préoccupe de l'arrière-pays : ainsi en 1109 Bois-Grol-

Trizay, vers 1975 : le cloître et la salle capitulaire.

land, suivi vers 1130 de la Grainetière, de Breuil-Herbaud et de l'Ile-Chauvet, et sept ans plus tard de Trizay. Alors seulement le monachisme reprend pied sur Noirmoutier, d'abord sur l'îlot du Pilier puis en l'abbaye de la Blanche à cause de l'extrême dureté du lieu. Richard Cœur de Lion tient également à marquer le Bas-Poitou de ses libéralités en fondant l'abbaye de Lieu-Dieu dans son cher Talmondais en 1190, et six ans plus tard le prieuré de Chassay-Grammont. Mais désormais la rechristianisation est probablement considérée comme achevée : le rythme de fondations s'essouffle, avec seulement les Fontenelles et Angles au début du XIIIe siècle.

Nieul :

le cloître, à gauche

la salle capitulaire en bas.

Sur une dalle funéraire datée de 1319, à droite.

Pour s'imprégner de l'atmosphère d'une abbaye romane, il faut aller se recueillir dans le cloître de Nieul-sur-l'Autise, le mieux conservé de toute la France de l'Ouest. Il y a d'abord et surtout l'église abbatiale où, plusieurs fois par jour au cours des offices, les prières des religieux intercèdent en faveur de l'humanité pécheresse. Le reste de la vie monastique s'ordonne autour de ce cloître d'où l'on ne voit que l'église et le ciel, et dans le silence duquel les bruits du monde ne parviennent qu'assourdis. En entrant dans le monastère, les religieux ont prononcé le classique triple vœu de pauvreté, de chasteté et d'obéissance, ce qui les voue à se déprendre de l'égoïsme, du désir et de l'orgueil. Ils se sont égale-

ment engagés à obéir à la règle, ici celle de Saint-Augustin, destinée à donner un cadre à la vie commune et à permettre à chacun de cheminer vers la sainteté, sous la paternelle direction de l'abbé. Un passage de la règle est lu chaque matin avant la distribution des tâches du jour dans la salle capitulaire, en laquelle deux piliers dont on voit encore les bases supportent primitivement des voûtes basses qui seront remplacées au XVIIe siècle par une voûte

L'abbaye de Nieul-sur-l'Autise.

Les ordres religieux en Bas-Poitou (fin X[e]-début XIIIe siècles).

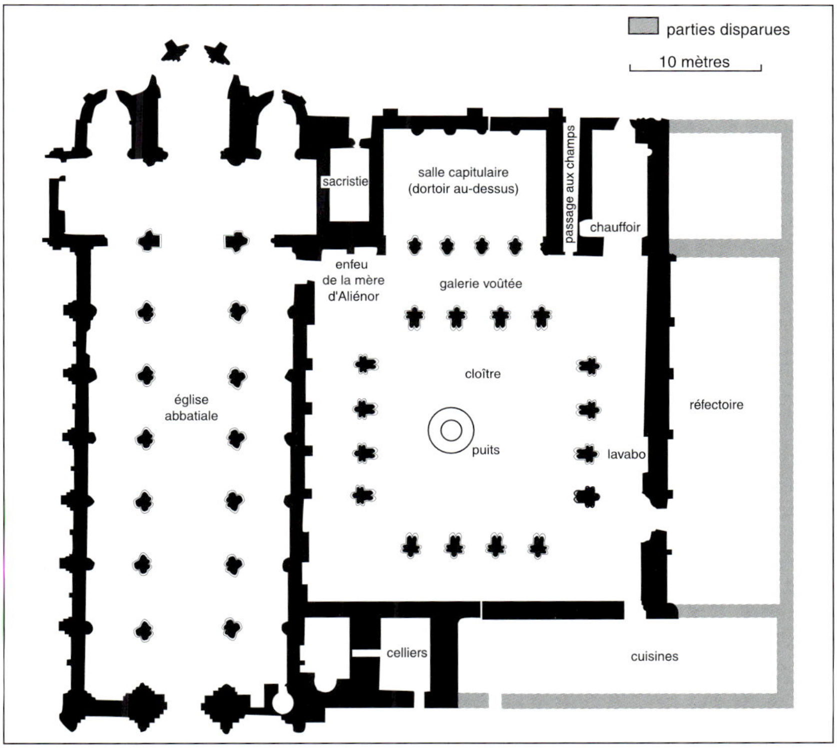

Couverte de tuiles et de lauzes, l'abbatiale de Saint-Jean d'Orbestier.

en berceau. Puis les uns s'adonnent à des activités intellectuelles tandis que les autres, par le passage aux champs, s'en vont travailler la terre. L'hiver, le chauffoir, seule pièce à posséder une cheminée, est très fréquenté. Aux repas, après des ablutions au lavabo encastré dans un mur du cloître, les chanoines passent au réfectoire voûté en berceau et qui a aujourd'hui disparu. Ils mangent silencieusement en écoutant une lecture édifiante ; ici cependant, la règle est moins dure que chez les moines bénédictins, dont l'alimentation est exclusivement végétarienne et dont les jeûnes sont très stricts.

C'est en 1068 que le seigneur de Vouvant fonde l'abbaye de Nieul et y installe des chanoines qu'en 1139 le pape Innocent II soumet à la règle de

Chassay-Grammont : la salle capitulaire et le réfectoire.

Vue aérienne, ci-dessous.

Saint-Augustin. L'établissement attire vite bien d'autres donations, en particulier dès 1076 celles du duc d'Aquitaine. En 1130, la mère d'Aliénor d'Aquitaine y meurt : sa tombe serait signalée par l'enfeu gothique du cloître. Onze ans plus tard, le roi de France Louis VII, cédant au désir de son épouse Aliénor, donne à Nieul le titre d'abbaye royale. En 1217, celle-ci se joint à quatre autres monastères pour faire creuser le canal dit des Cinq Abbés, destiné à assécher le Marais. Cependant, la guerre de Cent Ans et surtout les guerres de religion mettent à mal les biens de la communauté. Au XVIIe siècle, trois arcs-boutants doivent être érigés pour consolider le mur sud de l'église. Les mœurs aussi se ressentent des désordres et de l'éloignement de la piété primitive : l'établissement est devenu un revenu aux mains d'abbés absentéistes. En 1718, l'abbaye est supprimée et ses ressources sont attribuées à la cathédrale de La Rochelle. Les bâtiments et les terres sont affermés en 1746 à une famille d'agriculteurs qui, en 1791, les achète comme biens nationaux. En 1864, une restauration abusive conduit à reconstruire le chœur, le mur nord de la nef, ainsi que la partie supérieure de la façade et le clocher. Aujourd'hui, l'abbaye est propriété du département.

Si Nieul a traversé les siècles sans trop de dommages, il n'en va pas de même de la plupart des autres abbayes bas-poitevines. Déjà au début du XIIe siècle, un besoin d'accentuation de l'ascèse et de l'humilité se fait sentir, puisque trois d'entre elles, Bois-Grolland, Trizay et la Blanche sont fondées sous l'égide de Cîteaux. Sous l'Ancien Régime, des tentatives de réforme de Saint-Maur ont lieu à la Grainetière, l'Ile-Chauvet et Lieu-Dieu. Mais à l'élan fondateur se substituent des dérèglements issus des cloîtres et des convoitises qu'ils suscitent, bien avant que la Révolution ne vienne donner le coup de grâce en dispersant les dernières communautés et en vendant leurs biens. Si l'on conjugue toutes les destructions, la partie romane des abbayes bas-poitevines est au total fort réduite. Certaines, comme Moreilles, ont carrément disparu. À la Blanche ne subsiste qu'une porte du XVe. À Luçon, seul le pignon nord du transept est roman. L'Ile-Chauvet comme Lieu-Dieu ont perdu leur cloître, et il ne reste de l'église de la première que des murs et un portail, et de la seconde qu'un ensemble de bâtiments du XVe. L'abbatiale de Notre-Dame des Fontenelles est en ruines et la salle en bien triste état. De Saint-Michel-en-L'Herm, après ses multiples reconstructions, ne subsistent du XIIe siècle que le chauffoir et la salle capitulaire dont les voûtes sont du XVe ; quant aux autres bâtiments, ils sont des XVIIe et XVIIIe. De ce siècle date également le palais abbatial de Bois-Grolland. Quant à Trizay, longtemps transformé en ferme, si l'abbatiale est du XIIe et les restes de la salle capitulaire du XIIIe, le bâtiment principal est du XVIIe.

Si l'on réserve naturellement une place à part à Nieul et Maillezais, il faut tout de même insister sur deux autres sites. Le prieuré de Chassay-Grammont est un bel ensemble très caractéristique de la sobriété des constructions grandmontaines : les galeries en bois du cloître ont disparu, mais la salle capitulaire et le réfectoire sont tout à fait remarquables. Quant à l'abbaye bénédictine de la Grainetière, si elle ne conserve de son abbatiale que trois absidioles, une galerie du cloître a été préservée ainsi que la belle salle capitulaire du XIIe avec un fenestrage du XVe. C'est aujourd'hui la seule abbaye romane de Vendée à avoir retrouvé sa vocation primitive, puisqu'une communauté bénédictine Notre-Dame de l'Espérance y est installée depuis 1978.

La Grainetière : le cloître, les ruines de l'abbatiale, la salle capitulaire.

24. AU XIIIe SIÈCLE, LE GRAND DESSÈCHEMENT DU MARAIS POITEVIN PAR LES ABBAYES

LE DESSÈCHEMENT du marais Poitevin constitue l'un des aménagements majeurs du Moyen Âge européen. En un siècle à peine, les abbayes de la région, seules ou conjuguant leurs efforts, font de ces vastes étendues baignées d'eaux saumâtres un nouveau terroir qui témoigne de la foi conquérante et du dynamisme économique et technique du monachisme occidental alors à son apogée.

Au Néolithique et dans l'Antiquité, nous l'avons vu, la bordure de la Plaine constitue le rivage, propice à l'exploitation du sel et à la pêche, qui y fixent l'essentiel du peuplement. Ensuite les invasions, tout particulièrement normandes, mettent fin à cette relative prospérité. Dès lors les rescapés des pillages, ces *colliberts* qu'on dit de mœurs farouches, ne vivent plus que de la pêche et de la chasse. Tout juste y trouve-t-on quelques communautés monastiques retirées du monde, comme sur l'îlot calcaire de Saint-Michel-en-L'Herm. Là, autour du XIe siècle, la fabrication d'un condiment alimentaire, le garum, accumule des montagnes de coquilles d'huîtres qui longtemps constitueront pour les archéologues la plus irritante des énigmes.

Marée après marée, la mer cependant continue de colmater l'entrée de ce golfe large d'une trentaine de kilomètres et profond de soixante. On comprend ainsi pourquoi, assez paradoxalement, la conquête du Marais part de l'ouest, lieu privilégié de dépôt d'alluvions marines. Pour dessécher, il suffit d'isoler une portion de marais en l'entourant d'un talus ou *bot* ; à son pied, un fossé intérieur, appelé *contrebot*, permet de collecter les eaux pluviales pour les évacuer par une vanne, tandis qu'un fossé extérieur, l'*achenal*, les achemine vers la mer. Des clapets ou *portereaux* empêchent la marée de remonter le canal.

Une telle œuvre exige cependant des plans cohérents de drainage et mobilise de nombreux bras ainsi que d'importants capitaux. Mais alors qu'en Flandre à pareille époque les seigneurs et les communautés d'habitants unissent leurs efforts, ici ni les premiers, propriétaires pourtant de ces espaces mais peu portés aux travaux agricoles, ni les seconds, trop pauvres sans doute, ne prennent une telle initiative. Qui alors pourrait se permettre des investissements à très long terme, des travaux aventurés dont on n'est pas sûr du résultat final ? À l'apogée des réformes monastiques qui insistent sur la sanctification par le travail manuel, une trentaine d'abbayes de la région commencent, dès le XIIe siècle, à acquérir des portions de marais. Auprès des seigneurs hauts justiciers qui escomptent

La légende attribue à saint Hilaire d'avoir débarrassé de ses serpents le rocher de la Dive, qui à vrai dire est demeuré une île jusqu'au XVIIIe siècle. Vitrail de Saint-Hilaire-de-Riez.

Un reste de butte coquillière à la ferme des Chauds à Saint-Michel-en-L'Herm. L'origine est humaine, comme le prouvent notamment les traces d'ouverture avec un outil, également repérées à Beauvoir.

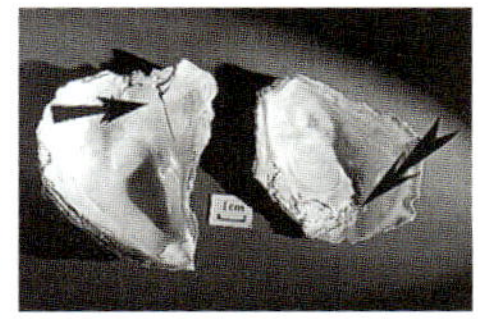

une augmentation de leurs redevances et de la valeur de leurs domaines, elles obtiennent les autorisations de commencer leurs travaux.

C'est ainsi qu'autour de l'an 1200 l'abbaye de Moreilles entreprend d'assécher un vaste quadrilatère délimité par le canal de Luçon, le Bot de Vendée, l'achenal de Bot-Neuf et les *bots de garde* successifs qui repoussent la mer toujours plus loin. Bientôt, elle s'associe avec l'abbaye de L'Absie pour créer, plus à l'est, le Bot de l'Anglée. En 1217, cette dernière entreprend, cette fois avec celles de Maillezais, Nieul, Saint-Michel-en-L'Herm et Saint-Maixent, le creusement de l'achenal des Cinq Abbés. Au total, 14 de ces couples bot-achenal sont percés au cours du XIIIe siècle.

Ces dessèchements ne vont pas sans modifier considérablement l'économie locale : les terres conquises sur l'eau ne tardent pas à porter de plantureuses récoltes de blé, de fèves et même de raisin. Surtout, de vastes prairies naturelles sont créées, qui permettent aux communautés des plaines environnantes d'étoffer leurs troupeaux. Un droit des marais s'élabore progressivement : ainsi le pacage, un usage au début, finit par s'imposer comme une propriété collective des habitants sur les fameux *communaux*. Des conflits d'intérêts naissent également de la modification des équilibres naturels. La création notamment d'un pont sur la Vendée à la hauteur de Velluire provoque l'inondation du quartier des Loges, à Fontenay. Les habitants de ce faubourg populaire réagissent violemment, démolissant le pont et ouvrant des brèches dans le Bot de l'Anglée. S'ensuit, pour la première fois mais pas la dernière, l'intervention de l'État royal dont les commissaires, prenant le conseil des abbés, décident le percement en 1283, aux frais de douze paroisses de la Plaine, des ambitieux canaux de ceinture que sont l'Achenal le Roi et le Contrebot le Roi.

C'est également l'origine de la dualité entre le marais desséché, à l'ouest, et le marais mouillé, à l'est, source de conflits qui depuis nécessitent de constants et délicats arbitrages. Ces grands travaux, il faut le souligner, ne concernent en effet que la partie occidentale du marais Poitevin, et le gain de terrain se paie par l'augmentation de la quantité d'eau que doit recueillir la partie la plus éloignée de la mer, condamnée à devenir en hiver une vaste étendue lacustre et à servir l'été de réserve d'eau. Sur celle-ci comme sur les canaux, on circule en bateau à fond plat mu à l'aide d'une *pelle*, sorte de grosse rame, ou poussé par une perche, la *pigouille*. Des vaisseaux de mer remontent jusqu'à Luçon ou Marans, et de cette dernière localité, devenue port de transit, partent des gabarres à destination de Niort par la Sèvre et Fontenay par la Vendée. Ce réseau fluvial est doublé par de nouveaux chemins créés sur les bots, et qui désenclavent désormais le Bas-Poitou en permettant de relier Nantes et La Rochelle en passant au plus court.

L'abbaye de Saint-Michel-en-L'Herm, l'un des piliers du dessèchement : le chauffoir et la salle capitulaire.

Le marais près de Maillezais.

Ces progrès considérables réalisés au XIIIe siècle aide à mesurer la catastrophe occasionnée par la guerre de Cent Ans, entre 1346 et 1450, puis par les Guerres de religion, dans la seconde moitié du XVIe siècle. Soit à cause des déprédations volontaires, soit par simple abandon des travaux d'entretien, la mer reprend alors ses droits. Venu pacifier la région en 1586, le futur Henri IV dit de Marans qu'on peut y « estre plaisamment en paix et seurement [en sûreté] en guerre ». Il a cependant compris toute l'importance de l'œuvre des abbayes, quatre siècles plus tôt. Devenu roi, il entreprendra dès 1599 de la restaurer. Mais le temps n'est plus alors à l'essor monastique : il devra faire appel à des ingénieurs hollandais.

Vivant du braconnage du gibier d'eau et de la pêche, les huttiers demeurent longtemps en marge.

Henri IV découvre un marais Poitevin ruiné par les guerres.
École française du XVIᵉ siècle.

25. 1230-1340 : LA PROSPÉRITÉ FRANÇAISE

Les Capétiens l'ayant emporté sur les Plantagenêts, commence alors pour la région le siècle le plus prospère sans doute de tout le Moyen Âge.

Depuis 1204, date de la mort d'Aliénor, dernière de la dynastie des comtes de Poitou, le comté a naturellement fait retour à son suzerain le roi de France, et celui-ci va l'arrimer définitivement à son royaume par le biais de son haut pouvoir justicier. Désormais en effet, un officier royal, le sénéchal, est habilité à recevoir appel des différentes juridictions, y compris des hautes justices qui sont évidemment les premières visées. Les grands féodaux courbent l'échine, sauf les Lusignan qui, menés par Geoffroy la Grand-Dent, livrent leur dernier baroud d'honneur. Mais rien n'y fait : saint Louis s'empare des châteaux de Fontenay et de Vouvant, abattant ainsi les derniers restes du parti pro-anglais.

Le prince apanagiste Alphonse, frère de saint Louis, à l'origine de la prospérité bas-poitevine, par Henri Decaisne (1799-1852).

Mais les rois de France ont également le souci de ménager l'ancienne autonomie de la province, et c'est pourquoi en 1241 saint Louis la confie à son frère aîné Alphonse qui, trente ans durant, va se signaler par sa remarquable administration. Malade, celui-ci ne quitte guère Paris, mais c'est un homme de dossiers qui sait s'entourer d'un personnel choisi dans la petite noblesse et la bourgeoisie de robe, qui voit là l'occasion d'une rapide ascension sociale. Soucieux de bonne justice, il délègue également, à des ecclésiastiques cette fois, le soin d'enquêter sur d'éventuels abus commis par ses propres officiers et fait ainsi figure de protecteur des faibles.

En 1245, il acquiert des Mauléon la seigneurie de Fontenay. Comme c'est la seule ville fortifiée dont il dispose et qu'elle est favorablement située, à la jonction entre le Marais, la Plaine et le Bocage, contrôlant la route en direction des salines, il en fait la tête de pont de l'administration royale. Comme en outre il tient à rappeler qu'il est comte de Poitou, Fontenay s'appellera désormais Fontenay-le-Comte. Bénéficiant bien tardivement de franchises, la ville a beau cependant se doter de halles entre 1257 et 1259, son ascension est bien tardive. Certes, on y trouve des prêteurs italiens, les fameux *Lombards*, ainsi qu'un couvent de dominicains, un ordre mendiant qui signale une certaine urbanisation, mais la ville est bien petite et avant tout administrative, comme en témoigne la faiblesse de ses activités artisanales, spécialisées dans le cuir et la draperie.

Et pourtant le Bas-Poitou connaît alors un essor économique qui, contrairement à la plupart des autres régions, perdure jusqu'au début du XIVe siècle. Signe éloquent de cette prospérité, le diocèse de Poitiers, riche de 1 220 paroisses et de 55 abbayes, doit en 1 317 être partagé en trois. Le choix des deux nouvelles cités épiscopales, très excentrées au sud de leurs territoires respectifs, est d'ailleurs significatif. Toutes deux sont sièges d'abbayes, mais Maillezais a dû en 1263 céder ses foires à Fontenay, et Luçon n'a guère que ses halles pour être préférée à Saint-Michel-en-L'Herm. C'est dire si les autres centres urbains demeurent bien embryonnaires, signalés seulement par leurs halles, leurs foires ou leurs marchés, comme Les Lucs et Belleville, Olonne et Château d'Olonne, Tiffauges et La Chaize. Un nouveau port se crée cependant, celui des Sables, au détriment de Talmont qui s'envase. Le seul de quelque importance demeure Beauvoir, ainsi qu'en témoignent ses deux couvents de trinitaires et de dominicains : il bâtit sa prospérité sur le sel que les marchands et les pêcheurs de l'Europe du Nord viennent chercher dans la baie de Bourgneuf. Mais rien de comparable cependant avec La Rochelle, qui depuis le XIIe siècle fonde son essor sur l'exportation des vins et des céréales de son arrière-pays.

Finalement, ce long siècle de prospérité achève d'intégrer le Poitou à la France. Le signe le plus éloquent est peut-être l'abandon de la langue d'oc, celle des cours d'amour aristocratiques, au profit de celle du peuple, la langue d'oïl, qui se consolide alors et entre en littérature.

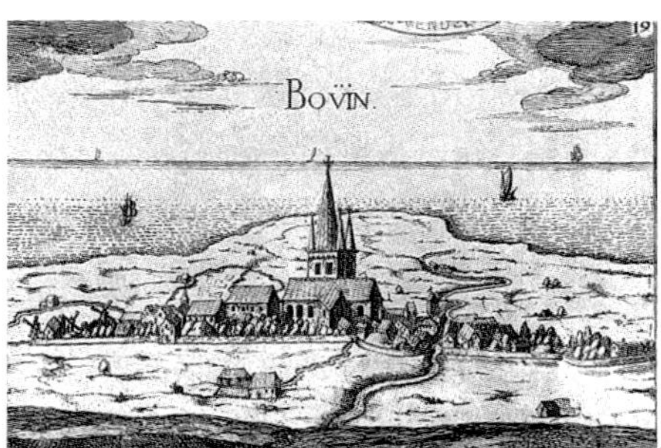

Un petit paradis économique et fiscal : l'île de Bouin et ses innombrables salines.

Bourgeois de Fontenay, sur un bout de banc de l'église Notre-Dame, page ci-contre.

26. LE CHÂTEAU FORT, TÉMOIN DES MUTATIONS DE LA SOCIÉTÉ MÉDIÉVALE

CINQ siècles durant, les châteaux forts constituent les témoins par excellence des profondes mutations de la société féodale. Le mieux, pour s'en rendre compte, est de visiter celui de Tiffauges.

Situé dans le Haut-Bocage, celui-ci constitue une sentinelle avancée du Poitou face à l'Anjou et surtout à la Bretagne. Le site également est exceptionnel : il y a là un promontoire granitique de trois hectares qui domine la Sèvre et son affluent, la Crûme. Un col le relie au village, établi en rebord du plateau voisin : c'est là tout à la fois l'entrée principale et l'endroit où, dès le départ, il convient de renforcer les protections. À noter que de l'autre côté de la Crûme le plateau avance également, trop loin certes pour une portée de flèche, mais trop près pour un boulet de canon ; ce point faible signifiera, comme nous allons le voir, l'arrêt de mort du château.

Mais revenons aux origines : ce sont les Teiphales, une troupe du Caucase servant dans l'armée romaine, qui ont paraît-il donné leur nom à Tiffauges à la fin du Ve siècle. Plus tard, une motte féodale couronnée d'une palissade et entourée d'un fossé aurait permis une

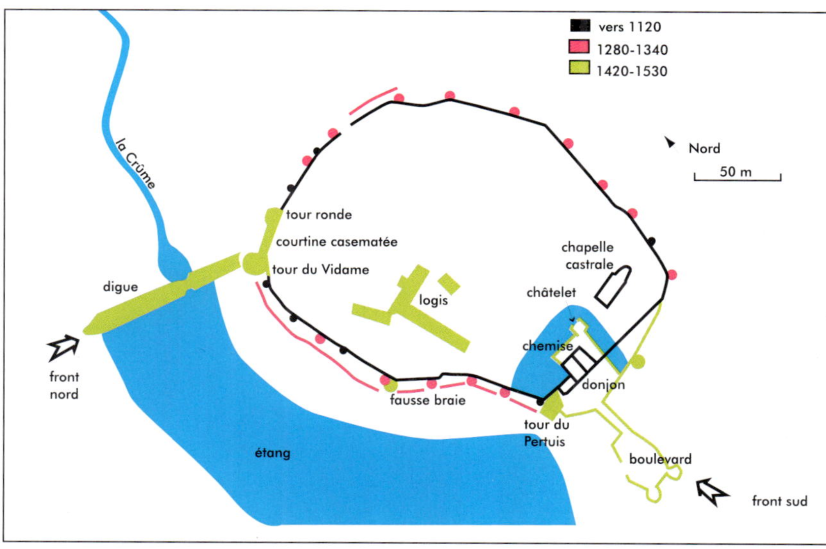

Plan du château de Tiffauges, ci-dessus.

En haut, de gauche à droite, trois étapes dans l'art de la fortification à Tiffauges : la tour de la Pierrière (XIVe, également ci-dessus), la tour Ronde (XVe), et la tour du Vidame (début XVIe, également ci-contre).

Le donjon du XIIe chemisé au XVe, à gauche.

Une échauguette d'angle à Noirmoutier.

L'ancien châtelet d'entrée et le donjon de Noirmoutier, XIIe.

défense sommaire. Mais si la position forte du site est donc apparue très tôt comme une évidence, c'est à partir des XIe et XIIe siècles que les puissants vicomtes de Thouars entreprennent, au prix de travaux colossaux, d'en tirer le meilleur parti. Pour briser l'assaut d'ennemis qui tenteraient d'escalader les pentes autour du promontoire, ils le couronnent d'un rempart long de 650 m, renforcé de loin en loin par une dizaine de contreforts de moins d'un mètre de diamètre et percé, côté nord, par une porte à laquelle accède une longue rampe inclinée, facile à défendre. Reste cependant l'entrée sud, plus accessible : un pont-levis permet

Le donjon XIIe des Châtelliers-Châteaumur et la porte de l'enceinte fin XIVe.

de pénétrer sous une porterie rectangulaire, également défendue par une herse ainsi que par un assommoir d'où l'on précipite des projectiles depuis la salle du corps de garde, située à l'étage. Surtout, cet ensemble est dominé par un puissant donjon cubique de 18 m de côté, renforcé par des tours pleines à ses angles et au milieu de chacun de ses côtés. C'est à l'intérieur de cette forteresse sombre et humide que réside le châtelain, dans un inconfort que l'on imagine aisément. Non loin s'élève également la chapelle castrale, une courte nef prolongée par un chœur arrondi surmontant une crypte. Tout près de là, l'ouverture d'un souterrain. Dans l'espace ainsi puissamment défendu s'élèvent certainement à l'époque des bâtiments de bois qui abritent les chevaliers ainsi que toute la domesticité. Là viennent également, en cas d'attaque, les paysans des alentours avec ce qu'ils peuvent sauver de leurs biens. Lieu de refuge, le château fort du haut Moyen Âge est donc en même temps l'endroit d'exercice du pouvoir de la seule puissance publique d'alors : celle des châtelains.

D'aussi puissantes défenses suscitent, dans un contexte d'affrontements perpétuels entre voisins, le perfectionnement des moyens d'attaque. Des machines comme la bricole, la pierrière, le couillard ou le trébuchet, mues par un système de balancier, sont destinées à écrouler les murailles, tandis que les beffrois mobiles en permettent l'assaut. Il faut alors améliorer les défenses : entre 1280 et 1340, des tours creuses de 6 m de diamètre, percées d'archères, sont édifiées à distance régulière afin de dominer les courtines et d'interdire leur approche. À leur pied, deux fausses braies successives, sortes d'enceintes basses, renforcent encore l'ensemble et autorisent des patrouilles à circuler tout autour du château.

Talmont : le clocher-porche XIe et, à l'avant-plan, une tour XIIe.

L'assommoir.

Dominant la Maine, les fortifications de Montaigu, ci-dessous.

La guerre de Cent Ans ouvre, depuis le XIVe jusqu'au milieu du siècle suivant, une longue période d'insécurité qui voit s'affronter non seulement deux nations en devenir, mais également des bandes plus ou moins incontrôlées, commandées par des féodaux que la guerre remet en selle. Apparaît également l'artillerie à poudre, dont les rapides progrès menacent les murailles de pierre. Ainsi la partie supérieure du donjon de Tiffauges est-elle fortement endommagée, ce qui oblige, dans les années 1420-1460, à la ceinturer d'une chemise protectrice, tandis qu'il est lui-même percé de véritables fenêtres qui en font un logis plus agréable. Du côté extérieur, une courtine le précède désormais, renforcée par une tour ronde en forte saillie, et vers l'intérieur est édifiée une tour carrée, le châtelet, qui tout à la fois défend l'accès au donjon et sert de point d'appui à la nouvelle muraille qui l'enveloppe. Un fossé maçonné rempli d'eau entoure l'ensemble.

Mais dorénavant les rapides progrès de l'artillerie nécessitent des aménagements continus, à partir de 1490. Une construction appelée le boulevard, dont il ne reste plus grand chose depuis le percement de la route de Cholet à Montaigu en 1833, est édifiée à l'avant de l'entrée, maintenant flanquée d'une nou-

Le château XIVᵉ-XVᵉ de l'île d'Yeu.

Ouvrages de défense avancée (XVIᵉ-XVIIᵉ) en avant du château de l'île d'Yeu.

velle construction, la tour du Pertuis. Surtout, le front nord, dominé par le plateau tout proche, constitue désormais le point faible de l'ensemble et doit être complètement remanié. On y bâtit d'abord, vers 1500, la tour Ronde, en réalité en fer à cheval, dont les deux niveaux voûtés abritent des chambres de tir à trois ouvertures canonnières carrées, et qui est surmontée d'une plate-forme d'artillerie couverte. Cette nouvelle protection ne suffit pourtant pas, et elle est doublée quelques années plus tard par une courtine garnie de casemates, suivie d'une tour dite du Vidame, qui constitue le chant du cygne de ce type de fortification, désormais condamnée par la puissance des bouches à feu. Sur toute sa hauteur, cette tour exceptionnelle offre en effet, aux tirs venus du plateau, un bouclier de 6 m d'épaisseur que ne vient affaiblir aucune ouverture, si ce n'est tout en bas une poterne. Deux niveaux de tir se superposent au sommet : du chemin de ronde, l'encorbellement très prononcé des mâchicoulis permet un tir plongeant par 37 orifices ; il est également surmonté d'une plate-forme d'artillerie dont le plancher flottant permet d'amortir l'ébranlement causé par les tirs. Dans le même temps, le donjon est découronné et rempli de déblais ainsi que sa chemise, afin d'y établir également une puissante artillerie. Un autre logis est construit à l'intérieur du périmètre fortifié. Un peu plus tard sans doute est édifiée, en avant de la tour du Vidame, une digue qui permet de constituer un étang protecteur sur le flanc de la forteresse. Cependant, à la suite du traité d'union de 1532, la Bretagne cesse d'être menaçante, et d'ores et déjà les progrès de l'artillerie imposent la diffusion du système bastionné, autrement dit de fortifications considérablement abaissées et renforcées d'épaisseurs considérables de terre, que Vauban portera à la perfection. Désormais le château fort de Tiffauges, complètement dépassé et ne défendant plus aucune frontière, est à peu près abandonné.

Même si les autres châteaux forts du Bas-Poitou ne présentent pas un panorama aussi complet de l'évolution des techniques de défense, cette rapide évocation permet de situer leur époque de construction et d'en comprendre les différentes transformations. Partout, on trouve des mottes féodales, même si parfois leur existence n'a plus d'autre réalité qu'un nom sur le cadastre. C'est toutefois des XIe et XIIIe siècles que datent les imposants donjons carrés dits niortais comme ceux de Noirmoutier et de Pouzauges, qui se présentent comme des répliques de celui de Tiffauges, ou encore ceux des Châtelliers-Châteaumur, de Vendrennes et celui, disparu, de Vouvant. Curieusement, à Talmont, c'est un clocher-tour qui est aménagé au XIe en un donjon qu'au siècle suivant Richard Cœur de Lion inclut dans une puissante enceinte rectangulaire, renforcée au nord par un éperon massif. Une pareille enceinte, flanquée de douze tours, est bâtie à Pouzauges, tandis qu'à Noirmoutier elle forme un rectangle nettement plus exigu.

Le XIIIe est le siècle du développement des villes, qu'on se préoccupe aussitôt de fortifier : ainsi Montaigu, Fontenay, La Garnache et Mareuil. Également Vouvant, où un méandre de la Mère est ceint de murailles, tandis que son entrée est barrée par un château dominé par les 45 m de la tour Mélusine.

La guerre de Cent Ans impose le renforcement précipité de toutes ces fortifications. Aux Essarts, on édifie la tour Sarrazine, haute de 15 m et à base carrée, puis un nouveau châtelet d'entrée avec salles voûtées garnies de trois ouvertures canonnières. De cette époque datent également les deux

Le donjon fin XIVe de Bazoges, dominant sa basse-cour, ci-dessus.

Archère, canonnière et fenêtre à coussièges, à Bazoges.

Saint-Mesmin, XIVe-XVe.

Le donjon d'Ardelay, XVe.

tours rondes de La Garnache, aujourd'hui à moitié démolies, ainsi que la deuxième enceinte des Châtelliers-Châteaumur, devenues depuis un hameau. De nouveaux châteaux voient également le jour : au début du XIVe, un îlot jouxtant l'île d'Yeu est coiffé d'un puissant édifice triangulaire renforcé d'une tour à chaque angle. Dans la seconde moitié du siècle est édifié le donjon de Bazoges, qui commande un périmètre fortifié incluant l'église. À Saint-Mesmin, c'est un polygone doté de six tours, dont deux constituent le châtelet d'entrée. La tour d'Arundel, qui depuis La Chaume commande l'entrée du port des Sables d'Olonne date du XVe, tout comme celle d'Ardelay, près des Herbiers.

Le XVe siècle constitue toutefois, comme nous l'avons vu, une époque de profonde mutation. À l'instar de Tiffauges, Montaigu, où Louis XI a fait bâtir une digue de protection, cesse bientôt d'être utile face à la Bretagne. Dès lors, on peut s'interroger sur le rôle des nouvelles constructions, dont les défenses paraissent bien illusoires face à la toute-puissance de l'artillerie de siège. Ainsi les tours qui flanquent le château de Sigournais sont-elles paradoxalement tournées vers l'intérieur du périmètre fortifié. La tour de Moricq, un magnifique cube de pierre bâti en bordure de marais entre 1431 et 1458, ne résisterait guère au canon, pas plus que le château de Commequiers, un superbe octogone régulier comportant une tour à chaque angle et dont les murs, pourtant bâtis à la fin du XVe, ne dépassent pas 1,20 m. C'est que les éléments défensifs tendent désormais surtout à rehausser le prestige du propriétaire, même s'ils peuvent encore être utiles contre les coups de main, notamment lors des guerres de religion. Le pouvoir royal ne s'y trompe pas, et Richelieu se fait fort d'ordonner le démantèlement de celles qui pourraient contrecarrer sa politique de mise au pas de l'aristocratie.

Tandis que les anciens châteaux forts sont transformés en logis, quelques-uns continuent encore quelque temps de servir de défenses contre les descentes anglaises, hollandaises ou espagnoles. Ainsi le château de Noirmoutier, dont le donjon et les tours d'angle portent des plates-formes d'artillerie. Quant à celui de Talmont, il est renforcé au XVIe par une puissante tenaille bastionnée. À la même époque et au siècle suivant, celui de l'île d'Yeu est précédé par des défenses avancées. Et puis plus rien ou presque : on se contente désormais de cantonner quelques troupes et d'assujettir la population à la milice garde-côtes en un Bas-Poitou qui a désormais cessé d'être une frontière.

La tour de Moricq (milieu XVe), qu'il faut imaginer coiffée d'une haute toiture d'ardoises, ci-dessus.

Commequiers, fin XVe.

Heaume, château de Bazoges, page suivante.

27. LA DISCRÉTION DE L'EMPREINTE GOTHIQUE

Peu urbanisé, le Bas-Poitou est, on l'a vu, le terroir par excellence de l'architecture romane, à tel point que l'esprit de celui-ci se prolonge jusqu'à l'orée du XIIIe siècle sous la forme du gothique de l'Ouest, plus judicieusement nommé roman plantagenêt. Dans ces campagnes, après le XIIe siècle la grande époque de construction est à peu près terminée : on se contente généralement d'utiliser les édifices existants. Souvent cependant, les conflits les mettent à mal, que ce soit la guerre de Cent Ans ou les guerres de religion, particulièrement dures dans la région. De ce fait, rares sont les édifices auxquels le XVe siècle, la grande époque de reconstruction et d'essor démographique, n'a pas rajouté une travée ou quelque fenestrage, comme au Boupère, transformé en une véritable forteresse avec mâchicoulis, échauguettes d'angle, chemin de ronde, parapet crénelé et archères canonnières. D'autres fois, comme à Mouchamps et à Cheffois, on se contente d'une salle refuge au-dessus des voûtes. Même les abbayes de Maillezais, de Saint-Michel-en-L'Herm et de la Grainetière sont fortifiées.

Comme à l'époque romane, ces édifices continuent d'être peints et s'ornent même de fresques. N'ayant pas les moyens de

Les fresques fin XIIIe siècle de Mesnard-la-Barotière :

Les donateurs et l'ermite saint Gilles.

La décollation de saint Jean-Baptiste.

L'évangéliste saint Mathieu et son écritoire.

Un donateur.

Le chœur, ci-dessous.

Le portail méridional flamboyant de Saint-Paul-en-Pareds (XIVᵉ-XVᵉ).

L'église et le prieuré des Magnils-Reigniers.

s'offrir des sculptures, les communautés villageoises bénéficient donc de véritables bandes dessinées destinées à familiariser tout un chacun avec les Saintes Écritures. Ainsi à Mesnard-la-Barotière la nef du XIᵉ se prolonge-t-elle d'un chœur du XIIIᵉ, qui est orné à la fin du siècle de scènes représentant, outre les donateurs, les principaux épisodes de la vie de Jésus comme l'Annonciation, la Nativité, le Massacre des Innocents, la Cène, ou encore le Christ en gloire. Dans ce programme très élaboré, destiné à illustrer les sermons et la catéchèse, on voit également les évangélistes ainsi que des scènes de martyre. Plus tard, à La Pommeraie-sur-Sèvre, les péchés capitaux sont illustrés sur un mode italianisant. Mais l'essentiel du gothique bas-poitevin se concentre évidemment dans les deux villes de Luçon et de Fontenay.

D'abord dépendant de l'abbaye de Noirmoutier, la première église de Luçon est ravagée par les Normands, puis encore incendiée en 1068 par le comte de Poitou. Le pape lui ayant imposé de reconstruire l'édifice, celui-ci est rebâti de 1091 à 1121. Il n'en subsiste aujourd'hui que l'extrémité du croisillon nord du transept. Dès lors, l'abbaye prospère en effet à tel point qu'un vaste programme de reconstruction est lancé au XIIIᵉ. De la première moitié de ce siècle datent le transept et la première travée du chœur, où l'on rencontre encore des archaïsmes régionaux, alors que la nef, bâtie dans la seconde moitié du XIIIᵉ, est pleinement inspirée du gothique du nord de la France avec, innovation en Poitou, un vaisseau central à trois niveaux direc-

Cinq des sept péchés capitaux représentés à La Pommeraie-sur-Sèvre, de gauche à droite : la gourmandise, la luxure, l'avarice, l'envie, l'orgueil.

À Luçon, la façade romane du transept nord (début XIIe).
Chapiteau roman aux lions.
Le jaillissement de la nef gothique, par l'architecte François Leduc, dit Toscane (fin XIIIe).
La croisée du transept.
Chapiteau fin XIVe.
Sur la façade (1675-1702), la superposition des trois ordres grecs.
La galerie sud du cloître.
Le baldaquin (deuxième moitié XVIIe).

tement éclairé par des fenêtres hautes. Cette superbe église devient cathédrale en 1317, lorsque Luçon est choisi comme siège du nouvel évêché. En 1478, le clocher situé à la croisée du transept s'effondre, et à la fin du même siècle le chœur est presque entièrement reconstruit sur une largeur légèrement supérieure à celle de la nef. De 1514 à 1552 datent les chapelles situées au sud de celle-ci ainsi que les trois galeries du cloître. À quatre reprises, en 1562, 1568, 1570, puis de nouveau en 1622 lors de la dernière année de l'épiscopat de Richelieu, l'édifice est saccagé par les protestants, mais le gros œuvre est à peu près épargné. En 1665, le clocher de la façade s'écroule, ce qui conduit à sa reconstruction en plusieurs étapes : d'abord entre 1675 et 1702 sa base qui superpose les trois ordres classiques, ionique, dorique et corinthien, puis en 1835 la flèche d'inspiration gothique. De 1722 datent trois chapelles du bas-côté nord. Le goût baroque se manifeste à travers la décoration rocaille du bras sud du transept ainsi que par les stalles, les boiseries et le maître-autel à baldaquin, réalisés entre 1765 et 1775. Quant au palais épiscopal qui s'étend le long des galeries sud et est du cloître, il possède une petite salle voûtée datée du XIIe, mais son aile orientale est du XVIIIe et son aile méridionale de 1862.

Si la cathédrale de Luçon offre donc un inventaire architectural complet, depuis le roman jusqu'au baroque, l'église Notre-Dame de Fontenay-le-Comte est essentiellement de style gothique flamboyant, même si sa

L'orgue de Cavaillé-Coll possède 54 jeux et 4 claviers.

crypte date du XIe ou du début du XIIe. Le clocher, très massif, est du milieu du XVe et sa flèche, bâtie dans le même style vers 1700, culmine à 82 m. Sous un porche en avancée s'abrite son portail d'entrée, de la fin du même siècle, avec des pinacles et des voussures ornées de feuillages frisés ainsi que de figures sur le thème des Vierges folles et des Vierges sages. À l'intérieur les voûtes, effondrées lors des guerres de religion, ont été entièrement reconstruites mais le chœur, d'entre 1539 et 1542, offre un mélange intéressant de styles flamboyant et Renaissance.

Au total donc, l'église de Luçon, de dimensions relativement modestes pour une cathédrale, tout comme celle de Fontenay, et peut-être surtout l'absence d'autres monuments gothiques d'importance, témoignent à leur façon de la faiblesse du développement urbain du Bas-Poitou à la fin du Moyen Âge.

Boiserie de stalle : l'adoration des mages (deuxième moitié XVIIe).

La bibliothèque de l'évêché.

La façade sud de l'évêché (XVIIe), aux armes de Richelieu.

Vierge à l'enfant du portail oriental de Notre-Dame de Fontenay.
La crypte.
La travée en gothique flamboyant du prieuré Notre-Dame.
Le clocher et la flèche 1700.

28. LES CALAMITÉS DE LA GUERRE DE CENT ANS

DEUX ÉPISODES capitaux de la guerre de Cent Ans ont pour cadre le Poitou et symbolisent à merveille les deux grandes phases d'hostilités de cet interminable conflit. Le 19 septembre 1356 près de Poitiers, le roi Jean le Bon, à la tête de ses chevaliers, mène l'assaut d'une hauteur défendue par les archers gallois. Pour n'avoir pas compris que désormais les féodaux cèdent le pas aux milices urbaines, et le service d'ost de 40 jours par an au professionnalisme, son armée est écrasée et lui-même est capturé. À ce désastre initial répond l'examen le 11 mars 1430, par une commission de docteurs, d'une jeune fille qui se prétend investie d'une mission divine. C'est Jeanne d'Arc, la sainte nationale dont le charisme ne va pas tarder à se révéler décisif pour bouter l'Anglais hors du royaume de France.

Déjà au XIIe siècle, Capétiens et Plantagenêts s'étaient disputés les domaines d'Aliénor d'Aquitaine, mais il ne s'agissait là que de la rivalité entre deux dynasties, françaises de surcroît. Toute autre est la guerre qui, deux siècles plus tard, oppose pendant plus d'un siècle deux nations en formation. Celle-ci est totale : la population tout entière est concernée par le déchaînement de violence qui coupe les arbres et arrache les ceps de vigne, viole, incendie et massacre dans l'un et l'autre camp.

Le Bas-Poitou essuie les premiers raids anglais en 1340, avec l'incendie de l'abbaye d'Orbestier, puis en 1342 la flotte ennemie tente un coup de main sur Beauvoir. Déjà certains féodaux se reprennent à rêver de hauts faits d'armes et d'un prestige retrouvé grâce au jeu de bascule entre les deux partis. Olivier de Clisson, seigneur de Belleville, et quelques autres passent du côté du roi d'Angleterre Édouard III. En 1346, son lieutenant Henri de Lancastre, comte de Derby, entreprend à partir de la Guyenne restée anglaise une offensive éclair jusqu'à Poitiers, qu'il surprend complètement et met à sac. Même scénario en 1355, cette fois de la part du propre fils d'Édouard III, le Prince Noir, qui pousse jusqu'à Amboise. On sait la suite : l'année suivante Jean le Bon est lamentablement capturé près de Poitiers. Dès lors, le pays est livré aux routiers anglais, qui depuis leur base de Maillezais pillent notamment Saint-Michel-en-L'Herm et Montaigu. Le traité de Brétigny, en 1360, consacre la défaite de la France, qui perd le Poitou et avec lui tout le Sud-Ouest. Dès l'année suivante le capitaine anglais Jean Chandos prend possession de la place de Fontenay.

Les demeures particulières se dotent également de défenses, comme la maison forte du Puy-Papin à Pouzauges.

Au XVe siècle, l'insécurité fait fortifier les églises : ainsi La Chaize-le-Vicomte en haut, Le Boupère au centre, et Réaumur, en bas.

Cette défaite provoque un véritable traumatisme. L'ancienne chevalerie, en retard d'une guerre, n'a-t-elle pas révélé son impuissance à défendre le pays ? En tout cas, la victoire ennemie a prouvé que l'avenir est aux fantassins, et qu'il aurait fallu armer les bourgeois et remettre en état les fortifications urbaines trop longtemps négligées. En 1363, le Prince Noir prend officiellement l'Aquitaine sous sa coupe et l'accable d'impôts. Une calamité, surtout que la peste noire a frappé en 1348 et en 1362, et que le pillage ou la destruction des récoltes provoquent, entre 1346 et 1370, pas moins de sept années de famine. Le sentiment national en est d'autant plus renforcé parmi le peuple, alors que les évêques de Luçon et de Maillezais ainsi que la plupart des grands seigneurs se laissent amadouer. La reconquête entreprise par Du Guesclin au nom de Charles V est donc vécue par la plupart comme un soulagement. Le 9 octobre 1372 il reprend Fontenay, dont le roi lui fait cadeau, et l'année suivante il obtient la capitulation de Mortagne et de La Roche.

Jean II le Bon (1319-1364), écrasé près de Poitiers en 1356.

S'ensuit un demi-siècle de longues trêves, rompues par des bandes incontrôlées de routiers qui continuent épisodiquement de parcourir le plat pays. Ainsi en 1381 le Bas-Poitou est ravagé par les Bretons de Robert de Beaumanoir. Cependant, la réfection des défenses urbaines ramène une certaine

sécurité ; la campagne se repeuple, les champs sont de nouveau cultivés et le commerce renaît. Pendant cette époque de paix relative, le Poitou est concédé en apanage à Jean de Berry, un frère du roi, personnage fastueux qui transforme le palais des comtes de Poitou en une splendide résidence. Ce mécène, qui a laissé son nom à un magnifique livre d'heures, réunit pas moins de 300 manuscrits, et c'est son secrétaire Jehan d'Arras qui, à la demande de sa fille Marie de Bar, écrit la fabuleuse Histoire de Mélusine. C'est également au cours de cette pré-Renaissance qu'en 1417 une commission de légistes réunie à Parthenay publie la version primitive du *Vieux Coustumier du Poitou*, qui rassemble en un seul volume les lois et usages qui régissent la société poitevine.

Sceau de l'Université de Poitiers, créée en 1431 pour faire pièce à celle de Paris, contrôlée par les Anglais.

Les hostilités qui reprennent au début du XVe siècle ont dès le départ une allure de guerre civile. Tandis qu'une partie de l'aristocratie penche pour les Bourguignons, alliés des Anglais, le duc de Berry devient le chef des Armagnacs. En 1411, d'Heilly lui reprend Fontenay. En 1416, la chevalerie française, qui n'a décidément rien appris de ses précédentes défaites, est écrasée à Azincourt, et quatre ans plus tard le traité de Troyes livre le royaume au roi d'Angleterre Henri V. Cependant, le dauphin Charles, qui a reçu le Poitou en apanage à la mort de son grand-oncle le duc de Berry, en fait le cœur de la résistance nationale. Si celui qu'on appelle couramment le petit roi de

Le palais des comtes de Poitou, transformé par Jean de Berry en une splendide résidence.

Bourges rapatrie dans cette dernière ses différents organismes financiers comme la Chambre des comptes et la Cour des monnaies, c'est bien en effet à Poitiers qu'il convoque les États généraux et qu'il regroupe ses cours souveraines, Chancellerie, Grand Conseil, Cour des aides et Parlement. En 1431 d'ailleurs, il obtiendra du pape la bulle de création de l'Université de Poitiers qui lui permettra de faire pièce à celle de Paris, alors sous tutelle anglaise, en y regroupant les maîtres qui l'ont suivi et qu'il chargera de former les théologiens, les juristes et les professeurs dont il aura besoin par la suite. Aussi est-ce tout naturellement qu'en 1430 la Pucelle est amenée à Poitiers afin qu'une commission d'universitaires statue sur le caractère divin de sa mission. Et c'est de là que, onze jours plus tard, elle expédie à l'armée ennemie qui assiège Orléans un ultimatum la sommant, « par le Roi des cieux, de s'en aller en Angleterre ». On sait la suite : la délivrance de la ville qui verrouille la Loire, le sacre de Charles VII, les villes qui se rallient à lui une à une, et enfin son entrée triomphale dans Paris en 1436.

Jeanne d'Arc telle que statufiée sur la place de l'église de La Bruffière.

Son pouvoir n'est cependant pas encore entièrement assuré. L'interminable conflit a fait croire aux féodaux qu'ils avaient encore un rôle à jouer. De 1427 à 1433, le Bas-Poitou est ainsi victime de la guerre privée que se livrent le connétable Arthur de Richemont, seigneur de Parthenay et de Fontenay dont il a fait reconstruire les remparts, et Georges de La Trémoille, qu'il a imprudemment placé auprès de Charles VII et qui tient Mareuil et Sainte-Hermine. De 1440 à 1442, le même Richemont doit encore lutter contre la Praguerie, cette révolte féodale dirigée en sous-main par le futur Louis XI et qui a Niort pour quartier général. Signe des temps : les mutins se heurtent à la résistance des bourgeois de Saint-Maixent, auxquels Charles VII accordera une commune pour les récompenser de leur loyauté.

Arthur de Richemont.

Avec son cortège de calamités, la guerre de Cent Ans aura en somme représenté la rude gestation d'une nouvelle société, plus bourgeoise, plus monarchique et dotée d'un sentiment national affermi. Ici tout particulièrement, l'attachement à la France s'est ancré parmi le peuple au travers de la lutte contre l'occupant anglais, la résistance à l'encontre de ses exactions fiscales et le rejet des féodaux collaborateurs. Même qualifiés depuis Paris de race rebelle à exterminer sans merci, les Vendéens se sentiront toujours Français, et les nouvelles persécutions religieuses de la fin du XIXe et du début du XXe siècle n'entameront pas davantage le patriotisme de ceux qui, en 14-18, verseront à la nation un très lourd tribut de sang.

29. GILLES DE RAIS : DU COMPAGNON DE JEANNE D'ARC À L'ASSASSIN D'ENFANTS

En ce 26 octobre 1440 à Nantes, trois hommes sont conduits en grande procession en dehors des murs de la ville vers la prairie de Biesse, lieu de leur exécution. L'un d'eux, un grand seigneur à en juger par sa belle prestance, exhorte ses compagnons à demander à Dieu une belle mort. La foule fond en larmes et prie pour eux. Elle prie pour l'assassin de ses enfants. Car cet homme, c'est Gilles de Rais, dont tout à l'heure le cadavre sera soustrait du bûcher pour être enseveli dans l'église des carmes, et sur le tombeau duquel les nourrices viendront invoquer Notre-Dame de Crée-lait.

Si l'exécution du sire de Tiffauges, de Pouzauges, de Machecoul et d'autres lieux, l'un des plus célèbres tueurs en série de l'histoire, révèle ainsi la force de l'appétit religieux, l'extrême émotivité, voire les paradoxes de la foule médiévale, l'itinéraire de cet homme est également fort singulier. Né en 1404 à Champtocé, en Anjou, il est issu de quatre illustres lignages. Craon et Machecoul par sa mère, il est un Laval par son père, mais celui-ci a dû troquer son nom pour celui de Rais afin d'hériter de la fortune de Jeanne la Sage. Son revenu annuel, colossal, est évalué à 40 ou 50 000 livres, en un temps où les frères du duc de Bretagne n'en ont que 6 000. À l'âge de

Gilles devant le tribunal d'inquisition, d'après un manuscrit du XVIIe siècle.

Lettres patentes de Charles VII accordant à Gilles une « orleure » de fleurs de lys pour l'avoir vaillamment servi.

onze ans, il perd ses parents et tombe sous la coupe de son grand-père Jean de Craon, un véritable bandit féodal. C'est avec lui qu'en 1420 il enlève sa cousine Catherine de Thouars, l'héritière de cet autre puissant lignage, qu'il épouse clandestinement. En 1427-1428, la guerre fait rage dans la région, et on le voit dans le pays manceau mener des coups de main contre les garnisons anglaises. Il agit pour le compte du dauphin, le futur Charles VII, dont son cousin Georges de La Trémoille est le favori. Le 6 mars 1429 il est à Chinon lorsque se présente une jeune paysanne, Jeanne d'Arc, que dès lors il ne va plus quitter. Il est à ses côtés lorsqu'elle force les Anglais à lever le siège d'Orléans, et il participe également le 18 juin à la victoire décisive de Patay. Un mois plus tard, il est chargé d'escorter la sainte ampoule lors du sacre de Charles VII et ce dernier, lui octroyant le droit d'orner ses armes d'une bordure de fleurs de lys, le fait maréchal de France. La gloire à vingt-cinq ans.

Il lui reste onze ans à vivre, onze ans pour que toute cette gloire soit totalement éclipsée par une célébrité d'un autre genre, telle qu'on ne peut guère voir les pierres qui ont été témoins de ses forfaits, à Tiffauges ou à Machecoul, sans éprouver quelque frisson. Systématiquement, rageusement, il entreprend d'abord de dilapider son immense fortune. Son escorte est à la fois celle d'un prince par ses 200 hommes d'armes et, par sa suite ecclésiastique, celle d'un haut dignitaire de l'Église. Rien n'est trop beau pour magnifier l'office divin, et surtout pas la chorale pour laquelle il recrute à prix d'or les meilleurs chanteurs, des petits garçons si possible. Mais c'est sa passion pour le théâtre qui achève de le ruiner. *Le Mystère du siège d'Orléans*, qu'il monte sur les lieux mêmes de ses anciens exploits, mobilise pas moins de 140 acteurs, sans compter les groupes. Personne ne paie, sauf Gilles qui régale tout le monde. À la demande de la famille, Charles VII interdit alors de lui acheter quoi que ce soit. En vain, car le duc de Bretagne Jean V, désireux de mettre la main sur des forteresses qui commandent ses frontières, lui fait encore crédit.

On a parfois prêté à Gilles une logique qui l'aurait conduit, pour tenter de refaire sa fortune, à des expériences alchimiques ; puis il aurait versé dans la magie noire, pour laquelle il aurait finalement assassiné des enfants. En fait, son comportement n'obéit pas à une telle rationalité, dans la mesure où dès 1432 et peut-être même dès 1426 il attire dans ses repaires de ces enfants que les misères de l'époque ont multipliés sur les chemins. Il faut l'admettre, l'ancien compagnon de Jeanne d'Arc est tout à la fois un esthète passionné de musique et de théâtre, un mystique tourmenté par son salut, un esprit curieux d'occultisme, et un pervers auprès duquel le marquis de Sade fait figure de pâle amateur. On ne saura jamais le nombre de ses jeunes victimes, que l'acte d'accusation évalue à plus de deux cents.

À la sortie de la guerre de Cent Ans l'ordre est loin d'être revenu, et même si la rumeur court parmi le peuple qu'à Machecoul on mange des enfants, qui oserait porter plainte contre ce tout-puissant seigneur ? Et auprès de quelle justice ? En réalité c'est Gilles lui-même qui précipite sa chute en pénétrant le 15 mai 1440, en pleine messe, les armes à la main, dans l'église de

Le donjon de Tiffauges, l'un des théâtres des crimes de Gilles de Rais.

Gilles signe de son seul prénom, comme un roi.

Saint-Étienne-de-Mer-Morte pour contraindre le servant à lui rendre un château vendu à son frère. Un suicide. Par cette violation caractérisée des privilèges ecclésiastiques, il ne défie pas seulement la justice ducale, mais surtout en effet l'Église, la seule puissance peut-être qui soit susceptible de l'atteindre. L'enquête est rondement menée par l'évêque de Nantes Jean de Malestroit, un proche du duc de Bretagne. Le 15 septembre, il fait arrêter Gilles sous inculpation d'hérésie et celui-ci, confiant, accepte imprudemment de comparaître devant un tribunal d'inquisition. Le 13 octobre, comme on lui notifie son acte d'accusation, il réalise le piège et insulte ses juges, qui l'excommunient. Décomposé, il implore alors la levée de la sentence et, lorsqu'après avoir obtenu les dépositions circonstanciées de ses complices on lui annonce la décision de le soumettre à la torture, il passe aux aveux.

Même si l'affaire comporte d'évidents arrière-plans politico-financiers et même si certains procédés appartiennent à des temps que l'on espère révolus, Gilles de Rais ne saurait en aucun cas passer pour la victime d'une machination judiciaire. Il comparaît en effet tour à tour devant un tribunal ecclésiastique présidé par le vice-inquisiteur, qui ne dépend que du pape, puis devant un tribunal laïque. Par ailleurs, la procédure inquisitoriale implique une enquête préalable, ce qui est déjà un progrès, et celle-ci a non seulement recueilli une foule de témoignages, mais surtout les aveux concordants de ses hommes de main. Et ni le principal accusé, ni les deux serviteurs condamnés à la même peine que lui ne se rétracteront, lors même qu'ils savent qu'ils vont mourir. Qui du reste, avant Sade, aurait imaginé de telles monstruosités ?

Les témoignages recueillis lors d'un autre procès, intenté par ses héritiers pour récupérer ses biens, ne laissent guère de doute. Gilles de Rais est fou. Un fou sadique que sa position de grand seigneur et les désordres du temps ont permis de sévir très longtemps. Un fou qui porte en lui une mystérieuse souffrance venue de son enfance. Mais un fou qui révèle également les passions et les contradictions de son époque. « On peut, écrit Huysmans, avoir l'orgueil de valoir en crimes ce qu'un saint vaut en vertus. Tout Gilles de Rais est là. »

La légende a également fait de la crypte de la chapelle castrale le lieu de ses forfaits.

Miniature du XVIIe, ci-contre.

Le portrait de Gilles de Rais, dans la galerie des maréchaux, dû à l'imagination du peintre Féron, page suivante.

Feron.

À l'histoire de Gilles de Rais s'est curieusement superposée celle de Barbe-Bleue, qui assassinait ses épouses. Gravure de Gustave Doré.

30. LE BAS-POITOU À LA FIN DU MOYEN ÂGE

LE MOYEN ÂGE dure dix siècles, et ces dix siècles paraissent bien avoir conféré au Bas-Poitou des caractéristiques qui pèseront très lourdement sur ses destinées ultérieures.

À quoi ressemble la région au sortir de la guerre de Cent Ans ? Dans les campagnes surtout s'est opérée une véritable redistribution des cartes. Tous ont souffert, mais mise à part la population du marais Poitevin, qui est revenue trois siècles en arrière, ce sont les grands seigneurs qui ont le plus lourdement payé le prix du changement, eux qui ont carrément vu leur monde

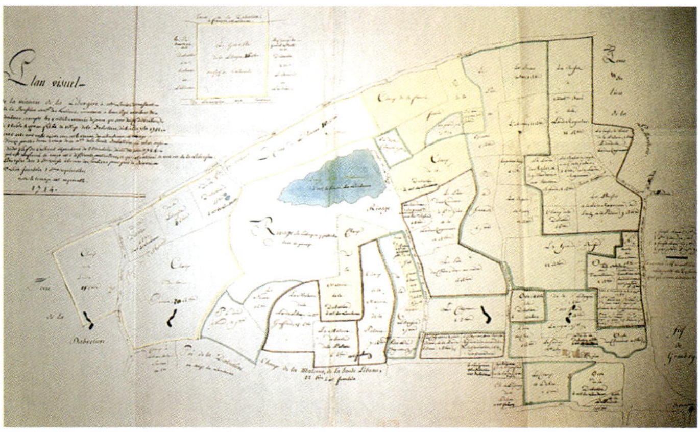

La métairie de la Libergère, d'après le chartrier du Landreau.

Le moulin du fief des Merlatières.

Le Châtellier.

s'effondrer. Leur prestige, auquel ils tenaient tant, en a surtout pris un coup : battus par la piétaille, les fiers chevaliers n'ont pas su assumer leur raison d'être, protéger les leurs. Leurs châteaux n'ont pas résisté aux sièges et n'ont désormais plus guère d'utilité, maintenant que le roi assure la défense du pays, tout comme d'ailleurs il soumet leurs justices à la sienne. Surtout que leur fortune est largement écornée, tant à cause des rançons que par la chute des reve-

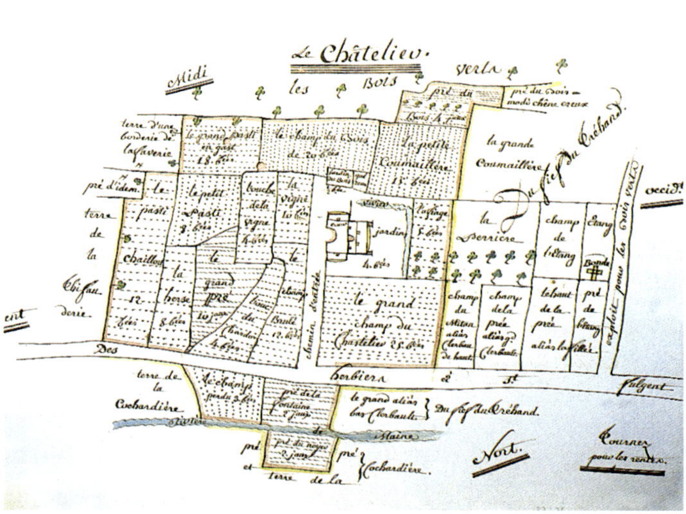

nus seigneuriaux. Des hommes nouveaux sont apparus, comme ce Jean Queyré, un roturier, curé de son état, et qui a patiemment guetté les difficultés des seigneurs de Bessay, sortant ses écus au bon moment et acquérant coup sur coup deux fiefs nobles. Le roi également ne se fait pas faute de tabler sur l'excessive prodigalité des grands, tel Louis XI qui en 1461 acquiert de Louis d'Amboise la vicomté de Thouars, en jugule les dépenses et utilise ses revenus pour payer ses fidèles.

Noirmoutier vu du port.

Ailleurs dans le royaume, les nobles ne voient d'autre solution que de prendre place dans l'armée royale ou à la rigueur dans son administration. Dans la Gâtine poitevine cependant, et probablement le reste du Massif Armoricain au sud de la Loire, ils imaginent une manière inédite de restaurer leur fortune. Usant du retrait féodal, une sorte de droit de préemption, ils entreprennent de rassembler des terres, constituant progressivement des exploitations de trente à quarante hectares, les métairies, ainsi nommées parce qu'au début elles sont généralement concédées à mi-fruit. Du coup, tout le paysage se trouve transformé. Tel village qui jadis groupait plusieurs familles devient le siège de la seule nouvelle ferme. Surtout, chaque bail stipule que le preneur devra ériger chaque année une bonne longueur de talus coiffés de haies. Si le Bocage était peut-être déjà esquissé, il se densifie de plus en plus jusque tard dans le XVIIe siècle, et avec lui se découvre la vocation herbagère de la région, qui se spécialise dans l'élevage bovin. Il est bien possible, comme l'explique son historien Louis Merle, que dans un premier temps la situation des métayers ait été des plus précaires. Il n'empêche, ces grandes exploitations, très compétitives et qui occuperont jusqu'aux trois quarts du territoire concerné, sont une solution d'avenir et finiront par enrichir également leurs locataires. D'ailleurs les bourgeois emboîtent le pas, tandis qu'apparaît la figure du fermier général, régisseur des terres d'un grand propriétaire. Un nouveau style de vie s'esquisse, qui ressemble à celui du gentilhomme campagnard d'outre-Manche. En plus rustique cependant : ce qu'on appellera plus tard le logis vendéen n'est qu'un modeste manoir dont la cour se prolonge souvent par celle de la métairie attenante. Ailleurs, on rêve de glisser en escarpins sur les parquets cirés ; ici, même les seigneurs ont la terre collée aux bottes.

Rouleau d'Apremont *par Jehan Florentin, 1542. Fac-similé, détails.*

Tandis que s'affirme la physionomie du Bocage, l'urbanisation de la région accuse plus que jamais son retard. En tant que façade maritime du comté, le Bas-Poitou aurait dû constituer son débouché sur la mer. Les ports cependant sont loin d'emboîter le pas à Nantes ou La Rochelle. Tout au nord, il y a bien ceux de Beauvoir et Noirmoutier, qui connaissent alors leur apogée grâce au sel de la baie de Bourgneuf. Pour l'année 1454, le premier accueille pas moins de 130 navires qui repartent chargés de sel et une quarantaine de cargaisons de vin. Mais l'essentiel du trafic est assuré par des navires hanséates, anglais ou bretons, et le sel, denrée éminemment taxable pourtant et indispensable pour la conservation des aliments, est loin de rapporter autant que ces deux grands produits du cabotage atlantique que sont les céréales et surtout le vin. D'ailleurs Beauvoir-sur-Mer, aujourd'hui situé à trois kilomètres de l'océan, n'a guère d'avenir en tant que port. Il subit le même envasement que Talmont qui, tout au sud, malgré la création des avant-ports de la Guitière et de la Vinière, est décidément supplanté par Les Sables d'Olonne. Signe des temps : lorsque Louis XI, désireux de récompenser son nouveau conseiller Philippe de Commynes, lui donne la vicomté de Thouars et avec elle l'ensemble de la côte poitevine, ce dernier constate le peu d'avenir de Talmont et opte résolument pour Les Sables. Du coup le roi accorde à la nouvelle ville une organisation municipale et l'affranchit de toute imposition, charge à elle de se clore de murailles. Au XVe siècle cependant Les Sables végètent, faute semble-t-il d'un arrière-pays riche de denrées exportables et des capitaux qui auraient pu lui permettre de peser face à des concurrents plus anciennement établis. En somme, le débouché naturel du Poitou, tout particulièrement la riche Plaine de Luçon-Fontenay, se situe paradoxalement à l'extérieur du comté. C'est, sur la Sèvre Niortaise, Marans, qui dessert tout à la fois Fontenay, par la Vendée rendue navigable à la fin du siècle, et Niort, qui, grâce aux travaux de Jean de Berry, est devenu la première place commerciale du Poitou. Et c'est avant tout La Rochelle qui, au débouché d'un arrière-pays qui lui fournit vin, sel et céréales, devient alors l'un des tout premiers entrepôts du commerce atlantique.

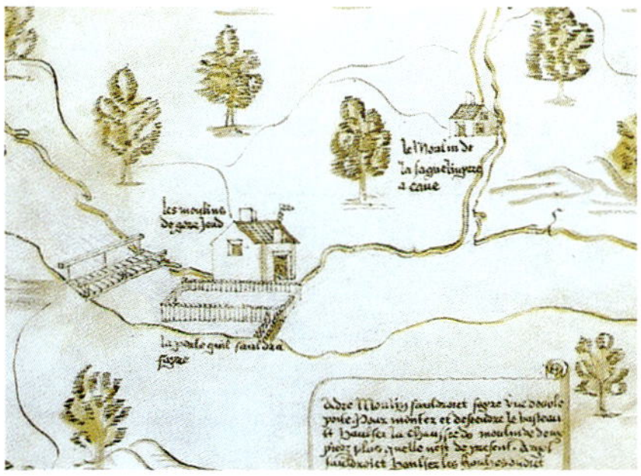

L'époque pourtant est éminemment favorable au développement des villes qui, protégées par leurs murailles, ont beaucoup moins souffert que le plat pays. Elles bénéficient également des faveurs du roi, soucieux de s'assurer de leur soutien pour abaisser les grands. Est-ce à dire que l'extrémité du Poitou, handicapée par la tardive mise en valeur du Bocage et située trop loin de Poitiers, aurait complètement raté ce développement urbain dont nous savons qu'il a permis de concentrer les talents et les capitaux nécessaires au décollage commercial et bientôt industriel de l'Occident ? Ses embryons urbains sont-ils condamnés à une emprise strictement locale, lieux tout au plus de foires ou de marchés qui les font épisodiquement visiter par les campagnards des alentours ? Heureusement il y a Fontenay, qui depuis le XIIIe siècle a pour seigneur le roi ou l'un de ses proches. À peine terminée la guerre de Cent Ans, ceux-ci y lancent une politique de grands travaux. Déjà, après le désastre d'Azincourt, des ouvriers normands, fuyant l'occupation anglaise, s'y sont réfugiés ainsi que du côté de Mouilleron-en-Pareds, apportant leur savoir-faire et ce qu'ils ont pu sauver de leurs capitaux. Dès 1439, on reconstruit la halle. En 1446, le connétable Arthur de Richemont, obtenant 1 700 livres de roi, les consacre à Parthenay et Vouvant, mais surtout à Fontenay où il fait reconstruire les églises Notre-Dame et Saint-Nicolas, ainsi que Saint-Thomas et les Jacobins. On imagine l'effet d'entraînement produit sur l'économie locale. La refondation en 1459 du couvent des sœurs du tiers-ordre de Saint-François prouve l'existence d'une élite locale. Et si en 1471 Louis XI confirme la commune de Fontenay, ce n'est pas seulement pour en récompenser les bourgeois de leur fidélité, c'est aussi pour y consacrer le pouvoir de ses nombreux agents, ses gens de finance chargés de percevoir les impositions qui n'ont d'extraordinaire que le nombre et le poids, comme ses gens de justice, les officiers de la sénéchaussée, qui constituent le gratin de la région. En somme, pourrait-on dire, le développement de Fontenay-le-Comte paraît d'autant plus éclatant qu'il est tardif. Mais il ne saurait trop faire illusion. Certes, ses foires rivalisent avec celles de Niort, les toutes premières du comté, mais contrairement à cette ville et à Poitiers, la commune de Fontenay n'a pas droit de haute justice. Riche essentiellement de son rôle administratif, Fontenay est trop excentré, trop loin de la mer avec laquelle il n'a pas un accès facile. Et même si pour l'heure le grand chemin de Nantes à La Rochelle y passe de nouveau, ce ne peut être qu'en attendant que la remise en état du marais Poitevin autorise de nouveau un trajet plus à l'ouest. Le miracle fontenaysien ne saurait occulter ce fait majeur : la faiblesse de l'urbanisation de la future Vendée.

*
* *

Au total, qu'aura été la région au cours du Moyen Âge ? Ici se sont affrontés le Nord et le Sud, en ces environs de Poitiers qui ont été le cadre de l'écrasement des Wisigoths en 507 et du coup d'arrêt de l'expansion musulmane en 732. Et ce n'est pas pour rien qu'il n'existe pas, à vrai dire, de sentiment poitevin comme il y a une identité bretonne ou basque : la dynastie des comtes de Poitou voit déjà plus large et domine l'Aquitaine, puis la province est de nouveau favorisée en devenant l'apanage d'un frère du roi de France. Enjeu entre Capétiens et Plantagenêts au temps d'Aliénor puis tout au long de la guerre de Cent Ans, les Poitevins penchent très tôt du côté des Français, imposant leur parler d'oïl à l'encontre de la langue d'oc des féodaux souvent pro-anglais.

Il n'empêche, le phénomène qui pèsera le plus sur l'avenir du Bas-Poitou est la faiblesse de son développement urbain, qui est essentiellement due à trois causes naturelles. On l'oublie souvent, mais avant son spectaculaire dessèchement par les abbayes au XIIIe siècle, le golfe des Pictons constitue un obstacle majeur à la circulation terrestre le long de la façade atlantique. Longtemps à l'écart des voies de communication, le Bas-Poitou souffre aussi de sa côte dont la plupart des ports, sitôt construits, commencent irrémédiablement à s'envaser. Enfin, la pauvreté des sols armoricains constitue également un handicap, à une époque où les denrées spéculatives sont surtout les céréales et le vin. À la fin du Moyen Âge, la métairie est tout juste inventée et le récent essor de Fontenay, la ville des gens du roi, ne doit pas faire illusion : le Bas-Poitou est avant tout un futur.

Fontenay : la Vendée.

Fortifications de Fontenay.

Maisons XVe, rue des Loges.

31. FONTENAY, FOYER DE L'HUMANISME

QUI POURRAIT croire qu'au XVIe siècle, Fontenay-le-Comte, auquel Napoléon a depuis lors enlevé jusqu'à son statut de chef-lieu de la Vendée, compte parmi les foyers qui, dans l'Europe de ce temps, inventent l'homme nouveau ? Si André Tiraqueau, Nicolas Rapin et Lancelot Voysin de La Popelinière sont passablement oubliés, chacun connaît en effet François Viète, l'inventeur de l'algèbre, Agrippa d'Aubigné, l'auteur des *Tragiques*, et bien sûr François Rabelais, dont le talent ne doit pas rien à son long séjour bas-poitevin, quelques années seulement avant la publication de *Pantagruel* et de *Gargantua*. Rien pourtant ne semble prédestiner cette petite cité d'une contrée périphérique, excessivement rurale, à produire ou à accueillir longuement ces esprits neufs qui, par-dessus les préjugés de la scolastique médiévale, réinvestissent l'Antiquité pour, plaçant l'homme au centre de l'univers, inventer l'Humanisme.

Fontenay.

Mais c'est justement cette absence de tradition culturelle savante qui constitue un terreau favorable au mûrissement de ces pionniers de la connaissance. La grande invention de Gutenberg permet en effet depuis 1451 une prodigieuse diffusion du livre imprimé, désormais disponible jusque dans les coins les plus reculés. Bientôt d'ailleurs, les éditeurs locaux prendront le relais : vers 1550 à Fontenay, qui précède La Rochelle (1557) et Niort (1589), mais qui vient évidemment après Poitiers, où l'on imprime dès 1479. Or on se rappelle comment Charles VII, pour reconquérir son royaume, a créé là en 1432 une université en laquelle il a appelé les meilleurs juristes de son temps. Et de fait, celle que le géographe allemand Münster place juste après Paris, abrite au XVIe siècle rien moins que la faculté de droit la plus importante et la plus renommée de France. Une formation capitale à l'époque, puisque non seulement elle prépare aux offices royaux tant convoités, mais elle offre également aux étudiants une culture qui s'étend bien au-delà de la *Coustume du Poitou* et même du *Code Justinien*. Les Fontenaisiens y côtoient Du Bellay, Scévole de Sainte-Marthe, Brantôme et Baïf, pour ne citer que ceux-là, et Rabelais se souviendra de l'Écossais Robert Irland, l'un de ses maîtres, pour en faire son docteur Decretalipotens.

Au départ, il y a donc à Fontenay un microcosme de marchands et de petits officiers dont la suprême ambition est de placer ses fils dans les postes nouvellement créés par une administration royale alors en pleine ascension. C'est notamment le cas d'André Tiraqueau, né en 1488 à Fontenay, où son père, d'abord notaire juré à Luçon, est venu s'établir. Le jeune homme

Tiraqueau, le grand juriste Trinquanelle de Rabelais.

acquiert à la faculté de droit de Poitiers les bases qui vont lui ouvrir une brillante carrière. En 1512, il est déjà juge châtelain dans sa ville natale, lorsqu'il épouse la fille du lieutenant criminel et particulier, Marie Cailler. Et c'est probablement en pensant à sa très jeune épouse — elle n'a que douze ans — que l'année suivante il publie deux ouvrages de droit matrimonial, l'un de Francesco Barbaro et l'autre de son cru. On distingue déjà là ce qui fondera toute sa réflexion ultérieure, à savoir le souci de revisiter la coutume du Poitou à la lumière du droit romain et du droit canon.

Rabelais, inspiré par la Renaissance bas-poitevine.

En attendant, il devient l'ami de François Rabelais et l'animateur d'un cénacle auquel ce dernier devra beaucoup. Est-ce par hasard que cette future gloire littéraire atterrit à Fontenay ? On ne sait. Toujours est-il que là s'est récemment fondé l'un de ces établissements mendiants qui signalent le développement urbain de l'époque, le couvent de cordeliers du Puits-Saint-Martin, à peu près à l'emplacement de l'hôtel de ville actuel. Les frères mineurs qui le peuplent ne cultivent pas que la pauvreté, mais également l'ignorance et la crasse. C'est pourtant là qu'en 1520, Rabelais a la chance de rencontrer Pierre Amy qui, avant que son père le fourre au couvent, a déjà appris le latin et, chose rare, le grec. Outre l'Évangile, le jeune helléniste peut ainsi lire les Pères de l'Église dans le texte original, et il s'intéresse aussi à la métaphysique d'Aristote, aux mathématiques et à la philologie. À pareille école, Rabelais qui, à l'instar de son futur héros Pantagruel, nourrit l'ambition de devenir « un abîme de science », fait mieux que s'initier au grec, puisque bientôt son ami le met en relation avec son idole, le célèbre Guillaume Budé. Ce dernier se fend même d'une appréciation flatteuse quant au style grec et latin du disciple, qui entreprend aussitôt de traduire Hérodote en latin.

Brisson, l'auteur du Code Henri. *Portrait du Bois-Tiffrais.*

Les deux amis entrent bientôt en contact avec le groupe de juristes qui, à la manière platonicienne, ont coutume de se réunir sous un bouquet de lauriers chez Artus Cailler, le beau-père de Tiraqueau. On devine l'exaltation de ces jeunes gens venus d'horizons différents et qui se découvrent en commun une soif inextinguible de tout embrasser du savoir humain, renouvelé à la lumière de l'humanisme naissant, dans l'intimité d'Aristote, Platon et Cicéron. Tiraqueau apprend le grec et s'initie à la philosophie, à l'histoire, à la morale, à la médecine, toutes disciplines qui désormais nourrissent son œuvre, au point parfois d'y supplanter le droit proprement dit. Il fédère également les collaborations qui expliquent l'étonnante fécondité, l'incroyable érudition de celui qui devient l'un des plus grands jurisconsultes de son temps. Quant à Rabelais, il se pénètre de la culture juridique qui imprégnera son œuvre, notamment le *Tiers Livre ;* on y

B. BRISSONII
SELECTARVM EX
iure ciuili Antiquitatum, libri IIII.

EIVSDEM,
Ad legem Iuliam de Adulteriis, liber singularis.
De Solutionibus & liberationibus, libri tres.

LVGDVNI
APVD IOAN. TORNAESIVM,
ET GVL. GAZEIVM.
M. D. LVIII.
Cum Priuilegio Regis.

retrouvera, à peine transposées, les conversations sur les femmes et le mariage avec Tiraqueau, qui apparaîtra même, sous le nom de Trinquanelle, comme le « plus grand président de la cour ». Le prologue au *Quart Livre* n'oubliera pas non plus « le bon, le docte, le sage, le tout humain, tout débonnaire et équitable André Tiraqueau, conseiller du grand, victorieux et triomphant roi Henri le second de ce nom, en sa très redoutée cour du Parlement à Paris ».

Viète, « inventeur de l'algèbre ».

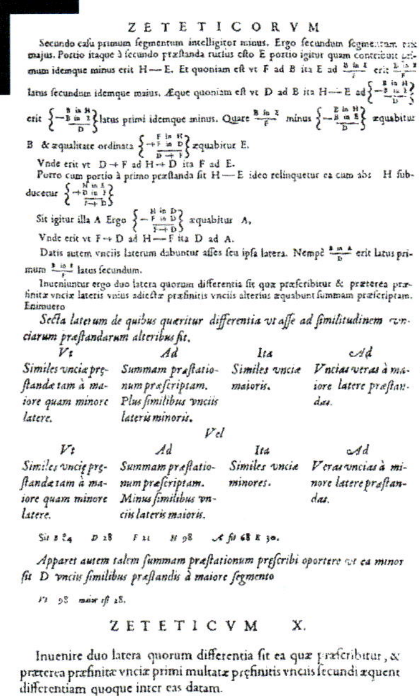

ZETETICORVM

Secundo casu primum segmentum intelligitor minus. Ergo secundum segmentum erit majus. Portio itaque à secundo præstanda rursus esto E portio igitur quam contribuit primum idemque minus erit H — E. Et quoniam est vt F ad B ita E ad $\frac{B \text{ in } E}{F}$ erit $\frac{B \text{ in } E}{F}$ latus secundum idemque maius. Æque quoniam est vt D ad B ita H — E ad $\left\{-\frac{B \text{ in } H \; B \text{ in } E}{D}\right\}$ erit $\left\{-\frac{B \text{ in } H \; B \text{ in } E}{D}\right\}$ latus primi idemque minus. Quare $\frac{B \text{ in } E}{F}$ minus $\left\{-\frac{B \text{ in } H \; B \text{ in } E}{D}\right\}$ æquabitur B & æqualitate ordinata $\left\{+\frac{F \text{ in } H \; F \text{ in } D}{D + F}\right\}$ æquabitur E.

Vnde erit vt D + F ad H + D ita F ad E.

Porro cum portio à primo præstanda sit H — E ideo relinquetur ea cum ab H subducetur $\left\{+\frac{H \text{ in } E \; D \text{ in } F}{F + D}\right\}$

Sit igitur illa A Ergo $\left\{-\frac{H \text{ in } D \; F \text{ in } D}{F + D}\right\}$ æquabitur A,

Vnde erit vt F + D ad H — F ita D ad A.

Datis autem vnciis laterum dabuntur asses seu ipsa latera. Nempè $\frac{B \text{ in } A}{D}$ erit latus primum $\frac{B \text{ in } E}{F}$ latus secundum.

Inueniuntur ergo duo latera quorum differentia fit quæ præscribitur & prætereà præfinitæ vnciæ lateris vnius adiectæ præfinitis vnciis alterius æquabunt summam præscriptam. Enimuero

Secta laterum de quibus quæritur differentia vt asse ad similitudinem vnciarum præstandarum alteribus fit.

Vt	*Ad*	*Ita*	*Ad*
Similes vnciæ prestandæ tam à maiore quam minore latere.	*Summam præstationum præscriptam. Plus similibus vnciis lateris minoris.*	*Similes vnciæ maioris.*	*Vncias veras à maiore latere præstandas.*

Vel

Vt	*Ad*	*Ita*	*Ad*
Similes vnciæ prestandæ tam à maiore quam minore latere.	*Summam præstationum præscriptam. Minus similibus vnciis lateris maioris.*	*Similes vnciæ minores.*	*Veras vncias à minore latere præstandas.*

Sit B 24 D 28 F 21 H 98 A fit 68 E 30.

Apparet autem talem summam præstationum prescribi oportere vt ea minor sit D vnciis similibus præstandis à maiore segmento

Vt 98 maior est 28.

ZETETICVM X.

Inuenire duo latera quorum differentia sit ea quæ præscribitur, & prætereà præfinitæ vnciæ primi multatæ præfinitis vnciis secundi æquent differentiam quoque inter eas datam.

Toutefois, ces pionniers ne se font pas que des amis. Le retour au texte de l'Écriture Sainte irrite la Sorbonne, et en 1523 les cordeliers du Puits-Saint-Martin en viennent à confisquer les livres grecs des deux compères. Tandis que Pierre Amy s'enfuit en Suisse, où il se convertira semble-t-il au protestantisme, Rabelais se soumet, ce qui lui vaut bientôt la restitution de ses ouvrages. Sa décision est cependant prise, de passer chez les bénédictins de Maillezais, dont le supérieur, l'évêque Geoffroy d'Estissac, est grand admirateur des humanistes. Ce grand seigneur, prieur de Ligugé en 1503, à 26 ans seulement, et doyen du chapitre de Saint-Hilaire de Poitiers l'année suivante, s'attache bientôt les services du moine, dont il fait son secrétaire et le précepteur de son neveu. Il est aussi, nous le verrons, féru d'architecture nouvelle, et c'est grâce à lui que Rabelais découvre le tout nouveau château de Bonnivet, probablement le seul château Renaissance qu'il aura pu voir de ses propres yeux quand il écrira son Gargantua et dont il fera le modèle de son abbaye de Thélème, lieu d'épanouissement physique et moral à l'opposé du christianisme mortificateur. Rien d'étonnant si au total le grand écrivain, né en Touraine mais huit années durant initié à l'humanisme en Bas-Poitou, ait aussi largement puisé dans le trésor du langage, des légendes et des mœurs du cru… et cultivé depuis une tenace détestation des cordeliers.

Si vers 1527 Rabelais part suivre des études médicales à Montpellier, Tiraqueau demeure encore à Fontenay, où en 1524 il est lieutenant-général du sénéchal du Poitou. Sa renommée est telle que le parlement de Bordeaux lui offre un siège de conseiller, qu'il refuse. En 1541 cependant, François Ier le nomme à la grand-chambre du Parlement de Paris, gratis et en le dispensant de l'examen accoutumé. Là, dédaigneux de sacrifier ses amitiés, même compromettantes, à ses convictions religieuses, il se lie aussi bien à des calvinistes comme Théodore de Bèze, qu'aux plus grands juristes de l'époque. Avant sa mort, survenue en 1558, il aura transmis sa charge à l'un de ses nombreux fils, tandis qu'un autre sera nommé en 1544 le premier sénéchal de Fontenay.

Ainsi cette petite ville devient-elle un vivier d'administrateurs locaux et parfois même de jurisconsultes au service de souverains soucieux de se servir au maximum de la législation afin de récupérer progressivement les prérogatives régaliennes un moment usurpées par les grands féodaux. À la génération suivante, on y rencontre notamment un Barnabé Brisson, né en 1531, fils du lieutenant au siège royal de Fontenay. Après ses études de droit à Poitiers, il ne tarde pas à être remarqué par Henri III, qui le charge d'assurer la liaison entre la Couronne et le Parlement. Devenu président à mortier, il continue à s'acquitter de nombreuses missions de confiance pour le souverain. En 1587, il publie le fameux *Code Henri*, qui clarifie considérablement la législation royale. Pénétré de ses devoirs, il reste à son poste lors de l'exil du Parlement, ce qui en 1591 lui vaut d'être pendu par les extrémistes de la Ligue. Il avait, dit joliment Pierre de l'Estoile, « les fleurs de lys bien avant gravées dans le cœur… ».

Rapin, le poète de La Satire Ménippée.

Son petit cousin et contemporain François Viète, né en 1540, est encore plus emblématique de ces aventuriers de la connaissance. Son grand-père était marchand à Foussais et son père procureur du roi à Fontenay. Quant au futur inventeur de l'algèbre, il fait son droit à Poitiers, exerce comme avocat dans sa ville natale, puis est nommé successivement conseiller aux parlements de Bretagne et de Paris, puis maître des requêtes et conseiller privé du roi. Parallèlement à cette fulgurante carrière juridique, il se passionne d'abord pour la reconstitution des connaissances mathématiques de l'Antiquité. Et c'est au cours de son séjour au Parc-Soubise, à Mouchamps, au service d'une famille protestante que, chargé de l'éducation de Catherine de Parthenay, il compose son premier ouvrage, le *Canon mathématique*. Les disgrâces périodiques tout autant que les troubles politiques le renvoient régulièrement en Bas-Poitou, où il écrit l'essentiel de son œuvre. Ainsi, en 1585-1589, il séjourne à Beauvoir-sur-Mer, où il rédige l'*Art analytique*, son ouvrage majeur. En 1591, dans *De l'analyse mathématique restaurée ou Algèbre nouvelle*, il expose les bases de sa méthode et montre comment l'utilisation de lettres pour désigner des grandeurs connues permet de généraliser la solution des problèmes. Entre-temps, c'est à sa puissance d'abstraction qu'Henri IV fait appel pour le déchiffrement du code secret des Espagnols, une tâche dont il s'acquitte brillamment grâce aux techniques analytiques qu'il a mises au point. Proche de grands seigneurs protestants mais avant tout soucieux de servir la Couronne, Viète reste semble-t-il catholique en dépit de la conversion de son père au protestantisme. On croît néanmoins distinguer chez lui une prise de distance qu'on attribuerait plus volontiers à l'écœurement suscité par les luttes entre chrétiens, qu'à l'étude des sciences. À une bonne âme qui, en 1603, sa fin étant proche, lui enjoint de quérir un médecin et un confesseur, il répond qu'il n'a que faire de l'un ni de l'autre. Et comme on lui objecte que la fille d'un athée ne trouvera pas de parti, il accepte de se confesser ; quant au médecin, il ne devra l'entretenir que de mathématiques...

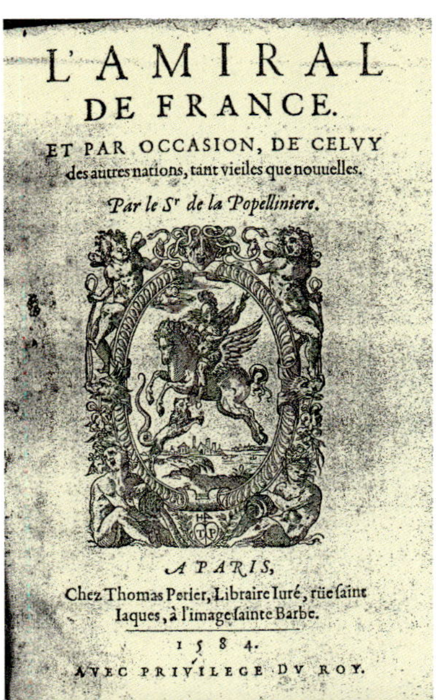
L'AMIRAL
DE FRANCE.
ET PAR OCCASION, DE CELVY
des autres nations, tant vieiles que nouuelles.
Par le Sr de la Popelliniere.
A PARIS,
Chez Thomas Perier, Libraire Iuré, rüe sainct
Iaques, à l'image saincte Barbe.
1584.
AVEC PRIVILEGE DV ROY.

La Popelinière, ou l'idéal d'impartialité en matière historique.

Trois autres personnages se distinguent encore, qui en ces temps de guerres de religion sont amenés à combattre aussi bien par l'épée que par la plume. Le poète Nicolas Rapin, né à Fontenay en 1539, fait son droit à Poitiers puis commence à Paris une carrière d'avocat. Revenu dans sa ville natale, il en devient maire en 1569 et la défend contre les attaques protestantes. Sa carrière en est puissamment accélérée, puisqu'en 1576 il est vice-sénéchal en Bas-Poitou et dix ans plus tard lieutenant-criminel de robe courte à Paris. Devenu prévôt général de la connétablie de Fontenay, il est anobli pour faits d'armes en 1592. Parallèlement, il rime en latin et en français, ce qui lui vaut en 1594 de participer à *La Satire Ménippée*, un ouvrage collectif mi-littéraire mi-politique qui traduit l'opinion des modérés favorables à Henri IV et hostiles à la Ligue. Disciple de la Pléiade, il est lié à l'élite intellectuelle du temps, notamment Ronsard et Baïf, et finit par se retirer en la magnifique demeure de Terre-Neuve qu'il a fait édifier tout près de Fontenay-le-Comte. Jusqu'à sa mort, en 1608, c'est lui qui anime le cénacle fontenaisien, fréquentant assidûment son ancien adversaire Agrippa d'Aubigné, qui le qualifie d'un « des plus excellents esprits de son siècle ».

En cette même année 1608 meurt également Lancelot Voysin, sieur de La Popelinière où il est né en 1541 à Sainte-Gemme-la-Plaine, près de Luçon. Ses ancêtres du côté maternel étaient fabricants de drap, et du côté paternel fermiers des abbayes de Moreilles et de Saint-Michel-en-L'Herm. À Poitiers, où il commence ses études, il est gagné par le protestantisme comme beaucoup de clercs de son époque. Puis il gagne Toulouse, où il participe au soulèvement contre le parlement catholique et est douze ans durant mêlé à une guerre civile au sein de laquelle il tente de faire prévaloir une certaine modération. En 1575, on le retrouve toujours guerroyant, mais cette fois dans les environs de La Rochelle et notamment sur l'île de Ré, qu'il enlève par un coup d'audace. Deux ans plus tard, il est gouverneur de Marans, où les Rochelais ont placé une garnison, et c'est là qu'il est blessé au cours d'un duel par le capitaine qui a provoqué contre lui une mutinerie. Cependant, la fin de sa carrière militaire lui permet désormais de s'adonner à sa passion, lui qui a déjà publié en 1571 *La vraie et entière histoire* des troubles dont il a été l'acteur et le témoin. Preuve évidente d'impartialité : ce livre est presque entièrement repris à son compte par un catholique, Jean Le Frère de Laval, une indélicatesse qui pousse La Popelinière à publier son *Histoire de France* en 1581. Ce nouvel ouvrage, probablement le meilleur qui ait été écrit au XVIe siècle sur les guerres de religion, innove en ce sens que son auteur visite les lieux dont il parle et collationne les preuves de ce qu'il avance. Cette objectivité lui vaut les attaques des deux camps et surtout du sien, qui l'accuse d'être vendu aux catholiques. Curieux de géographie, il compile également divers récits d'explorateurs et va jusqu'à s'embarquer pour le Brésil. Mais ses publications l'ont endetté, au point qu'en 1604 on assiste à la vente des domaines de celui qui passera plus tard pour l'un des pères de l'histoire moderne. Le guerrier retiré refuse en effet de s'ériger en juge ou en moraliste : travaillé par le doute, il a pour seule certitude de n'être jamais certain de rien.

Tout autre apparaît le tempérament d'Agrippa d'Aubigné l'inclassable, tour à tour poète, historien et pamphlétaire. Son grand-père était tanneur et son père, juge à Pons, en Saintonge, perd sa place lors de sa conversion au protestantisme. À six ans, l'enfant lit déjà le français, le latin, le grec et l'hébreu. À huit ans, il accompagne son père pour Paris : à la traversée d'Amboise, ils découvrent les corps suppliciés des conjurés. « Mon enfant, lui dit le farouche huguenot, il ne faut pas que ta tête soit épargnée après la mienne pour venger ces chefs pleins d'honneur : si tu t'y épargnes, tu auras ma malédiction. » Désormais, la vengeance sera son destin. Placé chez l'un des maîtres les plus renommés du Quartier latin, il doit bientôt fuir les premiers troubles des guerres de religion. Sa passion pour les livres se mue alors en rage guerrière. Son père, tué en 1566, lui laisse de grosses dettes. Qu'à cela ne tienne : après un séjour à Genève, il est de nouveau en Saintonge où il se signale par sa folle audace. Appelé auprès d'Henri de Navarre afin de l'aider à s'évader de la capitale, il s'acquitte de sa mission en 1576. En 1580, il s'empare de Montaigu, où il se maintient un an, et il participe aux sièges de Clisson et de Beauvoir puis à la prise de Niort. Enfin, le 31 décembre 1588, il mène un coup de main victorieux contre l'abbaye fortifiée de Maillezais, dont il est nommé gouverneur à la tête d'une petite garnison d'une centaine d'hommes. Un bien maigre fief, se plaint-il. N'empêche : c'est là que, trente ans durant, il va écrire l'essentiel de son œuvre.

« Trop las de courir », le guerrier de 37 ans aspire à une retraite de gentilhomme campagnard, à proximité de son château de Mursay, dans les environs de Niort. Mais surtout, l'homme est un déçu des accommodements consentis par Henri IV, surtout son abjuration, cette « grande abomination ». D'où les imprécations qui traversent les *Tragiques*, ce poème lyrique et satirique long de dix mille vers, commencé en 1577 et finalement édité en 1616 dans son imprimerie clandestine de Maillé, sous l'énigmatique signature de L.B.D.D. *Le Bouc Du Désert* publie la même année la première partie de son *Histoire universelle*, son œuvre maîtresse, en laquelle il se fait l'historien des luttes qui ont déchiré l'Europe entre 1553 et 1602. Désormais, le partisan exalté veut s'astreindre à une ardente sincérité. « Quand la vérité, avoue-t-il, met le poignard à la gorge, il faut baiser sa main blanche, quoique tachée de notre sang. » Cependant, cet éternel rebelle gêne les tiédeurs revenues, et son ouvrage est condamné en 1620. Il se réfugie alors à Genève, où le poète inspiré meurt dix ans plus tard.

Ainsi donc, deux générations d'humanistes illustrent Fontenay-le-Comte au XVIe siècle. Les précurseurs d'abord, avec Tiraqueau, Amy et Rabelais. Puis, au temps des guerres de religion, les Brisson, Viète, Rapin, La Popelinière et d'Aubigné, pour ne citer qu'eux. À l'évidence cette ville, que le pouvoir royal a décidé de promouvoir, suscite des talents dont les plus éminents sont promptement aspirés par la capitale. Nul esprit localiste en effet chez ces hommes nouveaux, héritiers de marchands ou de petits officiers, mais plutôt l'aspiration à bouger, puis le sentiment de devoir sa promotion à sa loyauté au service de la chose publique. Cette soif de reconnaissance suscite une autre soif, de connaissance celle-là, qui crée ce moment exceptionnel où d'éminents esprits, issus d'ici ou venus d'ailleurs, conjuguent leurs talents et s'enrichissent mutuellement pour, le temps d'une Renaissance, faire de Fontenay une fontaine jaillissante de beaux esprits.

L'HISTOIRE
VNIVERSELLE
DV SIEVR D'AVBIGNE'

PREMIERE PARTIE,
QVI S'ESTEND DE LA PAIX ENTRE TOVS LES PRINCES CHRESTIENS, ET DE L'AN 1550. IVSQVES à la pacification des troisiesmes guerres en l'an 1570.

DEDIEE A LA POSTERITE'.

A MAILLE.
PAR IEAN MOVSSAT, IMPRIMEVR ORDINAIRE DVDIT SIEVR.
M. DC. XVI.

Frontispice de L'Histoire Universelle *d'Agrippa d'Aubigné,*
le flamboyant poète des Tragiques.
Portrait page suivante.

SCRIBENDUS SCRIPSIT, CECINITQ; CANEND
ÆTAT 72. Aº 1622.

32. À LA POINTE DE L'ARCHITECTURE RENAISSANCE

Si au XVIe siècle Fontenay se signale comme un foyer de l'Humanisme, le Bas-Poitou est également à la pointe d'une architecture aujourd'hui familière, mais alors d'avant-garde et en rupture totale avec ce qu'on avait jusque-là coutume de considérer comme beau. Paradoxalement, cette audace soudaine n'est pas étrangère au retard accumulé lors des deux siècles précédents. Mis à part quelques rares exceptions comme la cathédrale de Luçon, l'architecture gothique n'a guère en effet inspiré de constructions : dans cette région profondément rurale, les paroisses se sont peu ou prou contentées des églises romanes de la période précédente et, en l'absence de villes dignes de ce nom, aucune ascension bourgeoise n'a pu se concrétiser dans une quelconque résidence urbaine d'envergure. Cependant, les destructions dues à la guerre de Cent Ans, la ruine de certains lignages et inversement les nouvelles fortunes accumulées au service du roi, ainsi que le développement d'une bourgeoisie d'offices à Fontenay, expliquent la fièvre de constructions qui saisit la région. Les bâtisseurs, il est vrai, pourraient se contenter d'anciennes techniques, mais ces hommes nouveaux ont le sentiment de s'inventer en même temps que le siècle. Rien d'étonnant alors si leurs regards se tournent vers le Val de Loire, où l'on rivalise d'innovations architecturales, et même vers l'Italie. Surtout qu'en Bas-Poitou l'ogive gothique n'a pas supplanté le plein cintre roman, qui opère donc directement la jonction entre l'art nouveau et l'Antiquité romaine. Le reste, nous allons le voir, est affaire d'individualités fortes, d'esprits hardis et de talents hors du commun.

Trois phases se distinguent nettement : d'abord, à partir de 1520, une pré-Renaissance qui, inspirée du château de Bonnivet, ne suscite que des constructions isolées, sans postérité ; puis, de 1540 à 1570, une période exceptionnelle que l'on pourrait qualifier de Renaissance bas-poitevine, tant elle manifeste un génie propre et nous laisse des chefs-d'œuvre uniques en leur genre ; le reste du XVIe siècle enfin, ainsi que le début du XVIIe, où l'on n'innove plus vraiment mais où se multiplient les constructions urbaines et rurales qui diffusent un peu partout l'art nouveau.

Dans l'église de Bourneau, la chapelle des Puy du Fou (1520).

Au départ, il y a donc ce château de Bonnivet, aujourd'hui disparu, mais tellement exceptionnel qu'il inspire à Rabelais le cadre de son abbaye de Thélème. C'est Guillaume Gouffier, amiral de France, un intime

Le château des Granges-Cathus et son très exceptionnel escalier (1525).

de François Ier, qui, entre 1516 et 1525, fait bâtir cette merveille un peu au nord de Poitiers. Dans le même temps, il crée en l'église de Bourneau une chapelle pour son épouse Bonaventure du Puy du Fou. Cependant sa mort à Pavie, en 1525, interrompt le chantier, rendant disponibles quantité de compagnons initiés à l'architecture nouvelle et qui ne demandent qu'à s'employer. C'est ainsi que Jean Cathus, capitaine du château de Talmont, qui a entrepris depuis peu la construction d'un assez banal logis en équerre, s'avise soudainement d'abandonner le gothique flamboyant des fenêtres du rez-de-chaussée pour confier vers 1525 à un maître sculpteur probablement issu de Bonnivet la tour d'angle destinée à en abriter le grand escalier à vis. L'artiste, exceptionnellement doué, imagine de transformer le revers des marches, ordinairement difficile à décorer, en une surface plane qui déroule en continu au-dessus du visiteur, outre les armoiries des propriétaires des lieux, des cœurs, des doubles profils et quantité de figures à la manière d'un rébus dont nous ignorons la clé. Cette création est tellement hardie qu'elle ne sera jamais imitée telle quelle, mais qu'elle suscitera le décor sculpté continu et le

Dominant la Vie, les deux tours Renaissance du château d'Apremont encadraient le logis (1535).

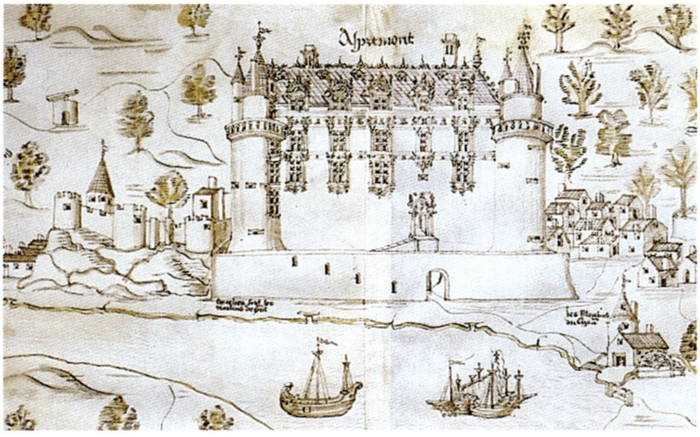

plafond à caissons des escaliers droits. Enfin, également inspiré par Bonnivet, Philippe Chabot, le successeur de Guillaume Gouffier comme amiral de France, transforme en 1534 le front sud de sa forteresse familiale d'Apremont en une vaste demeure confortable et claire, dont le corps de logis a été détruit en 1743, mais dont il subsiste deux tours d'angle. Une étonnante rampe, d'abord voûtée puis creusée dans le rocher, part des berges de la Vie et permet à un cavalier d'accéder directement sur la terrasse, au niveau du perron.

Le château de Coulonges-sur-l'Autize (Deux-Sèvres, vers 1540) vu par Octove de Rochebrune.

Son déménagement sous l'œil de l'aquafortiste.

Ces réalisations, isolées, se révèlent cependant sans lendemain, et il faut attendre les années 1540 pour assister à l'éclosion d'une architecture Renaissance propre au Bas-Poitou. Un moment exceptionnel de notre histoire régionale, et qui est le fruit de la rencontre entre deux hommes : un mécène, Geoffroy d'Estissac, le fastueux évêque de Maillezais, ami des humanistes et protecteur de Rabelais, et d'autre part un exceptionnel maître d'œuvre, aussi talentueux que mystérieux, mais dont nous ignorons le nom. Geoffroy a d'abord entrepris, dans les années 1510, de faire appliquer les nouvelles règles architecturales à sa priorale de Ligugé, puis, à partir de 1520, à la reconstruction du doyenné de Saint-Hilaire de Poitiers. Mais faute d'avoir trouvé l'artiste de ses rêves, l'évêque doit se contenter de s'inspirer du château de Bonnivet. Dans le même temps, il entreprend de doter sa cathédrale de Maillezais d'un nouveau chœur, à long déambulatoire et à chapelles rayonnantes. Puis à Coulonges, sur la seigneurie de son neveu Louis d'Estissac, conseiller privé du roi et gouverneur de La Rochelle et des Pays d'Aunis, il commence vers 1538 la construction d'un vaste château de plan carré, doté de quatre pavillons d'angle. Et c'est là, comme le prouve le brusque changement de style, qu'il parvient à s'assurer les services du maître d'œuvre

L'artiste dans l'encadrement de la porte de la chapelle.

qui vient tout juste d'achever la façade et le retable sud de la collégiale des Gouffier à Oiron, près de Bressuire. Dès lors, un souffle nouveau se fait sentir. Dans les chapelles de Maillezais, on abandonne la voûte médiévale pour le plafond plat à caissons, également adopté à Coulonges, qui s'orne aussi de magnifiques cheminées. Surtout, pour séparer le chœur de la nef, on construit dans la cathédrale le premier jubé à l'antique du royaume. Large de neuf mètres et haut de quatre, celui-ci constitue à lui seul un manifeste de l'art nouveau, avec ses entablements à métopes et à triglyphes, ses arcs en plein cintre et ses pilastres cannelés surmontés de chapiteaux doriques, sans compter ses cuirs et ses frises antiques. C'est le point de départ de la Renaissance bas-poitevine telle qu'étudiée par Richard Levesque.

L'accession à une plénitude en matière architecturale est également perceptible à Fontenay, à travers deux réalisations précisément datées de 1542. Cette année-là, Liénard de la Réau, un maître local, édifie la chapelle Saint-Pierre en l'église Notre-Dame. Certes, il utilise

Le château de Terre-Neuve, demeure d'un « antiquaire ». Conservant l'allure générale telle que voulue entre 1595 et 1600 par Nicolas Rapin, Octave de Rochebrune y ajoute notamment le porche de Coulonges et la voûte de son escalier, pour laquelle il fait édifier une aile basse. La cheminée dite alchimique de Coulonges. La porte de la chapelle de Coulonges, aux rares chapiteaux doriques (1551). Originaire de Chambord, la salamandre de François Ier (vers 1540). De Chambord également, les soleils de la chambre de Louis XIV (vers 1670).

Le château du Puy du Fou (1545-1570). Lithographie du baron de Wismes, vers 1846.

le vocabulaire nouveau, comme les ordres et les plafonds à caissons, mais maladroitement et en y mêlant des réminiscences gothiques. D'une toute autre envergure est celui qui, la même année, est chargé de bâtir une fontaine monumentale au pied du château de la ville, et qui probablement n'est autre que le maître d'Oiron, déjà rencontré à Maillezais et Coulonges. Le fronton triangulaire, le plafond à caissons, le dorique très pur, lui confèrent la parfaite harmonie qui en fait la première fontaine classique de France. Devenue le symbole de la cité, cette fontaine des Quatre-Tias, c'est-à-dire des quatre tuyaux, constituera peu ou prou la source d'inspiration de tous les bâtisseurs fontenaisiens jusque vers 1620.

Demeuré jusqu'alors à l'écart des idées nouvelles, le Bocage se dote à partir des années 1540 de cette petite merveille architecturale qui conjugue si heureusement le lourd granite armoricain avec la brique méridionale : le château du Puy du Fou. La forteresse médiévale avait été détruite par les Anglais lors de la guerre de Cent Ans ; fort de l'autorisation de Charles VII, plutôt que de reconstruire sur place, Guy II du Puy du Fou choisit un site plus agréable, à quatre cents mètres au nord-ouest. De ce second château, il ne reste plus aujourd'hui que le pavillon gothique à tours polygonales, à gauche en entrant dans la grande cour carrée autour de laquelle s'ordonnent les bâtiments Renaissance. Le siècle suivant, les Puy du Fou, très actifs rassembleurs de fiefs, acquièrent notamment Saint-Malo-du-Bois et Mallièvre, puis Mortagne et Bazoges, réussissant en 1564 à ériger leur terre en châtellenie. Désireux d'inscrire cette ascension dans la pierre, François II, écuyer tranchant du roi et capitaine du château de Nantes, entreprend

vers 1545 de bâtir ce qui constitue aujourd'hui la partie centrale du logis, face à l'entrée. À sa mort, en 1548, s'y élève un corps de bâtiment desservi par un escalier à vis précédé d'une élégante loggia pour laquelle, plus encore que du château de Coulonges, il s'est sans doute inspiré de celui que son beau-père, le gouverneur de Bretagne, vient de bâtir à Châteaubriant. Mais chez les Puy du Fou, les hommes sont prématurément fauchés par les violences du temps, de sorte que cette demeure est avant tout une œuvre de

La chapelle de Brisson, en l'église Notre-Dame, œuvre du maître local Liénard de la Réau.

Due à un maître de talent, la fontaine des Quatre-Tias (1542), photographiée par Jules Robuchon avant la restauration entreprise en 1898 par O. de Rochebrune, qui en a quelque peu altéré la sobriété.

femmes. De Catherine de Laval d'abord, sa veuve, qui continue l'édifice sur la gauche, où elle s'inspire encore de Châteaubriant pour l'escalier voûté en berceau décoré de caissons. Le relais est pris par son fils René Ier, gentilhomme ordinaire de la chambre du roi et gouverneur de La Rochelle et des Pays d'Aunis. Nommé maréchal de France en 1564, il est assassiné deux ans plus tard, et c'est à son épouse Catherine de La Rouchefoucauld que revient la construction en 1570 de la seconde loggia et de la longue galerie ouverte qui rejoint le châtelet gothique. Incendié en 1794 par les colonnes infernales, le château est encore victime de nombreux aléas au XIXe siècle, à la fin duquel le coin nord-est est reconstruit au-dessus du premier étage. Il n'empêche, les horizontales polychromes de ces façades percées d'arcades en plein cintre ou de grandes fenêtres à meneaux ponctuées par des pilastres ioniques expriment un classicisme épuré fait de calme, d'élégance et de régularité. Bijou italien serti de son écrin bocager, le Puy du Fou prolonge jusqu'à nous les rêves des dames de la Renaissance.

L'hôtel de la Pérate (vers 1550) superpose les trois ordres dorique, ionique et corinthien.

Mais c'est sans surprise Fontenay qui concentre le plus grand nombre de demeures de cette époque. Ici se rencontrent en effet les marchands et surtout les titulaires d'offices qui, toujours plus nombreux, n'ont de cesse que de faire valoir leur réussite sociale. Les dégâts occasionnés par les guerres de religion provoquent également de nouvelles constructions, suite au pillage des églises par les huguenots en 1562 et 1568, et davantage encore après les sièges de 1574 et 1587. Il faut dire que les dégâts sont importants : quatre ans après ce dernier, les deux tiers des habitants, réfugiés à la campagne, ne sont pas encore rentrés, tandis que les maisons les plus proches des fortifications, tant à l'intérieur de la ville close que dans les faubourgs, ont été rasées afin de ne pas en contrarier la défense. Ainsi l'époque se révèle-t-elle particulièrement faste pour des dynasties de maîtres maçons et de tailleurs de pierre comme les Paistre et les Bienvenu. De cette période d'entre 1560 et 1620 datent une soixantaine d'édifices qui, même s'ils n'innovent pas comme les précédents et même si certains seront fortement remaniés par la suite, inscrivent résolument l'architecture fontenaisienne dans l'esthétique de la Renaissance classique.

Pour bien se figurer Fontenay en son siècle d'or, il faut s'imaginer, dominée par un château, sur le rebord d'une large vallée où serpente une modeste rivière, la Vendée, une petite ville ceinte de murailles renforcées par dix tours et percées de cinq portes. Tout est là, et le passé, et le présent, et peut-être l'avenir. En cet endroit, le Massif Armoricain s'avance vers le sud au point de presque toucher le marais Poitevin, déterminant ainsi un étranglement

La maison Billaud, la plus remarquable de Fontenay. L'escalier du premier logis (vers 1550). L'extraordinaire façade sur cour du second logis (après 1575), inspirée du Louvre.

de la plaine, ce long boulevard carrossable du Poitou en direction de l'océan. Alors que Niort, situé au fond du marais, constitue le débouché maritime de la province par la Sèvre Niortaise, Fontenay fait figure de sentinelle occidentale avancée du pouvoir royal, entre une Bretagne tout juste rattachée au royaume et un Aunis qui, nous le verrons, pourra encore nourrir des velléités sécessionnistes. Certes, la rivière n'est navigable que jusqu'au port du Gros Noyer, à quelques kilomètres en aval de la ville, mais trois terroirs, le Marais, la Plaine et le Bocage, conjuguent donc leurs ressources pour assurer la renommée de trois célèbres foires annuelles, où l'on échange également les draps et les cuirs produits dans les faubourgs.

Sécurité oblige, la plupart des nouvelles constructions s'érigent à l'intérieur des murailles, quitte à compenser le manque de place par deux, voire trois niveaux de caves. Et d'abord le long de l'artère principale, qui traverse la ville d'est en ouest à partir de l'unique pont sur la Vendée. Au n° 2 de cette actuelle rue Gaston Guillemet s'élève la maison Billaud, un logis édifié initialement au milieu du XVIe, puis doublé un quart de siècle plus tard. Le bâtiment sur rue, le plus ancien, comporte notamment un superbe escalier à caissons et une cuisine voûtée. Il mène dans une cour au fond de laquelle, signe de leur rapide ascension, les propriétaires des lieux ont édifié un second logis, encore plus prestigieux que le premier. Sur deux étages s'ouvre une immense fenêtre couronnée par un monumental fronton triangulaire qui, par ses consoles feuillagées à mufles de lions, s'inspire de la façade côté Seine du pavillon du roi, au Louvre, construit par Pierre Lescot en 1557 et qui vient alors d'être publié par Du Cerceau en 1576. Dans la même rue, au n° 30, les Du Boullay édifient également vers 1570 l'hôtel dit de la Pérate, un logis lui aussi dédoublé à l'arrière par un second bâtiment, ici en équerre et desservi par un escalier à vis. C'est la façade sur rue qui présente le plus grand intérêt. Au rez-de-chaussée, l'arc surbaissé de la boutique, supporté par des cariatides dont l'une est encore visible, a disparu au XIXe siècle. Mais on admire encore cette façade qui superpose élégamment les trois ordres grecs, depuis les colonnes doriques de la porte d'entrée jusqu'aux pilastres ioniques et corinthiens des premier et deuxième étages.

Située entre l'église Notre-Dame et les immenses halles — parmi les plus vastes du royaume, avec leurs 144 mètres de long —, la cohue, c'est-à-dire la place du marché, actuelle place Belliard, constitue alors l'unique espace dégagé de Fontenay. C'est également le cœur administratif du Bas-Poitou, là où résident les gens de robe, notaires, procureurs et avocats qui dominent la cité. Sur le côté nord s'élève un superbe ensemble de six maisons Renaissance, datées de la fin du XVIe ou du début du XVIIe. Leur homogénéité de style est accentuée par les arcades du rez-de-chaussée qui ménagent un passage couvert, ainsi que par leurs frontons dont l'un coiffe deux de ces demeures.

Mais au XVIe siècle la prospérité de Fontenay est telle, que malgré l'insécurité, la ville déborde largement ses murailles. En dépit des inondations chroniques, ce n'est ni le faubourg des Marchoux au nord, ni à l'est celui du Puits-Saint-Martin, promis à un bel avenir, qui se développent alors, mais celui des Loges, sur l'autre rive de la Vendée, le long de la rue qui

La très belle maison Millepertuis (1570-1580), ainsi nommée à cause des multiples trous dans sa façade.

conduit vers Niort et Poitiers. Dans ce quartier des tanneurs et des drapiers, on remarque encore les dernières bâtisses à colombage héritées du Moyen Âge et quelques demeures Renaissance, surtout au n° 85 cette maison de Millepertuis, datée de 1570 ou 1580, et dont le nom évoque les mille trous de ses bossages vermiculés. Contrairement aux autres maisons, caractérisées par une étroite façade et leur développement tout en profondeur, et qui abritent des commerces ou des échoppes, ici la largeur s'explique par le fait que les propriétaires sont des nobles ou du moins des notables. Un escalier rampe sur rampe orne cette demeure, l'une des plus belles de la ville, tandis que, côté rue, on remarque les bandeaux qui quadrillent les étages, et surtout l'ordre dorique de la porte d'entrée.

L'hôtel dit de la Sénéchaussée, édifié entre 1590 et 1595 par l'ancien receveur des tailles Jacques Gobin. Sa cheminée aux Griffons se trouve actuellement dans l'ancienne salle à manger de Terre-Neuve.

Également situé hors les murs de la ville, à proximité de la Vendée, le riche hôtel dit de la Sénéchaussée n'a probablement jamais abrité l'autorité judiciaire, mais a été édifié entre 1590 et 1595 par le receveur des finances Gobin grâce à une fortune amassée en percevant les tailles pour l'élection de Fontenay. Plus qu'un hôtel particulier, c'est déjà un manoir avec un logis en équerre prolongé par des communs aujourd'hui disparus, qui s'ordonnaient autour d'une cour rectangulaire. Le sous-sol semi-enterré abrite, outre les caves, des cuisines où des piliers octogonaux supportent de très élégantes et rares voûtes à nervures. La décoration de la tourelle d'angle, qui contient l'escalier à vis, et celle de la porte d'entrée, sont également remarquables. Surtout, on y remarquait alors la fameuse cheminée aux griffons, que son décor rattache à l'École de Fontainebleau, mais qu'au XIXe siècle Octave de Rochebrune a transférée en son logis de Terre-Neuve.

C'est en ce château bâti à la fin du XVIe un peu à l'écart de Fontenay par le poète Nicolas Rapin, qu'on peut admirer, en un raccourci saisissant, les merveilles d'une Renaissance qui n'est pas seulement bas-poitevine, et qui ont été accumulées là par l'aquafortiste Octave de Rochebrune. Telle cheminée provient comme nous venons de le voir de l'hôtel de la Sénéchaussée, et tel lambris de la bibliothèque du château de L'Hermenault. D'autres décors sont issus du château de Chambord, comme ces panneaux de portes ou de coffres décorés de la salamandre chère à François Ier. Mais c'est surtout Coulonges qui a fait le bonheur de l'antiquaire comme on disait alors, dans la mesure où ce collectionneur y a non seulement prélevé le porche d'entrée, la voûte de l'escalier et des plafonds à caissons, mais aussi la porte de la chapelle, à frise et chapiteaux doriques, datée de 1551. Également la superbe cheminée dite alchimique, mais que l'on qualifierait plus justement de philosophique, à cause de la phrase de Sénèque, *Nascendo quotidie morimur.*

Cette devise pourrait être celle de Fontenay. Telle qu'interprétée en 1930 par Fulcanelli, elle donne *Pour naître, nous mourons chaque jour*, traduisant ainsi le travail des alchimistes sur eux-mêmes, dans leur quête du grand œuvre ; à cette image, la ville profite alors des destructions occasionnées par les guerres de religion pour se rebâtir à neuf. Plus conformément à la grammaire, l'inscription signifie *En naissant, nous mourons chaque jour*, ce qui veut dire que dès que nous venons au monde, à chaque instant nous nous rapprochons de la mort ; en ce sens la splendeur fontenaisienne prélude en effet à une longue décadence qu'interrompra seulement, nous le verrons, le répit d'un beau second XVIIIe siècle.

Les six maisons de la place Belliard (fin XVIe-début XVIIe), qui était à l'époque le centre commerçant de Fontenay.

33. LE BAS-POITOU, TERRE DE PROTESTANTISME

Il nous faut maintenant tordre le cou à cette idée reçue, que le Bas-Poitou serait de toute éternité une terre de catholicisme triomphant. La réalité est beaucoup moins simple, ainsi que chacun de nous peut s'en convaincre en parcourant notamment le Bas-Bocage oriental autour de Pouzauges, Monsireigne, Mouilleron et La Châtaigneraie. Certes, là comme ailleurs de vastes églises et d'innombrables calvaires jalonnent le paysage, mais peut-être, en cherchant un peu, découvrirez-vous, clos de haies vives, un minuscule cimetière dont telle tombe s'orne de la croix huguenote et telle autre d'un passage des Psaumes. Ailleurs, vous remarquerez une bâtisse aussi modeste que sévère, un temple en réalité, qui continue d'être l'objet de tous les soins de quelques familles, paysannes le plus souvent. Ailleurs encore, un pin parasol vous signalera une ancienne demeure protestante. Et si vous avez la chance de provoquer la confidence, on évoquera pour vous, comme si c'était hier, cette autre mémoire douloureuse de la Vendée, de l'ancêtre converti par les dragons ou de l'aïeule enlevée à sa famille pour être catéchisée dans quelque couvent.

À la source de cette histoire si tragique, il y a la formidable angoisse de l'homme moderne qui se dégage des chaleureuses convivialités médiévales pour s'interroger personnellement sur son salut individuel. À ces questions, l'institution ecclésiale du temps ne répond guère, elle qui, engoncée dans la routine, pactise largement avec les mœurs profanes. Les évêchés sont consi-

Se faire inhumer dans un jardin : l'idée persiste dans les très discrets cimetières protestants. Celui de Sainte-Hermine.

dérés par quelques grands lignages comme une propriété familiale et leurs titulaires se préoccupent peu de résider dans leurs diocèses. Il en va de même pour nombre d'abbayes, dont les charges principales sont souvent détournées par des clercs séculiers qui se dispensent de la règle. Plus généralement, tout un clergé, marqué par l'ignorance la plus crasse, se complaît dans le cumul des bénéfices et le trafic des indulgences. L'Église répond décidément très mal aux nouvelles exigences du temps.

Croix huguenote au hasard d'une plaque funéraire.

En Poitou, la question est particulièrement brûlante. On l'a vu : dotée d'une importante et encore jeune université, cette province accueille avec ferveur un mouvement humaniste qui entend, outre les auteurs de l'Antiquité, retrouver la lettre des Saintes Écritures. À vrai dire pourtant, l'impulsion initiale ne vient pas de là, mais des marchands rochelais, qui sont en contact permanent avec la bourgeoisie rhénane ou hanséate gagnée aux idées de Luther. C'est ainsi que la Réforme pénètre à Fontenay-le-Comte où, dès 1533, Gérard de l'Espée, un marchand drapier, monte sur le bûcher pour avoir diffusé l'hérésie nouvelle. L'année suivante, c'est au tour d'une servante bas-poitevine, convertie à La Rochelle, et qui est brûlée vive pour avoir imprudemment engagé une controverse publique avec un cordelier. La plupart des ports, notamment La Chaume, Saint-Gilles et Beauvoir, sont précocement touchés. Mais ce premier luthérianisme marque vite le pas face à la version proprement française de la Réforme : le calvinisme. En 1533, l'année même de sa conversion, Calvin est ordonné d'arrestation par le Parlement de Paris et court se réfugier en Angoumois auprès d'un curé de ses amis. C'est là qu'il commence la rédaction de son œuvre majeure, l'*Institution Chrétienne*, publiée en latin en 1536 et cinq ans plus tard en français. Au printemps de 1534 il est à Poitiers où, fort de l'appui du lieutenant-général de la sénéchaussée, il gagne à sa cause nombre d'étudiants et de professeurs de l'Université. Est-ce là que, comme le rapporte la tradition, ce jeune homme, âgé de 25 ans seulement, aurait célébré la Cène pour la première fois ? Toujours est-il que par la suite, comme le prouve sa correspondance, il continuera de s'intéresser de près aux affaires de l'église réformée poitevine.

Cette même année 1534 est marquée par l'affichage d'une violente attaque contre la messe à Amboise, sur la porte même de la chambre de François Ier, qui déclenche une vague de répression. Mais en Bas-Poitou, le calvinisme est déjà en passe de s'organiser. Dès 1536, Fontenay a un pasteur en la personne d'Arnold Bodin, et l'on célèbre également le culte à Montaigu ainsi que dans un périmètre resserré qui comprend Foussais, Payré, Chassenon, Saint-Hilaire, Denant, Nieul, Saint-Pompain et Coulonges. Du monde des marchands, le protestantisme a déjà manifestement essaimé parmi leurs fournisseurs, les tisserands, nombreux dans ces endroits. Cinq ans plus tard, le procureur Philippe Véron, l'un de ceux qui ont accueilli Calvin en 1534, est à Fontenay, et de là sa prédication gagne les campagnes alentour, émaillée qu'elle est de chansons anticléricales et de discussions sur la place du village. En 1557, soit deux ans seulement après Poitiers, l'église y est officiellement organisée par des pasteurs venus de Genève, où Calvin s'est réfugié depuis 1541. Trois ans plus tard, on compte déjà en Poitou 16 églises calvinistes. Ainsi la province est-elle en pointe pour ce qui est de la diffusion du protestantisme dans le royaume. À preuve, en 1559 la tenue de la première assemblée générale des églises réformées de France est décidée à Poitiers, et c'est dans cette même ville que se réunit la seconde, deux ans après.

Mais en ce temps on n'imagine guère que deux cultes puissent coexister dans le même État. Les intolérances réciproques se déchaînent et, en France comme à Genève, on brûle les hérétiques comme Michel Servet. En 1559, des exécutions capitales à Poitiers provoquent une flambée de violences, dont le saccage de la chapelle des jacobins. Deux ans plus tard, le massacre, à Wassy, de protestants réunis pour célébrer leur culte, déclenche ce qu'il est convenu d'appeler les guerres de religion, au cours desquelles le Poitou devient dans un premier temps l'une des principales bases d'appui des bandes huguenotes. Plutôt que de guerre, mieux vaudrait d'ailleurs parler d'une succession de coups de main, ponctués de pillages et de viols, de tortures et de massacres. Aux clercs, aux marchands, aux marins et aux gens des métiers qui formaient jusque-là l'essentiel des fidèles du nouveau culte, s'adjoignent désormais beaucoup de grandes familles comme les Rohan et les Parthenay-Larchevêque, mais surtout beaucoup de petits nobles. La réorganisation administrative et la pacification entreprises par la monarchie ont en effet souvent laissé leurs ardeurs inassouvies, et ils ne sont pas fâchés de trouver là matière à fronder le pouvoir central, surtout

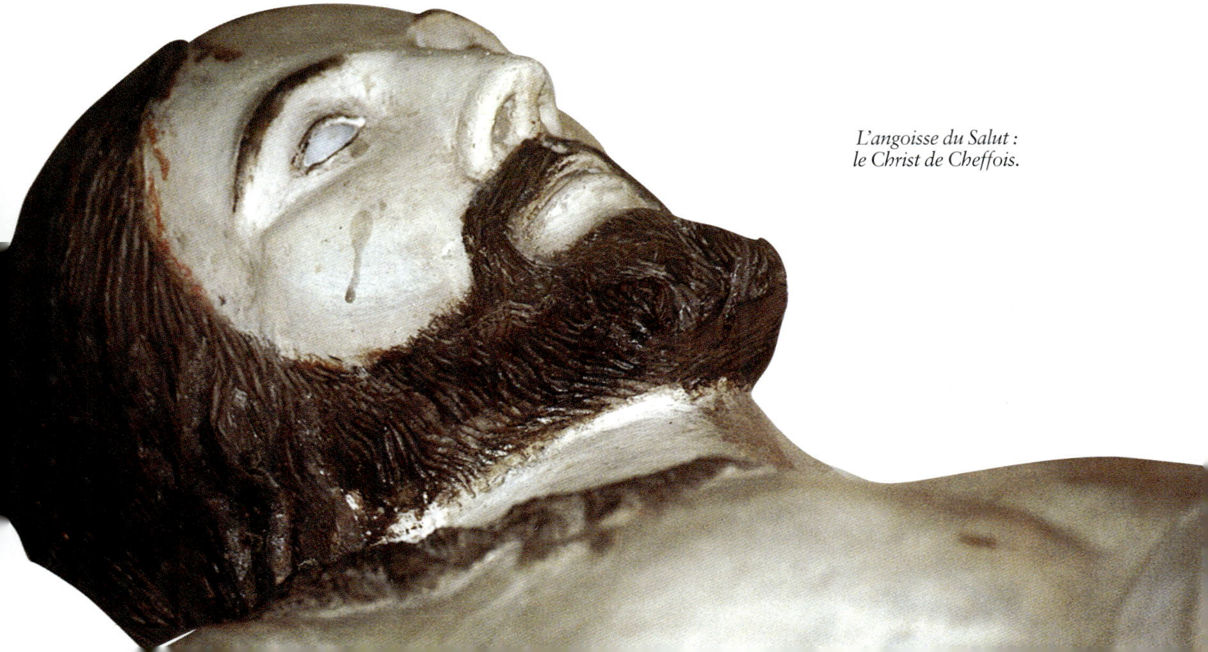

L'angoisse du Salut : le Christ de Cheffois.

qu'ils ne se font pas faute de faire main basse sur les biens du clergé catholique. Cependant l'édit d'Amboise, en 1563, rétablit le calme en reconnaissant, outre la liberté de conscience, celle du culte domestique, et public chez les seigneurs hauts justiciers.

Cependant, la tension reste forte. Dans une cinquantaine de localités du diocèse de Luçon, la messe ne peut même plus être célébrée. En 1567, les gentilshommes huguenots du Bas-Poitou, réunis à Pouzauges, se déclarent résolus à détruire la « Babylone papistique ». Plus que jamais, la guerre se déchaîne entre 1568 et 1570, lorsque Catherine de Médicis interdit le culte réformé. La région redevient alors une frontière, enjeu de la lutte entre La Rochelle, mise en défense par Coligny rejoint par Jeanne d'Albret, la mère du futur Henri IV, et le comte du Lude, qui tient Poitiers. Au cours de l'hiver, les fortifications de l'abbaye de Saint-Michel-en-L'Herm ne résistent pas à l'assaut des huguenots, pas plus que Luçon et Fontenay-le-Comte en 1570, avant que la paix de Saint-Germain-en-Laye ne vienne interrompre ces raids qui laissent les villes délabrées et les campagnes exsangues.

Luther.

Poitiers, où Calvin prêche en 1534.
Musée du Bois-Tiffrais.

De nouveau, une paix précaire s'établit. À La Rochelle, un synode organisé par Jeanne d'Albret et présidé par Théodore de Bèze définit la confession de foi réformée, et la ville ne tarde pas à recueillir ces Hollandais

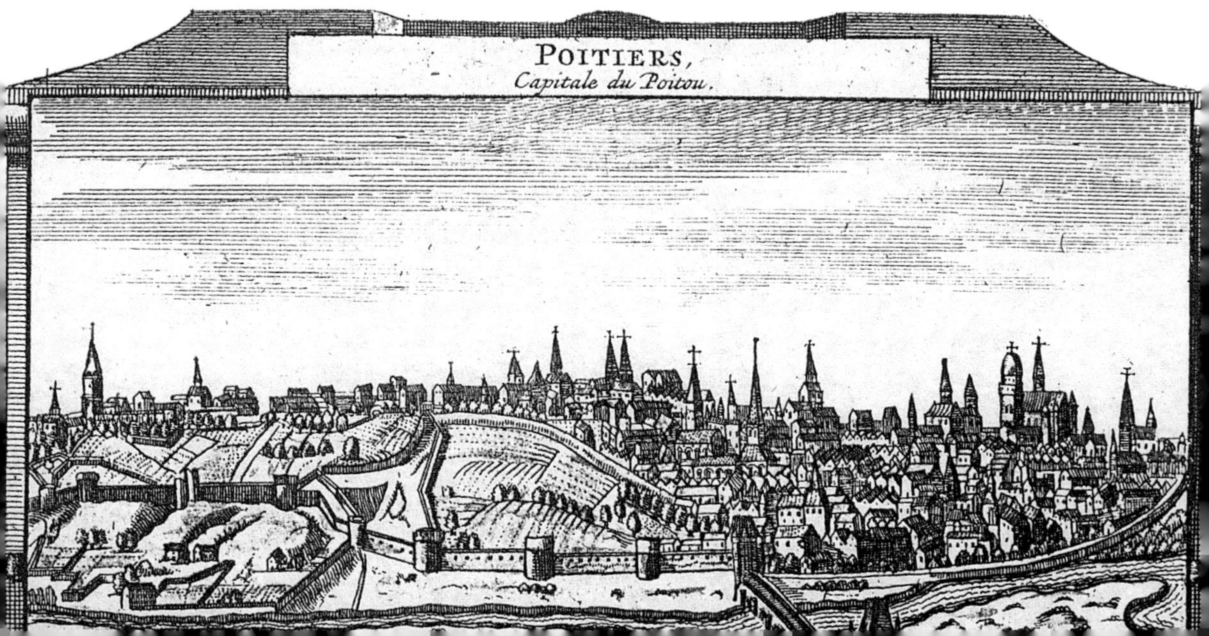

révoltés contre le roi d'Espagne Philippe II qu'on nomme les « gueux de la mer ». En 1572, le colloque du Bas-Poitou se compose d'au moins 14 églises ; la même année, le massacre de la Saint-Barthélemy a peu d'incidences sur la région. Les hostilités qui recommencent en 1584 prennent un tour de plus en plus politique, à la limite du brigandage. Six ans plus tard, celui qu'on appelle le roi de la Ligue, le vieux cardinal de Bourbon, meurt à Fontenay-le-Comte. Périodiquement, les ligueurs bretons du duc de Mercœur, le gouverneur de Bretagne, descendent en Bas-Poitou, comme en ce tragique 13 août 1595 où ils massacrent une trentaine de réformés réunis en une grange à la Brossardière, près de La Châtaigneraie. Fait significatif, sur les 28 tués, on compte 11 marchands et autant d'artisans, pour seulement un clerc et 5 paysans, signe de la difficulté qu'éprouve cette confession individualiste, basée sur la fréquentation personnelle des Écritures, à pénétrer la masse analphabète des campagnes bas-poitevines, confusément attachées aux façons ancestrales de vivre leur foi.

Alors que partout en Europe l'affrontement entre chrétiens se résout par la victoire de l'un ou de l'autre camp, qui localement impose sa propre version de l'unité religieuse, la France se singularise par l'adoption d'un compromis. Dès 1584, Henri de Navarre devient l'héritier présomptif de la couronne, et on le voit, en 1588 et encore dix ans plus tard, mener campagne en Bas-Poitou. Cependant, le réalisme l'emporte lorsque, réalisant en sa personne la transaction nécessaire à la pacification du pays, il adopte le catholicisme de la majorité de ses sujets, tout en ayant à cœur de protéger ses anciens coreligionnaires. Par l'Édit de Nantes, Henri IV impose en effet en 1598 cette coexistence religieuse tellement contraire aux mœurs du temps qu'il lui faut, pour garantir aux protestants le libre exercice du culte dans les églises de fief, leur concéder un certain nombre de places de sûreté, dont celles de Talmont, Beauvoir et La Garnache.

Ainsi, dans la seconde moitié du XVIe siècle, le Bas-Poitou, profondément travaillé par l'esprit de l'humanisme, devient-il de nouveau le champ clos des affrontements fratricides qui opposent périodiquement la France à elle-même. Diffusé par les marchands depuis La Rochelle et les clercs depuis Poitiers, le protestantisme devient bientôt une force militaire aux mains d'une noblesse volontiers frondeuse, et le Bas-Poitou fait figure de frontière entre ligueurs bretons et huguenots rochelais. La paix

Jeanne d'Albret, *et Henri IV page suivante.*

recouvrée, il ne lui reste plus en 1598 qu'à panser ses plaies. D'un côté, les protestants comptent alors 17 paroisses et 26 lieux de culte. De l'autre, les catholiques se doivent de répondre à ce besoin de pureté religieuse qu'ils partagent avec leurs frères réformés, quand bien même ils ont préféré demeurer en communion avec Rome. Ce sera l'œuvre de la contre-réforme.

Transformée en temple, l'ancienne église de Saint-Prouant.

34. RICHELIEU À LUÇON : DE L'ÉVÊQUE RÉFORMATEUR AU PREMIER MINISTRE

En 1624, Armand-Jean Du Plessis, duc de Richelieu, devient dans les faits le Premier ministre de Louis XIII, et ce jusqu'à sa mort en 1642. Si l'on en croit son *Testament politique*, la tâche qui l'attend alors est immense, au vu de l'anarchie ambiante. Forts de leurs places de sûreté, les protestants ont en effet peu à peu constitué un véritable État dans l'État : par l'impitoyable siège de La Rochelle puis la guerre contre les villes du Midi, l'homme rouge n'aura de cesse que de restaurer la souveraineté nationale, en marquant néanmoins tout aussitôt son souci de respecter les consciences par la réaffirmation de la liberté du culte. De même, il aura soin de rabaisser l'orgueil des grands en faisant notamment exécuter le duc de Montmorency et en démantelant les châteaux forts privés. Dès son accession au pouvoir, les grandes lignes de son action politique sont donc arrêtées, et l'on peut donc à juste titre se demander non seulement comment il a élaboré un diagnostic aussi pertinent, mais également à quelles sources il a puisé son incroyable énergie, comment il a appris le pragmatisme nécessaire à l'application d'un programme aussi ambitieux, et surtout peut-être, où il s'est assuré le dévouement des hommes qui vont le seconder aussi efficacement par la suite. À bien des égards, les réponses à ces questions résident dans son épiscopat de Luçon, long de 15 ans et dont il vient tout juste alors de se démettre.

Portrait daté de 1654. Hôpital de Luçon.

Mais remonter encore plus loin, à sa naissance le 9 septembre 1585 dans un Paris violemment agité par les troubles de la Ligue. Son père François appartient à cette noblesse d'épée d'ancienne extraction mais de médiocre fortune, qui entend faire carrière au service du roi. Grièvement blessé lors de l'assaut de Fontenay-le-Comte en 1574, il reçoit en récompense un brevet de lieutenant, et en 1578 Henri III lui donne la charge de grand prévôt de France. Devenu l'un des premiers officiers de la Couronne, il est désormais le responsable passablement haï de la police et de la justice des logis royaux. L'homme ne répugne pas à spéculer sur le commerce lointain, ce qui lui permet d'avancer au roi de grosses sommes. En 1583, celui-ci le récompense de nouveau par la mise à disposition de son lignage du modeste évêché de Luçon, qu'il confie à son grand-oncle Jacques Du Plessis, déjà abbé de Nieul-sur-l'Autise, et lorsque, six ans plus tard, ce dernier monte sur le siège épiscopal de Mende, on nomme à Luçon un homme de paille, François Hyver. À l'avènement d'Henri IV, le grand prévôt lui fait aussitôt allégeance, ce qui lui vaut d'être nommé premier capitaine de ses gardes. Las, sa mort en 1590 met prématurément fin à cette brillante ascension, laissant, outre de grosses dettes, une veuve chargée de jeunes enfants, dont le futur cardinal, alors âgé de cinq ans.

Tout ou presque est à recommencer. Au château de Richelieu, où la famille s'est repliée, on se dispose en ordre de bataille. L'aîné, Henri, prendra la suite de son père à la Cour et à l'armée. Alphonse, le cadet, sera chevalier de Malte. Quant au benjamin, Armand-Jean, il est destiné à conserver au lignage, qui en a bien besoin, les revenus de l'évêché de Luçon. Mais Alphonse s'avère peu doué pour les armes, et le futur ministre de la Guerre est alors désigné pour une carrière militaire. Ses études commencées à l'abbaye Saint-Florent de Saumur et poursuivies à Paris au collège aristocratique de Navarre, bifurquent donc sur l'académie de Pluvignel, où il

Le château familial des Richelieu,
par Sylvestre Israël.

apprend l'escrime, l'équitation et les bonnes manières. Cependant, Alphonse annonce soudain qu'il se fait chartreux : Armand-Jean doit donc se résoudre à revenir à une carrière ecclésiastique.

Son frère Henri est déjà bien en cour, de sorte que dès 1606 le très jeune homme reçoit d'Henri IV l'autorisation d'occuper le siège de Luçon. Reste toutefois à obtenir l'investiture du pape, pour un candidat qui théoriquement doit être prêtre, et de surcroît docteur en théologie. Richelieu, qui est tout juste diacre et même pas bachelier, fait le voyage à Rome et réussit à persuader Paul V de le sacrer pour Pâques 1607. Revenu à Paris, il y reste 18 mois afin de consolider un réseau de relations qui lui sera bien utile pour son nouveau diocèse, et il a l'avantage de prêcher plusieurs fois devant le roi. Une vocation aussi artificielle aurait pu le conduire à imiter l'absentéisme du commun des prélats, mais sans doute est-il pénétré de ses devoirs envers ses diocésains, tels que prescrits par le concile de Trente : à la Noël 1608, les paroissiens de Luçon entendent le premier sermon de leur nouvel évêque, tout juste âgé de 23 ans.

L'état catastrophique dans lequel Richelieu trouve son diocèse va révéler ses qualités et roder son savoir-faire. Les guerres de religion laissent la cathédrale en triste état, voûte délabrée, flèche renversée, sculptures martelées, objets de culte disparus, et le palais épiscopal est inhabitable. J'hérite du « plus vilain évêché de France, le plus crotté et le plus désagréable », se plaint le jeune citadin qui, soucieux de soutenir son rang et de santé fragile, ne parvient guère à s'accommoder d'un logement inconfortable, des rues de Luçon que l'absence de pavage rend souvent boueuses et surtout du paludisme entretenu par la proximité du Marais. Passé les premières années de présence très active, il élira souvent domicile en son prieuré de Coussay près de Poitiers, et allongera toujours davantage ses séjours à Paris.

La cathédrale de Luçon, par Tavernier de Jonquières, XVIIIe.

La chaire dite de Richelieu, décorée par son successeur Pierre Nivelle. Cathédrale de Luçon.

En attendant, il prend les problèmes à bras le corps. À l'égard de ses chanoines, qui ont quelque raison de se plaindre des Richelieu, jusque-là surtout soucieux de récupérer les revenus épiscopaux, il accepte de transiger en payant le tiers des réparations de la cathédrale et une part des travaux de réfection du canal de Luçon. Vis-à-vis des grands personnages et des puissants abbés qui ont pouvoir de nommer de très nombreux curés, il déploie des trésors de diplomatie pour faire choisir les candidats les plus dignes. Quant aux protestants, certains gentilshommes mènent leurs paysans aux prêches à coups de bâtons, et l'on a vu telle famille briser à la hache la porte de l'église de Boufféré pour y enterrer l'un des siens : le nouvel évêque réprime ces abus, tout en se montrant persuadé que seule la douceur permettra de convertir ceux qu'il considère comme des frères égarés.

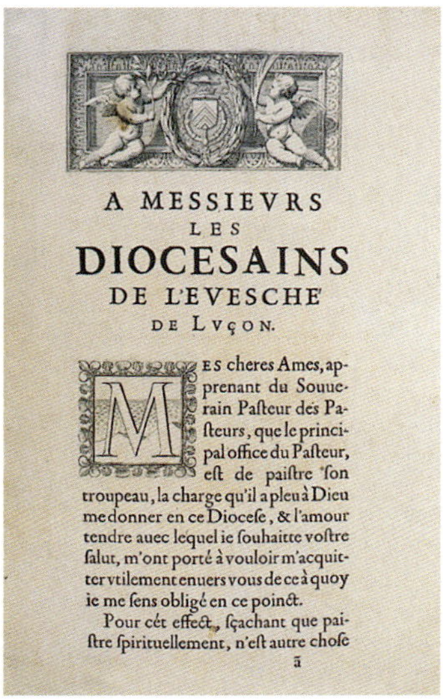
A MESSIEVRS
LES
DIOCESAINS
DE L'EVESCHE
DE LVÇON.

MES cheres Ames, aprenant du Souuerain Pasteur des Pasteurs, que le principal office du Pasteur, est de paistre son troupeau, la charge qu'il a pleu à Dieu me donner en ce Diocese, & l'amour tendre auec lequel ie souhaitte vostre salut, m'ont porté à vouloir m'acquitter vtilement enuers vous de ce à quoy ie me sens obligé en ce poinct.

Pour cét effect, sçachant que paistre spirituellement, n'est autre chose

ã

L'Instruction du Chrestien, *dédiée à ses diocésains de Luçon.*

Cependant, l'essentiel de son effort porte sur la réforme de l'Église. Aux prêtres, il rappelle énergiquement la dignité du sacerdoce, leur interdisant de fréquenter les foires et leur prescrivant la tonsure et des vêtements qui signalent leur différence. Un synode est convoqué en mars 1609, puis un second l'année suivante ; entre-temps, il a scrupuleusement visité les paroisses de son diocèse, où il donne lui-même des prêches en français, et non plus en latin. C'est qu'il entend faire œuvre de pédagogue, publiant un premier catéchisme en 1611 ou 1612, puis des instructions pour les confesseurs sous la signature de son vicaire général. En 1618, lors de son exil en Avignon, il écrira encore pour ses diocésains de Luçon sa fameuse *Instruction du chrétien*, cet abrégé de la doctrine catholique, méthodique et pratique, dont les 28 leçons doivent servir de support à autant de sermons dominicaux. L'ouvrage, connu sous le nom de catéchisme de Richelieu, sera largement adopté par l'Église de France et connaîtra un tel succès qu'on en compte plus de trente éditions et de nombreuses traductions. Il innove encore plus résolument par l'institution, une fois par semaine, de conférences ecclésiastiques aux cours desquelles les prêtres sont invités à s'instruire mutuellement. De même, il fait venir dès 1619 des capucins pour prêcher pendant les temps clos et fonder un hospice dix ans plus tard. Et sitôt que Bérulle fonde en France l'ordre de l'Oratoire, il lui demande des frères prêcheurs ; en 1616, c'est encore aux oratoriens qu'il confie la direction du séminaire qu'il a créé quatre ans plus tôt de ses propres deniers, l'un des premiers du royaume. Au total donc, Richelieu illustre bien à Luçon son appartenance à l'aile réformiste de l'épiscopat français, de plus en plus influente dans l'Église, et son action, dans un contexte très difficile, lui permet d'éprouver ses capacités de diplomate, de gestionnaire, et plus encore de meneur d'hommes.

En effet, le futur homme d'État se dessine déjà chez cet évêque auquel incombent également, en tant que seigneur et baron de Luçon, des fonctions judiciaires, administratives, financières et militaires. Dès son arrivée, il obtient des allégements d'impôts pour ses administrés, et encore en 1622 une exemption fiscale de vingt ans pour ceux qui mettront en valeur les marais de la Pointe de l'Aiguillon. Dans son esprit, le service de Dieu passe aussi bien par celui du roi légitime que par la gestion d'un diocèse, persuadé qu'il est du fait que le Poitou constitue, face à La Rochelle, une position stratégique essentielle. Ce faisant, il se prépare à de plus hautes destinées, se créant peu à peu le cercle de fidèles, le plus souvent des ecclésiastiques, qui plus tard le serviront si efficacement : Sébastien Bouthillier, un ami de jeunesse qu'il fait doyen du chapitre de Luçon ; Jacques de Flavigny, l'un de ses professeurs à la Sorbonne, qui devient vicaire général ; ou encore le père Joseph, futur provincial des capucins. En 1610, il se met au service de Marie de Médicis, que l'assassinat d'Henri IV et la minorité de Louis XIII ont promue régente en dépit de son inintelligence et de sa faiblesse de caractère. En 1614, il est l'un des deux élus du clergé poitevin aux états généraux, et sa prudence au cours des débats le fait désigner comme porte-parole final. Une heure durant, le jeune roi et la reine mère écoutent avec intérêt celui qui apparaît déjà davantage que l'évêque de Luçon : il leur vante les mérites des ecclésiastiques comme agents d'un pouvoir royal qu'il appelle à consolider. Promu aumônier de Marie de Médicis, il reçoit la délicate mission de s'entremettre auprès de Condé révolté. En décembre 1616, son succès et l'influence de son frère aîné lui valent de devenir, à 31 ans, ministre de la Guerre.

La réconciliation de Marie de Médicis et de son fils après la mort de Concini en 1621, par Rubens.

L'année suivante cependant, le coup d'État de Louis XIII et l'exécution de Concini le prennent totalement au dépourvu. Une longue disgrâce s'ensuit, au cours de laquelle il apprend le difficile art de la survie politique. Assigné à résidence en Avignon, il multiplie les signes en direction du roi et, rappelé en 1619, il s'emploie à le réconcilier avec sa mère. En mars 1622, Louis XIII mène en personne l'expédition qui, dans les marais de Riez, près de Saint-Gilles, écrase les protestants de Soubise qui viennent de dévaster la cathédrale de Luçon. En septembre, Richelieu obtient le chapeau de cardinal. La suite est connue : promu chef du gouvernement, il opère désormais sur un plus vaste théâtre, revenant cependant dans la région pour briser l'irrédentisme de La Rochelle, qui en 1621 s'est offerte à l'Angleterre. Le siège entrepris en 1627 aboutit l'année suivante, malgré l'opposition de Guiton, le maire, à la reddition d'une ville qui a perdu plus des deux tiers de ses habitants.

On le constate : il paraît vain d'opposer l'évêque et l'apôtre de la raison d'État, le chrétien et le politique, et même de les séparer. C'est dans son enfance poitevine, dans le château familial de Richelieu, en pleine guerre de religion, et davantage encore dans son épiscopat luçonnais, marqué par les ruines matérielles et morales, que l'homme rouge puise son ardeur à briser les fauteurs de guerre afin de garantir la paix civile. Et c'est sans doute sa foi catholique qui guide l'esprit de sacrifice qu'exige selon lui le juste exercice du pouvoir.

Plan de la bataille de Riez, 1622.

Le siège de La Rochelle, du 10 août 1627 au 28 octobre 1628, d'après Jacques Callot, XVIIe. Page de droite.

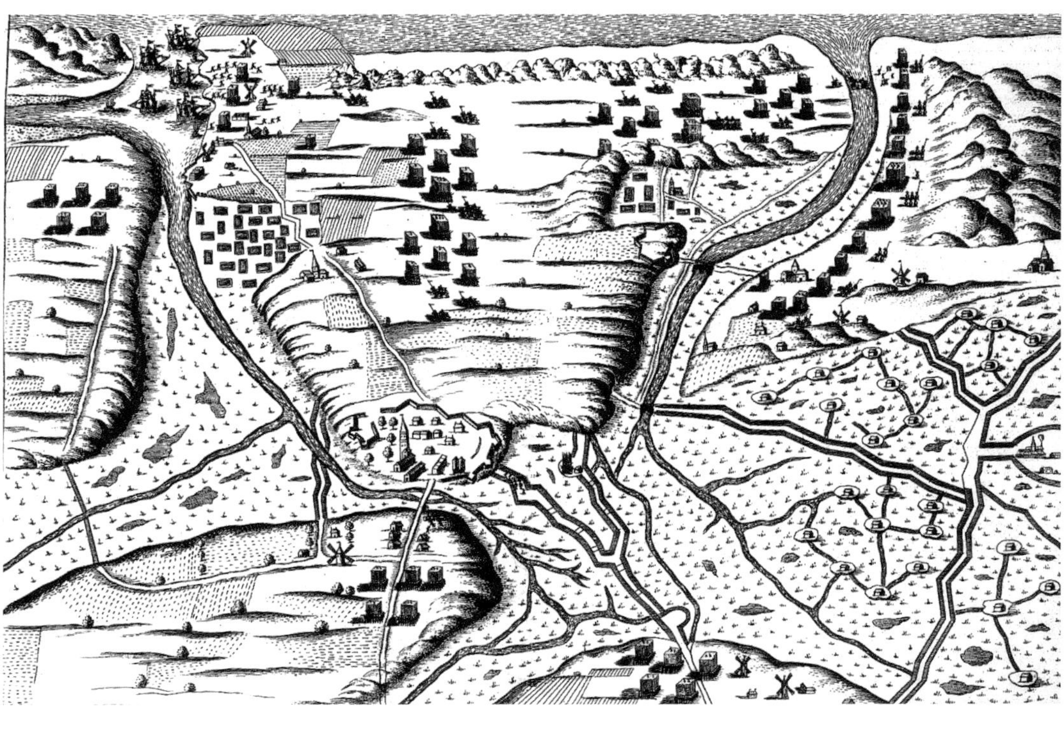

Les Rochelais demandant pardon au roi. Musée du Bois-Tiffrais.

35. GRIGNION DE MONTFORT, OU L'ANTICONFORMISME ÉVANGÉLIQUE

C'EST À Saint-Laurent-sur-Sèvre, en plein Bocage, que bat le cœur religieux de la Vendée. Autour de la basilique, déjà incongrue en une aussi petite ville, se pressent pas moins de trois clochers, qui signalent autant d'institutions religieuses. Sœurs de la Sagesse, Pères de la Compagnie de Marie, Frères de Saint-Gabriel : tous se réclament d'un homme qui pourtant n'a jamais inspiré de son vivant que sarcasmes et rejet de la part des « gens bien ». Pour se pénétrer de ce paradoxe, il n'est que d'observer le tombeau, dans le sanctuaire : la profusion de sculptures, de marbres et de dorures que la ferveur populaire a suscités depuis deux siècles ne sauraient faire oublier qu'initialement ce ne fut qu'une simple dalle de granite, fruste et rugueuse comme Louis-Marie Grignion de Montfort, cet irrécupérable de la folie évangélique, honni par tous les conformistes de son temps, à la charnière des XVIIe et XVIIIe siècles. Celui dont en 1947 l'Église a reconnu la sainteté, est-il vraiment l'inspirateur du soulèvement de 1793, comme on l'a prétendu depuis 1821 ? Sinon, quel rapport privilégié entretient avec la Vendée ce prêtre mort à 43 ans et qui en 16 années de sacerdoce a parcouru quelque 25 000 kilomètres pour conduire près de 200 missions dans tout l'Ouest de la France ?

Saint-Laurent-sur-Sèvre, la ville sainte de la Vendée.

Il est né le 31 janvier 1673 à Montfort-la-Cane, non loin de Rennes, second d'une famille de dix-huit enfants. Son père, un petit avocat dur en affaires, connaît des difficultés financières et mène la vie rude aux siens. Louis-Marie ne s'en rapproche que davantage de sa mère, une femme très pieuse qui a trois frères prêtres. Ses études chez les jésuites à Rennes, de 1685 à 1693, le font distinguer comme peu sociable. Se découvrant une vocation sacerdotale, il s'en va ensuite poursuivre sa formation à Paris. À pied, car il refuse le cheval qu'on lui offre, tout comme il distribue aux pauvres, aussitôt sorti de chez lui, les dix écus de son viatique ainsi que le contenu de son baluchon. Quant à son habit neuf, il a tôt fait de le troquer

Dans la basilique, la pierre tombale.

contre les haillons d'un mendiant. Dès le départ, on le constate, il rompt avec le siècle et fait de la pauvreté l'expression extérieure de sa foi.

Parvenu dans la capitale, il est accueilli dans la communauté de Claude Bottu, qui se donne pour vocation d'honorer la vie pauvre de Jésus, puis fréquente le collège de Montaigu ainsi que la Sorbonne. Il lit beaucoup et accumule les notes qui plus tard lui serviront pour sa prédication. En 1595, il entre au meilleur séminaire du royaume, celui de Saint-Sulpice qui, conformément aux prescriptions du concile de Trente, forme des bataillons serrés de prêtres pénétrés de leur dignité ecclésiastique, tous coulés dans le même moule et peu suspects de la moindre fantaisie. On le devine : Grignion, qui n'entend se laisser guider que par l'appel de Dieu, qui le travaille, ne tarde pas à passer pour un énergumène, y compris aux yeux de M. Leschassier, son directeur. Le 5 juin 1700, il est ordonné prêtre.

La cure confortable et bien rentée que convoitent ses condisciples ne le tente cependant pas, lui qui se verrait plutôt missionnaire au Canada. Après une année passée dans le diocèse de Nantes, il se dirige sur Poitiers, où il atterrit à l'hôpital général, ce lieu où l'époque enferme ses miséreux. Et sans doute éprouve-t-il là sa première consécration lorsque les pauvres eux-mêmes, avisant ce loqueteux qui s'oublie en prières dans la chapelle, se cotisent pour lui faire l'aumône. C'est là qu'en 1703 il repère la fille d'un procureur du présidial, Marie-Louise Trichet, dont il fait sa première condisciple en lui remettant l'habit gris des servantes. Publiquement désavoué par M. Leschassier, il en vient cependant à douter de sa mission ; pour y voir clair, il fait le voyage de Rome. Reçu en audience par le pape Clément XI, il lui confie son désir de partir pour l'Orient, mais le Saint-Père le renvoie comme missionnaire apostolique dans les campagnes, où la réforme catholique s'essouffle.

Grignion de Montfort en adoration. La discipline, sorte de corde à nœuds, lui sert à mortifier son corps.

Une mission de Grignion de Montfort.

Après un bref séjour à Poitiers, il rejoint donc en 1707 l'équipe bretonne de Leuduger, héritier du fameux père Maunoir, mais ne tarde pas à se séparer de lui. En 1708, le voilà de nouveau en pays nantais, où il entreprend de mobiliser toute la population pour construire un calvaire monumental à Pontchâteau. Cependant, l'évêque du lieu ne comprend rien à ce qu'il considère comme une extravagance ; et les autorités civiles en sont à craindre que cette énorme butte artificielle serve de point d'appui à un débarquement anglais. La démolition étant décidée, Montfort se réfugie en 1711 dans le diocèse de La Rochelle, où il passe l'essentiel du reste de sa courte vie, créant des petites écoles gratuites et multipliant les missions dans cet Aunis marqué par le protestantisme, tout en adoucissant un peu les aspérités de son caractère. La mort le surprend lors d'une mission à Saint-Laurent-sur-Sèvre, le 28 avril 1716.

À travers la trop rapide évocation de ce singulier itinéraire, on saisit pourquoi cet obsédé de Dieu a pu être rejeté de tous, y compris de ses supérieurs, jusqu'à être l'objet de tentatives d'assassinat. Le mépris du monde, chez ce prophète populaire, choque en effet profondément, surtout qu'il n'hésite pas à s'en prendre en plein sermon à la tenue de telle élégante ou à telle perruque poudrée. Contrairement aux autres prédicateurs, qui s'assurent préalablement du gîte et du couvert, il entend confier ses missions *à la Providence*, se fiant pour tout à la générosité villageoise. Sa pédagogie est à l'avenant, lui qui vise rien moins qu'à produire le choc qui obtiendra la conversion totale de son auditoire. Rappelant la brièveté du passage ici-bas, il le conjure de renouveler sans tarder les promesses de son baptême. À une foi qui s'attiédit dans la routine, il oppose ainsi l'urgence d'assurer son salut. Le tout est ponctué de processions à grand renfort de cantiques qu'il crée sur des airs populaires, puis se clôt sur une

Montfort donne son habit de religieuse à Marie-Louise Trichet. Basilique.

Montfort, père des pauvres. Vitrail de la chapelle des Filles de la Sagesse.

Les Filles de la Sagesse vouées à l'assistance médicale et spirituelle des malades. Couvent.

spectaculaire plantation de croix par la population tout entière, et enfin se prolonge par l'instauration de confréries, notamment celle du Rosaire. Replaçant le Christ au cœur de sa prédication, il est l'un des premiers à diffuser le Sacré-Cœur révélé à Marguerite-Marie Alacoque, en 1673 à Paray-le-Monial, et il préconise vivement le recours à l'intercession de la Vierge, douce aux affligés.

Mais si le Sacré-Cœur est spontanément adopté dès le début de l'insurrection vendéenne, il paraît difficile en revanche d'attribuer à Montfort la paternité de celle-ci, lui qui, sur 28 missions au sud de la Loire, en prêche 16 dans un étroit périmètre autour de La Rochelle pour seulement 3 dans le diocèse de Luçon, resté marqué par le jansénisme depuis l'épiscopat d'Henri de Barillon. Du reste, en 1533-1534, les visites paroissiales des vicaires généraux n'y notaient aucune spécificité de la future Vendée militaire. Il en va de même de ses successeurs les Mulotins, du nom de l'un de ses rares disciples, qui sont longtemps tenus à l'écart d'un diocèse qui, de 1737 à 1758, leur est interdit par un autre évêque janséniste, Samuel de Verthamon. La mission menée en 1766 aux Sables d'Olonne, telle que décrite par l'armateur Collinet, permet de se faire une idée de ce qui irrite tant les élites. Un mois durant, tout est bouleversé à coups de processions qui rassemblent jusqu'à 12 000 personnes, pieds nus, étendard à la main et couronne d'épines sur la tête. Temps de grande lessive des consciences et d'exaltation populaire au cours duquel, note Collinet, « un tisserand se vanta d'avoir dit tant d'injures au démon en cette fête, qu'il ne pensait pas qu'il fût assez hardi

La grotte de Mervent, qui servit de retraite au saint, est devenue un lieu de pèlerinage.

pour le tenter désormais ». Nous y reviendrons quand nous tenterons de comprendre la différence qui s'esquisse alors entre le Bocage et la Plaine, et qui n'est pas une question d'intensité de foi mais de forme de religiosité. À la piété démonstrative, sensible et conviviale des Bocains, profondément remués par ces Montfortains qu'ils considèrent comme étant des leurs, s'oppose peu à peu la religion intellectualisée, individualisée des élites « éclairées » des villes et des campagnes plainaudes, qui s'étranglent d'indignation devant ce qu'ils considèrent comme un fanatisme d'un autre âge. À bien y regarder toutefois, cette apparente singularité de l'Ouest isole plutôt le reste de la France, si l'on considère le contexte du catholicisme européen alors familier de ces missions spectaculaires généralement impulsées par les jésuites.

Dans l'oratoire, la chambre où Montfort est décédé, une représentation du saint sur son lit de mort. Couvent.

La chapelle des Filles de la Sagesse.

La Révolution venue, rien d'étonnant de voir la bourgeoisie révolutionnaire, prenant ainsi la suite de certains nobles, désigner les Montfortains pour ses premières cibles. Mais c'est surtout au XIXe siècle que le Bocage élira Grignion de Montfort comme emblème de l'intense rechristianisation dont il deviendra le cadre, d'autant plus qu'aux deux communautés initiales des Pères de la Compagnie de Marie et des Filles de la Sagesse, Gabriel Deshayes ne tardera pas alors à ajouter les frères enseignants de Saint-Gabriel.

Depuis lors, Saint-Laurent-sur-Sèvre, qui abrite le tombeau du missionnaire, est bien la ville sainte de la Vendée. Mais l'esprit de Montfort continue aussi, solitaire et irrécupérable, de veiller en frontière d'une région que les guerres de religion ont profondément troublée et à laquelle il a consacré ses dernières années. C'est peut-être là qu'on le comprend le mieux, dans l'humble grotte de la forêt de Mervent que cet anticonformiste avait choisie pour se retirer du monde, et donc lui être plus présent.

POPULAIRE ET SAVANT :
L'ART DE LA CONTRE-RÉFORME.

Saint Sébastien.

Saint Aubin, retable de Saint-Aubin-la-Plaine, XVIIIe*, en haut.*

Effroi des enfants de La Gaubretière : saint Épourail, XVIIe*.*

Le retable de la Vierge à Beauvoir-sur-Mer, 1649, ci-dessous.

Le retable du Rosaire, à Landeronde, 1722.

L'autel tombeau de marbre de l'abbatiale de Saint-Michel-en-L'Herm, XVIIIe*.*

Le retable de la Vierge, à Noirmoutier, milieu XVIIe*.*

Le retable naïf de saint Roch à Chalais, XVIIIe *page de droite.*

LA CHAPELLE DES URSULINES DE LUÇON, XVIIIe.

Le retable, ci-dessus.

Le plafond, ci-dessous.

Vierge à l'enfant, page de droite.

36. LA DOUBLE TRAGÉDIE PROTESTANTE

Mais que s'est-il donc passé depuis 1680 ? À cette date, sur les 80 000 protestants poitevins, qui représentent rien moins que le dixième de la population, on peut estimer que le Bas-Poitou en compte entre 14 000 et 20 000. Encore convient-il de ne pas s'en tenir à ces nombres, dans la mesure où la Réforme bas-poitevine, diffusée depuis les milieux marchands, détient alors quantité de postes clés dans l'économie régionale, sans compter qu'elle concerne peut-être la moitié de la noblesse. Six ans plus tard, elle aura cessé d'exister, en théorie du moins. Et même si souvent la persécution à l'encontre d'une religion a pour vertu de l'enraciner, ici rien de tel. En évaluant aux deux tiers la proportion de ceux qui cèdent au viol des consciences, restent alors de 5 000 à 7 000 fidèles, qui en 1760 ne seront plus que 4 033, et 3 308 à la fin du XVIIIe siècle. Sans compter que, pour ce qui est de la foi, la tolérance aura peut-être provoqué davantage de ravages que les dragonnades… Quelle est donc cette histoire si tragique et pourtant si oubliée, et qui constitue l'autre grand drame de la Vendée ?

L'époque, on le sait, s'accommode mal du pluralisme confessionnel, quel que soit le pays concerné. Au cours du XVIIe siècle, l'application de l'Édit de Nantes se fait de plus en plus tatillonne. Ainsi, en 1665 le roi en son Grand conseil interdit l'exercice public du culte réformé dans le diocèse de Luçon et ordonne la démolition de 18 temples. En 1681, l'intendant Marillac reçoit de Louvois l'autorisation de frapper un grand coup en organisant, chez les protestants, le logement de gens de guerre, les dragons, jusqu'à leur abjuration. Dès le mois d'août, ces missionnaires bottés pénètrent en Bas-Poitou. Si pour cette fois ils sévissent surtout aux alentours de Mouilleron-en-Pareds, la crainte qui les précède provoque bien d'autres conversions. La communauté est en sursis, d'autant que le simple accueil d'un relaps permet de fermer le temple et de punir le pasteur. Le successeur de Marillac, Basville, use quant à lui de la pression fiscale, exemptant ceux qu'on appelle les *nouveaux convertis* pour surcharger les opiniâtres. En 1685, les dragons sont de retour sur l'ordre de l'intendant Foucault, dont l'annonce en septembre de la conversion totale de la province sert de justification à la révocation, le

L'intendant Marillac, l'homme des dragonnades. Musée du Bois-Tiffrais.

18 octobre, de l'Édit de Nantes. Bien qu'une telle proclamation soit manifestement exagérée, les résultats de la persécution sont considérables. La noblesse, écartelée entre deux fidélités, à la Réforme ou au roi, s'est massivement convertie ; même si cela paraît étrange, il ne faudra pas s'étonner de trouver, un siècle plus tard, des descendants de protestants à la tête des armées catholiques et royales. Les robins ont le plus souvent fait de même pour conserver leurs offices. Quant aux marchands et artisans, plus riches de talents et de liquidités que de biens fonciers, ils ont souvent émigré vers l'Angleterre ou les Provinces Unies en profitant de la proximité de l'océan, risquant délibérément la confiscation de leurs biens et, en cas de capture, les galères pour les hommes et la prison pour les femmes. Au total, ils sont peut-être 2 000 Bas-Poitevins à être partis, soit 1 % de la population totale. C'est peu en apparence, mais catastrophique en réalité. Fontenay passe en effet de 10 900 à 7 300 habitants, et la manufacture bas-poitevine, privée de ses éléments les plus dynamiques, est dès lors vouée à n'être plus qu'un artisanat de bas de gamme, dans la mesure où l'entrée dans une corporation exige un certificat de catholicité.

Le couvent de l'Union chrétienne de Fontenay, destiné à éduquer les enfants des « nouveaux convertis ». La chapelle date du début des années 1780.

L'émigration est maximale en 1686 et continue jusque vers 1735. Ceux qui, comme les agriculteurs, sont condamnés à rester, se trouvent jetés dans la clandestinité. S'ouvre alors pour eux l'époque héroïque où, le soir venu, on sort de sa cachette la vieille Bible des ancêtres et où l'on apprend aux enfants les prières et la geste de la communauté. Avec de multiples précautions, car le pouvoir ne recule pas devant la prise en main de la progéniture des plus solvables, dûment catéchisée au collège de Poitiers pour les garçons et, pour les filles, dans les couvents de l'Union Chrétienne, créés à cet effet à Luçon et Fontenay. Dès 1698 cependant, de nouvelles assemblées sont convoquées *au désert*, c'est-à-dire dans quelque grange voire en pleine campagne, grâce aux méreaux, ces jetons qu'on se passe subrepticement. Il y a également l'état civil, qui est tenu par le clergé catholique, par les mains duquel il faut donc passer pour s'assurer une existence légale. Heureusement pourtant, les solidarités villageoises demeurent, et le voisinage papiste accepte volontiers de parrainer le nouveau-né huguenot pour un baptême qui est du reste reconnu par l'ensemble des chrétiens. Quant au mariage, qui pour les réformés n'est pas un sacrement, on répugne souvent à se procurer un billet de confession auprès d'un

Un « nouveau converti » : Maximilien Eschallard, gouverneur protestant de Fontenay, abjure et est enterré en 1683 en l'église de Mareuil. Gravure de Balthazar Moncornet. Musée du Bois-Tiffrais.

prêtre, et l'on pratique alors l'*adouage*, un concubinage assorti d'un contrat devant notaire. Ce faisant, la ferme volonté de se trouver un conjoint de même confession, le désir aussi de se serrer les coudes, conduisent à la concentration des réformés à l'intérieur d'un étroit périmètre. Et c'est ainsi que, dans la première moitié du XVIIIe siècle, la population protestante s'accroît considérablement dans certaines localités, passant par exemple de 650

Conservés au Bois-Tiffrais ; ces méreaux de Lezay (en haut) et de Chenay permettaient de convoquer aux assemblées. Musée du Bois-Tiffrais.

à 1 400 personnes à Pouzauges et de 1 000 à 1 500 à Mouchamps, où elle est le triple de la population catholique. Reste cependant la crainte de voir un curé trop zélé arracher à un mourant son abjuration : d'où un certain nombre de prétendues morts subites, suivies de sépultures clandestines dans des jardins. En cas de dénonciation, il arrive encore que le cadavre soit publiquement traîné *sur la claie* à travers les rues, mais assez rapidement les autorités recommandent l'abandon de ces horreurs, avant même que la décision royale de 1736 institue la sépulture profane. C'est que la résistance s'organise en Bas-Poitou, comme chez Girard de Villars, dont le *journal* témoigne de sa confiance malgré tout en Dieu face aux épreuves et de son loyalisme à l'égard de la monarchie, heureux quand même qu'il est de constater le relâchement progressif des persécutions et les signes avant-coureurs de la tolérance.

Calices démontables. Musée du Bois-Tiffrais.

Celle-ci s'instaure peu à peu. Dans les années 1740, une église clandestine se reconstitue, avec notamment le premier synode du désert en Poitou, à Prailles en 1744. De nouveaux pasteurs sont envoyés depuis Lausanne, les premiers à partir de 1720, et tiennent des registres clandestins sur lesquels on ne trouve tout d'abord que les familles les plus opiniâtres. À partir des années 1760 pourtant, la persécution est devenue tellement marginale que presque tous ceux qui, dans le secret de leurs foyers, continuaient de nourrir la flamme réformée, se marient et font baptiser au désert. On peut toutefois s'interroger sur leur façon de vivre leur foi. Les dragonnades ont en effet ancré en eux la conviction qu'ils sont avant tout ceux dont les familles ont résisté à la violence. Un véritable mythe fondateur est né, qui nourrit moins une mystique qu'un protestantisme d'identité, d'autant plus net que la longue absence de pasteurs a forcé au repli sur le culte familial. Et puis Dieu ne s'est-il pas tu, laissant abattre les temples et chasser les pasteurs ? Autour du noyau des plus fervents, de ceux qui renouent avec une foi vivante, s'est créée la nébuleuse de ceux pour qui le protestantisme se résume en une certaine façon, rigoureuse et moralisatrice, d'être au monde. Et les testaments trahissent également l'existence d'un groupe encore plus éloigné, qui n'appartient plus vraiment ni à l'une ni à l'autre des deux confessions, tant il est vrai que le viol des consciences se termine toujours dans l'indifférence religieuse. Les élites, du reste, finissent par se confondre, même si elles ne se mélangent pas. Certes, la Réforme a, depuis l'artisanat, gagné localement la paysannerie, où subsiste une fidélité à toute épreuve, mais les plus capables, faute de pouvoir faire carrière dans l'administration, ont été condamnés à s'enrichir. Régisseurs ou fermiers des grands domaines, ils ne tardent pas, en dépit des lois, à investir les professions à talents, comme ce docteur Jean-Gabriel Gallot, médecin des pauvres, correspondant très éclairé de l'Académie royale de médecine, et auquel l'intendant Blossac confie en 1784 la responsabilité du service des épidémies du Poitou. On songe aussi à Pierre Marcellin Fontanes, l'inspecteur des manufactures de la même province, en résidence à Niort. Certes, un Dominique Dillon, curé du Vieux-Pouzauges et futur terroriste convaincu, se mêle encore de faire saisir les ouvrages d'un colporteur et de demander l'interdiction des mariages mixtes, mais le temps n'est désormais plus à la persécution, comme le prouve l'édit de tolérance de 1787, qui permet aux protestants de bénéficier officiellement d'un état civil.

Maquillée en armoire, une chaire du désert. Musée du Bois-Tiffrais.

Une assemblée au désert, de Belloti, d'après Storni (1775). Musée du Bois-Tiffrais.

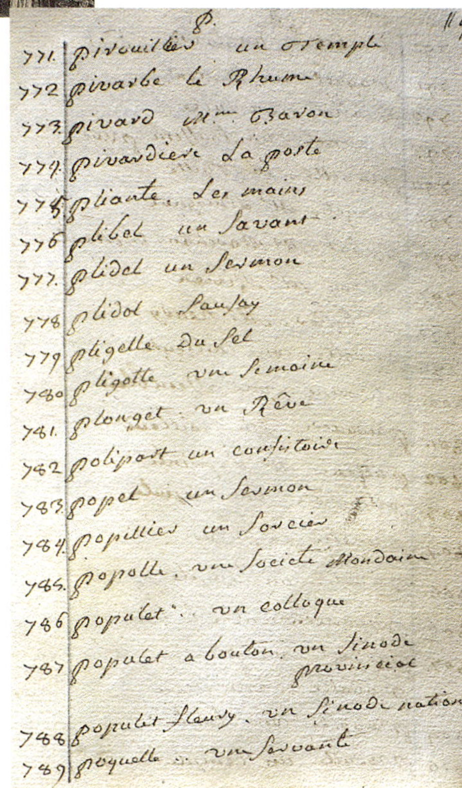

8. 119

771. pivouillés un Temple
772 pivarbe le Rhum
773 pivard Mme Baron
774 pivardière La poste
775 pliante Les mains
776 plibel un Savant
777 plidel un Sermon
778 plidol
779 pligelle Du Sel
780 pligotte une Semaine
781 plonget un Rêve
782 polipart un consistoire
783 popet un Sermon
784 popilliés un Sorcier
785 popolle une Société Mondaine
786 populet un colloque
787 populet a bouton un Sinode provincial
788 populet flaury un Sinode national
789 poquelle un Savant

Élaboré par le pasteur Pierre Pougnard, ce code secret, d'une efficacité douteuse, paraît d'abord traduire un état d'esprit. Musée du Bois-Tiffrais.

La Révolution de 1789 couronne cette évolution en instaurant l'égalité des droits. Mais le cœur n'y est plus. Les pasteurs donnent l'exemple, qui tous abandonnent l'apostolat pour s'investir dans les responsabilités politiques. De 1792 à 1806, soit pendant 14 ans, tout culte est abandonné, même les baptêmes et les bénédictions de mariages ne sont plus célébrés. Le temps de la revanche a en effet sonné pour les élites qui, fortes de leur suralphabétisation et de leurs disponibilités financières, ne se font pas faute d'investir massivement les nouvelles responsabilités politiques et d'arrondir joliment leurs fortunes en achetant des biens d'Église. Même modérément révolutionnaires, elles se retrouvent évidemment opposées à l'insurrection vendéenne, et les communautés réformées du Bocage préfèrent souvent quitter prudemment le théâtre de la guerre plutôt que de se fier à la déclaration du Conseil supérieur royaliste, qui le 15 juillet 1793 leur garantit la liberté religieuse. Tous ont cependant été trop éprouvés par les persécutions pour devenir eux-mêmes des persécuteurs, de sorte que ceux d'entre eux qui, après l'écrasement des insurgés à la fin de 1793, reviennent au pays, sont souvent eux-mêmes victimes des colonnes infernales. En 1803, après toutes ces épreuves, la Vendée compte à peine 4 000 protestants. « C'est la Révolution, conclut l'historien réformé François Baudry, qui a causé la ruine du protestantisme en Bas-Poitou. »

Témoin de la résistance, le petit cimetière de l'Aubonnière.

La prospérité de la communauté, même réduite, n'est pas garantie pour autant. Certes, de nouveaux temples sont édifiés, depuis celui de Sainte-Hermine en 1825 jusqu'à celui de Fontenay en 1867. Mais on se perd en querelles intestines, le libéralisme de Pouzauges se heurtant à l'orthodoxie de Mouchamps. Et puis les dynasties bourgeoises sont tentées par l'émigration. Face à la montée en puissance du catholicisme vendéen tel qu'issu de la persécution révolutionnaire, la communauté réformée tente bien de résister, comme à Pouzauges où elle mise sur l'école laïque de garçons. Mais alors, à la neutralité des premiers instituteurs, constate le pasteur Paul Romane-Musculus, succède l'anti-christianisme militant de la seconde génération. Victime de l'intolérance catholique sous l'Ancien Régime, le protestantisme est donc par la suite en butte à l'intolérance laïciste des anticléricaux. Après toutes ces tragédies, on peut se demander ce qui reste du protestantisme vendéen. De belles fidélités familiales d'abord. Également une certaine atmosphère dans la partie orientale du Bocage vendéen, et qui se traduit par des mentalités, notamment politiques, qui lui sont propres.

Édifié en 1825, le temple de Sainte-Hermine.

Le désert a fortement marqué la communauté protestante : une cérémonie de 1926 qui rappelle les temps de persécution. Musée du Bois-Tiffrais.

37. LE LOGIS VENDÉEN

CHICHEMENT pourvue en villes, la Vendée est donc rurale avant tout. Comme, nous le verrons plus loin, à la diversité des terroirs correspond davantage encore de types de maisons selon la fortune et le métier de l'occupant, qu'il soit pêcheur, métayer, artisan ou bordier. Encore celles-ci ont-elles presque toujours subi d'importantes transformations, tant il paraît avéré que la plupart des gens d'ici savent leur vie suffisamment authentique pour ne point attacher d'importance excessive à ce qui n'est, après tout, que matière. Une exception cependant doit être faite pour le logis vendéen qui, bien davantage qu'un type d'habitat, reflète un art de vivre et, plus encore, un état d'esprit. Mais d'abord soyons clairs : l'idylle rurale, que ce soit dans sa version réactionnaire du hobereau faisant danser ses métayères, ou écologiste du jardin offrant miraculeusement une profusion de produits sains, fait sourire ceux qui n'entrent pas dans les utopies citadines. Tout comme d'ailleurs la lutte féroce, à la sauce balzacienne ou marxiste, entre paysans et rentiers du sol. Rien à la campagne qui ne soit en effet affaire de relations individuelles, donc de nuances, à l'exact opposé de la standardisation des comportements.

Évoquer le logis vendéen et sa marque particulière dans la société, apparaîtrait donc comme tout à fait paradoxal si, malgré leur diversité, malgré les modifications dont elles ont été l'objet un demi-millénaire durant, ces bâtisses ne dégageaient pas un air de famille, une atmosphère particulière dont il faut bien rendre compte pour tenter de comprendre l'âme du pays. Pour les apercevoir, on doit d'abord quitter les grandes voies rectilignes, telles que tracées par les régimes centralisateurs successifs, qu'ils s'appellent monarchie, empire ou république. Une *demi-route*, comme l'on dit par ici, vous conduit, émergeant des frondaisons, vers des toits couverts de tuiles *tiges de bottes*, communs avec ceux des fermes voisines. De l'extérieur, tout n'est que hauts murs presque totalement aveugles, sauf une double porte charretière et cavalière qui vous introduit dans une vaste cour rectangulaire. Là, sur trois côtés se disposent l'écurie, la grange à vaches, ainsi que les han-

La plupart de ces demeures continuent de servir à leur destination première, c'est-à-dire à être habitées, et ne sont donc pas ouvertes au public. Parmi celles qui m'ont semblé les plus représentatives et qui sont évoquées ici, la visite de la Chabotterie, aménagée par le Conseil général de la Vendée, permettra néanmoins de s'imprégner de la vie intime d'un logis vendéen à la fin du XVIII*e siècle.*

gars qui abritent foin, paille et matériel agricole. Sans oublier la laiterie et le fournil. Une ferme, penseriez-vous, sauf que dans la partie la mieux exposée s'élève le corps du logis proprement dit. Ses austères façades en pierre de pays ne s'ornent guère que de la tour d'angle abritant l'escalier, qui concentre les rares éléments décoratifs, écusson, échauguette ou meurtrière qui sont autant de réminiscences féodales. Voilà pour l'apparence. Reste à savoir pourquoi, au moment où partout ailleurs le château Renaissance et bientôt classique supplante la vieille forteresse médiévale, ici tend à se généraliser ce qu'il est convenu d'appeler le logis vendéen, cette demeure noble qui aurait refusé d'oublier son enracinement paysan.

Le lavoir et les bâtiments d'exploitation.

Le logis.

Région frontière entre la Bretagne ligueuse et le Midi protestant, le Bas-Poitou a, comme on l'a vu, beaucoup souffert des guerres de religion. On imagine facilement la détresse des paysans, de ceux surtout qui possédaient quelques biens, animaux ou instruments de labour. Comment remplacer en

effet ce qui constitue le fruit du travail acharné, des privations de plusieurs générations ? Quant à la noblesse, c'est peut-être pire encore : partagée par moitié entre les deux confessions chrétiennes, elle a mené contre elle-même une véritable guerre civile, qui a ruiné bien des châteaux et amenuisé les patrimoines. Et le retour à la paix apparaît comme un péril encore plus menaçant peut-être, car il signifie le tarissement des revenus issus des coups de main ou du service armé dans l'un ou l'autre des deux partis. Les nobles bas-poitevins sont-ils donc condamnés à subir le décalage, forcément croissant, avec leurs pairs plus proches de la Cour et de ses juteuses opportunités ? C'était dans l'ordre des possibles.

Alors, d'où l'inspiration initiale lui est-elle venue ? Mystère. Toujours est-il que la gentilhommerie locale imagine une solution dont l'audace le dispute au pragmatisme. Usant de son droit de retrait féodal, elle préempte systématiquement, comme le montre Louis Merle, les terres que la misère du temps jette sur le marché foncier. De cette manière, elle en vient, en quelques générations d'un patient travail de rassemblement, à constituer des exploitations d'une quarantaine d'hectares, une taille considérable pour l'époque et qui permet l'usage optimal d'un puissant attelage de bœufs. Les minuscules hameaux sont réaménagés pour héberger le siège d'une unique exploitation, appelée la métairie du fait que, dans ce contexte de reconstruction, le propriétaire avance la moitié du cheptel et des semences, et qu'ensuite les profits sont partagés à parts égales entre le bailleur et le preneur. Sans doute les métayers sont-ils choisis parmi les plus entreprenants, car force est de constater qu'ils constituent souvent la souche de dynasties paysannes qui passeront progressivement au fermage pour finir en faire-valoir direct.

Au XVe siècle, le logis de la Chabotterie comporte un corps de bâtiment sur trois niveaux, flanqué d'ailes délimitant une cour intérieure dans laquelle on pénètre par un portail double défendu par un pont-levis. À l'issue des guerres de religion, à la fin du XVIe et au début du XVIIe siècle, des fenêtres à meneaux sont aménagées, tandis que le toit perd ses lucarnes et que surtout un grand pavillon est édifié au nord sur quatre niveaux. Il est desservi par un escalier daté de 1611, à l'entrée en plein cintre surmontée d'un fronton circulaire et dont l'échauguette d'angle est plus symbolique que défensive. Doté vers l'ouest d'une seconde cour autour de laquelle s'ordonnent les bâtiments d'exploitation, et pourvu vers l'est d'un jardin clos que prolonge la perspective d'une allée cavalière, c'est l'exemple même du logis vendéen à deux cours. Une chapelle est ajoutée au XIXe siècle.

La salle à manger.
La cuisine.
Le salon de compagnie.
Le cabinet de musique.
Une soupente.

Pour l'heure, ceux qui ont vendu l'essentiel de leurs terres déménagent vers les bourgs ou les gros hameaux. Là, plutôt que de vivoter sur leurs minuscules borderies de quelques hectares, ils tâchent d'arrondir leur revenu en se lançant dans les activités artisanales qui constitueront une autre source de la richesse du pays. Mais l'essentiel de celle-ci est ailleurs : les nouveaux baux stipulent que les métayers devront chaque année construire une certaine longueur de haies bocagères. Sans doute nos rassembleurs de terres ont-ils senti que l'avenir en matière d'alimentation serait à la viande, qui un jour supplanterait le pain. Initialement condamnées à porter des céréales pauvres, les terres lourdes du Massif Armoricain se spécialisent, grâce à cet embocagement, dans l'élevage bovin qui fera sa fortune.

Ainsi le logis vendéen, mieux encore que la métairie, constitue-t-il la traduction architecturale de cette voie originale de développement. Fortement investis dans leurs opérations foncières et soucieux de faire valoir leurs avances aux métayers, les nobles bas-poitevins se font gentilshommes campagnards, épris qu'ils sont de techniques culturales et d'améliorations agronomiques. Et l'on peut imaginer que la ferme dont ils prolongent leur demeure constitue par excellence le banc d'essai de ces innovations. Quant à l'ancien logis lui-même, on l'aménage au fur et à mesure des rentrées d'argent. On abandonne alors les orgueilleux toits pentus, doublement coûteux car couverts d'ardoises et nécessitant une charpente complexe, dont le logis de la Guignardière constitue l'aboutissement savant et le chant du cygne. À la place, on adopte, venue du sud, la toiture à faible pente couverte de tuiles de fabrication locale, que supporte une charpente simple et assez typique du Bas-Poitou, dont l'astuce repose sur l'introduction, dans le triangle constitué par la ferme, d'un arc en plein cintre qui constitue la solution originale à la rareté et à la cherté du bois. Ce partis pris de sobriété se remarque dans les façades, où l'on ne retrouve plus la superposition des ordres antiques. On néglige même les proportions, tout comme les règles de mise en œuvre sont oubliées, et ce n'est pourtant pas faute de savoir-faire ainsi que le prouvent maintes dispositions savantes. Seule concession à l'air du temps, dans cette sévérité qu'on croirait volontiers inspirée de l'austérité protestante, la tourelle d'escalier permettant de desservir les étages supérieurs, et qui hérite de l'ancienne symbolique du donjon. Quant aux ponts-levis, aux herses, aux trappes pivotantes, aux canonnières ou aux châtelets d'entrée, ils participent tout autant de la crainte d'un éventuel coup de main que de la volonté, chez ce paysan qui habite un logis, de rappeler qu'il est aussi un gentilhomme.

De ces hobereaux ruraux repliés sur leurs terres, René Grignion, sieur de La Pellissonnière, constitue un bel exemple, que nous pouvons un peu connaître à travers son *Journal*, tenu de 1597 à 1619. Soucieux d'agrandir son domaine, c'est également un esprit indépendant, volontiers batailleur. Et qu'on ne s'y méprenne pas : la vie sur ses terres ne l'empêche pas de rester en contact permanent avec son temps, comme le prouve l'éducation qu'il fait donner à son fils. On imagine facilement ce gentilhomme campagnard mieux disposé à servir le roi qu'à paraître à la Cour et entretenant avec ses métayers ces relations particulières qui ont longtemps perduré par ici parce que, malgré les apparences, elles ne s'accommodent vraiment ni de la servilité ni du paternalisme. Le vouvoiement réciproque et l'usage du prénom, seulement précédé de *Monsieur* à l'adresse du maître, traduit un mélange de distance et de familiarité fondées tout à la fois sur une conscience de la différence et sur des relations quotidiennes entretenues la vie durant, et parfois sur plusieurs générations. De véritables rapports campagnards, qu'il ne convient ni d'idéaliser ni de diaboliser, tissés qu'ils sont de roublardise et d'affectivité, d'âpreté quant aux sommes justement dues et de générosité concrète lorsque le malheur frappe à la porte d'un plus faible. C'est dans cette attention humaine forte, un peu distendue au cours du XVIIIe siècle puis ravivée après la catastrophe révolutionnaire, qu'il convient peut-être de chercher l'origine d'un tissu social particulier à la Vendée.

Haute de près de 13 mètres, la très savante charpente du château de la Guignardière constitue localement l'ultime aboutissement de la toiture couverte d'ardoises, avant l'invention de la charpente bas-poitevine.

L'originalité de la charpente bas-poitevine à l'arc en plein cintre placé en renfort d'une ferme qui doit supporter le poids considérable d'une toiture de tuiles, comme au Fief-Milon, au Boupère.

Le château de la Rabatelière, présenté sur un dessin comme le logis vendéen idéal.

La façade principale donne sur deux niveaux de jardins à la française.
Côté cour, on découvre les communs et les bâtiments d'exploitation.

La Guignardière (Avrillé) : La sévérité inhabituelle des façades annonce la transition entre la Renaissance bas-poitevine proprement dite et la diffusion du logis vendéen. En 1555, Jean Girard, panetier d'Henri II, conçoit le projet d'un logis en U appuyé sur deux pavillons d'angle, sur le modèle du pavillon du roi, au Louvre, que vient d'édifier Pierre Lescot. Son assassinat en 1563 par un seigneur protestant ne lui laisse le temps que d'édifier le pavillon sud et la moitié du logis, ainsi que le rez-de-chaussée de l'une des deux ailes.

Château de Saint-Juire : Couvert d'ardoises, ce château, caractéristique du gothique flamboyant, possède des lucarnes à gâble et est desservi par une tourelle d'escalier polygonale. De la fin du XVIe ou du début du XVIIe datent les bâtiments disposés autour de deux cours, de part et d'autre du logis. Tandis que d'un côté les communs sont entourés de douves, de l'autre les bâtiments d'exploitation sont flanqués de deux tours encadrant un beau porche double.

Le logis.
Les bâtiments d'exploitation.

Sur une poutre l'exceptionnelle représentation du logis vers 1600, au milieu.

Une ouverture du XVe siècle, maintenant située à l'intérieur, en bas, à gauche.

Le Guy (Sainte-Flaive-des-Loups) : Construit dans la seconde moitié du XVe siècle par la veuve de Jacques Foucher, chambellan du roi, tué à Pavie, ce logis se caractérise surtout par une galerie gothique fermée, qui forme avant-corps au rez-de-chaussée. Complété au début du XVIIe par des bâtiments d'exploitation autour d'une cour, il est alors, comme le montre une représentation de l'époque sur l'une de ses poutres, également doté d'un jardin clos avec deux pavillons d'angle.

La Petite Coudraie (Sainte-Hermine) : Ce logis, construit au début du XVIIe en conservant quelques éléments du siècle précédent, comme le grand escalier, est encadré en direction de la rivière par deux pavillons, dont l'un a disparu ; l'autre possède meurtrières et bretèches. De l'autre côté, la ferme s'ordonne autour d'une cour. À l'extérieur, une fuie carrée repose sur une partie basse percée de meurtrières commandant l'entrée de la demeure.

Le logis et les bâtiments d'exploitation, ci-dessus.

Les ponnes dans la buanderie.

Des défenses plus symboliques que réelles.

Coin de la cour.

Chaligny (Sainte-Pexine) : Élie de Regnon, gentilhomme protestant, commande en 1625 l'un des vaisseaux de la flotte protestante devant La Rochelle et, plutôt que de se laisser prendre, il fait sauter son bâtiment. Rescapé, il est libéré sur parole et construit l'essentiel du logis de Chaligny. Jouxtant le porche charretier, la porte piétonne, datée de 1639, introduit dans une vaste cour délimitée par les bâtiments d'exploitation avec, au fond, le logis. Des quatre tours d'angle, l'une a brûlé sous la Révolution. Dans le pré attenant, les vestiges d'une fuie.

L'Aubraie (La Réorthe) : Reconstruit entre 1575 et 1577, le logis d'enfance de Clemenceau, acquis par sa famille au XIXe siècle, commande la cour d'honneur et la basse-cour, encadrées par six tours et protégées par de larges douves. Le bâtiment XVIIe se complète d'une aile perpendiculaire du XVIIIe siècle.

Le logis XVIIIe siècle.
Un angle des bâtiments d'exploitation.
Les douves.
Depuis les bâtiments d'exploitation.

La Bonnelière (Saint-Michel-Mont-Mercure) : Ce logis de protestants comporte au début du XVIe siècle le pavillon ouest et l'aile attenante, flanquée d'une tour polygonale qui contient l'escalier. De la seconde partie du XVIe date l'aile en équerre, devenue un siècle plus tard la partie centrale à la suite de la construction d'une seconde tour, symétrique de la première. Séparant le logis des communs, le portail à pont-levis sur douve est moins destiné à la défense qu'à marquer les prérogatives seigneuriales du maître des lieux.

Le porche double.

La tour des communs, ci-dessus.

38. SOCIÉTÉS CAPITALISTES ET CLASSES SOCIALES DANS LE MARAIS POITEVIN

S'IL EST UN PAYSAGE auquel la raison humaine imprime sa marque, c'est bien le marais Poitevin, ou plus exactement le marais desséché, cette surface presque parfaitement plane arrachée à la mer, protégée par des digues et quadrillée par un réseau géométrique de canaux. De ces espaces désolés, les moines du Moyen Âge avaient fait des lieux de prière, et leur foi conquérante avait peu à peu sorti des eaux de nouvelles terres pour la gloire de Dieu et la subsistance de ses serviteurs. Et puis la désunion entre chrétiens, pendant les guerres de religion, a ruiné cette œuvre éminemment communautaire, de sorte qu'au XVIe siècle tout est à recommencer. Cependant, un esprit nouveau est déjà à l'œuvre à travers l'humanisme, qui tend à faire de l'homme un rival de Dieu. Alors qu'un peu partout ailleurs on rafistole le vieux monde, ici les humains se font démiurges et entreprennent de créer de toutes pièces un paysage, une économie, une société. Une extraordinaire aventure… mais aussi l'occasion pour eux de percevoir leurs limites.

Le 17 juin 1586, Henri de Navarre est à Marans. « C'est, écrit-il à Corisandre, une île enfermée de marais bocageux où de cent pas en cent pas il y a des canaux pour aller chercher le bois par bateaux. » Quelques années plus tard, devenu Henri IV, il fait des marais de son royaume le lieu par excellence où manifester tout à la fois la puissance de la nouvelle monarchie et sa sollicitude à l'égard de ses sujets. Pour cela, l'ancien huguenot fait appel au savoir-faire des Hollandais, grands spécialistes en matière de dessèchements et reconnus également pour leur puissance financière. Par un édit de 1599, il confie l'entreprise à un ingénieur brabançon, Humphrey Bradley, qu'il nomme maître des digues du royaume. Outre la propriété de la moitié des terres asséchées, exemptées d'impôts pendant vingt ans, lui et ses associés bénéficieront de la naturalisation au bout de deux ans. Les douze plus gros actionnaires seront anoblis ; quant à ceux qui sont déjà nobles, ils peuvent participer à l'entreprise sans déroger. Pour l'heure, il s'agit uniquement des anciens assèchements des abbayes. À la mort de Bradley, en 1639, tous ces avantages sont prorogés au profit de Pierre Siette, ingénieur et géographe du roi en poste à La Rochelle. En 1642, celui-ci crée la Société du Petit-Poitou, un modèle appelé à faire école, où les capitaux hollandais sont majoritaires, mais qui intègre également des hommes d'affaires parisiens et surtout poitevins. L'ancien achenal le roi, rebaptisé canal des Hollandais, est remis en service, ainsi que le canal des Cinq Abbés, et l'on creuse en outre les canaux de la Vienne et du Clain, qui convergent vers l'embouchure de la Sèvre Niortaise. Quatre ans plus tard, 6 400 hectares sont desséchés, et l'entreprise peut être considérée comme achevée.

Parallèlement se met en place une autre association financière, la Société des Marais de Vix-Maillezais, qui concerne des terres situées plus à l'est, régulièrement inondées par les crues de l'Autize, de la Sèvre Niortaise et de

Bazoges
la Caillere
S.t Vincent
la Reorthe
Puymaufrais
S.t Martin Lars
S.t Juire de la Plaine
la Vineuse
S.t Laurent de la Salle
le Simon
S.te Hermine
la Chapelle
Themer
S.t Hermand
Thyré
S.t Martin des Fontaines
S.t Valerien
S.t Etienne de Brillouet
S.t Jean de Beugné
l'Hermeneault
S.t Aubin de la Plaine
Pouille
D E
L U Ç O N
S.te Gemme de la Plaine de Luçon
Nalliers
Petosse
Mouzeil
le Langon
Hollandois
Velluire

la Vendée. L'initiative revient cette fois à Barnabé Brisson, fils du grand juriste, qui à partir de 1642 commence par acheter des terres et à recruter un associé rochelais, Octavio de La Strada. D'abord concurrent d'Amable Bitton, le très riche receveur général des finances de Poitiers, il finit par fonder avec lui, en 1648, une société dont le capital est divisé en 24 actions. Les statuts adoptés en 1654 stipulent que les associés devront être domiciliés à Fontenay, et effectivement on y retrouve la fine fleur des officiers de la ville. Mais deux d'entre eux sont en fait des prête-noms du duc de Roannez, Artus Gouffier, le petit-fils du seigneur d'Oiron. Gouverneur du Poitou, passionné de mécanique des eaux, celui-ci est en relations avec le grand physicien hollandais Huygens et fait prendre une participation à l'entreprise à son ami Blaise Pascal, qui à l'époque travaille précisément à son *Traité sur l'équilibre des liqueurs*. En 1655, les associés font d'ailleurs réaliser deux aqueducs permettant au grand canal de Vix de passer en dessous de l'Autize et de la Vendée. Cependant, la gestion de la compagnie échappe bientôt à la région, et en 1670 elle est prise en main par cet éminent représentant de l'aristocratie d'affaires de l'époque qu'est le duc de Roannez, qui par ailleurs participe notamment à la canalisation de la Haute-Seine et aux carrosses à cinq sols, l'ancêtre de nos transports en commun.

Sur la carte de Cassini (fin XVIIIe), trois paysages nettement distincts : le Bocage, la Plaine, le Marais, page de gauche.

Les exceptionnelles cartes de Claude Masse, ingénieur du roi, 1703, témoignent du gigantisme des travaux d'assèchement.

Le canal des Hollandais.

Partout, des canaux et des écluses.

Si le dessèchement du marais Poitevin est donc l'occasion de créer des sociétés capitalistes en avance sur leur temps, l'entreprise se heurte cependant à des limites. Déjà des conflits d'intérêts surgissent entre sociétés de dessèchement, et surtout entre ces dernières et les habitants du marais mouillé, plus à l'est. Et puis ces anciens marécages, très insalubres, dévorent leurs habitants. Régulièrement les tombes l'emportent, et de loin, sur les berceaux, ce qui n'est pas fait pour attirer d'éventuels immigrants. De plus, si dans les zones reprises par les sociétés par actions tous conjuguent leurs efforts pour desserrer la pression fiscale, il n'en va pas de même à l'ouest du canal de Luçon. Là règne en maître un clergé particulièrement rapace, moines, évêques et chapitres confondus. Seigneur des 4/5e du pays, il possède également tous les ouvrages d'art ainsi que les trois-quarts des terres, parfois bien davantage. Investisseur avisé, le clergé a en effet vite su tout le profit qu'il pourrait tirer de ces terres vierges si incroyablement fertiles. Ainsi les 65 000 livres de revenu de l'évêque de Luçon ou les quelque 130 000 livres des religieux de Saint-Michel-en-L'Herm.

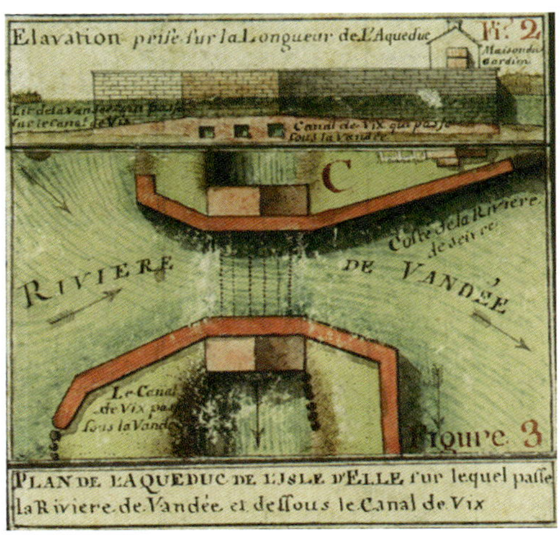

L'aqueduc de l'île d'Elle, croisement du grand canal de Vix et de la Vendée.

Le sous-peuplement du marais desséché en explique largement le mode de mise en valeur, qui est loin d'être efficace. L'exploitation de base, appelée cabane, est d'une surface énorme pour l'époque : 600 hectares pour celle de Ribandon, à Saint-Michel-en-L'Herm, tandis qu'à Grues la plus petite fait 145 hectares et la plus grande 450. Sur ces gigantesques unités de culture, parfois tenues en métayage mais le plus souvent à ferme, règne le cabanier, riche de son train de culture et de son bétail, mais jamais propriétaire. Un tiers seulement de la surface sert à la culture, moitié blé, moitié jachère. Le reste est voué à l'élevage extensif. Sur une ferme de 250 hectares, on compte ainsi 80 bœufs et vaches, 9 chevaux et 400 moutons, qui permettent chaque année la vente de 8 bœufs, 2 vaches, 2 poulains, 40 moutons et les toisons du troupeau. C'est dire la sous-productivité de ces cabanes qui emploient une dizaine de domestiques, souvent célibataires.

Une porte de mer : l'écluse de Vienne, le canal en amont... et en aval.

À ce train, on ne s'étonne pas de constater que les paroisses du marais Poitevin soient dépourvues de classe moyenne. Les propriétaires, cela va sans dire, ne résident pas sur place. À l'élite rurale des cabaniers, dispersés dans les grandes exploitations isolées sur leurs terres, s'oppose donc la foule des journaliers, dont les maisonnettes et les jardinets se concentrent sur les buttes calcaires autour du clocher paroissial. Seule concession de la richesse à la pauvreté, les communaux. C'est que les réactions se sont parfois faites violentes, allant jusqu'à la rupture des digues lorsque la population a été spoliée de ses droits coutumiers de chasse, de pêche et de vaine pâture. Même si les autorités ont accordé le port d'armes aux assécheurs, ceux-ci ont préféré composer en laissant quelques terres à l'usage commun des habitants.

Ferme de la Forêt Nadeau, dans le marais poitevin.

La terre de Triaize : l'îlot calcaire, les cabanes, les salines, les prises.

Plan des environs de Saint-Michel-en-L'Herm.

Séchant au soleil à Triaize, les bousats.

Parfois cette société fait illusion, comme lors de ces fêtes qu'on appelle les *noces noires*. Faute de bois, on utilise en effet comme combustible les fientes du bétail, que l'on façonne collectivement sous forme de grosses galettes ensuite mises à sécher au soleil. La saleté de l'opération en explique le nom, mais celle-ci constitue aussi l'occasion de surmonter pour un temps les inégalités en s'étourdissant de danses et de vin. Il n'empêche : une telle société, pourtant issue d'une formidable aventure collective de maîtrise de la nature, ne satisfait que les propriétaires. Les journaliers, voués à la précarité, souvent à la misère, se caractérisent paraît-il par leur sauvagerie. Une seule passion, un anticléricalisme sans nuance, les rapproche des cabaniers. La Révolution venue, les premiers assouviront leur vindicte en poussant leurs curés ainsi que les quelques moines restants à prêter le serment civique et bientôt à renoncer à la prêtrise. Quant aux autres, ils disputeront aux capitalistes les dépouilles du clergé. Ce seront eux les nouveaux maîtres.

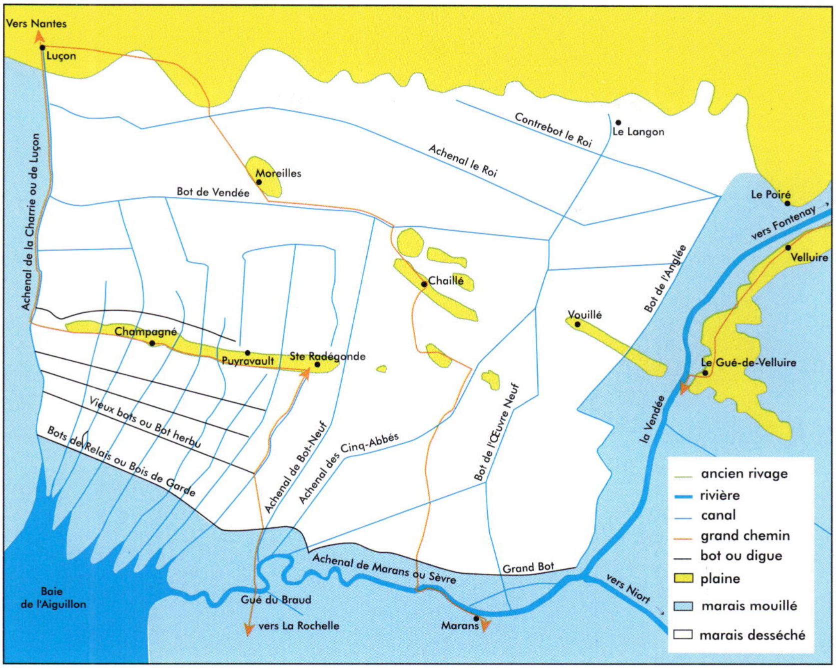

Le dessèchement du centre du marais Poitevin.

L'économie du Bas-Poitou au XVIIIe *siècle.*

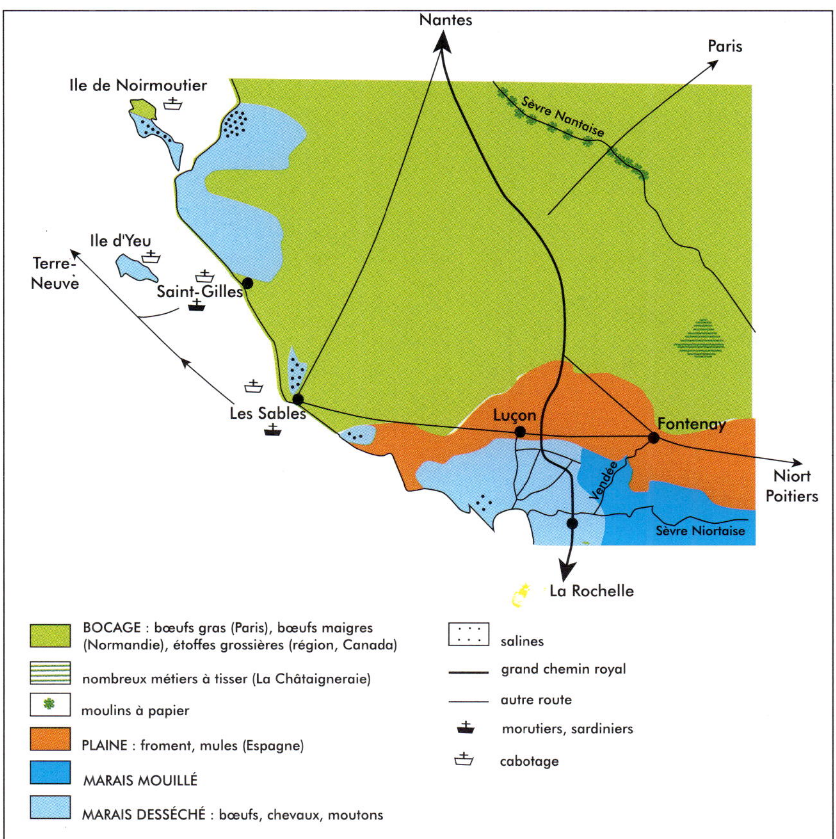

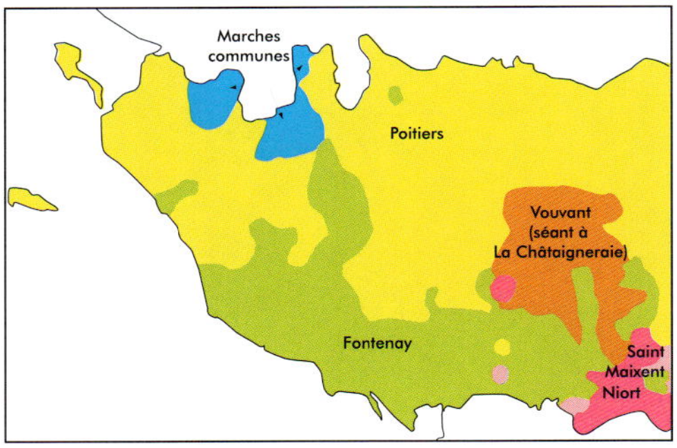

Les bailliages électoraux

Les diocèses

Les circonscriptions, électorales, fiscales et religieuses à la veille de la Révolution. Par-delà cette complexité inhérente à l'Ancien Régime, la vigueur des délimitations du Poitou contraste avec les limites incertaines du Bas-Poitou. Les Marches Communes, zone de privilèges fiscaux, ainsi que le prolongement du diocèse de La Rochelle dans les Mauges rappellent l'extension très ancienne de la province jusqu'à la Loire.

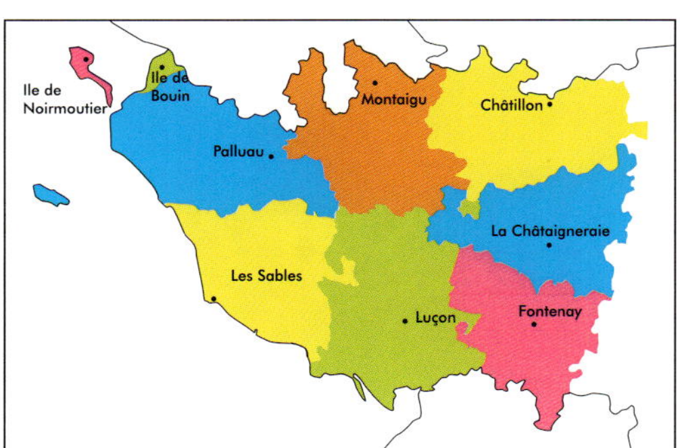

L'intendance de Poitou et ses subdélégations

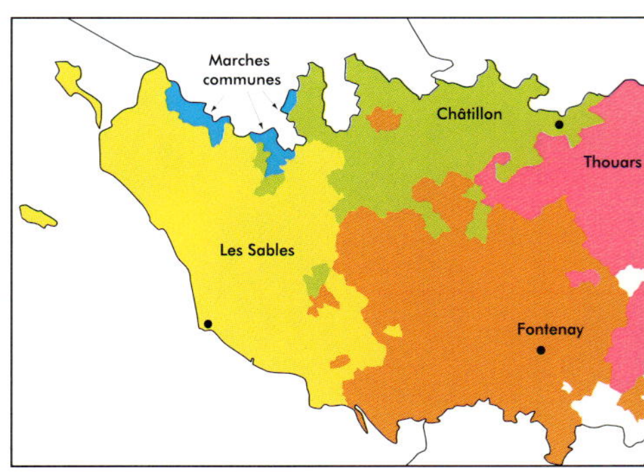

Les élections (recettes des finances) au sein de la généralité de Poitiers

39. LA PLAINE DE LUÇON ET FONTENAY

DANS L'EUROPE développée, le XVIIIe est incontestablement le siècle du début véritable de l'urbanisation. La ville attire de plus en plus les élites, toujours plus entichées de confort, de salons et de chambres de lecture. Ce qui ne va pas sans changements dans les campagnes, celles du moins qui subissent l'attraction urbaine. En Bas-Poitou, si l'on excepte le port des Sables, on ne compte guère que deux villes, Luçon et Fontenay, dont l'influence se fait tout particulièrement sentir sur la Plaine environnante.

Berger dans la Plaine : richesse des propriétaires, pauvreté des gens.

Le fait que ces deux villes se situent dans la Plaine, à proximité du Marais, ne doit pas grand chose au hasard. On a vu en effet l'énorme rente foncière tirée du marais desséché, mais en même temps son insalubrité qui dissuade d'y établir une quelconque cité ; Luçon pâtit d'ailleurs de son excessive proximité. Quant à la Plaine, qui ne souffre pas de cet inconvénient et qui est longtemps la seule à bénéficier de routes dignes du nom, elle est propice au développement urbain, surtout qu'à

L'emprise ecclésiastique sur Luçon apparaît bien sur le plan de Claude Masse : la cathédrale, les capucins (à l'emplacement du Jardin Dumaine), les ursulines, l'union chrétienne (aujourd'hui remplacée par les carmélites et les missionnaires de la Plaine). Sans compter les maisons des chanoines, dispersées à l'entour.

l'époque elle a en outre la réputation d'être la « Beauce du Poitou ». L'été, ses vastes étendues se couvrent en effet des blondeurs qui, en un temps où le pain fournit encore l'essentiel de l'alimentation, la font passer pour opulente. C'est que ce terroir est divisé en quatre soles : dans chacune, on sème une année du froment ; puis de la méture, un mélange de grains ; ensuite seulement de l'orge de printemps ; enfin, la quatrième année, la terre étant épuisée par cette monoculture céréalière, on la laisse en jachère. Et ce ne sont pas les fumures qui peuvent vraiment améliorer sa fertilité, au vu de la petitesse du troupeau. Les métairies, qui pour 80 % d'entre elles sont tenues en fermage, sont équipées chacune de quatre mules ainsi que d'une jument qu'on fait saillir par un de ces fameux baudets du Poitou. Si l'on y ajoute la cinquantaine de moutons conduits en vaine pâture par le berger de la paroisse, on voit que le Plainaud demande à sa terre beaucoup plus qu'il ne lui rend. D'où une spirale de rendements décroissants, qui fragilisent d'autant plus cette agriculture que les cours du froment, objet de spéculation de la part des marchands blatiers, connaissent des variations particulièrement brutales. L'année est-elle bonne ? Le produit de l'exportation par les ports de Marans puis de La Rochelle permet de régler le propriétaire et de vivre correctement. Mais surviennent des intempéries, et les autorités urbaines, souvent menacées par le menu peuple qui craint la famine, ne se font pas faute de bloquer les exportations et de perquisitionner dans les greniers. On comprend ainsi pourquoi les borderies, ces fermes moyennes, tendent à disparaître de la Plaine. Même les bras viennent à manquer, au point que l'on doit, pour les métives, faire appel aux austères saisonniers bocains, auxquels on alloue une gerbe sur neuf pour leur travail. Les champs sont mal tenus, tout comme les jardins, et en la quasi-absence de laitages les carences alimentaires rendent les épidémies particulièrement meurtrières. Riche en apparence et surimposée en conséquence, en ce temps où l'impôt se répartit en fonction de la richesse que l'on suppose à chacun, la Plaine est ainsi en voie de dépeuplement. Avant de convoler, on attend d'être établi, et si cette forme de malthusianisme ne suffit pas, les jeunes gens prennent le chemin de la ville et parfois celui du Québec, qui compte aujourd'hui nombre de descendants de Poitevins.

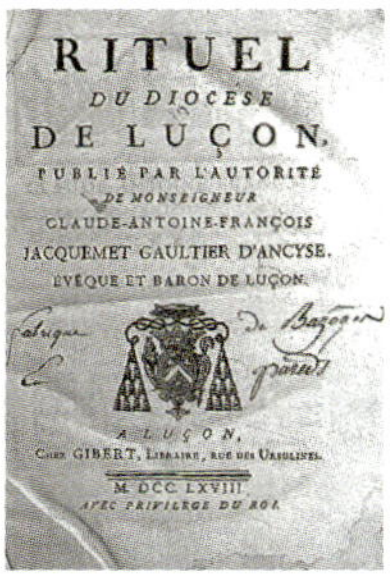

RITUEL
DU DIOCESE
DE LUÇON.
PUBLIÉ PAR L'AUTORITÉ
DE MONSEIGNEUR
CLAUDE-ANTOINE-FRANÇOIS
JACQUEMET GAULTIER D'ANCYSE,
ÉVÊQUE ET BARON DE LUÇON.

A LUÇON,
Chez GIBERT, Libraire, rue des Ursulines.
M. DCC. LXVIII.
AVEC PRIVILEGE DU ROI.

La flèche de la cathédrale de Luçon vue du cloître.

Rituel du diocèse de Luçon, 1768.

Sur la cheminée Louis XVI de l'hôpital de Luçon, le jugement de Salomon.

Jean-François de Lescure l'antijanséniste et Samuel Verthamon de Chavagnac, le crypto-janséniste. Évêché de Luçon.

Même l'équilibre entre les paroisses s'en trouve modifié. La plupart d'entre elles ont perdu leur substance au cours du XVIIe siècle, au point que trois siècles durant la population ne variera guère, comme si elle avait atteint un plancher. Certains bourgs cependant se sont étoffés en concentrant l'agriculture et l'artisanat. Une pyramide s'est donc mise en place, couronnée par Luçon et Fontenay, qui drainent la rente foncière. Et dans la moindre localité on retrouve une autre pyramide, sociale celle-là, dont la base est constituée par la foule des journaliers, et le sommet, en la quasi-absence de classes moyennes, par les « riches laboureurs » de la fable. Cette double hiérarchie explique largement l'acculturation de la Plaine aux valeurs urbaines, tout au long du XVIIIe. L'alphabétisation, mesure par excellence de cette influence, part de très bas puis progresse continûment, si l'on excepte un fléchissement dans les années 1720, pour atteindre en fin de siècle la moitié de la population masculine. Un seuil fatidique, qui apparente la Plaine bas-poitevine au commun des campagnes du Bassin parisien. Dès lors, plus rien n'est pareil : le Plainaud ne borne plus son horizon à sa seule paroisse, mais il lorgne en direction de l'une des deux flèches, de l'église de Fontenay ou de la cathédrale de Luçon, que l'architecte François Leduc, dit Toscane, vient de relever entre 1700 et 1702. Les missionnaires montfortains s'en rendent du reste bien compte, eux qui émaillent régulièrement leurs comptes rendus de missions d'un « le peuple, dur, se ressent de la Plaine ». Ce n'est pourtant pas qu'on puisse déjà parler de déchristianisation, mais ici le prêtre n'est plus la seule autorité. Surviennent ces prédicateurs d'un autre âge, et il y a toujours, perturbant l'atmosphère de fin du monde propice aux conversions, un esprit fort pour signifier qu'ici la piété s'accommode davantage de l'intériorité, voire de la rationalité du siècle des Lumières.

Si la Plaine se dépeuple, la ville en revanche devrait s'accroître. Or il n'en est rien puisqu'entre 1689 et 1730 Fontenay et Luçon perdent 40 % de leur population. La première passe de 10 900 habitants en 1685 à 5 654 en 1787, la seconde de 3 525 en 1726 à 3 124 en 1790. On a vu les conséquences catastrophiques de la révocation de l'Édit de Nantes, qui a privé le Bas-Poitou de ses éléments les plus dynamiques. S'ajoute à cela le fait que

Du château de L'Hermenault édifié au début du XVIe siècle par Geoffroy d'Estissac, il ne reste qu'une tour, tandis qu'une autre, plus ancienne, a été transformée en pigeonnier. Les évêques de La Rochelle et de Maillezais en ont fait leur résidence d'été, bâtissant aux XVIIe et XVIIIe le château actuel et dotant l'ensemble d'une superbe perspective.

le pays manque d'un cours d'eau susceptible de le relier au commerce international par le biais d'un grand port, et que, hormis la route de Fontenay aux Sables, il n'existe qu'une seule grande voie, et encore bien tardive, pour aller de Nantes à La Rochelle à travers le Bocage. Situées en marge du développement de l'époque, Luçon et Fontenay vivent essentiellement de la rente foncière ponctionnée sur le plat pays, et de l'administration, civile pour la première et religieuse pour la seconde.

À ce titre, Luçon apparaît presque comme une caricature. Certes, cette petite cité communique à la mer et fait figure de port, mais l'activité induite est minime. En réalité, c'est le clergé qui donne le ton. Le chapitre cathédral, fort de ses 43 chanoines, passe pour le plus nombreux de l'Ouest. S'ajoutent le séminaire, tenu par les

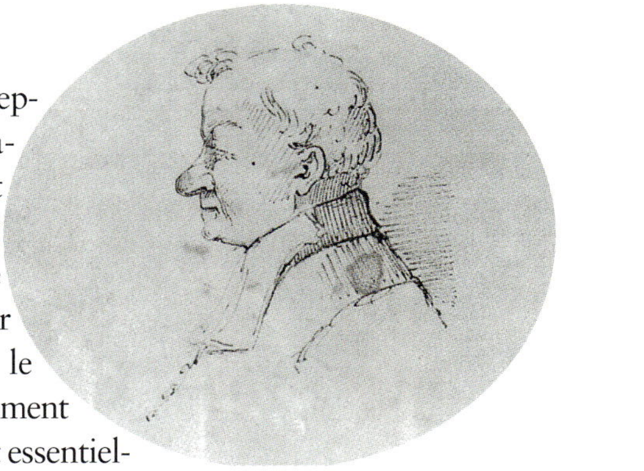

Homme d'Église, 1697.

L'hérésie terrassée par la religion, sur l'abat-voix de la chaire de l'église Notre-Dame de Fontenay, est livré en 1784 par le sculpteur niortais Élie Drouard.

Le plan de Claude Masse, daté de 1703, fait bien ressortir l'ambiguïté de la ville close, sur la rive de la Vendée. Côté gauche, le faubourg commerçant des Loges s'étire tout du long de la rue en direction de Niort et Poitiers, tandis que des quartiers neufs se développent vers les Marchoux et le Puits-Saint-Martin.

jésuites jusqu'en 1758 puis confié aux lazaristes à partir de 1771 ; également les capucins ; enfin les deux couvents des Ursulines et de l'Union Chrétienne avec leurs pensionnats respectifs pour jeunes filles de bonne famille. Et l'on comprend que tout ce petit monde vive au rythme des affrontements suscités par le jansénisme d'un Mgr de Barillon (1671-1699) ou d'un Verthamon de Chavagnac (1737-1758), alternant avec l'antijansénisme d'un Lescure (1699-1723), Rabutin de Bussy (1723-1736), Jacquemet Gaultier d'Ancyse (1758-1775) ou d'un Mercy (à partir de 1775). On compte également une soixantaine de maisons nobles, au train de vie assez modeste et qui meublent leur ennui par la chasse ou en se recevant mutuellement.

Rue des Loges à Fontenay, la maison Louis XV, aux somptueux balcons de fer forgé et mascarons représentant les saisons.

L'extrême simplicité du parti pris décoratif de l'hôtel Lépinay de Beaumont, avec porte cochère centrale, 1784.

Guère de place ici pour la bourgeoisie, mais plutôt pour un petit nombre de professions à talents, de commerçants, d'artisans et de domestiques au service de la noblesse et du clergé. Ajoutons quelques laboureurs, bordiers, vignerons et jardiniers, et l'on comprend comment cette petite ville, pas encore pavée, entretient sa réputation, héritée de Richelieu, d'évêché le plus crotté de France.

À côté de Luçon, Fontenay passerait presque pour une vraie ville, avec le double de population. Là se concentre la quasi-totalité des administrations du Bas-Poitou : la sénéchaussée qui fait office de tribunal civil et criminel ; la subdélégation, porte-parole du roi ; l'état-major et la maréchaussée ; l'élection, c'est-à-dire la recette des finances ; la maîtrise particulière des

Eaux et Forêts ; les traites, autrement dit les douanes ; enfin les Ponts et Chaussées. D'un autre côté, Fontenay a accueilli au XVIIe siècle nombre d'établissements de la contre-réforme catholique : les cordeliers en 1614 ; les capucins en 1620 ; les tiercelettes en 1629. Ont suivi en 1635 les jésuites et quatre ans plus tard leurs homologues féminins, les Filles de Notre-Dame. Ce sont eux qui, au nombre d'une douzaine, frottent de latin les fils des élites locales, jusqu'à leur expulsion en 1762. On trouve également, depuis 1681, les sœurs de l'Union Chrétienne, et vingt ans plus tard les lazaristes. Sans compter l'hôpital général, conçu comme un lieu de soins autant que d'enfermement des errants, fondé en 1684 dans le faubourg des Loges grâce à la confiscation des biens des protestants.

Rigueur et harmonie : la caserne de cavalerie avec sa cour d'honneur et ses écuries en U (1753-1768).

Tout cela somnolerait sur les rentes acquises, n'était la volonté de l'intendant de Blossac, en poste à Poitiers de 1751 à 1784, et qui crée aussitôt son arrivée, en bordure du champ de foire, une caserne achevée en 1768. Avisant l'étroitesse toute médiévale de la rue des Loges et la difficulté à traverser la ville close, il entreprend carrément de les éviter en ouvrant en 1767, à quelque 200 mètres plus au sud, une voie parallèle, la rue Royale, actuelle rue de la République, qui franchit la Vendée sur le Pont-Neuf, achevé en 1775. Quant aux fortifications, elles sont progressivement démantelées, ce qui permet dès 1764 d'aménager la place Royale sur le promontoire qui prend en enfilade la rue du même nom. Au total, l'urbanisme royal, plutôt

Les anciens remparts de Fontenay depuis le Pont-Neuf.

que d'aménager l'ancienne cité, la double donc d'une nouvelle qui l'ignore largement et qui développe déjà ses beaux quartiers plus à l'ouest, loin de la plèbe de la rue des Loges. C'est là que plus tard s'établiront les nouveaux bâtiments civils, hôpital, théâtre, écoles, gendarmerie, tribunal et prison, sur les terrains confisqués aux religieux. En attendant, noblesse de robe et bourgeoisie se fréquentent dans les mêmes salons, faisant étalage de beau linge et de mobilier raffiné, et se construisant des maisons bourgeoises qui à maints égards tirent sur l'hôtel particulier. Tous ces gens de robe priseront fort la Révolution, du moins à ses débuts, mais se trouveront vite dépassés par l'insurrection, au point de laisser prudemment les Vendéens maîtres du terrain lors de l'assaut du 25 mai 1793 contre la ville. Très logiquement, Napoléon en tirera les conséquences, lui qui, jugeant cette cité incapable de commander son plat pays, s'en ira en 1804 placer le chef-lieu à La Roche-sur-Yon, en plein cœur du territoire à conquérir. Ensuite, Fontenay aura du mal à être autre chose qu'une ville administrative à laquelle l'Empereur a confisqué sa raison d'être. Et la Plaine aura fini de commander la Vendée.

L'une des rares demeures aristocratiques édifiées sur la rue Royale, actuelle rue de la République, pour Jacques Choulot de la Vergne.

Moulin à vent près de Fontenay.

40. LE BOCAGE, CONSERVATOIRE DE CULTURE POPULAIRE

En mars 1793, chacun le sait, les Bocages du sud de la Loire s'insurgent massivement contre les autorités parisiennes. Vu sous l'angle habituel, le paradoxe paraît total : comment ici le peuple peut-il ainsi se dresser contre une Révolution qui se réclame du peuple ?

Longtemps, plutôt que de s'interroger sur le caractère libérateur de cette Révolution qui, après les massacres de septembre 1792 dans les prisons parisiennes, patauge déjà dans le sang, on n'a voulu retenir que le premier aspect de la question : l'étrangeté des Vendéens. Les révolutionnaires, et après eux les historiens partisans de la Révolution, ont voulu croire en l'aveuglement de ces paysans qui, plus bêtes sans doute que leurs bœufs, semblent ne pas haïr leurs nobles et même en placent un certain nombre à la tête de leurs assauts. C'est un peu vite oublier que les armées révolutionnaires elles-mêmes héritent largement des cadres nobiliaires de l'Ancien Régime, les seuls à avoir bénéficié d'une formation militaire. Et puis force est de constater que le Bocage n'abrite pas non plus l'idylle rurale qui sera plus tard célébrée par les historiens contre-révolutionnaires : au XVIIIe siècle, la grande majorité des nobles quittent ce terroir pour profiter des lumières urbaines. Reste alors le catholicisme, qui selon les uns aurait obscurci les esprits, ou purifié les cœurs d'après les autres. Mais là encore la réalité dément cruellement les mythes chers aux historiens partisans. Rien en effet ne signale une plus grande religiosité du Bocage, et c'est même l'inverse si l'on en croit les vocations ecclésiastiques, tenues pour l'un de ses plus sûrs indicateurs. Huit prêtres sur dix se recrutent en effet dans la bourgeoisie et donc dans les villes de la Plaine, qui précisément verseront du côté de la Révolution. Quant aux paroisses bocaines, la pénurie des curés les oblige à en faire venir depuis la Normandie et même l'Irlande.

Voyons donc ce qu'il en est réellement de ce Bocage au XVIIIe siècle. Venant du sud et ayant traversé la platitude du marais desséché puis les molles ondulations de la Plaine, vous ne pouvez qu'être frappé par la forêt qui bientôt vous barre l'horizon. Illusion. Quelques pas encore, et vous vous apercevez en effet qu'à la différence des grandes plaines, où telle forêt royale

Le Haut-Bocage.

Un chemin creux.

Bocage et habitat dispersé autour de Mouchamps, par Drake.

rompt tout à coup la monotonie des campagnes dénudées, ici on n'a pas séparé les bois des blés. Surmontant les talus qui enchâssent les champs, les arbres encadrent également le labyrinthe des innombrables chemins creux, que les pluies ont tôt fait de transformer en fondrières. Ici point d'horizon, mais toujours le mystère de la haie toute proche, qui vous cache la métairie jusqu'à ce que tout d'un coup elle surgisse de ce fouillis de verdure avec ses grands bâtiments d'exploitation dispersés autour d'une cour. D'autres fois, vous aboutissez dans quelque gros village aux maisons visiblement plus modestes. Bruits secs de navette, choc cristallin du marteau contre l'enclume, tic-tac du moulin : vous êtes ici chez les artisans. Le village se regroupe-t-il

Un village et ses jardins, cernés par les champs : la Moutillière, près de La Roche. La carte de Cassini montre l'importance des landes dans le Bocage à la fin du XVIIIe siècle.

autour d'une église presque aussi rustique que lui, et vous savez alors que vous avez atteint le bourg. Et partout de même, à quelques nuances près, sur l'ensemble du Massif Armoricain au sud de la Loire.

Ce terroir n'a pas d'original que l'aspect. C'est la métairie que nous avons entrevue qui en constitue l'élément moteur. Sur ses quelque trente hectares, le métayer, qui n'est jamais propriétaire de sa terre mais qui généralement la tient en fermage, en met vingt en culture, moitié en jachère, moitié en céréales pauvres, seigle, mil ou sarrazin. Sur les dix hectares restants, il en garde un peu moins de quatre en prés, le reste étant couvert d'ajoncs. Voilà, penserait-on, un terroir bien ingrat. En fait, cette apparence cache un système fort savant, destiné à tirer le meilleur parti d'un sol trop lourd, effectivement peu propice au froment. Les ajoncs, qui plus tard serviront souvent de refuge aux villageois traqués, constituent en réalité une authentique légumineuse, cultivée pour la chaux et l'acide phosphorique dont elle corrige ces sols naturellement trop acides. Au bout de six ou dix ans, coupés et séchés, ils sont brûlés sur place pour amender un terrain qui portera quelques bonnes récoltes, avec si nécessaire, issues de la combustion des bousats du Marais, des cendres que l'on va quérir au loin. Pareil défrichement s'opère grâce à un train de labour apparemment surdimensionné, mais qui constitue la source essentielle de la richesse du pays. En effet, parmi la progéniture de ses trois ou quatre vaches, chaque année le métayer sélectionne soigneusement deux mâles qu'il fait castrer pour obtenir une couple de bœufs. Depuis l'âge de deux à trois ans jusqu'à dix, il utilise ceux-ci pour ses labours et ses défrichements, puis il les vend maigres à des marchands normands, ou il les engraisse soigneusement à destination des boucheries parisiennes. Quant aux autres animaux de la métairie, la jument, la soixantaine de brebis, les deux cochons et la quinzaine de poules, ils ne sont que le complément de cet élevage spéculatif de bovins qui intègre pleinement le Bocage, même dépourvu de routes, dans les circuits économiques de l'époque.

Train de labour.

À côté de ces grandes exploitations, il en existe d'autres de deux à six hectares seulement, les borderies, dotées de trois ou quatre vaches. Leurs champs, échappés à la constitution des métairies, permettent d'assurer l'autoconsommation de petits propriétaires ou de fermiers, qui par ailleurs aident aux grands travaux de celles-ci et s'ingénient à mettre en valeur les multiples ressources du pays. Le bois fait prospérer les tonneliers et sabotiers. Le long de la Sèvre Nantaise, on trouve aussi une quinzaine de moulins à papier. Quant aux meuniers, souvent propriétaires de deux moulins, l'un à eau et l'autre à vent, leur borderie

Les halles XVIIIe des Moutiers-les-Mauxfaits.

Moulin aux Épesses.

permet d'entretenir les quatre mules nécessaires à leurs livraisons. Bien plus nombreux encore sont les tisserands à domicile, qui tirent parti de l'humidité ambiante et de la toison des troupeaux. Le Bocage abrite ainsi toute une nébuleuse artisanale, qui fournit en étoffes grossières, étamines, tiretaines et droguet, une clientèle essentiellement régionale, tandis que ses productions les moins frustes, sergettes, molletons, campés et cadisés, sont achetées par des marchands nantais et destinées au Canada. Mais si toutes ces productions à bas prix font une concurrence déloyale aux corporations urbaines, assujetties à des normes strictes, la manufacture rurale n'en est pas moins fragile. L'exceptionnelle concentration de métiers autour de La Châtaigne-

Moulin des Puyronds, Chartrier du Landreau.

raie est en effet là pour rappeler son origine protestante ; l'exode de ceux-ci, à la suite de l'Édit de Nantes, en privant cette activité de ses élites, l'a durablement vouée au bas de gamme et rendue incapable de s'adapter aux goûts nouveaux de la clientèle.

La Garnache.

Pendant les trois premiers quarts du XVIIIe siècle, le Bocage vit sur la lancée de ce qui ressemble fort à la révolution agricole en cours en Angleterre, qui comme on le sait combine les *enclosures*, les plantes fourragères et les fumures. De 1758 à 1776, les ventes de bestiaux sont multipliées par quatre aux trois grandes foires de Fontenay. Bien sûr, la production textile va de pair avec l'enrichissement de sa clientèle locale. Cependant, les sécheresses des années 1775, 1776, 1784, 1785 et 1786 provoquent une pénurie de fourrages qui ruine durablement la production bovine. Demandeurs de bêtes en état, les marchands abandonnent en effet les foires poitevines, ce qui a des conséquences catastrophiques sur un marché dont les produits sont nécessairement programmés une dizaine d'années d'avance. La crise agricole provoque l'effondrement de la manufacture textile, qui est en outre frappée de plein fouet par la perte du Canada. De sorte que le Bocage, qui n'a certes rien d'un paradis, mais qui est riche de femmes et d'hommes industrieux et pragmatiques, donc préservé de l'exode rural en cours dans la Plaine voisine, se retrouve en pleine crise économique à la veille de la Révolution.

Le maraîchinage, exutoire au mariage tardif.

Cette crise est d'autant plus douloureusement vécue qu'elle met à l'épreuve une société relativement homogène et solidaire. Les métayers y sont en effet moins aisés, les journaliers peut-être moins misérables qu'en

Jean-Gabriel Gallot (1744-1794). Après des études de médecine à Paris puis à Montpellier, ce philanthrope protestant choisit de s'établir dans sa paroisse natale de Saint-Maurice-le-Girard, en plein bocage. Seul médecin poitevin à être nommé associé régnicole de la Société royale de médecine, il correspond activement avec le célèbre Vicq d'Azyr, et on lui doit en particulier une observation clinique très approfondie de la grippe pulmonaire qui, en 1784 et 1785, ravage la région. Il s'afflige de constater que les Bocains lui préfèrent les rebouteux et les empiriques.

MÉMOIRE
SUR L'ÉPIDÉMIE
Qui a régné dans la Province du Poitou.

PREMIERE PARTIE.

HISTOIRE MÉDICALE DE L'ÉPIDÉMIE dans les quarante-trois Paroisses du Département de la Châtaigneraye.

MARCHE DE L'ÉPIDÉMIE.

A PEINE la constitution catarrhale du commencement de l'année 1784 étoit-elle cessée pendant les grandes chaleurs de l'été, qu'elle reparut dès l'autone, car dans le commencement d'Octobre il y eut dans la paroisse de *Saint-Philbert-du-Pont-Charrault*, limitrophe de ce Département, plusieurs affections catarrhales, acompagnées de maux de gorge très-graves..... Bientôt l'Epidémie commençante se propagea dans la paroisse de la Jaudonniere, située au Nord & contiguë à celle ci-dessus, & comme elle, partie bocage & partie plaine; les lieux les premiers ataqués, dans l'une &
A

Plaine, et surtout une catégorie nombreuse d'artisans, de meuniers, de tisserands et de marchands en tous genres assure la cohésion de l'ensemble. Quant au dynamisme propre à cette société, il l'inclut certes dans les circuits économiques du temps, mais sans la soumettre à l'attraction urbaine. Du coup, le Bocage fait figure de conservatoire de culture populaire toujours vivante, en marge d'une époque qui ne jure plus que par les Lumières et le Progrès déifié. Certes, le Bocain sait compter, mais à quoi bon apprendre à lire lorsqu'il suffit d'obéir au cycle des saisons et de s'appuyer sur les dictons, sur la mémoire des anciens, pour connaître les tâches à effectuer. Malgré la présence d'écoles, notamment celles subventionnées par le pouvoir pour catéchiser les enfants des *nouveaux convertis*, l'alphabétisa-

René-Antoine Ferchault de Réaumur (1683-1757) est seigneur de Réaumur, où il séjourne tous les ans de septembre à la Toussaint. Soucieux d'observation et d'expérimentation, cet éminent savant, directeur de l'Académie royale des sciences pendant onze ans, s'intéresse aussi bien aux insectes qu'à la physiologie de la digestion et à la technologie de la céramique ou du papier. Son nom reste attaché à l'amélioration du thermomètre, mais c'est dans le domaine de la métallurgie que sa contribution est la plus importante.

tion masculine ne décolle guère des 20 %. Bien loin de se laisser influencer par les modes urbaines de l'époque, la culture des Bocains demeure obstinément orale et véhiculée par le patois familier. D'où la méfiance à l'égard de ce qui vient de l'extérieur : au médecin, on continue de préférer le rebouteux, voire le sorcier. Et il n'est pas rare que le « conscrit » se laisse mourir de langueur de ne plus apercevoir son clocher. On comprend dès lors l'accueil fait par les communautés bocaines à une pastorale montfortaine exaltant la pauvreté, la solidarité, et qui fait appel à l'émotion collective, à l'engagement total, à une piété démonstrative et sensible.

Une faille sous-jacente existe donc, non pas tellement entre la Plaine et le Bocage, mais plutôt entre l'impénitente ruralité de ce dernier et la modernité telle que prêchée par les élites urbaines. Ainsi s'expliquent les limites au-delà desquelles l'insurrection ne rencontrera qu'indifférence. Reste que ces disparités se seraient certainement peu à peu érodées. Le Bocage, il faut y insister, n'est en rien prédestiné à la révolte, et du reste il ne se soulèvera aucunement contre la liberté telle que proclamée en 1789, mais bien plus tard. C'est ce qu'il nous faudra tenter de comprendre : pourquoi, tandis que la Plaine se confinera dans la passivité de la plupart des campagnes françaises, le Bocage, ce conservatoire de ruralité, entrera-t-il en conflit avec une Révolution qui est avant tout une affaire urbaine ?

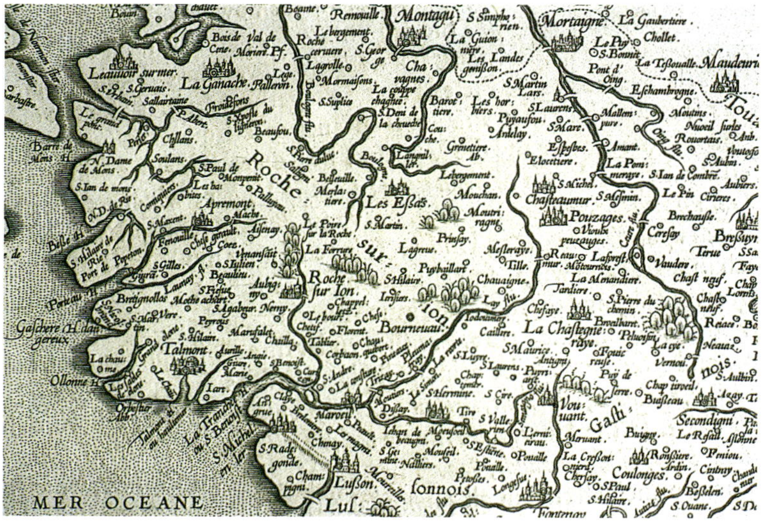

Carte de Pietro Rogiero, 1579.

Carte de Judocius Hondius, 1633.

Carte de Robert de Vaugondy, 1759.

41. LA GRANDE PÊCHE : DE L'ÂGE D'OR À LA CRISE

Le gain en précision se lit sur les cartes, page de gauche.

LES SABLES D'OLONNE, quelque part entre 1660 et 1720 : toute la population est rassemblée. De part et d'autre du chenal, sortie des maisons basses de La Chaume et du quartier du Passage, se presse la foule, le plus souvent vêtue de noir, des veuves présentes ou à venir. Les gamins aussi, impatients de vieillir un peu et que leurs 12 ou 13 ans leur donnent enfin droit d'embrasser le *grand métier*. Et puis quelques rares vieillards, qui ne savent pas bien s'ils doivent remercier Dieu d'en avoir réchappé ou regretter ce temps où ils étaient les héros du jour. Ceux-là, ils sont quelque 1 500, massés sur le pont ou déjà grimpés sur les vergues des 80 vaisseaux de 100 à 120 tonneaux dont le cortège sort gravement du grand bassin. Passée la pointe Saint-Nicolas, ils déploieront leur voilure et cingleront en direction du Grand Banc de Terre-Neuve. Dans les cales, outre les biscuits et le petit vin blanc du

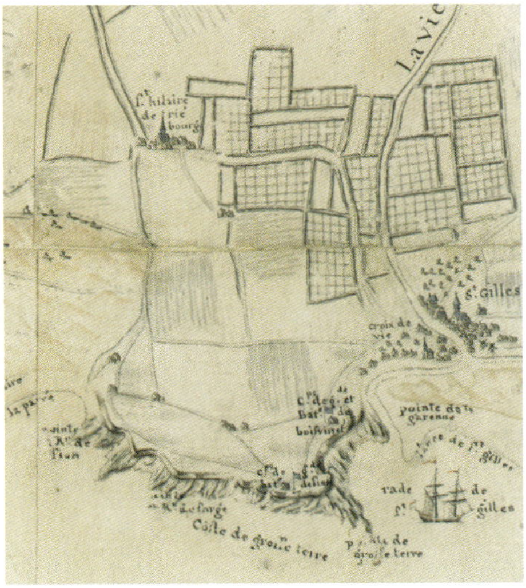

Saint-Gilles. Carte générale de la coste du Poitou par l'ingénieur Charles-François Touros de Millon, vers 1740.

Extrait de la carte de Claude Masse, 1703.

pays, ils emportent ce sel gris des Olonnes si prisé de tous les morutiers d'Europe. Il servira à la conservation de la morue verte, qu'on habille sitôt pêchée à la ligne le long du bord et qui fait la renommée des Sables, aussi bien que pour la morue sèche qu'on s'en va traquer en chaloupes dans les anfractuosités du rivage. Et puis, le navire une fois lesté de 20 à 25 000 de ces prises, on tâchera d'être les premiers à parvenir à Nantes, La Rochelle, Bordeaux ou Bayonne afin de vendre sa cargaison un peu plus cher. Deux campagnes morutières rythment ainsi la vie des ports bas-poitevins aux XVIIe et XVIIIe siècles : le voyage *de prime*, de mars à juin, le voyage *de tard*, de juillet à décembre. En 1668, alors que Rouen arme 94 navires pour la Grande pêche, Nantes 89 et La Rochelle 32, aux Sables ils sont rien moins que 101. Que s'est-il donc passé, pour qu'un siècle plus tard, en 1770, le seul grand port bas-poitevin n'en compte plus que 25 ?

Illustration du Grand Routier de la Mer *de Garcie-Ferrande.*

D'autres ports auraient-ils pu s'affirmer ? Le grand problème de cette côte, nous l'avons vu, est l'engraissement provoqué par les courants marins du nord-ouest, qui rabattent sur elle les sables et les vases de la Loire. Talmont, par exemple, ne cesse de péricliter : rien qu'au XVIIIe siècle, la paroisse Saint-Pierre perd la moitié de sa population. Saint-Gilles, la grande concurrente des Olonnais, souffre également de son site, à l'abri du rocher de Grosse Terre

Le transport du sel sur le brick Les deux amis, *à Noirmoutier.*

et de la flèche sableuse de la Garenne, mais qui lui interdit de recevoir des navires de fort tonnage. Dans la seconde moitié du XVIe siècle, un avant-port est bien créé à Croix-de-Vie, et l'on étudie la possibilité de faciliter le commerce avec l'intérieur du pays en canalisant la Vie, mais celle-ci s'obstrue de ses propres alluvions tandis qu'une imprévisible barre de sables en rend l'accès périlleux. Et ce ne sont pas les quelques médiocres installations portuaires qui changent cet état de fait, pas plus d'ailleurs que les velléités des autorités. À partir du dernier quart du XVe, Saint-Gilles se spécialise donc dans le cabotage le long de la façade atlantique, avec toutefois quelques aléas comme l'interdiction par l'Espagne d'exporter sur des navires étrangers, si ceux du pays ne sont pas employés. Preuve de ce savoir-faire, c'est un Girais d'origine ibérique, Garcie-Ferrande, qui rédige en 1483 le *Grand Routier de la mer*, le manuel des navigateurs pendant plus d'un siècle, avant son remplacement par les cartes marines. De leur côté, les îles d'Yeu et de Noirmoutier, que l'exiguïté de leur arrière-pays prive de produits d'exportation, se contentent également de cabotage, et l'on voit même à la fin des années 1630 les Bas-Poitevins détenir une position dominante en ce domaine, y compris dans la Manche. Forte de ses exemptions fiscales, l'île d'Yeu notamment connaît au XVIIe siècle sa période de plus grande prospérité, avec ses 200 barques qui règnent sur les exportations des vins de Bordeaux, et en complément, en début d'été, la pêche au thon germon.

Nau l'Olonnois (1630-1670), corsaire du roi et terreur des Espagnols.

De tous les ports du Bas-Poitou, c'est cependant celui des Sables qui paraît le moins désavantagé. Le site primitif est constitué par l'îlot rocheux de La Chaume, sur lequel au XIIe siècle s'élèvent déjà un château et une église dépendant de l'abbaye Sainte-Croix de Talmont. En arrière s'étend une lagune propice à l'établissement de salines, que protège également un cordon dunaire au bout duquel en 1218 Savary de Mauléon fonde Les Sables. L'exemption fiscale accordée en 1472 par Louis XI consacre le nouveau port dans lequel, quinze ans plus tard, mouillent entre 80 et 100 caboteurs qui, outre le sel, trafiquent de vin et de

Les Sables d'Olonne en 1776 et au XIXe siècle.

froment. Aux XIVe et XVe siècles, montés sur des bâtiments très rapides, les Olonnais chassent la baleine, et c'est à cette occasion qu'en même temps que les Basques ils découvrent le banc morutier de Terre Neuve. Bientôt, la qualité de leur sel les place en tête de cette fructueuse activité, qui en génère une autre grâce aux œufs de morue utilisés comme appât. L'usage de cette rogue, joint au remplacement de la senne, le traditionnel filet à larges mailles, par le manet beaucoup plus fin, permet la capture des petites sardines dites sablaises, au goût si délicat. Outre qu'elles fournissent du travail à quelque 200 barques, celles-ci nourrissent quantité de personnes, en complément de la Grande pêche. Entre 1747 et 1753, le richissime armateur Luc Pezot installera même aux Sables une presse à sardines. Préalablement séchées au soleil, étêtées, celles-ci sont rangées dans un baril avec de l'ocre et du sel. Pressées et fermentées dans le récipient fermé, elles se conservent longtemps, à la manière des anchois. Cependant, la crise morutière interrompt l'expérience. Il nous faut donc maintenant comprendre les causes de l'inexorable décadence, au XVIIIe siècle, de ce siège d'amirauté qui fut un temps le premier port du royaume pour la Grande pêche.

Déjà Saint-Gilles préfigure le sort des Sables, malgré ses 20 navires qui, à la fin du XVIIe, arment encore pour le Grand Banc et ses 30 qui pêchent la sardine. À l'envasement du port viennent en effet s'ajouter une grave épidémie de peste et l'expédition de Soubise, si bien que les armateurs, les Mosneron et les Cadou notamment, migrent sur Nantes, et à leur suite leurs équipages. Résultat : ce port de 2 267 habitants en 1610, n'en compte plus 70 ans plus tard que 917. Le déclin de l'île d'Yeu, tout aussi brutal, tient cependant à d'autres causes. À partir de 1670, ses matelots doivent, leur vie durant, servir le roi une année sur deux ou trois. Aux risques habituels, déjà considérables, s'ajoutent donc celui de mourir au combat ou des maladies qui prolifèrent sur les vaisseaux ou dans les arsenaux royaux. Ainsi, sur les quelque 450 marins islais, on compte 220 disparus entre 1749 et 1763, dont 86 pour le seul service du roi. À cette dépopulation s'ajoute l'exode, et l'on comprend pourquoi, sur les 177 barques du début du siècle, il ne reste plus en 1780 qu'une trentaine de bâtiments.

Terre-Neuvier olonnais,
Album *de Jouve.*

Les Olonnais souffrent de ces mêmes problèmes, en plus de quelques autres. Faisons abstraction du conflit qui oppose La Chaume la calviniste et Les Sables, qui en 1753 finissent cependant par fusionner. En 1655, l'agglomération compte environ 15 000 habitants, qui ne sont plus que 9 580 en 1726 et 6 618 en 1790. Trois causes principales se conjuguent pour expliquer ce déclin, au fil de l'abandon de la Grande pêche. Le port, d'abord, se révèle fort incommode en cas de grand vent, nombre de navires finissant drossés contre la pointe de Saint-Nicolas. Quant au chenal, il s'envase à tel point que les plus gros doivent parfois attendre une grande marée pour sortir. Les tempêtes s'en prennent d'ailleurs à la ville elle-même, comme celles de 1750 et 1760 qui font s'écrouler plusieurs maisons, et le rempart de 526 mètres, construit entre 1751 et 1756 pour consolider le Remblai actuel, ne suffit pas. D'où d'importants travaux à l'initiative de l'intendant de Blossac : en 1763 un premier éperon de 82 mètres de long, puis de 1764 à 1765 la jetée de Saint-Nicolas, enfin à partir de 1767 la grande jetée de 725 mètres. Le tout est destiné à briser les flots qui menacent la ville aussi bien qu'à protéger l'entrée des navires, tout en favorisant au maximum l'effet de chasse, qui permet de se servir de la marée pour désenvaser le chenal. Cependant, ces travaux se révèlent trop tardifs pour enrayer le déclin, surtout qu'à l'instar de l'île d'Yeu, le port pâtit des conflits successifs : lors de la guerre de Succession d'Autriche, entre 1741 et 1748, les Anglais interdisent la fréquentation du Grand Banc, et leurs corsaires constituent une menace constante sur la côte. Suit, de 1756 à 1763, la guerre de Sept Ans, à l'issue de laquelle il ne reste aux Sables que 14 navires, tandis que 327 Olonnais croupissent dans les geôles britanniques, les deux tiers étant destinés à ne plus revoir le pays. Enfin, le coup de grâce est donné par la guerre d'Indépendance américaine, entre 1778 et 1783. Dernière raison, mais non la moindre, l'activité dépend excessivement de la Grande pêche. La concurrence, anglaise d'abord, puis normande, rochelaise, nan-

Sur le Grand-Banc, Traité général des pêches *de Duhamel du Monceau.*

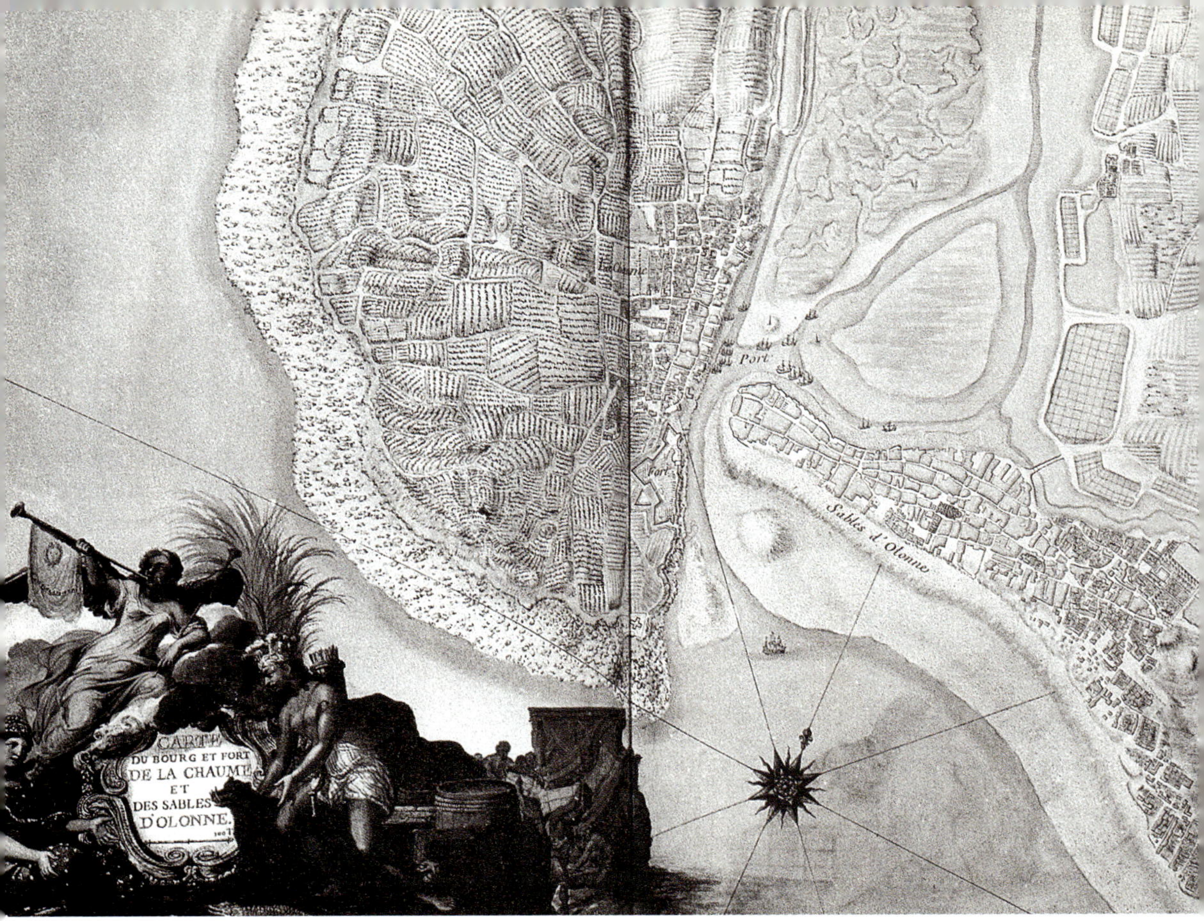

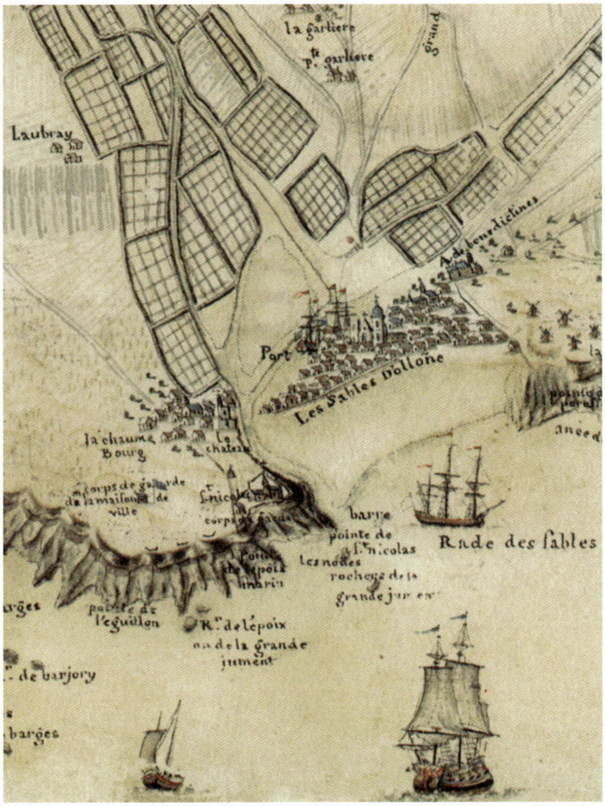

Le port de la Chaume et des Sables en 1683, in Charles de La Morandière, Histoire de la pesche française de la morue dans l'Amérique septentrionale.

La rade des Sables, par Charles-François Touros de Millon, vers 1740.

Plan de la ville et du port des Sables.

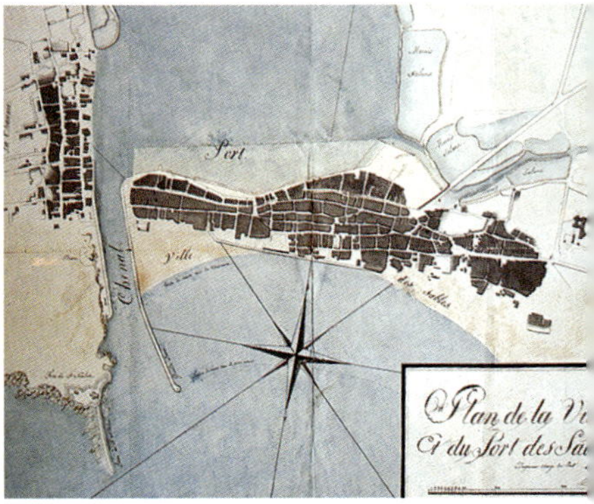

taise et malouine, oblige à élargir considérablement la zone de prospection et fait chuter les prix. Et puis jusqu'en 1764 les trafics négriers et en droiture demeurent interdits aux Sables, alors qu'ils font la fortune de ses rivales. Après c'est trop tard, les capitaux nécessaires pour de tels armements étant devenus trop considérables. La ruine de la Grande pêche entraînant, faute de rogue, celle de la pêche sardinière, à la fin du XVIIIe siècle la vocation maritime du Bas-Poitou paraît définitivement compromise.

L'amiral Du Chaffault.

Souvent trop désargentés pour s'acheter un régiment, de nombreux nobles bas-poitevins font carrière dans la marine royale et s'illustrent notamment dans l'aide apportée par Louis XVI aux Insurgents américains. Ainsi Sochet des Touches (1727-1793), de Grimouard (1743-1794), le comte d'Hector (1722-1818), ou encore l'amiral Du Chaffault (1708-1794), d'une famille bas-poitevine, qui est promu par George Washington dans l'ordre militaire de Cincinnatus et devient citoyen d'honneur des États-Unis d'Amérique.

Faute de conditions plus propices et à défaut d'avoir su mieux s'adapter, tout un monde se trouve donc en danger de disparaître. Des gens rudes et prompts à la répartie, aussi ingouvernables à terre que raisonnables sur le navire. Le juron toujours au bec, mais étonnants de dévotion envers la Vierge qu'on invoque lorsque la tempête se déchaîne et aux pieds de laquelle l'épouse dépose ses angoisses lorsque tarde le retour. Les armoiries de la ville, adoptées en 1764, en témoignent, avec Notre Dame au-dessus d'un navire et la devise *Advocata nostra ora pro nobis* — Ô notre avocate, prie pour nous ! Très fermé, ce milieu maritime forme une sorte de caste où l'on convole entre soi, généralement avant le départ de *prime*, où les trois-quarts des mousses sont fils de marins, mais où plus d'une union sur trois laisse, après 15 ans, une veuve qui ne se remariera pas.

Les vitraux racontent des histoires de naufrages (La Guérinière) et de protections providentielles (La Chaume).

Cette époque héroïque permet aussi d'étonnantes ascensions sociales. Ainsi Jacques Mercier de Lépinay, dont le père est marchand à Aubusson à la fin du XVIIe. Lui, né en 1703, commence par se faire nommer en 1735 receveur des tailles pour l'élection des Sables, une fonction qu'il exerce près d'un demi-siècle durant. Surtout, il investit judicieusement dans neuf salines dont il perçoit en loyer les deux tiers de la récolte, six métairies, quatre borderies, quelques fiefs de vigne et une seigneurie. Ce sel, ce froment, ce vin produits sur son bien

Dans une église de la côte, une maquette en ex-voto.

lui permettent d'approvisionner directement les neuf bateaux, morutiers ou caboteurs, qu'il possède en commun avec d'autres armateurs de façon à réduire les risques. En 1752, il est échevin, puis maire onze ans plus tard. Quant à ses fils, ils adoptent le métier des armes, qui leur permet de se dégager de la roture. L'un d'eux épouse une Lodre, une famille issue de procureurs et notaires du comté des Olonnes au XVIIe, et de laquelle le négoce et l'armement ont fait un maire gouverneur de la ville, allié non seulement avec d'autres membres de cette « noblesse de queues de morues », mais aussi avec des familles aristocratiques d'ancienne extraction. L'ascension d'André Collinet est encore plus fulgurante : fils d'un capitaine au long cours, celui-ci s'embarque comme pilotin pour Terre-Neuve à l'âge de 13 ans. Vingt-cinq ans plus tard, il peut cesser de naviguer pour s'occuper de ses salines, de ses terres et surtout des parts qu'il détient sur 12 navires. Quant à Luc Pezot, il bâtit sa prodigieuse fortune en reprenant d'abord de son père la recette des tailles de l'élection des Sables et finit par posséder des parts sur une trentaine de morutiers et 84 sardiniers. C'est ce jouisseur qui, dans les années 1770, commande à l'équipe de Gabriel le château de Pierre Levée, cette merveilleuse folie inspirée du Petit Trianon.

Est-ce une cause ou un effet du déclin de la Grande pêche ? Les armateurs deviennent donc rentiers. Épris des idées de leur temps, ils font pourtant volontiers partie de la loge maçonnique fondée aux Sables en 1776, ou encore de la chambre de lecture de Saint-Gilles créée six ans plus tard. À l'instar de Collinet, ils se piquent de philosophisme. C'est dire s'ils accueilleront avec faveur la Révolution de 1789. Bientôt cependant, les extrémistes capteront le pouvoir et organiseront, en ce port déchu, la résistance contre l'insurrection de 1793.

Tableau ex-voto.

Au château de Pierre Levée, construit par Luc Pezot entre 1774 et 1777, tout n'est qu'équilibre, harmonie et douceur de vivre.

Boiseries.

Luc Pezot,
sa femme,
une domestique.

42. ESPOIRS ET DÉSILLUSIONS (1789-1792)

LA GUERRE de Vendée, chacun le sait, ne concerne pas seulement le département de ce nom, mais s'étend sur l'ensemble des bocages situés au sud de la Loire et sur le Marais vendéen pour former une région que depuis lors on appelle communément la *Vendée militaire*. Celle-ci, par la géographie, n'est donc pas fille de l'Ancien Régime.

C'est en effet la Révolution qui rebaptise l'ancien Bas-Poitou du nom de la modeste rivière qui traverse son chef-lieu, le nouveau département héritant ainsi *grosso modo* des limites du passé. Mais sans doute faut-il croire que ce cadre ne correspondait pas aux réalités humaines. Ni les frontières, pourtant vieilles de dix siècles, entre la Bretagne, l'Anjou et le Poitou, ni les nouvelles entre Loire-Inférieure, Maine-et-Loire, Deux-Sèvres et Vendée, ne valent pour les insurgés de 1793. Surmontant toutes leurs disparités, ceux-ci se retrouvent en effet bientôt dans un élan commun, et depuis lors, en dépit de toutes les logiques historiques ou administratives, cette géographie du cœur perdure. Ceux de 93 remettent-ils ainsi en usage les antiques frontières du temps de César qui, trouvant chez les Pictons des alliés complaisants, se heurtait, au-delà du Lay, aux Ambilâtres adossés sur l'Armorique ? Ou doit-on voir l'épicentre de la rébellion dans les Marches Communes, cette zone tampon entre les trois provinces, riches depuis 1548 de ses exemptions d'impôts et de contrebandes en tous genres ? Force est en effet de constater qu'à partir de 1637 et jusque vers 1660 on y résiste au fisc royal, et si besoin est les armes à la main. Mais tout cela ne rend pas vraiment compte des limites de la Vendée militaire.

Vendée militaire et département de la Vendée.

Alors, puisque rien ne paraît la dessiner d'avance, doit-on croire celle-ci née de la Révolution ? En 1789, en un geste prométhéen, le peuple de France se proclame souverain. Quatre ans plus tard en Vendée, une partie de celui-ci, se saisissant du droit à l'insurrection tel que proclamé par la Révolution, élit ses capitaines de paroisse, place d'autorité des gentilshommes à sa tête et mène une guerre éminemment populaire, à la tactique étroitement inspirée du paysage. Si les Vendéens deviennent ainsi acteurs de leur propre histoire, reste à tenter de comprendre comment leur liberté s'articule avec celle proclamée par la Révolution.

En 1789, tout ce qu'il est convenu d'appeler l'Ancien Régime s'effondre. Incapable de se réformer, privée de moyens financiers, attaquée par les privilégiés eux-mêmes, la monarchie dite absolue, aussi mal incarnée que possible par un Louis XVI dépourvu de vocation monarchique, s'effondre brutalement. Le 4 août, l'Assemblée efface les privilèges et garantit l'égalité de tous devant la loi. Et le 26 du même mois, la Déclaration des droits de l'Homme proclame la liberté individuelle, l'égalité civile et fiscale, la sûreté, la propriété, ainsi que le droit de résister à toute oppression. En quelques mois, la Révolution se trouve donc accomplie, et il ne reste plus qu'à déterminer les modalités d'application de ces principes tout en laissant aux générations à venir le soin de les adapter à leur temps.

Dès le 13 juin 1789, les trois curés Ballard, Jallet et Lecesve, tous Poitevins, sont les premiers à rejoindre le tiers état. Ils sont représentés sur Le Serment du Jeu de Paume *de David, par lequel le 20 juin les députés jurent de ne pas se séparer avant d'avoir donné une constitution au royaume.*

Au début de septembre 1792, la foule envahit les prisons parisiennes et massacre quelque 1 400 détenus.

Cependant, à la différence des précédents anglais et américain, cette Révolution rejette toute référence au passé. Dans sa volonté de faire table rase, elle entreprend l'impossible : fonder une société sur l'individualisme le plus total. C'est la source de la radicalisation qui emporte successivement tous ceux qui tentent de stabiliser le régime. Au fil des surenchères, on passe ainsi du règne des grands orateurs à celui des clubs et de la rue, de la liberté à la dictature. L'effusion de « sang impur », légitimée dès le 14 juillet 1789, devient progressivement monnaie courante, au point que dans les premiers jours de septembre 1792 la foule, chauffée à blanc par les démagogues et affolée par les menaces aux frontières, croit trouver dans les prisonniers politiques, religieux, comme de droit-commun, le bouc émissaire responsable de tous ses problèmes. L'immolation de quelque 1 400 détenus protégés par la loi se traduit, lors des élections qui s'ensuivent, par une nouvelle radicalisation mais aussi par une abstention massive. Désormais, remarque Michelet, le peuple est rentré chez lui et la Révolution est aux mains des militants. C'est donc au moment où celle-ci a cessé d'être populaire et où le pays courbe l'échine, que se produit l'irruption sur la scène de l'Histoire du peuple de ce qui va devenir la Vendée militaire.

Mais pourquoi ici ? En 1789, pour être représenté aux États généraux, le clergé poitevin n'a-t-il pas préféré à ses évêques de simples curés de campagne ? Et ceux-ci ont, les premiers, pris l'initiative de faire basculer le rapport de forces en se ralliant au tiers état. Si la population assiste donc sans regret à l'écroulement de l'Ancien Régime, il faut tenter de comprendre ce qui progressivement va la dresser contre la construction du nouveau.

La bourgeoisie bas-poitevine colonise les responsabilités politiques et s'arroge la quasi-totalité des biens nationaux. Ainsi le notaire Goupilleau de Montaigu (1749-1821) député à la Législative, puis à la Convention, anticlérical et régicide.

Dominique Dillon, curé du Vieux-Pouzauges, persécuteur de protestants, puis de ses anciens confrères. Élu aux États généraux, il accompagnera la dérive terroriste de la révolution.

Pour tenter d'enrayer la débâcle financière, l'Assemblée décide, en décembre 1789, de confisquer les biens ecclésiastiques. Rien là de très original, si ce n'est qu'à l'instigation d'un groupe extrémiste, elle décide également que le clergé sera désormais élu, donc coupé de Rome, et devra prêter serment à la Constitution. Dans les campagnes sous influence urbaine comme la Plaine et le marais Poitevin, le clergé, majoritairement jureur, se prête au schisme. Il n'en va cependant pas de même dans le Bocage, où l'on nourrit déjà de solides griefs à l'encontre de ces bourgeois qui, non contents de coloniser les responsabilités politiques en profitant de l'analphabétisme de la plupart, allègent leurs propres impôts en les reportant sur les autres. Surtout qu'à la différence des laboureurs plainauds, auxquels échoient quelques dépouilles du clergé, les Bocains, que la crise bovine et textile prive de liquidités, ne peuvent enchérir contre ces anciens régisseurs et gens de loi, qui en profitent pour consacrer leur ascension sociale en accaparant les biens nationaux. De la sorte, la Constitution civile du clergé prend l'allure d'un référendum à l'égard du nouveau régime, par curés interposés : dans le Bocage ceux-ci, pourtant formés dans les mêmes séminaires que leurs confrères de la Plaine, s'y refusent massivement.

Dès lors, les relations ne font que se dégrader entre les communautés bocaines et les minorités révolutionnaires. Déjà, assurés de leur supériorité, des gardes nationaux sont venus le 12 septembre 1790 parader lors d'une fête villageoise à Saint-Étienne-du-Bois, et la foule s'est ruée sur eux pour les dépouiller de leurs uniformes tout neufs. À partir du début de 1791, les incidents se

Les vitraux raconteront beaucoup plus tard, avec une certaine naïveté mais davantage de pertinence qu'il n'est d'usage de le croire, les grands moments de l'épopée vendéenne. Un art éminemment populaire, réalisé par des artistes techniciens, les maîtres-verriers ; financé par le peuple et quotidiennement soumis à son regard.

Un intérieur paysan, en haut.

Le curé visite ses paroissiens.

Refus de la constitution civile du clergé.

multiplient lors de la prestation du serment et de la mise en vente des biens du clergé. Après les heurts d'Avrillé, le 24 février, le curé jureur de Saint-Jean-de-Monts est grièvement blessé le 9 avril par un coup de feu tiré d'un attroupement. Là, comme à Apremont, les villageois sortent de l'église les bancs des bourgeois afin de les casser : tout un symbole. De même à Saint-Christophe-du-Ligneron, où ceux-ci font appel à la troupe, qui tue quatre des émeutiers.

Mais dans le Bocage les partisans de la Révolution n'ont que faire de se savoir ultra-minoritaires. Persuadés d'incarner le progrès, ils n'ont que mépris pour ces manants. Pour remplacer les réfractaires, ils entreprennent d'installer au cœur du sacré paroissial ceux que les villageois nomment aussitôt les *intrus* et qui ne font que mobiliser contre eux les rancœurs de la communauté. Privés de leurs *bons prêtres*, taraudés par la peur de mourir sans sacrements, les habitants des Mauges retrouvent par milliers, au cours de l'été 1791, le chemin de leurs anciens pèlerinages de Bellefontaine, de Chanzeaux et de Notre-Dame-des-Gardes, en une flambée de religion sauvage. Les révolutionnaires dispersent ces *fanatiques* et démolissent leurs chapelles. Pénétrés de leur certitude manichéenne d'incarner le bien, ils ne veulent voir à l'œuvre, dans tout ce qui échappe à leur contrôle, que les forces maléfiques de la contre-révolution. C'est dans cet esprit qu'à la fin de juin, dans le contexte de la fuite du roi, la municipalité des Sables ordonne de perquisitionner les châteaux environnants. Inquiets, quelques

Notre Dame de Charité, à Saint-Laurent-de-la-Plaine, lieu traditionnel de pèlerinages, voit affluer des foules désorientées par les mesures prises à l'encontre de leurs bons prêtres.

Le colporteur Cathelineau à la tête d'une procession. Vitrail de la chapelle de Saint-Laurent-de-la-Plaine.

La chapelle ayant été démolie par les révolutionnaires, la Vierge serait apparue dans un chêne. Vitrail de la chapelle.

La Révellière-Lépeaux fait couper l'arbre.

Notre-Dame-de-Bon-Secours à Bellefontaine.

nobles et leurs familles se réfugient dans le logis de la Proustière, où les rejoignent de nombreux paysans. Dans les cervelles surchauffées des autorités sablaises, qui croient apercevoir au large les prémices d'un débarquement anglais, voilà la preuve d'un gigantesque complot ourdi contre la Révolution. Le 26 juin, 564 hommes armés de canons investissent la Proustière. Ses occupants, affolés, ont pris la fuite : qu'à cela ne tienne, on pille et on incendie le logis. Les héros du jour estiment avoir porté un coup à l'hydre aristocratique, nobles et prêtres confondus, seule susceptible de leur expliquer pourquoi ici le peuple ne se rallie pas à la Révolution. Et rien désormais n'entamera cette nécessaire certitude : ni l'émigration des trois quarts des nobles, les autres se répartissant par moitié entre le service de la République et l'engagement dans l'insurrection, ni la déportation pour l'Angleterre et surtout pour l'Espagne, en septembre 1792, de la plupart des prêtres réfractaires, une mesure qui en réalité n'aura d'autre effet que de priver les autorités du concours de ceux qui pouvaient encore servir de médiateurs et calmer les Bocains.

L'Assemblée toutefois paraît se douter de quelque chose, puisqu'en juillet 1791 elle dépêche en Vendée deux commissaires, Gallois et Gensonné. Au terme d'une enquête de six semaines, ceux-ci ne peuvent que faire état de la gravité de la situation, rejoints en cela par le général Dumouriez, qui constate une « fermentation très proche de l'insurrection ». Dès lors cependant, la région retient son souffle. Un calme impressionnant s'instaure, juste rompu par l'émeute, en août 1792, d'une quarantaine de paroisses des Deux-Sèvres, qui mettent à sac les administrations de

Expulsés de leurs couvents, les moines sont, comme les curés, massivement déportés vers l'Espagne et l'Angleterre. Vitrail de l'abbatiale de Saint-Florent-le-Vieil.

Châtillon mais échouent devant Bressuire. Le 24 août, les émeutiers sont écrasés par les gardes nationaux, qui tuent 200 d'entre eux. En guise de cocardes, certains des vainqueurs arborent des oreilles de paysans.

Expédiés sur la place par l'Assemblée, Gallois et Gensonné font état, dès 1791, d'une situation pré-insurrectionnelle.

Rien, on le voit, ne prédestinait vraiment la Vendée à se dresser contre une Révolution qu'au départ elle a plutôt bien accueillie. Pour venir à bout des inhibitions qui d'ordinaire courbent l'échine des Bocains, il aura fallu que les tenants du nouveau régime multiplient les vexations à leur encontre, tout particulièrement en s'en prenant à leur religion familière. La mise à mort du roi elle-même ne provoque, semble-t-il, aucune réaction ; tout juste peut-on penser qu'elle rompt le dernier lien entre le Bocage et le nouveau régime. Cependant, les maximalistes ne tolèrent pas même la passivité ; en déclarant la guerre à l'Europe, ils entendent porter la Révolution jusque dans le moindre village de France. Déjà les Bocains étaient peu portés à quitter leur clocher des yeux, et voilà que, par la levée de 300 000 hommes décrétée le 24 janvier 1793, on les somme de s'en aller aux frontières défendre un régime qui déçoit leurs espérances et meurtrit leurs convictions. Par un tirage qui épargne ses propres administrateurs, la Révolution, en mars 1793, met brutalement les paysans et les artisans vendéens au pied du mur en leur enjoignant de mourir pour elle. Ce sera contre.

43. L'INSURRECTION DE MARS 1793

Où ET QUAND commence la Guerre de Vendée ? Cholet, célèbre pour ses foires où s'écoulent les fameuses toiles et les bœufs gras des Mauges, en revendique l'initiative. Le dimanche 3 mars, les têtes s'échauffent dans les cabarets de ce gros bourg où l'on vient d'apprendre que la levée d'hommes est prévue pour le 12. Le petit vin du pays aidant, nombreux sont les jeunes paysans et artisans à déclarer qu'ils ne tireront pas au sort. Le lendemain, jour de marché, le ton monte et deux gradés sont bousculés. La répression est particulièrement brutale : plusieurs émeutiers sont tués. Puis les autorités renvoient tranquillement sur Angers la moitié des troupes que le département leur a dépêchées. Leurs 250 hommes suffiront largement, estiment-elles, pour décourager toute velléité de la part de ces ruraux sans armes dont ils viennent d'éprouver l'inconsistance.

Dédaignant les limites des départements comme celles des anciennes provinces, les Vendéens renouent avec une très ancienne géographie du cœur.

C'est donc la Révolution qui choisit la date de l'insurrection en convoquant sur les mêmes places publiques, le 12 mars 1793, et ses propres milices et tous les jeunes gens susceptibles d'être enrôlés. À Saint-Florent-le-Vieil, cette minuscule cité juchée sur un rocher qui domine la Loire, quelque 150 gardes nationaux armés de deux canons se font fort d'assurer le bon déroulement des opérations. Depuis le matin cependant, le tocsin retentit dans les campagnes du district. Rumeurs d'une foule en marche, et soudain, surgissant des ruelles, plus de 500 de ces ruraux qui clament leur refus d'une levée d'hommes qui rappelle trop la milice d'Ancien Régime. Des coups de feu font un mort parmi les défenseurs de la Révolution, qui ripostent en tuant quatre émeutiers. Alors c'est la ruée, qui disperse les gardes et saccage leurs habitations. La Guerre de Vendée a commencé.

Les gars de La Salle-de-Vihiers refusent la levée d'hommes, d'après le témoignage du meunier Papin.

Saint-Florent-le-Vieil, traditionnellement retenu comme le théâtre de la toute première insurrection, le 12 mars 1793.

Un seuil mystérieux vient d'être franchi. Convoqués par les autorités, ils ont quitté ce matin la métairie ou l'atelier pour se retrouver sur la place du bourg. Les uns ont emporté qui un bâton, qui une fourche ou une faux, qui une vieille carabine. Les autres n'ont rien d'autre que leur longue prudence paysanne qui sait de mémoire d'anciens le sort atroce réservé aux jacqueries. Rassemblés, leurs ressentiments se conjuguent tandis que s'allège le joug de leurs antiques servitudes. Là-bas les attendent pour les enrégimenter ces bourgeois dont on se souvient que l'ancêtre était meunier et le père un obscur homme de loi qui a prospéré sur les chicanes d'autrui. Le fils, quant à lui, a consolidé la fortune familiale avec la rapacité qu'on sait en percevant les impôts royaux ou les fermages des nobles. La Révolution venue, ils se sont encore engraissés des dépouilles du clergé. Et ces profiteurs de Révolution, imbus de leur suffisance de citadins, entendraient assujettir les rustres à la levée d'hommes dont eux-mêmes se dispensent en arguant de leurs responsabilités dans les nouvelles administrations ! Mue par d'obscures raisons, la foule paysanne déferle en direction des bourgeois. Mais pourquoi, au moment fatidique, cette soudaine folie qui propulse, sur les fusils et les canons des révolutionnaires, le torrent de la désespérance populaire ? Au bout de leurs longues patiences, sans doute ces humbles se persuadent-ils qu'il leur faut désormais en finir, quitte à mourir. Et puis tout se passe si vite. L'instant d'après, ils se retrouvent libres et grands, les premiers surpris de l'irrésistible force d'un peuple qui brise ses chaînes de soumission.

Sauf dans le Bressuirais, encore sous le coup de la répression d'août 1792, en quelques jours l'émeute se transforme en une véritable insurrection et se dote de ses premiers chefs. Au Pin-en-Mauges, Jacques Cathelineau, un voiturier connu de tous et apprécié pour sa droiture et sa grande piété, est, dit-on, occupé à boulanger lorsque les jeunes gens de sa paroisse viennent le trouver. Âgé de 34 ans et père de cinq enfants, il n'a pas à craindre d'être enrôlé, mais il réalise toute la gravité de la situation. Il ne reste plus d'autre choix, déclare-t-il, que de subir une terrible vengeance ou de tout insurger. Et celui qui deviendra bientôt le premier généralissime de cette armée en sabots se porte avec quelques poignées d'hommes sur Jallais, où le soulèvement se dote de son premier canon.

Contre les canons de la Révolution, le torrent de la désespérance populaire. Gravure in *Pitre-Chevalier.*

Dans le même temps, les gars d'Yzernay se choisissent pour chef un ex-caporal lorrain, Jean-Nicolas Stofflet, dont le comte de Maulévrier a fait son garde-chasse pour sa forêt du même nom. Lorsqu'au début de 1793 les gardes nationaux sont venus au château confisquer ses douze canons, il a protesté puis s'est réfugié dans les bois. Et c'est maintenant sous le commandement de cet ancien militaire de 40 ans que quelque 500 jeunes occupent Vezins et font leur jonction avec ceux de Cathelineau pour attaquer Cholet. Devant la ville, les troupes républicaines de l'ex-marquis de Beauvau s'apprêtent à écraser ce que celui-ci considère comme un ramas de porcs. « Nous allons, se vante-t-il aux dames de la ville, en faire de la fressure. » Il est balayé par la fureur paysanne. Le 16 mars, plusieurs milliers

Ceux du Pin-en-Mauges pressent le colporteur Cathelineau de prendre leur tête.

de gardes nationaux sont encore écrasés près de Coron, où les insurgés mettent la main sur la fameuse Marie-Jeanne, un canon richement décoré qui devient le symbole de leur revanche de gueux.

Ce soulèvement est-il d'emblée contre-révolutionnaire, comme veulent le croire les maximalistes ? Toutes les premières déclarations des insurgés le démentent, comme celle de 32 communes des environs de Paimbœuf, qui en ont seulement contre la levée d'hommes et la persécution religieuse. Autour d'Ancenis, on se réclame de la liberté de n'être pas soldats, de l'égalité devant des impôts qui écrasent les plus pauvres, et de la fraternité sur la base d'une égale dignité entre la ville et la campagne. Pareil son de cloche à Challans, où l'on se place explicitement sous le signe de la « fraternité, la liberté et l'égalité ». À Saint-Étienne-de-Montluc, ces mêmes références permettent d'exiger, outre le droit d'expression, le libre exercice du culte, que viendrait garantir la séparation de l'Église et de l'État. À Nantes, le ci-devant comte de Canclaux, qui sert le nouveau régime, en est bien conscient. « Ils veulent, écrit le général à la Convention le 19 mars, rester catholiques et ne point servir. » Et il préconise de faire taire les maximalistes locaux, dont les persécutions anti-catholiques sont d'après lui les premières causes du soulèvement. C'est exactement l'analyse du comité de Remouillé qui, à la même date, se proclame le porte-parole de plus de 20 000 insurgés, au sein desquels, assure-t-il, pendant les six premiers jours on ne comptait « pas un seul individu qui ne fût pas un paysan ».

Si bientôt les insurgés portent des nobles à leur tête, ce n'est assurément pas comme seigneurs mais bien uniquement comme chefs de guerre, à l'instar des armées d'en face où d'authentiques aristocrates comme le duc de Biron continuent de servir. Les nobles ne sont d'ailleurs pas nombreux à être restés chez eux, où ils reçoivent de la part des émigrés d'ironiques quenouilles, traditionnels attributs du sexe féminin. Quelques-uns, nullement hostiles au nouveau régime, lui ont même donné des gages. Et tous s'efforcent de se faire oublier, eux qui, sauf le prince de Talmont, ne sont pas de haute noblesse, et qui, sauf Donnissan qui a été maréchal de camp, n'ont atteint que de bien modestes grades.

Le 13 mars, les paysans des environs de Beaupréau se portent sur le château de la Loge pour y débusquer Maurice d'Elbée. Cet ancien lieutenant en second, las

Le 13 mars, à Jallais, Cathelineau et ses gars prennent leur premier canon, le fameux Missionnaire, *qui devient le symbole de la revanche populaire.*

Ceux d'Yzernay se placent sous le commandement de Stofflet, un ancien caporal.

Dès le début du soulèvement, les insurgés arborent le Sacré-Cœur, ici distribué par un prêtre.

de végéter dans des emplois subalternes, a démissionné en 1793, et son enthousiasme pour les Lumières en fait d'abord un révolutionnaire convaincu. De noblesse contestée, il participe en 1789 à l'assemblée du tiers état et fait partie l'année suivante de la délégation du Maine-et-Loire à la fête de la Fédération. Sa grande dévotion l'empêche cependant d'accompagner la dérive qui s'ensuit, et il opte même quelques mois durant pour l'émigration. Confronté aux insurgés, ce personnage falot, âgé de 41 ans, commence par tenter de les convaincre de leur peu de chance de succès, mais c'est de force qu'ils lui font prendre leur commandement.

Le même 13 mars, une pareille scène se produit au château de la Baronnière, près de Saint-Florent, où réside Charles de Bonchamps, âgé de 34 ans. D'ascendance protestante, ce joueur impénitent, passionné de mathématiques, de belles-lettres, de musique et d'échecs, est capitaine de grenadiers lorsqu'il démissionne en 1791. Lui non plus n'est pas pour autant hostile à la Révolution, puisqu'il achète des biens du clergé, et en septembre 1792 va jusqu'à prêter serment à la nation. Sommé par ses métayers de leur servir de chef, il veut monter à cheval, ceux-ci l'en empêchent : comme eux, il ira à pied.

Pendant ce temps, vers Bressuire, le cours de la vie est presque normal. L'année précédente, un jeune couple est venu se réfugier au logis de Clisson, en la paroisse de Boismé. Lui, c'est le marquis Louis de Lescure, 27 ans. Sa mère est morte en le mettant au monde et son père, un libertin, s'est ruiné au jeu. Une timidité maladive dissimule l'étendue de la culture de ce brillant sujet qui possède quatre langues et qui excelle en mathématiques, en dessin et en tactique, ainsi que le profond mysticisme qui le fera surnommer *le saint du Poitou*. Capitaine au Royal Cavalerie, il a épousé en 1791 son amour de jeunesse, Marie-Louise de Donnissan, une riche héritière élevée sous les lambris de Versailles. Après avoir vécu toute la guerre, c'est elle qui, rescapée des massacres et remariée au frère d'un de ses héros, sera l'auteur des fameux *Mémoires de la marquise de La Rochejaquelein*, le meilleur témoignage peut-être, en tous cas le plus sensible, de toute cette épopée. Pour l'heure, grâce à Thomassin, l'ancien précepteur de Lescure

Le jeune Henri de La Rochejaquelein prenant la tête des insurgés de sa paroisse.
« Si j'avance suivez-moi, si je recule tuez-moi, si je meurs vengez-moi. »

LE ROI

devenu sans-culotte notoire, le couple a pu se sauver de Paris et se réfugier en une paroisse plutôt favorable à la Révolution afin de laisser passer l'orage.

C'est également le cas de Henri de La Rochejaquelein, qui est venu les rejoindre plutôt que d'habiter son logis natal de la Durbelière, tout près de là, en pays hostile à la Révolution. Officier dans la garde constitutionnelle du roi, il a tenté le 10 août de protéger celui-ci et a pu échapper à la tuerie qui a suivi. À l'annonce de l'insurrection, Lescure, qui commande la garde nationale de sa commune, déclare seulement sa ferme intention de refuser de défendre Bressuire. Au début d'avril, La Rochejaquelein, que les paysans de la Durbelière sollicitent de se mettre à leur tête, décide d'aller aux nouvelles. Mais à cette heure l'insurrection, dépourvue de munitions, est sur le reflux, si bien que Bonchamps et d'Elbée lui conseillent carrément de rentrer chez lui. Le 13 cependant, pressé par les gars des environs, ce jeune homme aurait, selon la tradition, prononcé la phrase célèbre qui à elle seule résume tout l'insolite d'un commandement qui peut seulement se prévaloir de l'exemplarité de ceux qui en sont investis, et qui repose uniquement sur l'adhésion de leurs troupes : « Si j'avance, suivez-moi ; si je recule, tuez-moi ; si je meurs, vengez-moi. » Ainsi *Monsieur Henri*, que son ardente jeunesse et sa folle bravoure feront passionnément aimer par ses gars, s'offre-t-il d'avance en holocauste pour la cause commune, sur l'issue de laquelle il ne se fait pas d'illusion. En attendant, la petite troupe, qui n'a guère que des bâtons, se porte sur Les Aubiers. Les républicains sont balayés, et les canons, fusils et munitions apportent au soulèvement un second souffle.

Pendant ce temps, vers la côte, la petite ville de Machecoul est le théâtre de violences qui permettent de mesurer l'exaspération de la population à l'égard des extrémistes locaux. Le 10 mars, dans les campagnes environnantes, on refuse de donner son nom pour le recensement des miliciables. Le lendemain, 5 ou 600 paysans armés investissent la cité. Pour se dégager, les gardes nationaux font feu, et quatre d'entre eux sont tués. Puis une vingtaine, peut-être le double, conduits pour être emprisonnés, sont également massacrés. Un comité se constitue alors, composé d'hommes dont certains ont peu ou prou versé dans l'administration révolutionnaire, comme l'ancien procureur fiscal Souchu et le juge Boullemer. Ses tentatives de négociation se heurtent cependant à l'intransigeance des autorités nantaises. Le 23 mars, des paysans commandés par le marquis de La Roche Saint-André investissent Pornic, où ils se livrent au pillage et s'attardent dans les caves. Ils y sont surpris par le retour inopiné d'une

Henri de La Rochejaquelein, par Paulin Guérin.

patrouille qui, selon le député Mellinet, en tue plus de 200 et fait 300 prisonniers qui ne tardent pas à être également sacrifiés.

Si les représailles à l'encontre d'une dizaine de leurs captifs peuvent être attribuées à la colère populaire, il n'en va pas de même pour l'assassinat d'une cinquantaine de détenus à Machecoul, froidement ordonné par Souchu. A-t-il subi la pression de la masse, ou voulait-il faire oublier son passé de révolutionnaire ? Mystère. Toujours est-il que la fable élaborée par son ancien compère Boullemer, emmené à Rennes lors de la reprise de la ville par les républicains le 22 avril, sera recopiée telle quelle par le représentant Villers, ancien curé jureur de Saint-Philbert-de-Grand-Lieu, et servira par avance à justifier les pires horreurs à l'encontre de la population vendéenne. Tout y est, et la chasse à courre lancée contre les révolutionnaires, et l'émasculation de trente d'entre eux par des furies, et le long supplice du curé constitutionnel par les fanatiques, et la messe dite par le vicaire les pieds dans le sang. On peut cependant se demander comment Boullemer, qui dit s'être quarante jours durant caché dans un grenier, aurait pu voir toutes ces horreurs et surtout compter précisément 552 victimes ? N'aurait-il pas plutôt entrepris de se disculper de sa participation au comité insurrectionnel en construisant le récit qu'on attendait de lui et dont certains traits rappellent étrangement les massacres, bien réels ceux-là, de septembre 1792 à Paris ?

Les massacres de Machecoul tels que vus par une certaine historiographie militante.
Les aristocrates se repaissant de la vue des corps suppliciés par F. Flameng, 1884.

Le soulèvement de cette région proche de la mer prend donc une allure particulière. Les communautés villageoises, beaucoup moins homogènes que dans les Mauges, s'y répartissent entre des chefferies plus ou moins autonomes, ce qui ne contribue pas peu à expliquer le futur cavalier seul de François-Athanase de Charette. Celui-ci, comme beaucoup de cadets nobles désargentés de la région, a d'abord tâté de la marine royale et pris part à la guerre d'Indépendance américaine. À bord, il n'a pas fait grande impression sur les autres officiers qui, riant de sa coquetterie, l'ont jugé indolent et taciturne. En 1790, l'aventurier prend sa retraite pour épouser un beau parti, auquel en bon épicurien il préfère bientôt la chasse et les aventures galantes. L'insurrection le surprend dans son logis de Fonteclose, où selon la légende, il se serait caché sous un lit pour se dérober à une aventure qu'un militaire comme lui ne peut que juger sans issue. Si le 14 mars il est à Machecoul à la tête de 80 paysans de La Garnache, il ne commence vraiment à s'imposer que le 27, en reprenant Pornic. Ici plus qu'ailleurs, la lutte demeure en effet longtemps indécise. Joly, ce démocrate royaliste qui affiche son indifférence religieuse et n'aime pas les nobles, échoue à trois reprises devant Les Sables, qui resteront une enclave républicaine, et Charette sera encore battu le 16 avril à Saint-Gervais.

À cette date, l'insurrection a déjà connu, le 19 mars à Saint-Vincent-Sterlanges, son premier succès contre une armée de ligne. Quelques jours auparavant, le ci-devant comte de Marcé, un maréchal de camp de l'Ancien Régime qui, plus que sexagénaire, poursuit sa carrière au service de la Révolution, inspectait les côtes de Charente en tant que commandant de la place de Nantes. Sitôt informé des troubles, il entreprend, avec 2 200 fantassins, 100 cavaliers et 9 canons, de remonter sur la Bretagne afin de s'assurer le contrôle de la seule grande route qui traverse le Bocage. Mais la Convention, qui se méfie des militaires et surtout des ci-devant, l'a flanqué du commissaire national Niou. Le 17 mars, la petite armée prend Chantonnay, où une quarantaine de rebelles sont tués. Le surlendemain, elle se retrouve sur le soir près de Saint-Vincent-Sterlanges, à tenter de rétablir les ponts, qui ont été coupés. Et c'est alors que l'on perçoit confusément les accents de *La Marseillaise*. Une ruse de guerre, pense le vieux général, qui a combattu en Corse et veut faire donner le canon. Ce sont nos frères d'armes de la garde nantaise, proteste Niou, qui refuse qu'on se retire en terrain plus découvert. Le soir tombe, tandis que le chant se fait plus distinct : « Allons les armées catholiques / le jour de gloire est arrivé / contre nous de la République / l'étendard sanglant est levé… » Cernés par les insurgés, les soldats paniquent et se débandent, certains fuyant jusqu'à La Rochelle. Et c'est là que, deux jours plus tard, dans un contexte de vindicte populaire, les autorités extraient sans raison apparente quatre prêtres réfractaires de leur prison pour les transférer sur l'île

de Ré. Une foule se forme, et bientôt têtes et testicules sont promenés en triomphe. Le lendemain, même horreurs à l'encontre des deux religieux vendéens. Quant à Marcé, Niou l'accuse… de n'avoir pas écouté ses consignes de prudence. Il est relayé par les députés Carra et Auguis, qui remarquent que le 19 mars est également le jour de la trahison de Dumouriez. Le complot est avéré ; du reste Marcé est noble, donc complice des Vendéens. Le 29 janvier 1794, la guillotine le punira d'avoir eu raison contre les idéologues.

Ont-ils conscience de s'inscrire dans la grande histoire, ces paysans et ces artisans qui, en mars 1793, rompent avec des siècles de soumission ? Sans doute pas, et surtout ils ne peuvent pas savoir que leur révolte constitue la première en date à souligner l'infidélité d'une révolution à ses propres principes. Et cela, nous l'avons appris depuis, se paie très cher.

L'armée en sabots. Lithographie de Pirodon.

L'insurgé. Vitrail de Clamens, à Chanzeaux.

44. LA LOI DE SANG DU 19 MARS 1793

Mais pourquoi la Vendée se soulève-t-elle, et pourquoi à ce moment-là ? Nous avons déjà trouvé plusieurs éléments de réponse, mais qui ne paraissent pas entièrement satisfaisants. À ces questions, il faut même en ajouter d'autres, encore plus troublantes. Pourquoi la Convention n'a-t-elle pas, comme tout pouvoir normal, négocié d'abord avec les insurgés de manière à les calmer, à les diviser, pour ensuite les mettre au pas sans trop de dégâts ? Et surtout, pourquoi une Révolution qui s'apprête à vaincre l'Europe prend-elle autant de temps à venir à bout de ces hordes de rustres dotés d'un armement de fortune ? C'est là qu'on découvre que la Vendée, loin d'être le particularisme dans lequel on l'a enfermée si longtemps, constitue la porte privilégiée par où visiter les arrière-cuisines du terrorisme d'État.

La mort, y compris pour ceux qui n'auront arboré qu'une cocarde blanche.

Le 19 mars, la Convention adopte, dans la précipitation et quasiment sans discussion, une loi qui s'avérera terrible à l'encontre des Vendéens. Non seulement les meneurs, mais tous ceux qui auront brandi une fourche, ceux même qui auront simplement arboré une cocarde blanche, seront mis à mort dans les 24 heures sans possibilité d'appel. Aurait-elle voulu transformer une simple révolte populaire en guerre inexpiable, qu'elle ne s'y serait pas prise autrement. Pourquoi donc cette loi de sang ?

Le 18 mars, des nouvelles inquiétantes parviennent à l'Assemblée depuis les départements de la Vendée, du Maine-et-Loire et de Loire-Inférieure, où les communications avec Nantes sont coupées. Puis elle apprend qu'à Orléans le député Léonard Bourdon a été assassiné à coups de baïonnettes.

Par l'instauration du Tribunal révolutionnaire, le 10 mars, comme par la loi du 19, la Révolution entre peu à peu dans sa phase terroriste. Massacres républicains en Vendée, in *Pître-Chevalier.*

Une information quelque peu exagérée, dans la mesure où l'assassiné fera bientôt suivre une lettre annonçant que sa redingote, bien boutonnée, a empêché celles-ci de pénétrer de plus que quelques millimètres. Qu'en réalité l'énergumène, vraisemblablement éméché, se soit pris de querelle avec des sans-culottes locaux qui l'ont rossé, n'a guère d'importance : pour les députés, l'un des leurs vient d'être victime d'un attentat. Depuis l'Ille-et-Vilaine, on annonce encore de nouveaux troubles. Pas de doute, pour Barère, qu'on appellera bientôt l'Anacréon de la guillotine, tout cela prouve l'existence d'un complot contre la Révolution. Orléans sera donc mis en état de siège, et l'on préparera un décret pour la séance suivante. Le lendemain, de nouveaux troubles sont signalés dans la même zone, et une lettre en provenance des Deux-Sèvres prouve que, pour les autorités locales, un glissement sémantique s'est déjà effectué, qui étend sur l'ensemble de la révolte le nom de ce qui n'en constitue au plus que l'épicentre. « Les malheurs qui désolent *les départements de la Vendée* nous désolent », insistent-ils. Et l'on apprend par ailleurs que les Mauges sont totalement insurgés. À l'encontre des rebelles des ci-devant provinces de Bretagne, du Poitou et de l'Anjou, l'Assemblée, sans même connaître la défaite de Marcé, vote la loi de sang.

Le 10 mai, Danton fait rapporter la loi du 19 mars, désormais politiquement inutile, ci-contre.

Mais pourquoi donc une telle férocité à l'encontre d'une rébellion sur laquelle on ne dispose encore que d'informations partielles et floues, et que du reste la plupart des députés seraient bien en peine de désigner précisément sur une carte ? Et pour quelles raisons le 10 mai, alors que sur le terrain la situation s'est considérablement dégradée, Danton fait-il rapporter l'essentiel de cette loi, en réservant désormais la peine de mort pour les seuls instigateurs du soulèvement ? La réponse ne se trouve pas en Vendée, mais dans la lutte à mort entre les deux factions que l'exécution de Louis XVI a laissées face à face. D'un côté les Girondins, brillants discoureurs et redou-

Une insurrection que la Convention localise mal, de part et d'autre de la Loire. Le Tocsin des Chouans, *par Léon Couturier.*

Brissot, l'un des chefs de file des Girondins.

tables manieurs de plume, n'ont guère en commun que leur fascination pour leur égérie Madame Roland, leur aversion contre le monolithisme de leur adversaire et leur méfiance à l'égard des sans-culottes parisiens. Ils occupent cinq des six ministères et bénéficient peu ou prou du soutien du pays qui, inquiet de la dérive parisienne, a dépêché ses fédérés auprès de la Convention afin d'en renforcer la garde constitutionnelle. De l'autre côté, les Montagnards menés par Robespierre, ont pour eux la surenchère indéfinie qui leur assure l'indéfectible soutien des militants des sections de la capitale ainsi que de la municipalité, de la Commune et du club des Jacobins. Que s'est-il manigancé au sein de ce dernier dans la nuit du 17 au 18 mars ? On n'en a pas de trace, mais Robespierre se trahit le 29 en renouvelant son opposition à la guerre aux frontières, qui risque de consolider le pouvoir des Girondins. Surtout, maintenant que la guerre civile est enclenchée, il peut carrément dévoiler la manœuvre opérée dix jours auparavant : il s'agit de diriger contre la Vendée les forces départementales, généralement girondines, tout en se gardant bien d'y expédier les sans-culottes parisiens. En clair, la loi du 19 mars prépare le coup d'État du 2 juin.

Robespierre, le tireur de ficelles.

Devant tant de machiavélisme, les Girondins, qui ne sont pas vraiment dupes, hésitent à porter contre les Vendéens les efforts décisifs qui ne feraient que servir les Montagnards. D'où l'accumulation de défaites. Celles du 19 avril à Cholet et du 22 à Beaupréau suscitent une émotion considérable au sein de la Convention, qui le 1er mai décide l'envoi sur place… de sa garde constitutionnelle, des fédérés, ainsi que des commis de bureau désignés par les sans-culottes. Quant à ces derniers, on leur distribue des armes tout en retardant leur départ le plus possible. On comprend, dès lors, pourquoi Danton peut, le 10 mai, rapporter cette loi du 19 mars qui n'a plus vraiment d'utilité. Enfin, le 26 mai au club des Jacobins, Robespierre en appelle au coup d'État en invitant « le peuple à se mettre, dans la Convention nationale, en insurrection contre les députés corrompus ». Le 2 juin, devant les canons d'Hanriot, la Convention se couche et vote l'arrestation des principaux députés girondins. La Vendée, voulue par Robespierre, a merveilleusement servi son accession au pouvoir.

La Convention soumise à la pression des sans-culottes parisiens.

Page suivante : l'envoyé en mission, le tout-puissant œil de la Convention, par E. Armand Dumaresq.

45. LE PRÉ-CARRÉ VENDÉEN

REVENONS en Vendée. Alors que çà et là sur le pourtour du Massif Central la levée des 300 000 hommes provoque quelques incidents isolés, qui en Bretagne se font un peu plus nombreux et plus graves, les quatre départements du Maine-et-Loire, de la Vendée, des Deux-Sèvres et de la Loire-Inférieure sont le théâtre de véritables mouvements insurrectionnels. Au nord de la Loire cependant, le soulèvement est moins massif, de sorte que le rapport de forces a tôt fait de pencher, avant la fin du mois de mars, en faveur des milices urbaines : là désormais sévira la chouannerie, cette guerre civile à l'échelle du canton, ponctuée d'atrocités réciproques, expression durable du profond malaise de la société rurale des bocages de l'Ouest. Au sud du fleuve cependant, la très ancienne cohésion villageoise, renforcée par l'exaspération croissante depuis 1791, est exploitée par le machiavélisme d'un Robespierre qui entend se servir de la Vendée pour liquider le pouvoir des Girondins : ici, c'est la guerre ouverte.

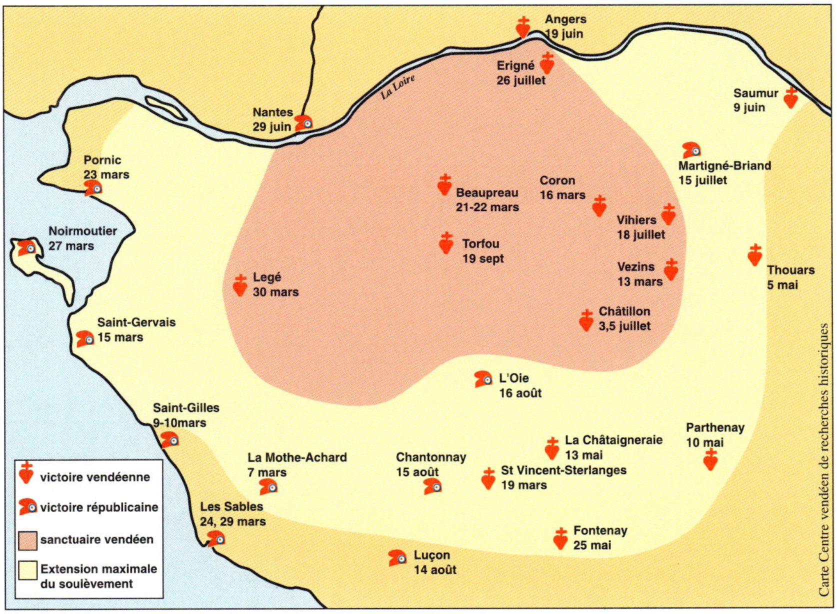

Le pré-carré vendéen.

Les Vendéens adaptent leur guerre à leur terroir bocager. Un chemin creux.

Mais qui sont ces soldats qui, sur le papier, ne sont pas moins de 115 781 pour tout l'Ouest ? D'autres, plus patriotes, ont déjà volé aux frontières sitôt les premières réquisitions. Quant à eux, ils ont quitté sans beaucoup de conviction la demeure bourgeoise ou l'échoppe familiale. De certains, que les autres nommeront bientôt par dérision les héros à 500 livres, seule la prime d'engagement a fait des volontaires. Mais qu'à cela ne tienne : leur foi révolutionnaire compensera leur inexpérience. Et puis nos missionnaires de la liberté comptent bien ne faire qu'une bouchée de ces culs-terreux. Quelques bonnes ribotes plus tard, ils s'en reviendront chez eux conter leurs exploits, les havresacs pleins de l'or des vaincus. En attendant, ils se repaissent de la lecture du *Père Duchesne* ou de quelque autre feuille bien patriote. Et qu'on ne vienne pas trop leur parler de discipline : citoyens avant que d'être soldats, ils n'ont que défiance à l'égard de leurs généraux, des ci-devant pour la plupart, ainsi que de leurs officiers, qui souvent ont servi dans les armées du tyran. Du reste, les députés en mission sont là, empanachés de tricolore, nombreux et contradictoires, tout-puissants et irresponsables. Eux aussi gardent l'œil sur les gradés, toute défaite du peuple en marche ne pouvant évidemment être imputée qu'à une trahison de leur part.

Westermann, « le boucher des Vendéens », 1751-1794.

Deux armées, donc deux commandements distincts, opèrent en Vendée. Soit un de trop. À la tête de l'armée des Côtes de Brest se trouve le ci-devant comte de Canclaux, 53 ans, maréchal de camp sous l'Ancien Régime, et dont tous les pouvoirs sauront récompenser les services puisque, emprisonné un temps suite à la défaite de Torfou, il reprendra le commandement de l'armée de l'Ouest après Thermidor et deviendra successivement sénateur, comte d'Empire, enfin pair de France sous la Restauration. L'autre armée, celle des Côtes de La Rochelle, est après la fin mai sous la direction de l'ex-duc de Biron, 46 ans, que ses frasques de jeunesse n'ont pas empêché d'être député de la noblesse aux États généraux. Sa carrière, il la doit à l'amitié de Danton, qui lui vaudra cependant d'être exécuté le dernier jour de 1793. Tout comme d'ailleurs François-Joseph Westermann, 42 ans, que sa réputation de boucher des Vendéens à Savenay n'empêchera pas d'être guillotiné en même temps que son protecteur. Un roturier, celui-là, sous-officier de gendarmerie sous l'Ancien Régime ; le nouveau l'a fait général de brigade pour ses qualités de meneur d'hommes et sa témérité, qui font presque oublier sa parfaite indifférence aux ordres reçus. Dans cette valse des officiers généraux, on peut encore retenir Antoine-Joseph Santerre, un ancien brasseur de bière de 41 ans devenu commandant de la garde nationale de Paris. « Il se bat bien, dit de lui le général Turreau, boit encore mieux, et est parvenu à signer son nom. » Envoyé en Vendée, il sera régulièrement battu, mais seulement rappelé : sans doute doit-il cette inhabituelle mansuétude au roulement de tambour qu'il a ordonné pour couvrir les dernières paroles de Louis XVI.

La fuite de Santerre, lors de la bataille de Vihiers. Vitrail de Clamens.

Suivons maintenant l'une de ces colonnes que la Révolution lance à l'assaut de la Vendée. En Plaine, tout va bien. Le regard porte au loin, de sorte que si l'ennemi se présente on aura le temps de faire donner les canons, et les feux de file feront le reste. Mais voilà qu'il faut quitter la grand-route pour emprunter l'un des innombrables chemins creux qui serpentent à travers le Bocage. De hauts talus plantés d'arbres en font un tunnel de verdure que la moindre pluie transforme durablement en marécage. Les citoyens s'embourbent, et davantage encore leurs canons et les voitures qui transportent vivres, tentes et munitions. Pendant des heures, pas âme qui vive, seulement un silence inquiétant. Soudain, les haies crachent des balles, tandis qu'une horde hurlante bouscule l'avant-garde. Repoussés, les Vendéens s'évanouissent, ne laissant que leurs sabots. Vainqueurs, ils s'approvisionnent en armes et en munitions pour une prochaine embuscade.

L'angoisse du soldat républicain.

Une patrouille républicaine, in *Eugène Bonnemère.*

Abberrante, l'attaque de Luçon, en Plaine, se solde par une cuisante défaite. Par T. Drake, ci-dessous.

Que s'est-il donc passé ? Même les buissons, ici, ont des yeux et des oreilles. Sitôt la colonne signalée, on court ameuter les paroisses environnantes, tandis que les ailes des moulins s'immobilisent en un message muet. Les gars se rassemblent autour des capitaines de paroisse qu'ils se sont donné. Pas besoin de longues palabres, lorsque chacun sait d'instinct ce qu'il doit faire pour défendre son foyer. Point non plus d'uniformes, de canons, ni de provisions. La faux des temps de paix, redressée, devient une terrible faucheuse d'hommes, et le vieux fusil ne sert plus seulement à braconner. Tandis que les meilleurs tireurs se glissent le long des haies, les autres attendent en quelque endroit propice la tête de la troupe ennemie. Et c'est le *choc*...

Contrairement à une légende tenace, les Vendéens ne livrent donc pas en 1793 une de ces guérillas qui abandonnent toute défense des non-combattants en faveur d'une mobilité totale. Il s'agit plutôt de contre-offensives foudroyantes, au cours desquelles ces paysans et ces artisans tirent le meilleur profit de cette forteresse naturelle qu'est le Bocage. Surtout, ils bénéficient de l'erreur d'adversaires dont les attaques par colonnes séparées, composées au départ de troupes inexpérimentées, n'ont d'autre effet que de les approvisionner en armes et en munitions. Ainsi s'expliquent les succès initiaux de l'insurrection qui, non contente de tenir le Bocage, se laisse aller, en mai et juin, à conquérir les villes environnantes. Cependant, Thouars, Parthenay, Fontenay, Saumur et Angers, aussitôt prises, sont abandonnées par ces gens qui — faut-il le rappeler ? — font la guerre pour n'être point soldats et qui n'ont d'autre hâte que de rentrer chez eux pour changer de chemise et se remettre à l'ouvrage.

Mais pourquoi alors, de la part de leurs généraux, cet acharnement à prendre des villes que, de toute évidence, ils ne savent pas conserver ? Encore davantage que l'échec de la prise de Nantes, le 29 juin, l'attaque de Luçon illustre les contradictions qui travaillent l'armée catholique. C'est que les généraux vendéens, totalement incapables de conceptualiser la tactique spontanément mise en œuvre par leurs troupes, s'efforcent de mener la guerre régulière à laquelle ils ont été formés, et qui consiste à s'emparer des villes ennemies. Même leur tactique est aberrante. Le 14 août par exemple, devant Luçon, Lescure veut imposer l'attaque savante par échelons, que seule une armée formée à la manœuvre est capable d'appliquer. Les paysans, habitués à n'obéir qu'à leur inspiration, sont d'autant plus décontenancés que d'Elbée entreprend de les aligner. Et puis, sortis du couvert de leur Bocage, ils se retrouvent comme nus face à un ennemi qui cette fois tire parti au maximum de ses canons et de sa cavalerie. Résultat : 40 000 Vendéens sont mis en déroute par 6 000 Républicains, qui leur font 5 000 morts. L'attitude de Charette, au cours de cette journée calamiteuse, est également révélatrice, dans la mesure où, défié la veille par les autres généraux, il brusque l'assaut, ce qui contribue aussi à la défaite. Même si cela peut surprendre, ils sont en effet travaillés par les idées démocratiques du temps. La nomination de Cathelineau comme premier généralissime est certes là pour souligner le caractère plébéien du soulèvement, mais les autres chefs, nobles pour la plupart, trouvent ainsi le moyen d'éviter d'avoir à

L'embuscade, *de Coessin de La Fosse, page de droite.*

obéir. De même, après la mort de celui-ci leur choix tombe sur d'Elbée, le plus insignifiant d'entre eux. Et encore le troisième, le trop jeune Henri de La Rochejaquelein, avoue lui-même son peu de goût pour le commandement en chef.

La nomination de Cathelineau comme premier généralissime traduit le caractère plébéien du soulèvement. Vitrail de Clamens, Le Pin-en-Mauges.

Cette *guerre de géants*, pour reprendre la formule de Napoléon, est donc également la confrontation entre deux faiblesses. Dès le début, les Vendéens arborent le Sacré-Cœur et prennent le nom d'*armée catholique*, ce qui est une manière de répondre aux persécutions adverses. Puis ils récupèrent à leur profit la légitimité attachée à la personne du roi, récemment désavouée par les révolutionnaires, en s'intitulant *armée catholique et royale*. Mais comment opérer la synthèse entre l'inspiration populaire du soulèvement et la souveraineté légitime telle qu'incarnée par le régent, autour duquel gravite la fine fleur de la réaction ? Créé à Fontenay le 26 mai, le Conseil supérieur, présidé par le pseudo-évêque d'Agra, un aventurier, est chargé, en attendant une éventuelle restauration monarchique, d'arrêter des mesures conservatoires qui se révéleront vite conservatrices voire réactionnaires. À l'égard des protestants par exemple, on en revient à la simple tolérance, tandis qu'en matière judiciaire cette assemblée de robins restaure carrément les institutions d'Ancien Régime. Incapable d'élaborer le programme politique susceptible de fédérer les mécontentements des uns et des autres contre une Révolution de plus en plus privée de soutien populaire, la Vendée se trouve donc dramatiquement isolée.

Lescure, par R. Lefèvre. Pour n'avoir pas à obéir, les généraux vendéens évitent d'élire Lescure, pourtant leur meilleur stratège.

Le sacré-cœur d'un Vendéen.

Les généraux en ont probablement conscience, eux dont la vocation est de servir la France, et qui sont désormais contraints, par ces soldats en sabots qui placent en eux leurs espoirs et leur fidélité, de combattre la nation dirigée par les extrémistes. Une secrète désespérance les ronge, visible dans leur réticence à faire appel à l'aide anglaise et surtout dans leur folle témérité. Certes, ils doivent sans cesse payer de leur personne, toujours à l'avant de leurs gars, qui ne leur obéissent que *d'amitié* comme ils disent, mais on les voit également s'exposer plus que de raison. Nouveaux paladins de l'honneur, en des temps démocratiques, ils rivalisent d'esprit chevaleresque, en une geste à laquelle leur mort prématurée donnera l'éclat de vitraux d'église. Et ce sont eux qui, faisant cesser les premières représailles paysannes lors même que ceux d'en face guillotinent leurs prisonniers, réapprennent aux leurs le geste fondateur du christianisme. Le 10 avril par exemple, à l'issue du *grand choc* de Chemillé, alors que les paysans veulent liquider leurs captifs, d'Elbée les fait mettre à genoux pour réciter le *Pater*. Arrivé à « Pardonnez-nous nos offenses comme nous pardonnons à ceux qui nous ont offensés », le chef vendéen s'écrie : « Vous demandez à Dieu le pardon, et vous ne voulez pas pardonner ? » La fureur s'apaise et les Républicains sont sauvés. Par milliers, les rebelles libèrent leurs prisonniers, en un geste moralement admirable mais militairement inexcusable. À vouloir sauver leurs âmes, les Vendéens se condamnent à perdre la guerre.

Imprimerie portative telle qu'utilisée par l'éphémère Conseil supérieur de Châtillon.

Une témérité qui trahit une secrète désespérance : La Rochejaquelein à la tête de ses gars.

Le Pater de d'Elbée, *de E. de Boislecomte.*

46. « DÉTRUISEZ LA VENDÉE… »

VAINQUEURS des Girondins le 2 juin 1793, les Montagnards se retrouvent désormais bien embarrassés par la Guerre de Vendée dont l'existence même constitue le plus cinglant des démentis à la toute-puissance de la Révolution. Reste donc à trouver les moyens de la victoire et à convaincre la masse des députés du bien fondé du changement de cap. Resterait aussi, pour un pouvoir ordinaire, à savoir économiser le sang, à ne pas céder à la dérive terroriste…

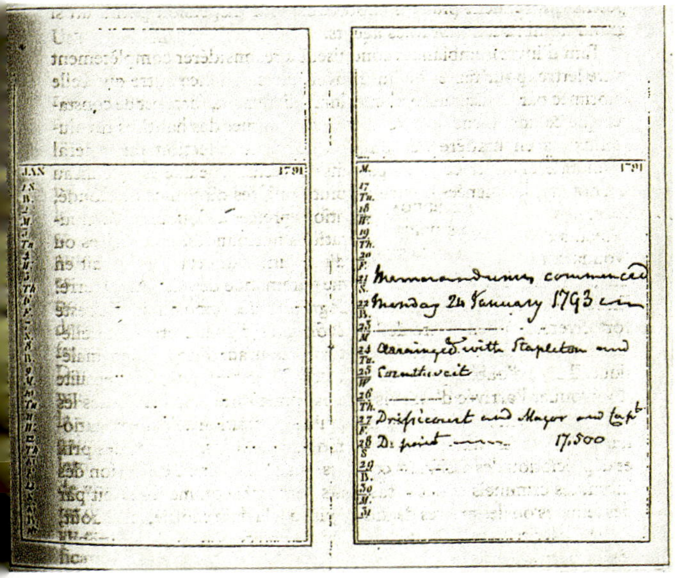

Page de l'agenda anglais brandi par Barère. Un faussaire finit toujours par se trahir.

Le 26 juillet, au nom du Comité de salut public, Barère expose toute la gravité de la situation en Vendée devant la Convention et propose tout aussitôt des mesures radicales. Puisque tout le pays, et jusqu'à son paysage, fait bloc, il s'agit, explique-t-il, d'en déporter les femmes, les enfants et les vieillards, puis de tout incendier. Cela signifie-t-il que toute la population masculine en âge de combattre sera exterminée ? Quoi qu'il en soit, la majorité des députés, encore traumatisée par le coup d'État, refuse de céder à une pareille barbarie. Mais ce n'est que partie remise. En effet, sortant de son habituelle réserve, Robespierre se fera le lendemain nommer au Comité de salut public, et tout porte à croire que l'initiative vient de lui puisque, par anticipation, il a déjà participé à la séance qui a préparé le projet de loi.

Le 1er août, Barère remonte à la tribune de l'Assemblée. Cette fois, il brandit une lettre et un agenda, ainsi qu'une médaille, qu'il explique avoir été trouvés sous les remparts de Lille. Rédigés par un espion anglais, ces documents, explique-t-il, prouvent l'existence d'une « conspiration horrible », qui depuis Londres pousse ses ramifications dans tout le pays et dont le cœur se trouve en Vendée. Cette fois l'émotion est telle, qu'à l'unanimité la Convention vote sur-le-champ le décret refusé la semaine précédente, laissant même y ajouter qu'il faut « exterminer cette race rebelle ». Plus tard, le général Turreau, l'instigateur des colonnes infernales, pourra, sans craindre d'être démenti, se défendre de n'avoir fait qu'obéir aux lois.

Militairement nul, mais politiquement irréprochable : le général Rossignol.

Or ces documents sont des faux. En réalité, la lettre se révèle n'être que l'exact reflet des hantises révolutionnaires. Quant à l'agenda, censé assurer sa crédibilité, le faussaire a oublié qu'il est de 1791, et il l'a daté du lundi 24 janvier 1793... qui se révèle être un jeudi. Non seulement l'invention de la Vendée, le 19 mars, mais encore la décision, prise le 1er août, d'en exterminer la population sont, il faut y insister, le fruit de manipulations de la part des Robespierristes.

Kléber (1753-1800), le vainqueur des Vendéens, sera ensuite promptement mis à l'écart.

En Vendée, une carrière éclair s'ouvre aux généraux que ni leur naissance ni leurs talents ne rendent suspects. Il y a déjà Charles Ronsin, 41 ans, ex-auteur dramatique devenu l'indispensable adjoint de Bouchotte, le ministre de la Guerre. Proche des Hébertistes, il a été envoyé en Vendée le 9 mai ; le 1er juillet il est capitaine, le 2 chef d'escadron, le 3 chef de brigade, et le 4 général. Cette fulgurante ascension n'est surpassée que par celle de Jean-Antoine Rossignol, un ancien orfèvre de 34 ans, toujours entre deux vins, dont Kléber estime que « rien ne pouvait être comparé à sa poltronnerie et à son ineptie, que son arrogance, sa brutalité et son entêtement ». Libéré de prison le 10 juillet, ce pur produit de la sans-culotterie parisienne est général de brigade le 12, général de division le 15, et le 27 chef de l'armée des Côtes de La Rochelle.

Sa nullité, reconnue de tous sauf de lui-même, a au moins un double avantage : de garantir le pouvoir occulte des représentants et de servir de paratonnerre à d'autres généraux comme Aubert du Bayet, un ci-devant, et Jean-Baptiste Kléber, qui a servi un temps dans l'armée autrichienne. Tout juste quadragénaire, ce dernier s'est illustré par sa résistance opiniâtre au cours du siège de Mayence. Pour avoir obtenu de l'ennemi de pouvoir sortir de la ville avec armes et bagages sous condition de ne plus servir contre lui, il a d'abord été emprisonné par la Convention. Puis celle-ci s'est avisée que les alliés ont — preuve du peu de cas qu'ils font de la Vendée — omis d'interdire aux *Mayençais* d'être utilisés pour vaincre la rébellion. Le 30 août, ces derniers sont à Angers, où se tient le 2 septembre un Conseil qui décide qu'on attaquera par Nantes. C'en est fini désormais des incursions désordonnées opérées par des troupes inconsistantes. Tandis que quatre colonnes convergent depuis Les Sables, Luçon, Thouars et Doué, les Mayençais, précédés de leur réputation de premiers soldats d'Europe, commencent par nettoyer la zone côtière. Ils opèrent ensuite un mouvement tournant vers l'est, poussant devant eux la population épouvantée par l'incendie de ses habitations, afin de forcer les Vendéens à accepter le contact. Le 19 septembre, leur avant-garde est à Torfou. Leur défaite permet

Leur réputation de premiers soldats d'Europe précède les Mayençais.

Lescure blessé à mort à La Tremblaye. Vitrail de Clamens, Le Pin-en-Mauges.

Marceau.

aux paysans d'ironiser sur les « soldats de faïence ». Ils ont tort, surtout que les habituelles dissensions au sein de leur commandement les empêchent de profiter de leur succès pour écraser le reste de l'armée républicaine. Désormais, la Vendée n'est plus qu'en sursis.

Le 8 octobre, la Convention se décide enfin à fusionner les deux armées des Côtes de Brest et de La Rochelle en une unique armée de l'Ouest. Canclaux et du Bayet, rappelés, laissent la place à Jean Léchelle, un ancien maître d'armes de 33 ans qui, conscient de sa propre incompétence, a du moins le mérite de généralement laisser faire les autres. On reprend donc exactement la tactique mise en œuvre le mois précédent. Le 15, Lescure est blessé à mort à La Tremblaye. Enfin, le 17 octobre les Vendéens, que la politique de la terre brûlée a poussés sur la Loire, sont contraints de livrer la bataille décisive devant Cholet. Encombrés de non-combattants paniqués, ils se préparent, en cas de défaite, à franchir le fleuve. « Les rebelles, avouera Kléber, combattaient comme des tigres, et nos soldats comme des lions. » Mais les Vendéens, oubliant leur habituelle dispersion en tirailleurs, attaquent en une seule colonne comme une armée régulière qu'ils ne sont pas. Et lorsque, pour rallier les paysans qui cèdent du terrain, leurs officiers se jettent à leur tête, Marceau démasque ses canons chargés à mitraille. Bonchamps et d'Elbée tombent, grièvement blessés, tandis que la Grande armée catholique et royale, comme un corps privé de tête, se rue sur la Loire.

Avant de quitter le couvert de leur Bocage, et de se priver de ce qui fait leur force, les insurgés ont cependant le temps d'accomplir une action qui, pour être militairement aberrante, ne leur assure pas moins la victoire morale. À Beaupréau, les autres viennent de leur égorger 400 blessés laissés à l'hôpital. Que faire des 4 à 5 000 prisonniers dont l'armée en déroute ne peut plus désormais s'encombrer ? Dans la foule, on parle de rendre horreur pour horreur. C'est alors que s'élève une voix, celle de Bonchamps, qui supplie qu'on respecte son dernier vœu. Et bientôt l'armée chrétienne vibre de l'ordre du mourant : « Grâce, grâce aux prisonniers, Bonchamps le veut, Bonchamps l'ordonne ! » Quelques heures plus tard, le député Merlin de Thionville exhortera ces derniers d'oublier « ce trait d'incroyable hypocrisie »…

Commence alors la fameuse *Virée de Galerne*, cet étrange périple outre-Loire de quelque 80 000 personnes, dont à peine la moitié de combattants. Le trajet suivi en reflète la constante indécision. D'abord, la cohorte s'enfonce tout droit dans cette région dont elle espère soulever la population. Cruelle déception : peut-être 10 000 chouans seulement la rejoignent. Puis, bousculant les troupes républicaines à Entrammes, elle fonce sur la Manche, où elle rêve de recevoir une aide anglaise. L'assaut des murailles de Granville, les 14 et 15 novembre, se solde par un échec qui détermine le retour sur la Vendée. Cette foule affamée, minée par la dysenterie, l'atteint le 3 décembre. Mais la Loire est en crue et les chaloupes canonnières de Carrier en interdisent le passage ; par ailleurs le siège d'Angers se révèle impossible. Désormais assurés de la victoire, certains Républicains suggèrent l'idée d'une amnistie, qui disperserait l'armée rebelle et permettrait d'économiser le sang de part et d'autre. En vain. Quant aux Vendéens, démoralisés, ils courent vers Le Mans où, les 12 et 13 décembre, les Bleus se livrent à un terrible massacre. La fuite éperdue reprend vers Laval puis Ancenis et se termine le 23 décembre dans le marais de Savenay. Au soir, Westermann peut annoncer au Comité du salut public une victoire totale. « J'ai, assure-t-il, écrasé les enfants sous les pieds des chevaux, massacré les femmes qui, au moins pour celles-là, n'enfanteront plus de brigands. Je n'ai pas un prisonnier à me reprocher. » Il dit vrai. La Grande armée catholique et royale est anéantie. Sur les 80 000 Vendéens qui ont passé la Loire, peut-être 4 000 reverront leurs foyers. Pour un pouvoir normal, la Guerre de Vendée serait terminée.

Le 17 octobre, Bonchamps mourant fait libérer quelque 5 000 prisonniers. Vitrail de Clamens, Le Pin-en-Mauges.

En reconnaissance, David d'Angers, fils de l'un des libérés, lui élèvera un monument en l'abbatiale de Saint-Florent-le-Vieil.

La déroute de Cholet, point de départ de la Virée de Galerne, par J. Girardet.
Une population épouvantée quitte le couvert de ses bocages familiers. Musée d'Art et d'histoire de Cholet.

L'étiage de la Loire en favorise le franchissement. Bientôt, ses crues fermeront le chemin du retour.
La Loire à Saint-Florent-le-Vieil.

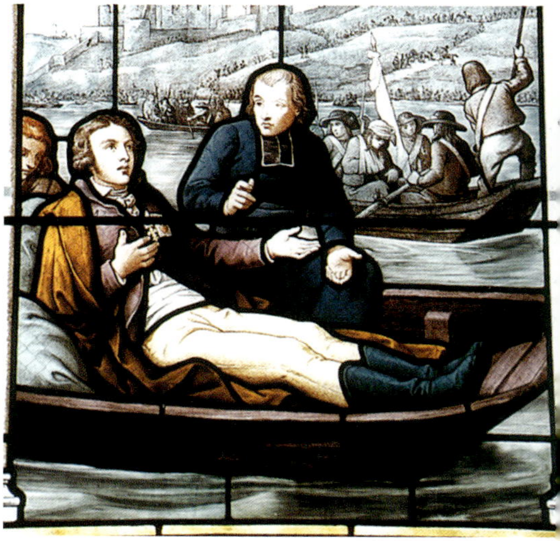

Parmi les quelque 80 000 personnes qui franchissent le fleuve par des moyens de fortune, Lescure, qui meurt sur l'autre rive. Vitrail de Clamens, Le Pin-en-Mauges.

Mais pas pour le terrorisme d'État, qui est désormais aux commandes. Déjà le 12 août, Robespierre et Danton ont appelé à exercer « la terreur contre l'ennemi de l'intérieur ». Le 29 aux Jacobins, l'ex-juge de paix Gaston est plus explicite. « Il faut du sang, assure-t-il, pour consolider la Révolution. » Ces vœux se trouvent concrétisés le 5 septembre, lorsque l'on place la Terreur à l'ordre du jour, et surtout le 17 par la loi des suspects qui, instituant les délits d'opinion et de parenté, permet de vous retenir en détention après un acquittement. Même parmi les extrémistes, on s'inquiète de cette dérive à laquelle rien ni personne ne paraît susceptible de résister. « Il faut, gémit le dantoniste Thuriot le 20 septembre, arrêter ce torrent impétueux qui nous entraîne vers la barbarie. » Effectivement la Terreur, comme on ne va pas tarder à s'en apercevoir, n'est pas tant le moyen de la victoire, que l'horizon de la Révolution. En d'autres termes, la défaite des Vendéens, loin d'arrêter les massacres, permet de les systématiser, maintenant que la population se trouve privée de défenseurs. « La Vendée, déclare le député Francastel le 31 décembre 1793, sera dépeuplée, mais la République sera vengée et tranquille. » *Sera* : ce futur est tout un programme.

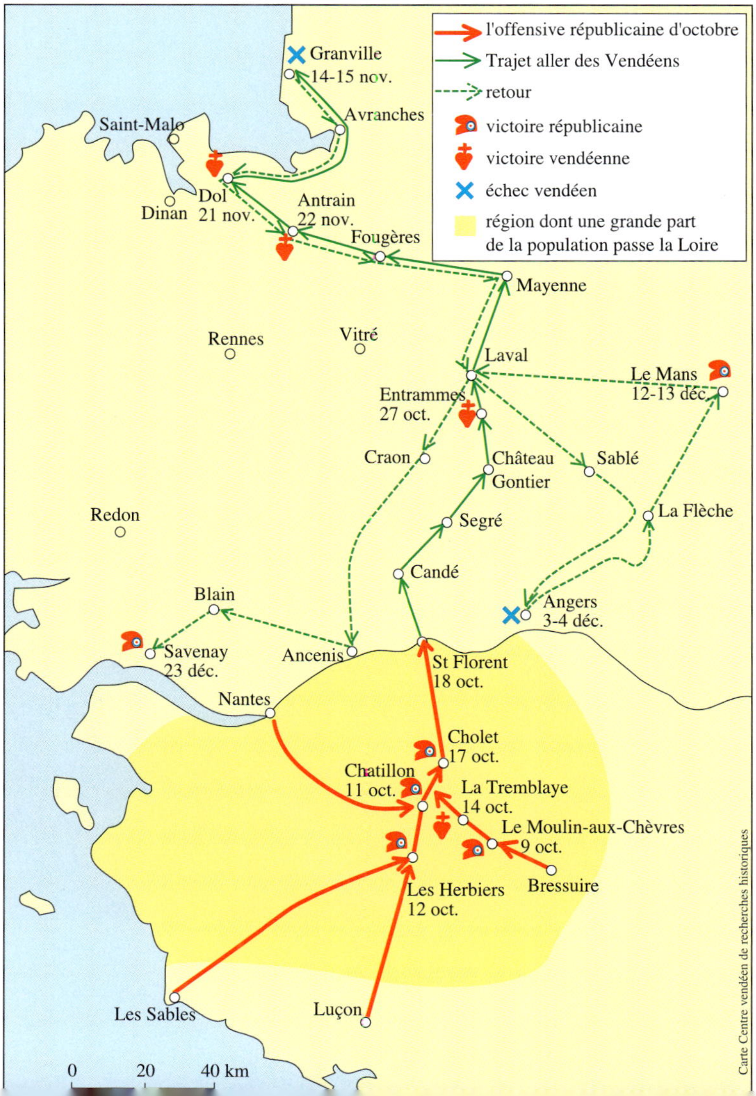

La Virée de Galerne (octobre-décembre 1793)

Bien qu'incendiée, Granville résiste aux assauts vendéens.

Tueries dans les rues du Mans, de Jean Sorieul : la fin de la guerre est imminente.

47. « PAR PRINCIPE D'HUMANITÉ... » : LES NOYADES DE CARRIER

CARRIER, l'organisateur des « baptêmes patriotiques », c'est-à-dire des noyades de Nantes, est presque invariablement présenté comme un fou, un monstre de sadisme et de lubricité. Si tel était vraiment le cas, on ne comprendrait pas pourquoi le Comité de salut public, qui a l'œil sur tout, l'a maintenu en place cent jours durant, ni comment une ville de 80 000 habitants a ainsi pu se laisser faire. Une fois dissipés les fantasmes tels qu'exprimés lors de son procès, comme les mariages républicains ou les bateaux à soupapes, l'examen minutieux de cette affaire révèle un tout autre personnage...

La Révolution de 1789, celle du talent et de la liberté, n'est pas vraiment celle de cet obscur procureur auvergnat né près d'Aurillac en 1756. Lui, c'est l'homme des sociétés populaires et de l'égalité, que les tortueuses manœuvres des militants locaux font tardivement élire à l'Assemblée, en septembre 1792. Il n'y intervient guère, sauf pour proposer le 9 mars 1793 la création, adoptée le lendemain, du fameux Tribunal révolutionnaire, l'un des principaux rouages de la Terreur. Mais il a visiblement toute la confiance des Montagnards, et c'est à ce titre qu'il est envoyé le 12 juillet en Normandie, afin d'y écraser les velléités de résistance au coup d'État du 2 juin. Cinq semaines plus tard il est en Bretagne, avec pour mission d'extirper le « fédéralisme » et le « fanatisme ». Infatigablement, il traque les Girondins et les prêtres réfractaires, galvanise les sans-culottes, destitue et réorganise les autorités. À aucun moment cependant, il faut le noter, il ne fait couler de sang.

Les « mariages » républicains selon les fantasmes thermidoriens, qui font de Carrier un monstre de sadisme et de lubricité.

Carrier.

Pourquoi, à la fin de septembre, demande-t-il à s'occuper de Nantes ? Tout au long du XVIIIe siècle, le premier port négrier du royaume s'est prodigieusement enrichi, ainsi que l'attestent ses beaux quartiers sur la rive droite de l'Erdre tout autant que, sur les quais, les riches hôtels particuliers de ses armateurs et de ses négociants. En 1789, cette élite du talent et de la fortune s'est enflammée pour la liberté, mais dès janvier 1793 elle s'est inquiétée des pressions exercées sur les députés, allant jusqu'à protester vigoureusement contre le coup d'État du 2 juin. À la fin du mois cependant,

les Vendéens sont venus attaquer la ville et tout cela a été oublié. Mais pas par Carrier ni ses amis, pour lesquels le « fédéralisme » anti-Montagnard et l'incapacité à empêcher le soulèvement de la Vendée se conjuguent pour prouver le caractère contre-révolutionnaire de la cité. Voilà pourquoi, au reçu de la proposition de Carrier, le Comité de salut public, par le truchement de Hérault de Séchelles, le « presse de purger Nantes » en ne s'embarrassant ni de légalité ni d'humanité. « Nous pourrons, lui assure-t-il, être humains quand nous serons assurés d'être vainqueurs. » Afin qu'il se garde de toute pitié, on lui enjoint aussi d'éviter de se lier avec la population et de faire agir des hommes de main en leur laissant par la suite la responsabilité de leurs exactions. Ce programme, Carrier va l'appliquer à la lettre.

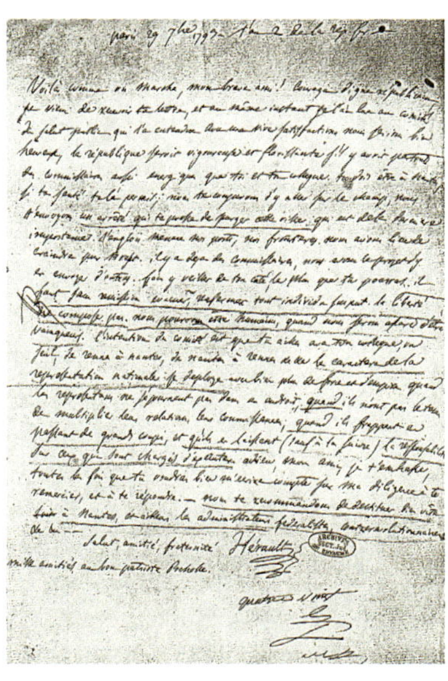
Salut, amitié, fraternité
Hérault

Attaque de Nantes par les Vendéens, 25 messidor an II. *Nantes a victorieusement résisté aux Vendéens et Cathelineau y a même été blessé à mort. Vitrail de Clamens, Le Pin-en-Mauges.*

Mais qu'importe, pour les maximalistes : en protestant contre le coup d'État du 2 juin et en ne venant pas à bout de la Vendée, Nantes a montré sa nature contre-révolutionnaire.

La lettre de Héraut de Séchelles : Carrier a son programme tracé d'avance.

Avant de s'occuper de cette cité qu'il tient pour un haut-lieu de contre-révolution, Carrier est cependant sollicité par ses collègues Hentz et Prieur pour installer Léchelle à la tête de l'armée de l'Ouest, et c'est à ce titre qu'il participe, le 17 octobre, à la bataille de Cholet. La suite témoigne de ses indéniables qualités d'organisateur : il prépare l'assaut contre Noirmoutier, fait patrouiller des chaloupes canonnières sur la Loire pour empêcher le retour des Vendéens, et multiplie les réquisitions afin de nourrir et d'équiper les troupes lancées à leur poursuite. « Carrier, lui écrit Kléber, je te serai éternellement attaché. »

L'église Sainte-Croix, siège de la société populaire Vincent-la-Montagne.

Charrette de condamnés arrivant place du Bouffay, lieu des exécutions, ci-dessous.

Le 23 octobre il est enfin à Nantes, où d'autres représentants l'ont précédé, renouvelant deux semaines plus tôt les autorités municipales et départementales. Ils ont également installé un Comité révolutionnaire composé de 13 artisans et boutiquiers qui ont prêté le serment « de ne jamais composer avec l'intérêt personnel, avec la parenté et même avec l'amitié ». Ce sont là les futurs petits fonctionnaires zélés de l'extermination. Avec son collègue Francastel, Carrier crée en outre à la fin du mois la Compagnie révolutionnaire, composée d'une quarantaine de sbires recrutés parmi un prolétariat dont la situation a été encore fragilisée par la rupture du commerce avec les *isles* et l'arrêt des embellissements urbains. Destinés à servir de bras armé au Comité révolutionnaire, les *Marat*, comme ils se font couramment appeler, prêtent le même serment. Les deux représentants du peuple organisent également un tribunal révolutionnaire dont ils confient la présidence à Phelippes, ainsi que la com-

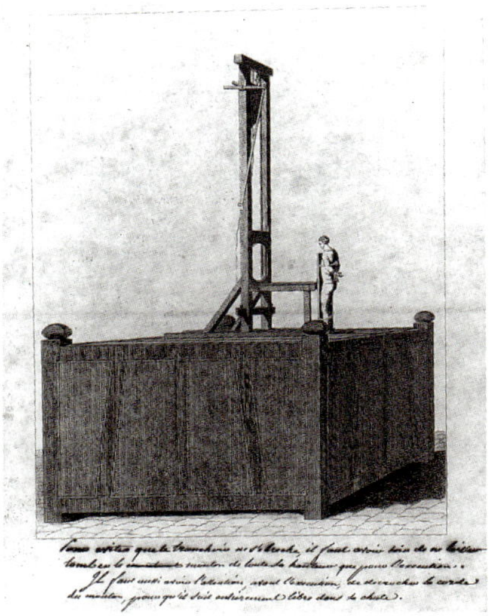

Du bon maniement de la guillotine à Nantes :
« Pour éviter que le tranchant ne s'ébrèche, il faut avoir soin de ne laisser tomber le mouton de toute sa hauteur que pour l'exécution. Il faut aussi avoir l'attention, avant l'exécution, de décrocher la corde du mouton, pour qu'il soit entièrement libre dans sa chute. »
On envisage aussi de repeindre l'échafaud en rouge.

mission militaire Lenoir, destinée à punir les rebelles. Parallèlement, Carrier s'assure les services de l'ouvrier carrossier Lamberty et du tonnelier Fouquet. Le 12 novembre, il fait arrêter 132 riches, se débarrassant ainsi de l'élite révolutionnaire de 1789, coupable à ses yeux du double crime de fédéralisme et de collusion avec les Vendéens, et dont les préjugés légalistes sont susceptibles de gêner ses projets. Comme il paraît difficile de leur régler leur compte sur place, il les expédie sur Paris en donnant pour mission à Francastel de les noyer aux Ponts-de-Cé. En vain, puisque, commentera-t-il plus tard, « ce foutu couillon n'a pas osé ».

Pour éviter toute pitié, Carrier se calfeutre à l'hôtel de la Villestreux.

Désormais, il se fait fort d'organiser une journée vraiment révolutionnaire, qui sera marquée par un double événement. Le 16 novembre, la société populaire Vincent-la-Montagne prend officiellement possession de l'ex-église Sainte-Croix. Pour donner davantage d'éclat à la cérémonie, l'évêque constitutionnel et cinq autres ecclésiastiques abjurent la prêtrise, et les militants, enthousiastes, manifestent « le désir de voir exterminer le dernier des prêtres ». Un vœu qui ne tarde pas à être exaucé, le soir même, par Fouquet et Lamberty, qui ont fait percer des trous, provisoirement obs-

Interrogatoire du prince de Talmont, de Benoît-Levy.
Pour le commun des Vendéens, le simple constat d'identité suffit.

trués par des planches, en dessous de la ligne de flottaison d'une gabarre. Ils y entassent 90 ecclésiastiques de Loire-Inférieure, que leur grand âge exempte de la déportation, et la cargaison humaine est bientôt coulée dans le fleuve. Douze jours plus tard, une lettre est lue en séance de la Convention, par laquelle son représentant à Nantes lui annonce un « événement d'un genre nouveau » : la noyade de 90 prêtres. Si quelqu'un peut croire à un accident, ce n'est surtout pas le cas du Comité de salut public. « Les prêtres, lit-on en effet sur l'un de ses registres, ont trouvé leur tombeau dans la Loire. Cinquante-trois autres vont subir le même sort. » Sans doute les autorités angevines ont-elles jugé le procédé convaincant, puisqu'elles ont dépêché à Nantes leurs propres réfractaires, à leur tour victimes le 8 décembre, d'un événement qui, annonce Carrier à la Convention, « n'est plus d'un genre nouveau ». « Quel torrent révolutionnaire que la Loire ! », conclut-il.

Après les riches et les prêtres, le représentant s'en prend aux droit commun de la prison du Bouffay. La plupart attendent d'être jugés, et ceux qui le sont purgent de petites peines. Qu'à cela ne tienne : du fond de leur cellule, ils auront manigancé un complot visant à égorger les patriotes et à incendier la ville. Carrier convie donc les autorités à faire le tri parmi les prisonniers, puis annonce au Comité de salut public qu'une « grande mesure » va les en débarrasser. Le 14 décembre, les militants du Comité révolutionnaire, secondés par les Marat, investissent le Bouffay pour, prétendent-ils, organiser un transfert de détenus. « Faites vos paquets, mes enfants, leur recommande le guichetier, surtout n'oubliez pas vos portefeuilles, c'est l'essentiel. » La nuit même, 129 nouveaux corps reposent au fond du fleuve.

La légalité, déjà bafouée, est délibérément transgressée les 17 et 19 décembre, lorsque Carrier ordonne de guillotiner sans jugement 51 Vendéens, dont 7 femmes et 4 enfants. Quant aux autres insurgés, ils sont entassés dans des conditions effroyables dans l'Entrepôt des denrées coloniales. Le 21 décembre, 360 d'entre eux sont noyés. Au total, combien de milliers sont-ils à avoir subi ces *déportations verticales* ? On ne sait pas. On ne peut pas savoir. Pour ce bétail humain promis à l'effacement, nul besoin en effet de registre d'écrou. Et pas davantage de jugement, car juger c'est encore reconnaître une personne. Du reste, la concurrence est rude, car la commission militaire Bignon, qui à Savenay vient d'expédier en trois jours 661 personnes dont 35 enfants, s'est directement transportée sur place. Pendant le séjour du représentant, sur 1989 personnes, elle en fait fusiller 1980 si l'on en croit ses registres, sans doute très lacunaires. Et la sollicitude du représentant s'étend à la Vendée tout entière, à en juger par la lettre du 11 décembre par laquelle il annonce au Comité de salut public qu'aussitôt la victoire il ordonnera « de mettre à mort, dans tous les pays insurgés, tous les individus de tout sexe qui s'y trouveront indistinctement, et d'achever de tout incendier ». Il ne tarde pas d'ailleurs à faire école, puisqu'aux habituelles fusillades s'ajoutent les noyades de Château-Gontier et des Ponts-de-Cé. Le 23 février 1794, soit une semaine après que Carrier a quitté Nantes, un subordonné du général Haxo noie encore, en baie de Bourgneuf, 24 femmes, 10 enfants âgés de 5 à 10 ans, 5 nourrissons et 2 hommes, l'un aveugle et l'autre presque octogénaire.

« C'est par principe d'humanité, assure Carrier le 20 décembre, que je purge la terre de la liberté de ces monstres. » Se sacrifiant au bonheur futur du Peuple, il s'abrutit de travail et, par crainte de céder à la pitié, s'emporte contre ceux qui tentent de l'approcher. C'est qu'il a entrepris de purifier le genre humain de tout ce qui l'empêche de se consacrer à la seule citoyenneté. Riches, prêtres, délinquants et Vendéens manifestent un trop grand attachement aux biens de ce monde ou de l'autre pour pouvoir être régénérés : la nécessité de leur effacement prévaut donc sur les lois, même révolutionnaires. Quant aux autres, ils assistent voire participent aux exécutions, et la peur est censée tuer en eux le vieil homme afin de créer l'être nouveau pour lequel la Révolution sera l'unique morale. Parce que l'avènement de la cité idéale ne peut attendre, Carrier a donc entrepris, avec l'aval du pouvoir, de faire de Nantes le laboratoire de la Terreur.

L'Entrepôt des denrées coloniales, transformé en antichambre de la mort. Ici point de registre d'écrou ni de jugement préalable.

Mais, dira-t-on, le Comité de salut public finit par rappeler l'énergumène. Certes, mais surtout pas à cause des noyades. En fait, Carrier ne tarde pas à entrer en conflit de prérogatives avec son collègue Tréhouard, en poste dans le Morbihan où Jullien se trouve justement en tournée d'inspection pour le compte de Robespierre. Lors de son passage à Nantes, le jeune homme lui reproche des brimades à l'encontre des révolutionnaires, si bien que le 6 février 1794 le Comité propose à la Convention de remplacer Carrier, « qui demande son rappel ». Au club des Jacobins, ce dernier remporte avec succès le scrutin épuratoire, et désormais à l'Assemblée il parle haut et fort. Nullement inquiété lors de la liquidation des Hébertistes, il est même chargé de présenter, en seconde lecture, la loi du 22 prairial qui institue la Grande Terreur.

En réalité, sauf un invraisemblable concours de circonstances, Carrier aurait dû mourir dans son lit. Mais après la chute de Robespierre, alors que la plupart des anciens terroristes retournent leur veste, il entend demeurer le gardien de la pureté révolutionnaire et devient donc une cible. Et puis à Nantes le climat s'est détérioré entre Phelippes et les membres du Comité révolutionnaire ; excédé, son successeur les a expédiés à Paris. Là, les 132 riches Nantais, que les mauvais traitements ont réduits à 94, demandent à être jugés. Leur acquittement triomphal, le 14 septembre, entraîne l'inculpation, un mois plus tard, du Comité révolutionnaire, qui ne tarde pas à mettre en cause son ancien patron. Lâché par les Conventionnels le 24 novembre, Carrier tente de se suicider. S'ensuit un procès à grand spectacle, un déferlement de fantasmes qui, ajoutant à une réalité déjà terrible, créent le bouc émissaire permettant à tous ceux qui ont peu ou prou pactisé avec la Terreur de trouver pire qu'eux et de se refaire une virginité morale. Le 13 décembre, Carrier offre de tout révéler, mais il se reprend le lendemain, affirmant avoir détruit ses preuves. Ainsi achève-t-il de se sacrifier pour que vive la Révolution. « Je meurs victime et innocent, clame-t-il au matin du 16 décembre à l'énoncé du verdict qui le condamne à mort avec deux de ses acolytes. Mon dernier vœu est pour la prospérité de la République. » La Révolution aussi a ses martyrs.

Les noyades : des prêtres, puis des droit-commun, enfin des Vendéens.

L'exécution des demoiselles La Métairie par Debay.
Par deux fois Carrier fait guillotiner sans jugement,
affranchissant ainsi la Révolution de ses propres lois.

48. LES COLONNES INFERNALES DE TURREAU

SON NOM figure sur l'Arc de Triomphe parmi nos gloires nationales, et l'Empire l'a fait baron de Linières tandis que la Restauration l'a nommé chevalier de Saint-Louis. C'est Turreau, qu'un tribunal militaire a d'ailleurs blanchi le 19 décembre 1795, déclarant les accusations portées contre lui « non fondées et calomnieuses ». De quoi pourrait-on du reste accuser un « général qui a dignement rempli ses fonctions », dès lors que ni les manuels scolaires ni les ouvrages consacrés à la Révolution ne s'appesantissent sur ce qui s'est passé en Vendée au début de 1794 ? « Depuis 200 ans, explique néanmoins François Furet, la République a laissé la Vendée seule avec son malheur. » Que s'est-il donc passé de tellement inavouable, qui vaudrait à notre pays un tel trou de mémoire ?

Né en 1756 dans une famille bourgeoise normande, Louis-Marie Turreau profite de la Révolution pour acheter une abbaye et se lancer dans une carrière militaire. En 1793, il est général de brigade en Vendée, puis général de division. Nommé commandant en chef de l'armée des Pyrénées-Orientales, il ne tarde pas, le 4 novembre, à être affecté à l'armée de l'Ouest et, en chemin, il en reçoit même le commandement en chef par arrêté du Comité de salut public en date du 28 novembre. Bouchotte, qui a le portefeuille de la guerre, lui interdit-il expressément de passer par Paris ? Il passe outre et rencontre quelqu'un de si haut placé que, loin de lui en vouloir, son ministre lui parle désormais avec la déférence qu'on ne peut devoir qu'à un protégé du Comité de salut public.

De quelle mission spéciale l'a-t-on chargé ? L'entrevue n'a pas laissé de traces, mais la suite permet de s'en faire une idée. À cette époque, la défaite de l'armée vendéenne passée outre-Loire est désormais assurée. Du coup, les moins fanatisés parmi les Montagnards, Camille Desmoulins notamment, parlent d'amnistie et réclament une pause dans la Révolution. Le danger est donc réel pour Robespierre de voir son grand dessein purificateur compromis et lui-même de plus en plus isolé. Les militaires, tout particulièrement un

Le général Turreau.

Carpentier
Paris 83

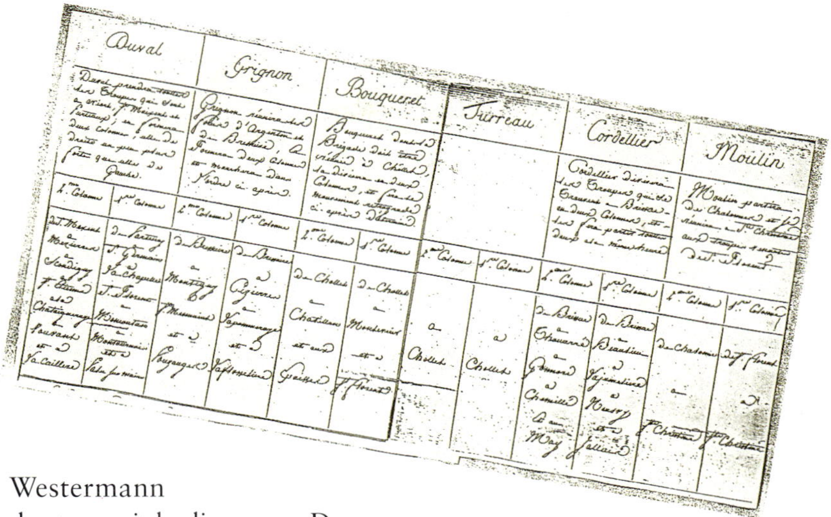

Ordre de Turreau.

Westermann dont on sait les liens avec Danton, ne vont-ils pas peser de tout le prestige que confère la victoire, pour faire pencher du côté des Indulgents ? Pour éviter tout cela, il devient urgent de confier le commandement en chef à un ambitieux dont on connaît par ailleurs la docilité. Turreau est l'homme de la situation. Le 19 décembre, il annonce l'imminence de la défaite de ce qui reste de l'armée vendéenne et assure de l'inconsistance des troupes de Charette de l'autre côté de la Loire. Sans aller jusqu'à une amnistie, il suggère des promesses qu'on pourrait ensuite ne pas tenir, mais qui précipiteraient la désertion parmi les insurgés. Le 25, reprenant une idée proposée par Choudieu le 31 juillet, il demande au Comité de salut public d'approuver « le plan qu'il a conçu de traverser la Vendée sur 12 colonnes pour assurer l'anéantissement total des rebelles ».

L'incendie de la Durbelière, par T. Drake.

Avant de lancer ses colonnes incendiaires, vite qualifiées d'infernales, Turreau tente cependant d'obtenir des représentants en mission l'ordre qui le couvrira quant au sort à réserver aux femmes et aux enfants. « S'il faut, leur écrit-il le 16 janvier 1794, les passer tous au fil de l'épée, je ne puis exécuter une pareille mesure sans un arrêté qui mette à couvert ma responsabilité. » Deux jours plus tard, écrivant au Comité de salut public, il lui joint cette lettre ; s'il sait pertinemment que de ce côté il n'obtiendra aucun ordre écrit, il tient en revanche à l'informer afin de ne pouvoir ensuite être accusé d'avoir

À la fin de 1793, la Vendée est vaincue. Après le combat, *par* Évariste Carpentier. *page ci-contre.*

agi à son insu. Dès le lendemain en effet, il notifie à ses 12 colonnes chargées de traverser la Vendée d'est en ouest un ordre de marche qui leur enjoint de tout détruire et de tout massacrer en ne conservant que 13 localités destinées à servir de points d'appui. « Tous les brigands, y lit-on, qui seront trouvés les armes à la main, ou convaincus de les avoir prises pour se révolter contre leur patrie, seront passés au fil de la baïonnette. On en agira de même avec les filles, femmes et enfants qui seront dans ce cas. Les personnes seulement suspectes ne seront pas épargnées, mais aucune exécution ne pourra se faire sans que le général ne l'ait préalablement ordonnée. » Parmi les premières victimes des colonnes, on trouve de nombreux partisans de la Révolution, que la fin de la guerre a fait revenir au pays. Mais les consignes étant de ne pas faire de détail, même les municipaux en écharpe sont sacrifiés. Le 24, le général croit pouvoir assurer que l'opération de destruction totale de la Vendée et d'extermination de sa population est en voie d'achèvement. « Si mes intentions sont bien secondées, explique-t-il aux représentants, il n'existera plus dans la Vendée, sous quinze jours, ni maisons, ni subsistances, ni armes, ni habitants que ceux qui, cachés dans le fond des forêts, auront échappé aux plus scrupuleuses perquisitions. » Deux semaines après le départ des colonnes, le Comité de salut public se décide enfin à approuver le plan du général tout en évitant soigneusement de se compromettre explicitement et en s'offrant le luxe d'attendre le résultat pour juger. « Tu te plains, lui écrit-il, de n'avoir pas reçu du Comité l'approbation formelle de tes mesures. Elles lui paraissent bonnes et tes intentions pures ; mais, éloigné du théâtre des opérations, il attend les grands résultats pour prononcer dans une matière sur laquelle on l'a déjà trompé tant de fois, aussi bien que la Convention nationale. »

« On en agira de même avec les filles, femmes et enfants... » Vitrail de Desjardins, La Salle-de-Vihiers.

Le massacre généralisé suscite la révolte du désespoir. Cerné, le général Moulin se suicide. La mort du général Moulin *par Benoît-Levy.*

Un témoignage parmi d'autres suffit pour évoquer cette extermination gratuite et délibérée d'une population, que l'Académie française a récemment qualifiée de « premier génocide moderne ». Il émane de Beaudesson, alors agent des subsistances militaires. « Les yeux, témoigne-t-il sous serment, ne se portaient partout que sur des images sanglantes ; partout les champs voisins étaient couverts de victimes égorgées. Voulant connaître et m'assurer par moi-même s'il restait encore des subsistances à enlever des maisons éparses çà et là à moitié brûlées, je me transportai dans quelques-unes. Mais qu'y trouvai-je ? Des pères, des mères, des enfants de tout âge et de tout sexe, baignés dans leur sang, nus et dans des postures que l'âme la plus féroce ne pourrait envisager sans frémissement. L'esprit se trouble même en y pensant. »

Cette tuerie ne tarde pas à engendrer une autre révolte, celle du désespoir. Plus de pardon cette fois, mais de terribles représailles à l'encontre des violeurs, des assassins de femmes et d'enfants, des incendiaires qui condamnent les rescapés à mourir de faim. La plupart des soldats, abrutis par l'alcool qui leur permet de s'affranchir de tout sentiment humain, ne pensent plus qu'à remplir leur havresac du fruit de leurs pillages. Les revers ne tardent donc pas, et le 8 février les rebelles osent même attaquer Cholet, siège de l'état-major républicain. Tentant vainement d'enrayer la panique, le général Moulin, lâché par ses troupes et blessé, se suicide. Du coup, le Comité de salut public croit devoir se justifier devant la Convention. Par la voix de Barère, il déplore l'exécution « barbare et exagérée » des décrets, c'est-à-dire les bavures commises à l'encontre des patriotes, mais ne propose pas pour autant de changer quoi que ce soit vis-à-vis d'une « effroyable population née pour la révolte », ni d'un pays qu'il faudra « repeupler d'habitants fidèles ».

Les deux députés Hentz et Garrau sont envoyés sur place pour presser Turreau d'en finir. Avec Francastel et Prieur, membre du Comité de salut public, ils rencontrent le 19 février le général en chef, qui leur fait une excellente impression. « La Guerre de Vendée, écrivent-ils au Comité, ne sera complètement terminée que quand il n'y aura plus un habitant dans la Vendée. » Mais ils sont optimistes : le général promet de les détruire tous sous quinze jours. C'est clair : Turreau n'est que l'exécutant d'une politique délibérée d'extermination voulue par le Comité et orchestrée par les quatre représentants. « La race d'hommes qui habite la Vendée est mauvaise », expliquent-ils sur tous les tons, mais tout sera bientôt terminé, puisque sur une population initiale qu'ils évaluent à 160 000 personnes, il n'en reste plus selon eux que 15 à 20 000.

Combien de Vendéens périssent ainsi, victimes d'une tuerie que la victoire de Savenay rend militairement inutile et qui ne fait que relancer la guerre ? Entre 140 000 et 190 000, a démontré Jacques Hussenet, soit plus

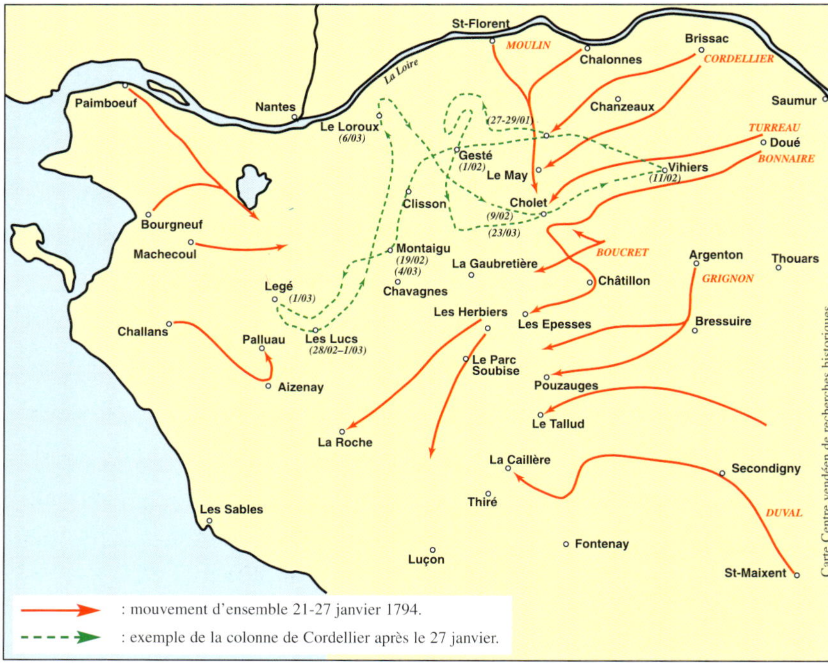

Le trajet des colonnes infernales.

Le massacre de vingt femmes et enfants au moulin de la Reine à Montilliers, par Clamens. Deux soldats prennent sur eux de demander à prendre à leur service deux des enfants et les sauvent de la mort. Quelques actes d'humanité, dans le cadre de l'immolation gratuite et systématique de la population.

d'un sur cinq en moyenne, un sur deux dans certains coins, mais sans qu'on puisse faire le partage entre ceux qui ont été tués à la guerre et les victimes des massacres. L'état civil clandestin, tenu par des prêtres réfractaires, est incomplet. Et puis tout est si contrasté : tel village échappe aux républicains, tandis que dans tel autre tout le monde ou presque est massacré. Il y a Pouzauges, Le Boupère, Mouchamps, Gesté, Tiffauges, où Cordellier annonce avoir « fait passer derrière la haie environ 600 particuliers des deux sexes ». Clisson, où les troupes précipitent leurs victimes dans le puits du château. Chavagnes, La Gaubretière, où l'on montre encore *la vallée des Royards*, c'est-à-dire des hurleurs, et *le champ des Oreilles*, à cause des mutilations. La Gaubretière, Chanzeaux, Legé, Vezins où 1 200 personnes, femmes, enfants, vieillards et blessés, sont massacrées. Parfois avec des raffinements de cruautés inracontables.

Retrouvés récemment dans le puits de Clisson, les restes des victimes.

Mais tout cela, insinuent les négationnistes, a-t-il bien existé ? Et de reprendre le discours déjà en usage chez les massacreurs : la guerre, les débordements des plus extrémistes, les violences inhérentes à toute Révolution... C'est pour cela que Les Lucs tiennent une place à part. Au matin du 28 février, Cordellier et son adjoint Martincourt progressent le long de la Boulogne en direction de cette localité où Charette leur a été signalé. Chemin faisant, leurs troupes s'égaillent afin de mieux incendier les villages des alentours et de massacrer leurs habitants. Une femme près d'accoucher n'a pas eu le temps de fuir : on lui coupe la langue, on lui fend le ventre et l'enfant est enfilé sur une baïonnette. Ainsi occupés, les soldats de Martincourt sont surpris par les troupes de Charette et se débandent, entraînant dans leur panique ceux de Cordellier. Le lendemain celui-ci, secondé par Rougé, l'adjoint de Haxo, revient depuis Legé en traçant une nouvelle route de feu et de sang.

Les assassins ne se vantent guère de leurs exploits. Quant aux rescapés, ils s'efforcent eux aussi d'oublier. On ne reconstruit pas sur l'horreur. La mémoire populaire retient bien telle image forte, comme celle du curé Voyneau venu au-devant des tueurs et auquel ceux-ci auraient arraché la langue et le cœur. Ou encore l'église du Petit-Luc écroulée à coups de canon sur ceux qui s'y seraient réunis pour prier. Faut-il s'acharner à dénoncer de pieuses légendes ? Lorsque l'histoire est confisquée par les vainqueurs, il ne reste plus aux victimes que le mythe qui, parfois brodant sur des détails, révèle peut-être l'essentiel. Aux Lucs, cependant, un document est là pour attester l'affreuse réalité : la liste des massacrés, établie le 30 mars par le curé Barbedette et validée par les récents travaux de Pierre Marambaud. Sur les 564 morts, on compte au minimum 127 enfants de moins de 10 ans...

Pourquoi la Vendée ne disparaît-elle pas alors complètement ? La population se réfugie dans les genêts, en lesquels les tueurs hésitent à s'aventurer, ou dans des forêts comme celle de Grasla. Et puis les Indulgents groupés autour de Danton, arrêtés le 30 mars, sont guillotinés le 5 avril. Dès lors, le grand massacre cesse d'être politiquement utile. Le même jour, le Comité de salut public adresse à Hentz et Francastel une courte lettre qui leur impute la responsabilité des crimes commis en Vendée. « Il y a de grandes réclamations, y lit-on, contre les mesures de sévérité et de sûreté que *vous* avez cru devoir prendre. » Déjà le 1er avril, le Comité a entendu le député du Morbihan Lequinio évoquer entre autres les nourrissons portés au bout des baïonnettes et les femmes violées puis massacrées. Ce ne sont pourtant pas ces bavures qui, aux yeux de ce Pur, motivent l'adoption d'une autre politique, mais seulement l'impossibilité pratique d'achever l'extermination.

Ils convergent vers Les Lucs en longeant la Boulogne, massacrant les villageois. Selon la mémoire locale, l'abbé Voyneau, curé du Petit-Luc, venu à leur rencontre pour les supplier, aurait été affreusement supplicié.

« Si la population qui reste n'était que de trente à quarante mille âmes, estime le terroriste, le plus court sans doute serait de tout égorger, ainsi que je le croyais d'abord ; mais cette population est immense : elle s'élève encore à 400 000 hommes. » Dès lors, tout va très vite. Sur place, les autorités luçonnaises n'hésitent plus, dès le 2 avril, à dénoncer Goy-Martinière pour viol et pillage ; traduit le 11 devant la commission militaire de Fontenay, il est aussitôt exécuté. Les représentants s'esquivent, non sans manifester leur satisfaction du travail bien fait. « Vous pouvez, marquent-ils au Comité de salut public le 23 avril, être assurés que la Vendée est un désert, et qu'elle ne contient pas 12 000 personnes vivantes. » Le 13 mai, Vimeux remplace Turreau, qui est nommé une semaine plus tard à Belle-Ile-en-Mer, tandis que plusieurs de ses lieutenants sont maintenus. Les massacres s'espacent, et un plan de pacification se met en place, à base de camps retranchés.

Maintenant qu'il s'est débarrassé de ses rivaux hébertistes et dantonistes, et qu'il a copieusement saigné la Vendée, Robespierre a désormais les mains libres pour édifier la cité idéale. Le 10 juin, il inaugure à Paris la Grande Terreur, qui supprime les dernières formes juridiques et accroît le contingent quotidien de guillotinés. Le 27 juillet cependant, s'estimant menacés, d'autres terroristes renversent l'Incorruptible. S'ensuit la désagrégation progressive de la Terreur, dans laquelle le procès de Carrier joue un rôle capital. Inculpé le 29 septembre, Turreau paraît à la barre le 7 décembre, mais nie toute responsabilité. Il n'est pas un Pur, lui, seulement un arriviste dénué de scrupules. Depuis sa prison, il rédige ses *Mémoires*, dans lesquels il fait comprendre que sa condamnation en entraînerait bien d'autres. Refusant le 4 novembre 1795 de profiter de l'amnistie offerte aux terroristes, il finit par être blanchi le 19 décembre par un tribunal militaire.

Au total, le Comité de salut public n'a donc jamais délivré l'ordre écrit d'exterminer la population vendéenne. Les représentants n'ont été sur place, assurent-ils, qu'en passant. Turreau, dûment réhabilité, poursuit sa carrière avec avantage et, le 15 décembre 1816, il meurt dans son lit. Quant aux exécutants, ils avaient des ordres, et du reste, comme l'attestent les rapports, ils n'ont ni incendié ni tué, seulement *éclairé la campagne* et *passé derrière la haie*. Reste un crime sans coupable. Et un trou béant dans notre mémoire nationale.

En 1941, soit près d'un siècle et demi plus tard, la mémoire populaire, de laquelle sont issus les vitraux réalisés par Fournier pour l'église des Lucs, est difficilement vérifiable : ainsi la présence peu vraisemblable d'un canon dans la colonne de Cordellier. Mais l'essentiel n'est-il pas le souvenir indélébile de la seule prière opposée aux tueurs et de l'innocence assassinée ?

Reconstituée par une association, une cabane en forêt de Grasla.

Un mois plus tard, l'abbé Barbedette, curé du Grand-Luc, dresse la liste des victimes.

« Année 1794. Suivent les noms, surnoms, âges et domiciles des personnes massacrées en la paroisse du Grand-Luc par des assassins ennemis de l'autel et du trône de France réunis en troupe le vendredi vingt-huit février 1794. »
[suivent 459 noms, un feuillet ayant très probablement été perdu.]
« Lesquels noms ci-dessus – au nombre de 564 – des personnes massacrées en divers lieux de la paroisse du Grand-Luc, m'ont été référés par les parents échappés au massacre, pour être inscrits sur le présent registre, autant qu'il a été possible de les recueillir dans un temps de la persécution le plus atroce, les corps morts ayant été plus d'un mois sans être inhumés dans les champs de chaque village du Luc : ce que j'atteste comme trop véritable, après avoir été témoin oculaire de ces horreurs et exposé plusieurs fois à en être aussi la victime. Au Luc, ce 30 mars 1794, Barbedette, curé du Luc. »

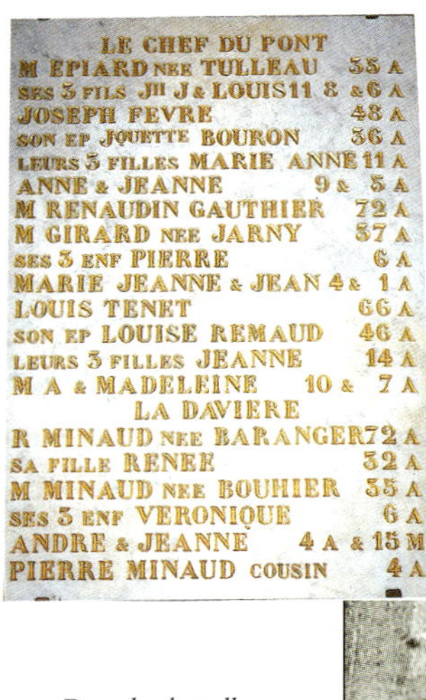

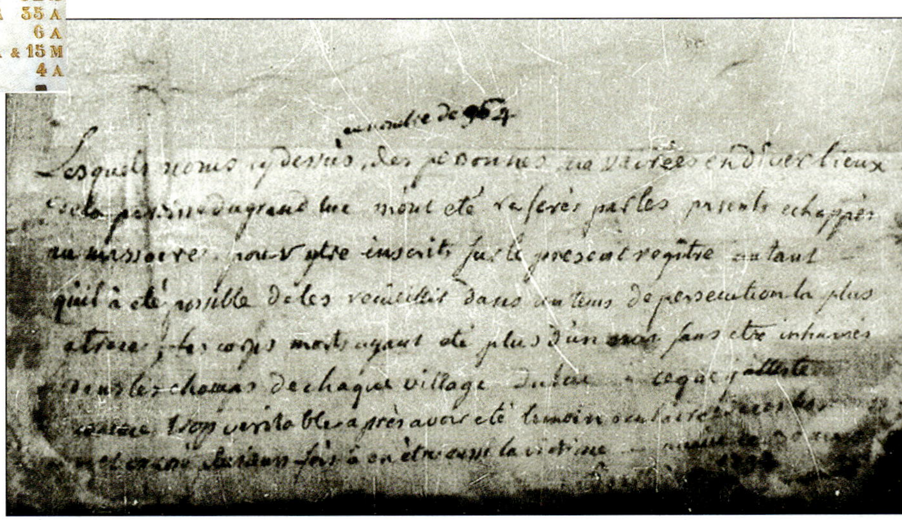
au nombre de 564

Dans la chapelle reconstruite vers 1870, des plaques de marbre reproduisent la terrible liste.

Lequinio.

Après Thermidor, d'anciens terroristes reconvertis feindront de découvrir les horreurs afin de s'en exonérer et d'en charger le dernier carré des maximalistes. Ainsi le journaliste Prudhomme, qui a accompagné la Terreur et qui publie maintenant un Tableau d'une partie des crimes commis pendant la Révolution et particulièrement sous le règne de la Convention nationale.

Les Hébertistes en route pour la guillotine, de Berthault/Duplessis.

La Fête de l'Être Suprême dévoile les ambitions de Robespierre. La fin est proche.

Sans cesse la Terreur s'invente des ennemis. La chute de Robespierre brise cette spirale infernale.

Tandis que les colonnes infernales dévastent le pays, la petite Rose Giet, revenant de l'école, demande ingénument son chemin à un soldat. À la main, elle tient une statuette de la Vierge, qu'un bombardement aurait fait tomber dans son tablier. Plus tard, sur les instances du curé de sa paroisse, elle fondera la communauté des filles de la charité du Sacré-Cœur de Jésus. Le côté édifiant de cette histoire, telle que contée par un vitrail de Desjardins à La Salle-de-Vihiers, n'altère pas la crédibilité globale de cette histoire, dans la mesure où elle intègre des éléments discordants, qu'on ne trouverait pas dans un discours idéologique.

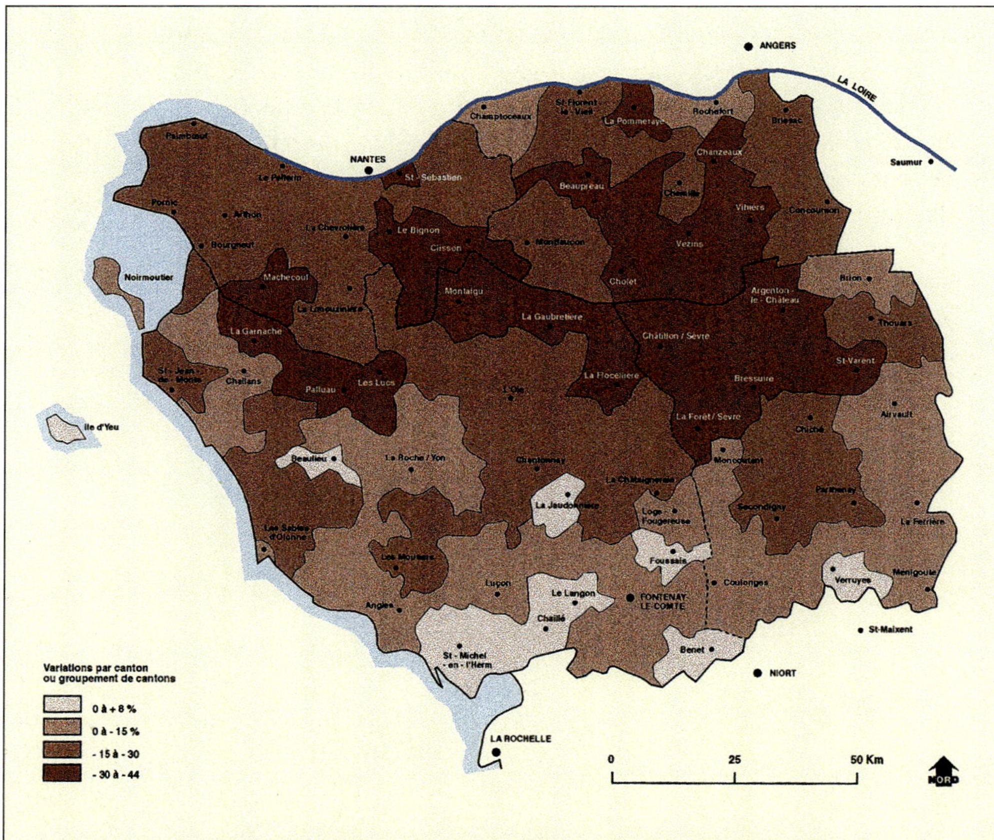

La dépopulation de la Vendée militaire entre 1790 - 91 et 1800

D'après J. Hussenet.

49. LE CHEVALIER CHARETTE

Mais qui donc est Charette ? Les autres chefs de la rébellion, tels des météores, disparaissent aussitôt apparus, laissant des images fortes qui se fondent dans la geste vendéenne. Cathelineau en symbolise le caractère éminemment populaire et la piété, La Rochejaquelein la jeunesse et l'intrépidité, et Bonchamps demeure auréolé de son pardon tel que David d'Angers l'a immortalisé dans le marbre à Saint-Florent-le-Vieil. Charette, quant à lui, suscite tout à la fois le blâme et l'admiration, l'exécration et l'idolâtrie. Michelet, par exemple, l'accuse de fasciner toutes les femmes, les grandes dames comme les paysannes, et de ne pas se priver d'en changer « toutes les nuits ». Observant le masque mortuaire du chef vendéen, le grand historien « sent là une race à part, fort heureusement éteinte, comme plusieurs races sauvages ». De son côté pourtant, Napoléon ne peut dissimuler son admiration. « Je lui vois, confie-t-il, faire des choses d'une audace peu commune : il laisse percer du génie. » Le désaccord est tout aussi profond dans l'autre camp. « Charette, se réjouit Le Bouvier-Desmortiers, son premier biographe, servit toujours fidèlement son Dieu, son roi et ne trompa que ses maîtresses. » Et ce partisan inconditionnel de s'en prendre violemment à la marquise de La Rochejaquelein dont les Mémoires, assure-t-il, « sont le cloaque de tous les libelles vomis contre ce général par les écrivains révolutionnaires qu'elle a copiés mot pour mot, et auxquels elle en a rajoutés de sa façon qui les rendent plus atroces ».

Le masque mortuaire de Charette, réalisé le jour de l'exécution par le plâtrier Cazanne.

Officier de marine, Charette participe à la Guerre d'Indépendance américaine. Le combat de La Surveillante *contre* Le Québec *en 1779, au large d'Ouessant, témoigne de la violence des affrontements.*

Le logis de Fonteclose.

Traité par Drake à la manière romantique, Charette quittant Fonteclose pour faire la guerre.

Tentons de comprendre pourquoi ce personnage suscite des sentiments aussi opposés. De son origine, on retiendra surtout qu'il naît le 21 avril 1763 à Couffé près d'Ancenis, au manoir de la Contrie dans une famille de petite noblesse désargentée. Orphelin de surcroît, il doit beaucoup à la protection de son parrain, Louis Charette de la Gascherie, doyen du parlement de Bretagne, ardent défenseur des libertés provinciales, et à ce titre plusieurs fois embastillé par la monarchie. Nommé aspirant garde de la marine en 1779, il est sévèrement jugé par ses camarades Viella, La Pasture et Las Cases. Certes, le premier lui reconnaît du caractère et beaucoup de sang-froid et le second une réelle bravoure. Mais ils s'accordent pour le juger insipide, irritable, « et surtout extrêmement indolent ». Tous s'amusent d'un personnage aussi affecté, juché sur des talons très hauts, affublé de deux chaînes de montre, et dont les cheveux sont décidément trop crêpés, trop poudrés, même pour un militaire. À ce petit maître très XVIIIe siècle, aucun en somme ne voit un quelconque avenir.

Le jeune homme, devenu lieutenant de vaisseau en 1787, obtient son congé en août 1789 et se fait mettre à la retraite en novembre 1790. Le 25 mai précédent, le petit cadet de marine a en effet épousé Marie-Angélique Josnet de La Doussetière, la riche veuve d'un de ses cousins, de 14 ans son aînée. Le 2 février 1792 naît un petit Louis-Athanase, qui meurt pendant les fêtes de Pâques. Le ménage, cependant, souffre déjà de l'inconstance de Charette, impénitent coureur de jupons. Son émigration n'est pas prouvée, pas plus que sa participation à la défense des Tuileries, le 10 août. À en juger par son amitié avec Dumouriez, Charette ne paraît pas rejeter la Révolution de 1789. Seul noble ou presque à être présent au pays lors de l'insurrection, il ne saurait cependant se dérober à ceux qui viennent le débusquer de son logis de Fonteclose. Le 14 mars, il est à Machecoul à la tête de 80 paysans. Mais à la différence du reste de la Vendée, la société

L'une des amazones, Mme de Bulkeley, faisant le coup de feu au combat de La Roche-sur-Yon.

paraît ici plus segmentée et le soulèvement moins massif. D'où sans doute l'inconsistance de ces soldats de fortune qui, moins pieux qu'ailleurs, nourriront de surcroît une solide réputation de cruauté. Leur indiscipline également, qui multiplie les chefs de bande jaloux de leur indépendance, comme Guérin, Pajot, La Cathelinière, Vrignaud et Joly. L'ascension de ce dernier est cependant brisée net par ses échecs, les 24 et 29 mars, devant Les Sables d'Olonne. Du coup la garnison de celles-ci, commandée par Boulard, reconquiert Saint-Gilles le 9 avril, Challans le 12 et défait Charette à Saint-Gervais le 15. De son côté Beysser investit Port-Saint-Père le 20, Machecoul le 22, Bourgneuf et Saint-Philbert-de-Grand-Lieu le 26, tandis qu'un détachement de l'escadre de Villaret-Joyeuse occupe Noirmoutier le lendemain. Alors que partout ailleurs l'insurrection triomphe, ici Charette n'est encore qu'un petit chef de bande qui éprouve le plus grand mal à s'imposer.

Trop faible, d'Elbée est fusillé dans un fauteuil.

Compagnon d'armes et rival : Stofflet visitant des blessés. Vitrail de Clamens, Le Pin-en-Mauges, ci-dessous.

Le 30 avril cependant, il bat une colonne de Beysser à Legé. C'est là qu'il installe son quartier général. Il y fait couper les haies, prouvant par là que, comme les autres généraux, il raisonne en termes de guerre régulière et ne songe aucunement à mener une quelconque guérilla. Autour de lui gravitent les fameuses amazones, Mme de La Rochefoucauld, Mme de Bulkeley et les autres, qui forment une cour d'amour assez libre de mœurs pour faire le coup de feu. Tandis que ceux des Mauges, confrontés à la guerre, accentuent leur dévotion, ici on danse gaiement toute la nuit qui précède l'attaque, sous la conduite d'un chef vêtu de quelque invraisemblable veste couleur chair à brandebourgs d'or avec, nouée sous son chapeau, une fine pièce de mousseline brodée.

Avant la mi-juin, Charette reprend Machecoul, Port-Saint-Père et Bourgneuf. Le 29, il est chargé d'attaquer Nantes par le sud, tandis que la Grande armée catholique et royale l'investira par l'autre côté. Malgré ses 10 à 15 000 hommes, il ne peut venir à bout des ponts, solidement défendus, tandis que les autres, trop peu nombreux, ne tardent pas à refluer. On sait la responsabilité de Charette ensuite, dans la défaite du 14 août devant Luçon. Un mois plus tard, Kléber attaque depuis Nantes, poussant vers l'est Charette encombré d'une dizaine de milliers de non-combattants. Après le coup d'arrêt de Torfou, Lescure et lui reçoivent pour mission de déloger Beysser de Montaigu pour ensuite empêcher Kléber d'échapper à Bonchamps et d'Elbée. Mais ils oublient leur mission pour se porter au secours des habitants de Saint-Fulgent, sauvant ainsi les Mayençais d'une complète destruction. S'estimant lésé lors du partage du butin, Charette fait désormais bande à part, ce qui lui vaut de ne pas participer à la Virée de Galerne.

La mort de La Rochejaquelein.

Le traité de La Jaunaye, ci-dessous.

Charette le royaliste : dans son portefeuille, un médaillon représentant, de part et d'autre du pied de l'urne et contre les troncs, les portraits des quatre membres de la famille royale.

Seul général à être resté au pays, il reprend Noirmoutier le 11 octobre, où il reçoit la capitulation de Wieland et lui rend son épée, à l'ancienne manière. Là se réfugie d'Elbée, blessé à Cholet. Ordre cependant est donné par le Comité de salut public de reprendre l'île ou de l'engloutir dans la mer, tandis qu'avec 5 ou 6 000 hommes Haxo doit attaquer Charette partout où il sera signalé. Cerné à Bouin le 6 décembre, celui-ci parvient à s'enfuir. Le 12, il est aux Herbiers, où les autres l'élisent général en chef.

CITOYENS,

AUTRE ARRÊTÉ

Les représentans du peuple près l'armée et dans les départemens de l'Ouest, et des côtes de Brest et de Cherbourg.

ARTICLE PREMIER.

AUTRE ARRÊTÉ

Les représentans du peuple près l'armée et dans les départemens de l'Ouest, et des côtes de Brest et de Cherbourg, arrêtent :

ARTICLE PREMIER.

EXTRAIT

Du procès-verbal de la Convention nationale, du vingt-quatrième jour de ventôse, l'an troisième de la République Française, une et indivisible.

Pour copie conforme,
Le Représentant du peuple, MORISSON.

DÉCLARATION
DES CHEFS DE LA VENDÉE.

Le 3 janvier 1794, Haxo et Jordy reprennent Noirmoutier. En dépit de la capitulation, les représentants Prieur, Bourbotte et Louis Turreau font fusiller plus d'un millier de personnes, dont d'Elbée qui, ne pouvant se tenir debout, est exécuté dans un fauteuil. Après la destruction de la Grande armée catholique outre-Loire, la Guerre de Vendée est terminée. Dans les Mauges, les plus ardents sont morts, et les hommes de Charette sont pour la plupart rentrés chez eux, découragés. C'est alors que Turreau entreprend d'exterminer la population en partant de l'est, c'est-à-dire en s'en prenant d'abord à la région la plus vulnérable. Ce massacre systématique suscite une nouvelle révolte et apporte à Charette de nouvelles recrues qui ne respirent que vengeance. Abandonnant une impossible défense du territoire et de ses habitants, celui-ci inaugure ce que Le Bouvier-Desmortiers appelle finement « l'art des déroutes ». Ponctuée de plus de défaites que de victoires, cette guerre du faible au fort, avant même de reposer sur une intime connaissance du terrain, s'appuie sur l'inébranlable volonté de ne pas abdiquer son droit et sur la certitude que la victoire finale appartiendra au peuple en lutte contre l'oppression. Que cette guerre soit tissée d'atrocités réciproques ainsi que de sanglants règlements de compte entre chefs rivaux n'y change rien, même si cela tranche avec l'épopée de l'année précédente : Charette devient l'âme de la résistance vendéenne contre les massacreurs.

Le débarquement de Quiberon.

On ne saurait énumérer ici les multiples escarmouches dont cette sale guerre est ponctuée. Haxo, le plus fidèle ennemi du chef vendéen, l'évoque un mois tout juste avant d'être tué le 19 mars aux Clouzeaux. « Ce n'est pas chose aisée, confie-t-il à Carnot, de trouver Charette et encore moins de le combattre ; il est aujourd'hui à la tête de 10 000 hommes et, le lendemain, il erre avec une vingtaine de soldats. Vous le croyez en face de vous, il est derrière vos colonnes ; il menace tel poste dont il est bientôt à dix lieues. Habile à éluder un combat, il ne cherche qu'à vous surprendre pour égorger vos patrouilles. » Ailleurs en Vendée, La Rochejaquelein et Stofflet, qui ont

La capture de Charette.

À la Chabotterie, la table de la cuisine, où Charette aurait été allongé pour être pansé.

Charette conduit au supplice. Un prêtre non assermenté lui donne discrètement l'absolution. Vitrail de Clamens, Le Pin-en-Mauges.

L'exécution, ci-dessous.

Hoche (1768-1797), page ci-contre.

réussi à repasser la Loire avec quelques hommes, s'apprêtent à mener le même type de combat, lorsque le 6 février le premier est tué. Dorénavant, une solide rivalité s'installe entre les deux derniers généraux, à peine rompue le 22 avril par l'entrevue de la Boulaye.

Les colonnes infernales ayant rendu Charette plus puissant que jamais, il peut, depuis son quartier général de Belleville, détruire les 7 et 14 septembre 1794 les camps retranchés de la Rouillère et Fréligné. Mais depuis la chute de Robespierre le système terroriste se désagrège, au point qu'une amnistie est offerte le 2 décembre aux Vendéens qui rendraient leurs armes. Des négociations engagées entre le représentant Ruelle et Charette aboutissent le 17 février 1795 à ce qu'on appelle improprement la paix de la Jaunaye. Apparemment, les représentants cèdent sur tout : l'exemption d'impôts et de service militaire, l'indemnisation et l'emploi sur place des anciens combattants, la liberté de culte, et il paraît probable qu'on a laissé entrevoir aux Vendéens, au terme de la réaction en cours contre les excès de la Révolution, le rétablissement possible de la monarchie. Mais en attendant, les représentants ont obtenu l'essentiel : la reconnaissance de fait de la République, et surtout, en donnant satisfaction aux Vendéens sur tous les griefs qui étaient les leurs au début de l'insurrection, ils en ont brisé le

ressort. Rentrés chez eux, les artisans et les paysans vont s'occuper à reconstruire leur pays dévasté, et peu d'entre eux seront désormais disposés à se soulever de nouveau pour une lutte qui sera devenue purement politique. Le 26 février, Charette défile dans Nantes. Le triomphe. Sauf qu'il a au chapeau un plumet tricolore et au cœur une certaine amertume.

Le 19 avril, un pareil accord est signé avec les chouans, et le 2 mai avec Stofflet. Et c'est maintenant que les émigrés, toujours en retard d'une révolution, commencent à réaliser la grandeur de la résistance vendéenne. Le 1er février 1795 depuis Vérone, le régent appelle Charette « le second fondateur de la monarchie » et lui clame son « désir ardent de le joindre pour partager ses périls et sa gloire ». Les mots ne coûtent rien. Quant aux partisans du duc d'Orléans, qui tentent de le circonvenir par le truchement de Dumouriez, ils s'attirent une énergique rebuffade. « Dites au fils du citoyen Égalité, aurait lancé le Vendéen, qu'il aille se faire foutre. »

La paix de la Jaunaye s'avère de plus en plus être un marché de dupes. Est-ce d'avoir appris la mort le 8 juin du petit prisonnier du Temple ? Le 25 juin, au moment où les émigrés débarquent à Quiberon, Charette rouvre les hostilités. Le 8 juillet, le régent le nomme officiellement « général de mon armée catholique et royale ». Incapable d'habiletés politiciennes, Charette ne sait que clamer sa fidélité. « Je renouvelle, déclare-t-il depuis Belleville, le serment à jamais irréfragable de ne déposer les armes que lorsque l'héritier présomptif de la couronne sera sur le trône de ses pères, que lorsque la religion catholique sera reconnue et fidèlement protégée. » Et il réclame la venue d'un prince de sang.

Le 9 août 1795, apprenant que, malgré leur reddition, 700 émigrés de Quiberon ont été fusillés sur l'ordre des représentants, il fait à son tour exécuter entre 100 et 300 prisonniers. Le 16 septembre, le comte d'Artois, frère du régent, lui annonce sa venue, et le 30 il est sur l'île d'Yeu. Après l'avoir vainement attendu à La Tranche le 12 octobre, Charette constate, amer, l'écart entre son dévouement et la veulerie politicienne. « Dites au prince, aurait-il déclaré à son émissaire, qu'il m'envoie l'arrêt de ma mort. Aujourd'hui j'ai 15 000 hommes autour de moi ; demain il ne m'en restera pas 300. Je n'ai plus qu'à me cacher ou à périr les armes à la main ; je périrai. »

Du côté de la République, on a enfin donné carte blanche à Lazare Hoche, né en 1768, entré dans les Gardes françaises en 1784, et que ses talents militaires et politiques propulsent le 14 septembre à la tête de l'armée de l'Ouest. Rompant avec les séquelles de la Terreur, le jeune général empêche les exactions des troupes et tolère le culte catholique, ce qui lui permet de désarmer peu à peu les paroisses. Lâché par le clergé, traqué par des colonnes mobiles que renseignent de nombreux espions, Charette recommande à ses partisans de l'abandonner. Le 25 février, Stofflet, capturé deux jours auparavant, est fusillé. Écartant la proposition de Hoche, qui lui offre un sauf-conduit pour passer à l'étranger, Charette ne mène plus qu'une lutte sans espoir, et maintenant même dépourvue d'objet. Et c'est là qu'il est le plus grand peut-être : dans cette fidélité qui transcende les engagements partisans.

Le dévouement du dernier carré, qui se sacrifie pour lui, n'y peut rien. Capturé le 23 mars 1796 dans les bois de la Chabotterie, Charette est, six jours plus tard, fusillé sur l'actuelle place Viarme. Mais l'homme n'est pas encore mort, qu'une légende est née. Mesuré à l'aune de la rentabilité bourgeoise, que peut valoir Charette, lui que n'encombrent ni l'argent, ni même le réalisme ? On comprend également pourquoi la froide rationalité révolutionnaire, telle qu'incarnée par Robespierre, n'a pu que haïr en lui la légèreté, le sens de l'honneur et le panache. Égaré dans un monde de pisse-froid acharnés à inventer une société parfaite, homme à toilettes et à femmes, ce libertin, cet épicurien bourré de défauts, se hisse à la hauteur des événements et même au-dessus. Il réinvente l'indifférence face à l'adversité, la fidélité comme une valeur en soi. « Il n'avait peut-être pas une de ces âmes pures et chevaleresques, estime la marquise de La Rochejaquelein, qui ne l'aime guère à cause de sa légèreté, mais au plus fort de la détresse, quant tout semblait perdu sans ressource, on le voyait, le sourire sur les lèvres, relever le courage de ceux qui l'entouraient, les mener au combat, les pousser sur l'ennemi et les maintenir devant lui jusqu'à la dernière extrémité. » Ce sourire de défi est essentiel, chez le chevalier Charette.

Si le plus souvent les représentations des généraux vendéens participent surtout de la légende tissée lors de la restauration, Charette nous a en revanche laissé des portraits réalisés de son vivant. Exécuté à l'attention de Mme Gasnier-Chambon en févier 1795, celui de gauche paraît le plus ancien. On découvre Charette tel que décrits par les témoins : un petit maître très XVIIIe siècle vêtu avec recherche et raffinement.

La longue traque le fait mûrir considérablement. Charette prisonnier, par Louis Crucy.

Ensuite la légende s'empare du chef vendéen : depuis le brigand honni par ses adversaires, jusqu'au héros peint en 1819 par Paulin Guérin, page suivante.

50. NAPOLÉON ET LA VENDÉE

Le 8 août 1808 l'Empereur, poursuivant sa visite commencée la veille, est aux Quatre-Chemins-de-l'Oie. « C'est donc ici, lance-t-il à la multitude venue à sa rencontre, que vous avez battu ceux qui avaient battu tous les autres ? » Parmi d'autres se présente Melle Regrenil qui, vêtue en homme, a naguère mené les siens contre les soldats de la Révolution. Napoléon la félicite pour son courage et l'embrasse. Puis, avisant un homme près d'elle : « Et vous monsieur, qui saluez si bas, qui êtes-vous ? — Sire, je suis le maire de Sainte-Florence et le frère de Melle Regrenil. — Que faisiez-vous, pendant que votre sœur se battait si bien ? — Sire, répond le maire, qui s'imagine être habile, moi, j'étais neutre. — Neutre, riposte Napoléon ; neutre, alors vous n'étiez qu'un lâche et un Jean-foutre. » L'anecdote est plus significative qu'il n'y paraît, dans la mesure où, lorsque plus tard Louis XVIII ordonnera aux Vendéens de rendre leurs fusils, la même Melle Regrenil brisera le sien. On entrevoit ainsi la clé d'un mystère : pourquoi les Vendéens, déçus par les Bourbons, se sont somme toute assez bien accommodés de Napoléon, héritier pourtant de la Révolution, mais qui a l'intelligence d'un grand politique, celle de reconnaître la grandeur des vaincus.

De prime abord, la réussite de la pacification napoléonienne n'allait pourtant pas de soi. Le pays, écrit le préfet Merlet, est totalement incendié, et « à quelques exceptions près il n'est pas resté debout une seule habitation ». Et puis comment oublier les disparus, souvent victimes d'atrocités sans nom ? Surtout que les partisans de la Révolution sont réapparus en dominateurs et que certains guides des colonnes sont revenus carrément vivre parmi ceux qu'ils ont dénoncés. Du côté du pouvoir tel qu'issu de la Révolution, les chances d'une pacification véritable paraissent tout aussi minces. Certes, avec l'élimination de Robespierre le ressort est cassé, mais la seule préoccupation du personnel politique est désormais de se maintenir coûte que coûte. Les élections lui sont-elles défavorables ? Il recourt au coup d'État, et du reste la guerre révolutionnaire, transformée en conquête de l'Europe, constitue le plus opportun des dérivatifs. L'hostilité grandissante de l'opinion, avivée par la crise financière, ne trouve cependant pas de réponse chez un Louis XVIII qui n'a pas encore compris que celle-ci, même dégoûtée de la république, n'acceptera en aucun cas le retour à l'Ancien Régime.

Melle Regrenil, héroïne vendéenne et sœur d'un Jean-foutre.

Le 24 août 1797, le Conseil des Anciens abroge les persécutions à l'encontre des prêtres réfractaires, mais cette évolution inquiète les Jacobins qui organisent, avec l'appui des militaires, le coup d'État du 18 fructidor, c'est-à-dire du 4 septembre. Aussitôt, 17 prêtres vendéens revenus d'Espagne sont emprisonnés en attendant leur déportation en Guyane, appe-

La région a perdu quelque 170 000 personnes. L'apothéose de Hoche, *vue par l'Anglais James Gillray.*

La persécution religieuse se poursuit. Une messe clandestine, vitrail de Clamens aux Lucs, ci-dessous.

lée la « guillotine sèche » du fait qu'on y meurt à petit feu. Une sourde agitation reprend, sur fond de refus des impôts et des réquisitions en tous genres, ponctuée par des incendies, des vols à main armée, voire des assassinats. L'abstention aux élections est massive, et l'ajournement, dans les départements les plus sensibles, de la conscription décrétée le 24 septembre 1798, n'empêche pas ce qu'on appelle un peu pompeusement la Troisième Guerre de Vendée de prendre corps. Des bandes d'insoumis agressent les patriotes et, dans la nuit du 20 au 21 octobre 1799, à la faveur d'un épais brouillard, celles-ci investissent la ville de Nantes. Travot, qui ne peut compter sur les meilleurs soldats, partis en Égypte avec Bonaparte, bat le rappel de ses anciens chasseurs de la Vendée. À la tête de 900 hommes, il parvient le 4 novembre à vaincre aux Aubiers les troupes de d'Autichamp, pourtant dix fois plus nombreuses. Sa modération et la généralisation des colonnes mobiles ne constituent cependant qu'une solution provisoire : la pacification véritable nécessite une solution politique, et celle-ci passe par la restauration de l'autorité de l'État.

C'est chose faite par Bonaparte le 9 novembre 1799 ou 18 brumaire, grâce à un coup d'État. Les royalistes, qui espèrent trouver en lui le futur restaurateur de la monarchie, doivent bien se rendre à l'évidence : celui-ci agit pour son propre compte et ne leur offre de choix que de se mettre à son service ou d'être exterminés. Le 28 décembre, il offre l'amnistie à ceux qui déposeront les armes, et le 18 janvier suivant ses émissaires signent avec les chefs royalistes la paix de Montfaucon-sur-Moine. De fait, nombre de ces derniers reprendront peu à peu du service dans l'armée et reconstitueront leur patrimoine grâce aux générosités du Premier consul. C'est que ce dernier se démarque vigoureusement de l'héritage terroriste. « Vous avez très bien fait, lance-t-il aux Vendéens, de vous défendre contre un gouvernement oppresseur », et il leur assure que « les lois révolutionnaires ne viendront plus dévaster le beau sol de France ». On comprend mieux dans cette perspective pourquoi, en août 1795, il refusait de servir en Vendée. « Toute gloire s'y corrompait, confiera-t-il plus tard : il n'y a point de lauriers quand ils sont rougis du sang des concitoyens. » Effectivement, il s'emploie à mobiliser le patriotisme à son service, célébrant à l'envi le coup de main des Noirmoutrins à l'encontre des canonnières anglaises envasées dans le Gois à la fin de juin 1800, et allant jusqu'à inviter aux Tuileries douze de ces anciens rebelles qui se sont ainsi illustrés au service de la nation.

Soldat de la République sauvé de la noyade par quatre Vendéennes, *1807. Cette gravure représente un fait passé près de Challans, et sa large diffusion est destinée à sceller la réconciliation nationale sur la base d'un héroïsme partagé.*

L'essentiel, toutefois, réside dans la question religieuse. S'appuyant sur l'abbé Bernier, l'ancienne éminence grise de Stofflet, Bonaparte négocie treize mois durant avec Pie VII et aboutit au concordat du 16 juillet 1801. Si les biens nationaux sont définitivement abandonnés à leurs acquéreurs et si les évêques doivent tous démissionner, le catholicisme est reconnu comme la religion de la grande majorité des Français et le clergé, rétribué par l'État, lui est désormais lié. Le succès de l'opération n'est pourtant pas acquis. Certes, la moitié des évêques appelle à la soumission au pape, comme Mgr de Mercy, l'ancien prélat de Luçon. Il reçoit l'archevêché de Bourges (et Bernier le siège d'Orléans), tandis que son ancien diocèse est rattaché à La Rochelle, où est nommé Mgr Demandolx. Celui-ci s'en remet toutefois pour la Vendée à son vicaire général, l'abbé Paillou, qui lui succédera bientôt. Cependant, 38 évêques sur 81 refusent de se démettre, tout

L'abbé Bernier, négociateur du Concordat.

Pour les Vendéens, Napoléon est avant tout l'homme du rétablissement de la liberté religieuse. Vitrail de Clamens, Les Lucs : « M. Barbedette officie librement dans son église rendue au culte. »

particulièrement l'ancien évêque de La Rochelle Mgr de Coucy, qui se fixe à Tolède d'où il entend continuer à gouverner son troupeau. De ce refus obstiné du concordat, notamment dans l'ancienne partie insurgée, dépendant naguère de l'évêché de La Rochelle et maintenant rattachée à un diocèse de Poitiers longtemps dépourvu d'évêques susceptibles de rallier la population à la nouvelle attitude de la papauté, naît la Petite Église. La soumission de Mgr de Coucy, en 1817, n'empêchera pas cette partie occidentale des Deux-Sèvres de persister dans le refus de ce qui est vécu comme une trahison des ancêtres rebelles à la Constitution civile du clergé. Cultivant la plus obstinée des fidélités à leurs anciens prêtres et, une fois ceux-ci disparus, aux rites d'Ancien Régime, ils sont aujourd'hui encore quelque 3 000 dissidents, qui ne reconnaissent aucun des changements intervenus depuis le concordat.

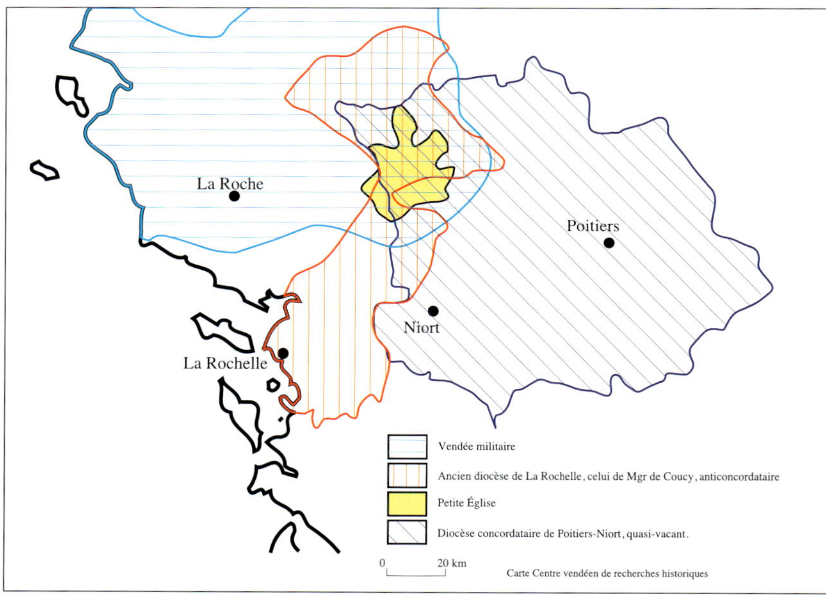

Aux origines de la Petite Église : une fidélité et un concours de circonstances.

Les Vendéens ayant enfin obtenu la liberté religieuse, la pacification n'est plus désormais qu'une affaire de temps. Toutefois, des insoumis s'agitent encore à la fin de 1803, allant jusqu'à attaquer les commissions de conscription. Gouvion, l'inspecteur général de la gendarmerie chargé de réprimer ces troubles, sillonne le Bocage à la tête de 4 000 hommes divisés en colonnes mobiles, et c'est lui qui, sur les conseils de l'abbé Herbert, curé d'Aizenay, fait remarquer à Bonaparte combien le chef-lieu, Fontenay, s'avère trop excentré. Ce dernier, se penchant sur la carte, avise une localité dont le nom, La Roche-sur-Yon, lui paraît indiquer une position dominante arrosée par une rivière. Qu'importe si cette minuscule localité de 650 habitants a été incendiée le 9 mars 1794 et si la navigation sur l'Yon relève de

Sur le plan dressé par Lamandé en 1807, on voit bien le village initial de 650 habitants et même l'ancien Bocage.

Une stricte économie de moyens : une maison entre la préfecture et la halle.

l'utopie : par le décret du 25 mai 1804, il y ordonne le transfert du chef-lieu, sous trois mois. Un ingénieur des Ponts-et-Chaussées, Cormier, conçoit un plan en échiquier ceinturé de larges boulevards, dessinant un pentagone destiné à contenir 15 000 personnes. De la place centrale de plus de deux hectares, apte à recevoir 20 000 hommes de troupe, partiront quatre rues principales, qui se prolongeront en direction des points cardinaux par des routes destinées à civiliser la Vendée. C'est que Napoléon entend moins faire de sa nouvelle cité une forteresse qu'une sorte de ville coloniale abritant, outre la préfecture, le lycée, le tribunal, l'hôpital et les casernes. Il va même jusqu'à ordonner la construction, dans les environs, d'un pavillon de chasse qui laisse augurer de fréquentes visites de sa part. Tout en se gardant bien de démentir ceux des architectes qui veulent croire en une opération de prestige, il exige à la fois une réalisation rapide et une stricte économie. D'où des bâtiments plutôt mesquins, pour lesquels on va jusqu'à utiliser le pisé, une solution qui se révèle catastrophique.

Des routes rectilignes destinées à éclairer le Bocage. À La Mainborgère.

Le quiproquo éclate au grand jour lors de la visite impériale de 1808. Déçu de trouver un vaste chantier où presque rien n'est achevé, Napoléon, tirant son épée, l'enfonce dans un mur. « J'ai répandu l'or à pleines mains pour édifier des palais, lance-t-il à Cormier médusé, vous avez construit une ville de boue. Où sont les fonds que vous avez reçus ? » L'empereur, toutefois, se déclarera « extrêmement content du peuple de la Vendée ». Cette visite révèle en effet, de la part de celui qui a confié plusieurs fois à l'abbé Bernier

La Roche mettra plus d'un siècle à atteindre les 15 000 habitants prévus par l'Empereur. Le faubourg d'Ecquebouille.

L'empereur de bronze.

Un salon de la préfecture.

qu'il « serait fier d'être Vendéen », sa fascination pour ce qu'il appelle un « peuple de géants ». Et il n'est pas déçu de le rencontrer, comme en témoigne l'épisode de Melle de Regrenil aussi bien que celui de ce paysan accouru sur son passage à Remouillé. « Demandes-tu quelque chose, mon ami ? lance l'empereur accoutumé aux quémandeurs — Sire, que votre main à baiser — Dis-moi, as-tu été républicain ou royaliste ? — Mon capitaine, j'ai toujours servi dans les armées royales, et je me suis bien battu, je vous l'assure, contre les Bleus ». Il y a dans ce face à face et dans ce geste une grandeur qui rend toutes les propagandes caduques et qui reflète bien le changement de fond opéré parmi les Vendéens. L'empereur en paraît bien persuadé, qui accorde en cette année 1808 l'exemption de contributions pour toutes les habitations qui seront construites jusqu'en 1812, et donne d'importants crédits pour la réparation des églises et des presbytères, pour le développement des Sables, ainsi que pour l'achèvement des routes et de sa ville, baptisée *Napoléon*.

Le volontarisme impérial ne saurait toutefois pourvoir à tout, et les 15 000 habitants prévus ne seront atteints qu'un siècle plus tard. En 1812, la ville n'en compte encore que 1902, dont 494 étaient là avant ou sont nés depuis sur place. Quant aux autres, ce sont des migrants, venus pour 114 seulement de Fontenay-le-Comte, pour 498 du reste de la Vendée, et pour 337 de la Loire-Inférieure. Les abandons d'enfants témoignent du désordre moral, en cette cité qui longtemps se cherchera une âme. Rebaptisée *Bourbon* à la Restauration, elle retrouve son nom de *Napoléon* en 1848, avant de recevoir, quatre ans plus tard, la statue équestre monumentale qui en marque le centre. Depuis, l'empereur de bronze veille sur l'ordonnancement tout militaire des façades au garde à vous de cette ville de fonctionnaires. Bien que redevenue La Roche-sur-Yon après 1870, elle reste marquée par les circonstances de sa création et a bien du mal à être reconnue par les Vendéens comme une capitale selon leur cœur.

Mais Napoléon, condamné à vaincre toujours, est comme on le sait victime de sa fuite en avant. En Vendée l'insoumission, qui entre 1805 et 1810 ne dépasse pas les 2 %, va croissant au fur et à mesure que l'ogre de Corse exige toujours davantage de chair à canon, ce qui n'empêche pas, à La Fère-Champenoise le 25 mars 1814, de nombreux Vendéens de se faire hacher plutôt que de se rendre. Le retour des Bourbons, même s'il s'accompagne d'une ample distribution d'honneurs et de récompenses, ne peut que décevoir ceux qui ont rêvé d'une reconnaissance à la mesure de leurs sacrifices. Mais la monarchie est bien morte, qui a désappris les gestes symboliques qui ravivent et comblent les fidélités. Le duc d'Angoulême, l'époux de l'infortunée fille de Louis XVI, ne sait que parler d'oubli du passé, allant jusqu'à préconiser de payer exactement ses impôts et de remettre ses armes. « Vive le roi, quand même », s'entend-il apostropher par le curé de Cholet, traduisant ainsi le sentiment d'une population qui, pour avoir placé trop haut ses affections et ses idéaux, ne pourra désormais qu'être déçue par les accommodements politiciens.

Le retour de Napoléon se fait dans l'indifférence, et il faut le décret du 10 avril 1815 préconisant la levée en masse, pour provoquer l'émoi dans le Bocage. Depuis Londres, Louis de La Rochejaquelein, qui a obstinément refusé le grade de colonel que lui offrait l'empereur, annonce un débarquement d'armes anglaises. L'insurrection générale, fixée au 15 mai, ne réunit que 25 000 hommes. C'est que 1815 n'est pas 1793, et cette apathie prouve une fois de plus que la grande insurrection vendéenne, née du refus de l'inacceptable, ne saurait se réduire à un quelconque mouvement politique. Ce que d'aucuns appellent la Quatrième Guerre de Vendée mobilise surtout ce que l'Empire a accumulé de réfractaires, de fraudeurs de sel et d'écumeurs de grands chemins. Pour les conduire, des chefs obsédés par l'idée de se hisser à la hauteur de ceux de 93, et qui se laissent aller à de lamentables querelles de préséance. Le 19 mai à Aizenay, les 1 093 hommes de Travot dispersent 8 000 insurgés, tandis que de son côté Napoléon crée une armée de la Loire forte de 9 000 soldats qu'il confie au général Lamarque. Lâché par les autres chefs, Louis de La Rochejaquelein, l'âme de cet ultime soulèvement, ne sait que se

Le général Belliard (1769 -1832) : un Fontenaisien au service de l'empereur, par Guillaume Geefs, plâtre, 1838.

faire inutilement tuer aux Mathes, près du Perrier. Les troupes employées en Vendée ont-elles manqué à Waterloo ? Toujours est-il qu'apprenant la défaite, les chefs royalistes offrent à Lamarque de se réunir à ses troupes au cas où les puissances étrangères auraient pour but le démembrement de la France. Les « géants de 93 » ont fini par tendre la main à cet autre géant qui, depuis Sainte-Hélène, continuera de leur clamer son admiration.

« Napoléon » devenu « Bourbon-Vendée ».

L'histoire de La Roche en raccourci : une forteresse féodale sur un rocher dominant l'Yon, puis une caserne napoléonienne, et pour finir une cité administrative.

La place d'armes devenue place Napoléon, vue aérienne.

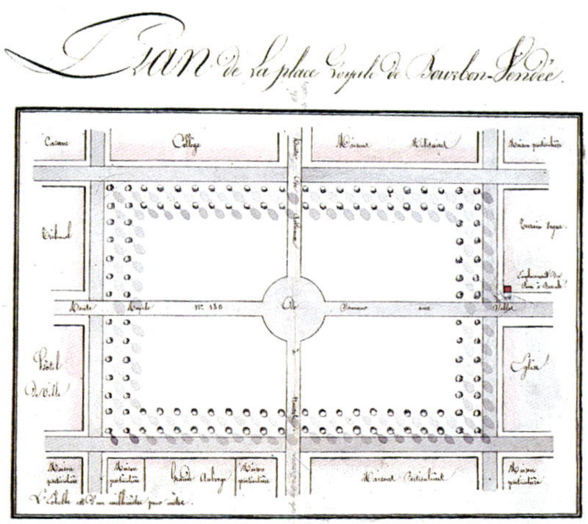

La Roche-sur-Yon.

51. LE BAROUD D'HONNEUR DE LA VENDÉE LÉGITIMISTE

Le 6 juin 1832, le manoir de la Pénissière, situé en la commune de La Bernardière aux confins de la Vendée, du Maine-et-Loire et de la Loire-Inférieure, voit converger quelque 900 soldats et gardes nationaux. À l'appel d'une princesse trop romantique, une soixantaine de royalistes se sont réfugiés là et soutiennent un siège en règle. Bientôt le feu rend leur situation intenable et quelques-uns réussissent à s'enfuir. Un grenadier escalade les ruines calcinées : apercevant les huit derniers, suffocants, blottis dans un coin, il leur fait signe de se taire. À la Pénissière, le baroud d'honneur de la Vendée miliaire, on n'est décidément plus en 1793, quand un abîme séparait les protagonistes. « Faites pendre Walter Scott, aurait lancé un capitaine à Chateaubriand, car c'est lui le vrai coupable. »

Mais revenons un peu en arrière pour comprendre les raisons de la folle équipée de la duchesse de Berry. La période révolutionnaire, on le sait, inaugure une longue incompréhension réciproque entre la France et la Vendée, même si chacun des camps change constamment. Du côté de la France considérée dans son ensemble, tout au long du XIXe siècle on réexpérimente les régimes successifs en usage au cours de la Révolution : monarchie lors de la Restauration, puis monarchie constitutionnelle de Juillet, république jacobine de 1848, Second Empire enfin. Et l'on finit, faute de mieux, par adopter une république marquée d'abord par l'instabilité, et qui ne se consolide que sous la Ve du nom, avec un président-monarque qui opère une sorte de synthèse. Du côté de la Vendée, on s'en doute, ces régimes rencontrent des accueils très divers, et il faudra davantage encore de temps pour accepter une IIIe République qui se réclame explicitement de celle dont personne ici ne peut oublier qu'elle s'est illustrée par la tentative d'extermination de la population.

Après la mort de Charette, en 1796, la Vendée continue-t-elle de représenter un danger militaire ? La réponse ne fait guère de doute dans la mesure où, comme nous l'avons vu, les troubles de 1799 puis de 1815 ne représentent que des échos de plus en plus assourdis de la grande insurrec-

La Pénissière, le dernier combat, par T. Drake.

L'optimisme royaliste revenu : « La Vendée venant d'accoucher de cent mille garçons, leur papa Charette se prépare à les faire baptiser à Paris. »

tion. À la rigueur, c'est la monarchie restaurée qui paraît le plus craindre l'agitation, ainsi que le prouve par exemple cette lettre adressée au curé de Cholet le 8 octobre 1817 par le duc d'Angoulême, qui lui recommande d'employer toute son influence « pour ramener les esprits et leur faire oublier le passé ». Même s'ils n'ont pas beaucoup appris, les frères de Louis XVI savent en effet qu'il leur faut d'abord composer avec les changements considérables opérés par la Révolution, jusques et y compris la vente des biens nationaux, et davantage encore en réemployant des hommes comme Turreau, l'homme des colonnes infernales, décoré même de la croix de saint Louis parmi un contingent de médaillés.

Les Vendéens sont-ils pour autant victimes de l'ingratitude des Bourbons, pour reprendre le mot de Chateaubriand, qui fait de sa déception une généralité ? Ces derniers sont bien obligés de revoir à la baisse un certain nombre de grades acquis dans les armées catholiques et royales, et les emplois dans l'administration sont en nombre limité. Alors ils tâchent de compenser par des pensions et des secours, des armes d'honneur et des décorations. Les propriétaires, surtout nobles, sont indemnisés en 1825 grâce au fameux « milliard des émigrés ».

La duchesse d'Angoulême à Saint-Florent-le-Vieil.

La colonne érigée en son honneur.

Marie-Caroline, duchesse de Berry (1798-1870), château de Versailles.

Mais sans doute la Vendée attend-elle mieux que de l'argent : un peu de reconnaissance. Les frères de Louis XVI, dont aucun n'a eu le courage de rejoindre les insurgés, ne se risquent pas davantage qu'hier à venir les remercier. Tout juste leur envoient-ils, en 1814, 1817 et 1827, le duc d'Angoulême, qui ne sait que prêcher l'oubli du passé. En 1823, son épouse Marie-Thérèse est accueillie au Mont des Alouettes par 12 000 vétérans. « C'est le plus beau jour de ma vie, déclare-t-elle, je veux qu'en ce lieu une chapelle soit construite. » Deux ans plus tard, on commence l'édifice ainsi qu'une colonne à Saint-Florent, autre lieu fort de sa visite, tandis qu'un peu partout, à Maulévrier, au Pin-en-Mauges, à Legé, à Torfou, d'autres monuments célèbrent la gloire des vaincus. Il n'empêche : la fille du monarque guillotiné, murée dans sa tristesse, n'a pas su prononcer les mots attendus.

Devant la chapelle de Legé, la statue de Charette, détruite par la Monarchie de Juillet.

Ce chemin du cœur, il revient à une petite princesse blonde de l'avoir trouvé. Née en 1798, Marie-Caroline, fille du roi de Naples, a épousé le duc de Berry, assassiné en 1820, mais dont elle attendait alors un enfant, le futur Henri V. Sa tournée de 1828 en Vendée prend vite l'allure d'un triomphe : sensible et expressive, la gracieuse amazone accepte volontiers l'hospitalité des habitants et n'a qu'à s'abandonner à sa spontanéité pour conquérir leur affection. Elle visite tous les hauts lieux de l'insurrection et, partout, elle se grise des souvenirs héroïques qu'on lui raconte à foison. « Mes amis, déclare-t-elle, si de nouveaux orages venaient encore troubler l'avenir de notre belle patrie, c'est au milieu de vous que je viendrais chercher un abri, avec vous que je voudrais reconquérir le trône de mon fils. » Pour avoir lu trop d'auteurs romantiques, Marie-Caroline ne comprend pas que le monde a changé. En l'acclamant, la Vendée se réjouit du seul sourire que la monarchie lui ait jamais adressé, et la jeune femme, grisée de salves d'honneur, ne comprend pas que ces anciens combattants, ces vieillards, ne font ainsi que célébrer leur passé.

Effectivement, lorsqu'en 1830 les barricades parisiennes renvoient Charles X en exil, les Vendéens ne bronchent guère. Ceux-ci, assure le général Lamarque à Louis-Philippe, le nouveau souverain, ne demandent qu'à demeurer tranquilles avec leurs prêtres. Même la chasse ouverte aux emblèmes monarchiques, la destruction de la croix de La Rochejaquelein, de la colonne de Stofflet, de la statue de Cathelineau au Pin-en-Mauges et celle de Charette à Legé, ne provoquent de réactions notables que chez les amis de ce dernier, qui s'indignent de la passivité des leurs en les traitant de *pancaliers*, c'est-à-dire de choux sans cœur.

Cependant, Marie-Caroline, se berçant d'illusions, se lance dans la folle entreprise qui selon elle va permettre de renverser l'usurpateur au profit de son fils. Le 28 avril 1832, elle débarque en Provence. Se heurtant à l'indifférence générale, elle entreprend de rejoindre la Vendée, qu'elle atteint le 17 mai. La prise d'armes est d'abord fixée pour la nuit du 23 au 24 mai, puis reportée à celle du 3 au 4 juin. Mais de toutes parts on lui conseille de descendre de ses nuages et de considérer qu'ici tout particulièrement on a trop donné pour ne pas haïr la guerre civile, et que du reste nombre de Vendéens servent dans l'armée régulière. Quelques soulèvements intempestifs sont promptement réprimés, et le 3 juin les quatre départements sont mis en état de siège. Parmi toutes ces péripéties, on retient surtout le siège de la Pénissière, qui illustre la disproportion des forces et signe l'échec de la tentative.

Trois semaines durant, travestie en jeune garçon, la princesse, qui se fait appeler *Petit-Pierre*, erre de cache en cache au sud du lac de Grand-Lieu. Le 9 juin, elle entre dans Nantes, fuyant la répression qui saccage les châteaux et multiplie les exécutions sommaires. Vendue par Simon Deutz, elle est envoyée par son oncle Louis-Philippe en détention dans la forteresse de Blaye, en Gironde. C'est là qu'éclate le scandale : secrètement remariée depuis 1831 à son ami d'enfance le comte Lucchesi, elle accouche en prison. La romantique équipée s'achève en comédie bourgeoise.

*Dans l'*Album de Louise de La Rochejaquelein, *quelques braves :*

Toussaint Rambaud ;

François Guignard : « Il disait : "Que dirait le roi s'il savait que le grand Guignard n'a pas de pension ? il en a une à présent." »

Jacques Maupilié : « Il a voulu être dessiné les armes à la main, parce qu'il ne les a jamais quittées. »

Les avatars successifs d'une fidélité familiale. Vitraux de Clamens, Le Pin-en-Mauges.

L'insurgé : le colporteur Jacques Cathelineau, blessé à mort en 1793.

Le royaliste : son fils Jacques-Joseph, tué lors du soulèvement de 1832.

Le patriote : son petit-fils Henri de Cathelineau, qui en 1870 lève un corps de volontaires pour combattre les Prussiens.

Privés de perspectives, un certain nombre d'irréductibles comme Auguste de La Rochejaquelein, Henri et Honoré de Cathelineau, vont au Portugal combattre sous le commandement du maréchal de Bourmont pour dom Miguel, le roi légitime. Mais celui-ci est vaincu par dom Pedro. En 1860, ces fidélités internationalistes retrouvent à s'employer, cette fois au service de la papauté qui est menacée dans ses états par l'unification italienne entreprise sous l'égide de Victor-Emmanuel II. Le 10 septembre, les 4 600 zouaves pontificaux du général de Lamoricière, commandés en second par le capitaine Athanase de Charette, petit-neveu de celui de 1793, sont battus à Castelfidardo. Ces moines-soldats, le plus souvent issus de familles légitimistes de l'Ouest, regroupent entre autres des descendants de Bonchamps, de Cathelineau et de Cadoudal. Finalement, le 20 septembre 1870, Pie IX, retranché dans Rome, choisit d'éviter l'affrontement et commande la red-

Présentés comme des soldats de Dieu, l'insurgé de 93 et le zouave pontifical. Vitrail de La Gaubretière.

dition de ses troupes. Retrouvant la France envahie par les Prussiens, Charette rameute ses zouaves et leur adjoint de nouvelles recrues. Il constitue ainsi la Légion des volontaires de l'Ouest, un corps franc qui combat sous la protection du Sacré-Cœur. Leur célèbre charge de Loigny, cette tragique procession de 1 200 mètres, baïonnette au canon, témoigne tout à la fois de leur patriotisme et de leur désir de s'offrir en sacrifice pour expier les péchés du monde moderne. Sublime et dérisoire, la vieille France, telle qu'incarnée par ces Vendéens, entend ainsi féconder la nouvelle.

C'est bientôt le chant du cygne d'un certain légitimisme. Le comte de Chambord, qui a préféré sacrifier ses espoirs de restauration plutôt que de faire couler le sang, s'éteint à Vienne le 3 septembre 1883. Aux obsèques, Guerry de Beauregard, maire de Chavagnes, venu de France avec le drapeau blanc fleurdelisé de La Rochejaquelein, le dépose sur ce qui est davantage que le cercueil d'Henri V : le tombeau de la monarchie. La Vendée légitimiste n'est plus qu'une nostalgie.

Décidée par la duchesse d'Angoulême en 1823, la chapelle du Mont des Alouettes, en butte à l'hostilité des gouvernements successifs, est restée sans vitraux ni portail ni autel jusqu'en 1962.

Vitrail de Chanzeaux, de Clamens. Détail.

52. LE DOUBLE HÉRITAGE

« Depuis 200 ans, la République a laissé la Vendée seule avec son malheur », déclarait François Furet en 1994 dans le premier numéro de *Recherches vendéennes*, se réjouissant que des chercheurs mettent désormais les bouchées doubles à réparer un oubli dont l'Université a longtemps été complice. Nous commencions effectivement à sortir de cet antagonisme, inauguré par la Révolution, entre deux France réputées irréconciliables, et qui étendait ses méfaits jusque et peut-être surtout dans les travaux des historiens. De cette longue quête, ponctuée d'avancées mais aussi d'errements politiciens, il convient également de rendre compte.

En inaugurant la modernité politique, en une épopée où le magnifique le dispute à l'horreur, la Révolution nous a légué un mystère, celui de l'infidélité à ses propres principes. Pourquoi la liberté se transforme-t-elle en dictature ? Pourquoi la paix proclamée au monde aboutit-elle à la guerre déclarée à l'Europe ? Pourquoi le bonheur promis au peuple se solde-t-il par l'extermination, en Vendée, de près du quart de la population ? S'agissant de celle-ci, l'énigme n'est pas moins redoutable : pourquoi s'est-elle soulevée contre une Révolution censée incarner ses intérêts ?

Est-ce d'avoir compris qu'une nation ne peut se complaire dans l'autoflagellation, ou tout simplement parce qu'il tient à laisser les braises s'éteindre doucement ? Héritier de la Révolution, Napoléon couvre l'histoire de la Vendée d'une chape de plomb, sa police veillant à ne laisser publier que ce qui sert la politique impériale. Du côté des Vendéens, on tente également d'oublier, bien que pour de tout autres raisons. C'est qu'on ne reconstruit pas sur l'horreur. De bouche de vieillard à oreille d'enfant, des anecdotes se transmettent, le plus souvent très fragmentaires. On montre le chapelet de l'aïeul ou l'endroit d'un massacre, mais l'essentiel ne réside-t-il pas dans le regard qui se perd, dans la voix qui prend alors une étrange gravité ? L'enfant réalise peu à peu, quand bien même l'école lui désapprend son propre passé, qu'il reçoit là un legs de mémoire, un dépôt de fidélité aux siens, qu'il ne saurait négliger sans se trahir lui-même. Quand l'histoire est confisquée par les vainqueurs, les vaincus n'ont pour eux que la mémoire familiale, dérisoire et pourtant essentielle.

À la croisée entre la vérité d'une vie et la construction d'un mythe interprétatif : la marquise de La Rochejaquelein.

Sous la Restauration, les premiers grands travaux historiques mettent à profit le retour d'une certaine liberté d'expression. Ainsi l'important recueil de documents publié sous le couvert de l'anonymat par l'adjudant-général Savary, qui a combattu en Vendée. Ces six volumes, en quelque 2 857 pages,

La même gravure mobilisée par les deux historiographies opposées : La version royaliste de Crétineau-Joly. La version républicaine de Bonnemère.

bien que marqués par les choix personnels de ce républicain convaincu et par l'origine des archives, presque toujours émanées des autorités révolutionnaires, demeurent aujourd'hui précieux, dans la mesure où ils les sauvent ainsi des destructions ultérieures, volontaires ou non. À la même époque, les veuves des chefs vendéens entreprennent pour leur part de témoigner de leur vécu, en des *Mémoires* dont les plus émouvants sont incontestablement ceux de la marquise de La Rochejaquelein. La sincérité du récit, la justesse d'observation de la veuve de Lescure, mariée en secondes noces au jeune frère d'Henri, n'empêchent cependant pas celle-ci d'élaborer, pour expliquer la spontanéité du soulèvement, le mythe riche d'avenir d'une population plus pieuse et plus proche qu'ailleurs de ses seigneurs. C'est également l'époque où la monarchie restaurée fait peindre la galerie des principaux généraux de la Vendée, réputée terre de fidélité à Dieu et au roi. Le retournement opéré par le régime de Juillet, qui saccage les monuments royalistes et célèbre l'héroïsme républicain, n'empêche pas des esprits libres comme Tocqueville et Quinet de jeter les bases d'une histoire philosophique de la Révolution, en des ouvrages significativement négligés par la suite.

C'est qu'à partir du milieu du XXe siècle, l'histoire de la Révolution constitue avant tout un vecteur de propagande en faveur de la République. Dans cette optique, un Louis Blanc par exemple épouse sans réserve les *Mémoires* du très jacobin Mercier du Rocher, tandis que Michelet fait le pèlerinage à Nantes afin d'y recueillir la bonne parole du militant collectionneur Dugast-Matifeux. Avouant sa perplexité devant les Vendéens, « peuple si étrangement aveugle et si bizarrement égaré qu'il arme contre la Révolution, sa mère, contre le salut du peuple, contre lui-même », le grand historien, anticlérical et antiféministe passionné, veut y voir le fruit de sombres complots ourdis dans le secret de confessionnaux et propagés par le fanatisme des Vendéennes. Ainsi naît le mythe de l'anti-France, de l'insurgé de l'Ouest vautré dans l'obscurantisme et coupable rien moins que d'avoir poignardé la République dans le dos.

La Vendée, image de l'anti-France.

Dans la foulée, l'érudit Charles-Louis Chassin accumule, en 11 volumes et 6 944 pages, une formidable somme documentaire qui aujourd'hui encore demeure précieuse en dépit de la partialité de ses choix. Son acharnement à démontrer l'existence d'un complot clérico-nobiliaire a au moins un

En URSS, Robespierre martyr.
Détrempe sur plâtre de Thalberg, 1970.

La sauvagerie vendéenne version soviétique
Les Vandéens *(sic) de Popov, 1980.*

mérite, celui de se solder par un échec qui ruine cette hypothèse et renvoie nos idéologues au mortel paradoxe d'un peuple soulevé de sa propre initiative contre une Révolution dont il révèle ainsi l'imposture. Quant à la Terreur, Chassin lui trouve le nécessaire alibi des circonstances, quand bien même celui-ci résiste très mal au simple rappel de la chronologie. Cela pour l'histoire savante : quand il s'agit de l'édification du peuple, on exhume l'histoire de Bara, dont l'héroïsme inventé par Robespierre permet de qualifier les insurgés d'assassins d'enfants. Du reste, dans les manuels scolaires, pas un mot sur l'extermination des Vendéens. Le fameux *Malet*, sur 708 pages, consacre à l'insurrection une seule phrase, et seulement pour dire qu'à la mort du roi « 100 000 Vendéens se soulevèrent ». L'histoire partisane telle qu'élaborée par les militants républicains débouche sur le déni et ouvre un trou béant dans notre mémoire nationale.

Cette propension ne fait que s'aggraver lorsque l'étude de la période révolutionnaire est prise en main par le courant marxiste. À la limite cependant, cette histoire canonique telle que professée par Mathiez et Soboul se

Bara, *par David d'Angers.*

révèle plus conséquente et plus honnête, dans la mesure où elle tourne peu ou prou à l'apologie de la Terreur. De son côté, Lénine, qui se réfère souvent à la « Grande Révolution française », n'admet-il pas volontiers la nécessité, pour établir le paradis communiste, de liquider des groupes entiers de la population, qu'il assimile volontiers aux Vendéens ? On se prend à rêver : sans le déni opposé au drame de la Vendée, les intellectuels français auraient-ils été aussi sensibles aux sirènes du totalitarisme ?

À l'usage des enfants des écoles catholiques, l'histoire édifiante du Vendéen qui préfère mourir que d'abattre la croix.

En sommes-nous réellement sortis ? On peut en douter. Après deux siècles, les vieux réflexes s'avèrent bien enracinés. Même et peut-être surtout chez ceux qui font profession d'anti-racisme, il est encore de bon ton de considérer les Vendéens comme des calotins royalistes rédhibitoirement arriérés, quand bien même la ruine du légitimisme, le déclin religieux et le dynamisme économique et social de la région prouvent amplement le contraire. À ceux qui font fructifier l'héritage antidémocratique de la Révolution, le vote à droite d'une majorité de Vendéens, loin de constituer l'expression d'un choix légitime apparaît comme une profonde absurdité qui ne peut que résulter de leur aliénation par les « notables ». On a l'archaïsme qu'on peut…

Du côté vendéen, l'histoire militante a également longtemps sévi. Le très royaliste Crétineau-Joly a beau multiplier les pénétrantes intuitions, ses citations sont souvent douteuses et ses interprétations marquées du sceau de ses convictions. Quant au clergé des années 1870-1910, il a le mérite de recueillir la mémoire populaire et de la confronter aux archives, en des sommes dont celles de l'abbé Félix Deniau, le neveu, atteint 4 607 pages. Souvent cependant, l'absence de référence rend ces études difficilement utilisables, et surtout le parti pris édifiant vaut bien celui de l'autre camp, l'insurrection vendéenne devenant imperturbablement la croisade du peuple de Dieu contre l'Antéchrist. Dans cette optique débute, à la fin du XIXe siècle, l'instruction de procès de béatification des victimes de la Terreur, tandis qu'en Vendée et surtout en Maine-et-Loire se multiplient les vitraux célébrant le martyre de la Vendée catholique.

Pour avoir longtemps associé Dieu et le roi, ce courant historiographique se trouve bien embarrassé par le ralliement de l'Église à la République, et davantage encore par la condamnation de l'Action Française. Pour clarifier ces ambiguïtés, des militants de la mémoire, regroupés autour de Charles Coubard, décident en 1932 de créer le *Souvenir vendéen*. Significativement, c'est à la Pénissière, lieu du sacrifice des derniers fidèles, qu'un siècle après le fameux siège, se réunit l'assemblée fondatrice de l'association. Depuis lors, en publiant une revue et en apposant de multiples plaques commémoratives, celle-ci entend maintenir une mémoire en danger de se perdre, et surtout entretenir l'héritage moral des grands ancêtres.

Une invraisemblance : Charette faisant jurer sur les Évangiles à ses volontaires « qu'ils seront fidèles à Dieu et au roi. » Vitrail de Clamens, Le Pin-en-Mauges.

Longtemps fâchée avec la Vendée, la recherche universitaire commence à s'y intéresser dans la seconde moitié du XXe siècle, par le biais des études socio-économiques alors suscitées par l'École des Annales. Paul Bois, Charles Tilly et Claude Petitfrère font figure de précurseurs, tandis que Donald Sutherland et Roger Dupuy renouvellent l'approche de la chouannerie. Grâce à eux, l'insurgé de l'Ouest apparaît sous un jour nouveau, et son autonomie de décision est enfin reconnue.

L'histoire édifiante polluée par les croyances populaires : grâce à son bâton, l'abbé Barbedette « enjomine » les Bleus et les endort.

L'effet de miroir longtemps cultivé entre la Révolution française et la Révolution russe, la seconde étant censée prolonger et parfaire la première, ne pouvait que susciter un retour de flamme, au fur et à mesure de la ruine du communisme. Il appartient à d'anciens militants comme François Furet, au terme d'une démarche qui a parfois pris l'allure d'une douloureuse introspection, d'avoir mis en lumière ce que la Révolution française comporte tout à la fois de potentialités libératrices et totalitaires, et ce dès 1789. Est-ce de voir cette dernière depuis son expérience de zek ? Soljénitsyne insiste quant à lui sur ce dernier aspect, notamment lors de sa venue en Vendée en 1993, où il clame son admiration pour les précurseurs des paysans révoltés de la région de Tambov. Ainsi, longtemps qualifiée de réactionnaire par les révolutionnaires, la Vendée pourrait bien en définitive apparaître comme un mouvement populaire d'avant-garde, le premier en date à s'être dressé

Deux cents après, Soljénitsyne, inaugurant le monument des Lucs : « Nous avons eu notre Vendée, et même plus d'une. Ce sont les grands soulèvements paysans, celui de Tambov en 1920-1921, de la Sibérie occidentale en 1921. »

contre la première des dérives terroristes. Les contemporains, du reste, avaient déjà plus ou moins conscience de cette résistance à l'oppression ; ils qualifiaient l'Espagne en lutte contre Napoléon de *Vendée du Midi* et le Tyrol de Hofer de *Vendée germanique*, puis en 1830 la Pologne de *Vendée du Nord*. On songe aussi à Mme de Duras apostrophant Charles X : « Sire, non, vous ne laisserez pas écraser la Grèce, elle est la *Vendée de l'Europe.* »

Ces analyses seront-elles corroborées par les recherches ultérieures ? Il serait bien présomptueux de l'affirmer, mais un fait paraît acquis : en dépit des résistances parmi les médias nationaux, le débat est désormais engagé au sein de l'Université, et la libre curiosité intellectuelle peut enfin s'y exercer, ainsi qu'en témoignent notamment les travaux de Reynald Sécher, de Jean-Clément Martin, de Louis-Marie Clénet et de Jacques Péret, auxquels on me pardonnera d'ajouter les miens.

Quand sortirons-nous vraiment de cette mutilation de notre mémoire nationale, qui condamne les admirateurs inconditionnels de la Révolution à croire que rien de bon n'existait avant cette table rase, et ceux qui ne l'aiment pas à risquer du même coup d'apparaître comme des adversaires de la modernité ? Du côté des Vendéens, la synthèse paraît moins difficile ; le pardon offert par leurs ancêtres, même s'il n'a pas été demandé, les a libérés du ressentiment. Quant aux autres Français, il s'agit moins pour eux de faire repentance pour les crimes commis au cours de la dérive terroriste, que de se réapproprier leur histoire, toute leur histoire, ses ombres comme ses lumières, en toute lucidité. Parce que seule la vérité est libératrice.

Monument de Bonchamps.

53. LES REFONDATEURS

En France le XIXe siècle est, on le sait, celui du triomphe du charbon et de l'acier. Revenue de l'utopie révolutionnaire et désormais aux commandes, la bourgeoisie ne connaît plus de frein à sa soif de richesse et de plaisirs, et pas davantage de bornes à l'exploitation des ouvriers. Mais si toute histoire de ce siècle de fer commence logiquement par traiter d'économie, une telle clé en revanche ne permet guère de comprendre la Vendée, où le religieux occupe à cette époque le premier plan. Doit-on pour autant souscrire aux historiographies militantes, pour une fois d'accord ou presque, et faire de la région, dès le départ, un môle de catholicisme dans une France désormais gagnée au règne de l'argent et en voie de déchristianisation accélérée ?

Ce mythe, d'une Vendée très chrétienne de toute éternité, ne résiste pas longtemps à l'analyse. Déjà raréfié dans le Bocage sous l'Ancien Régime, le clergé sort de la tourmente complètement laminé. Si l'on additionne ceux qui sont morts en exil, les clandestins tués en haine de la foi et les jureurs qui ont fini par renoncer à la prêtrise, c'est 65 % de l'effectif total qui a disparu, et le reste se trouve d'autant plus tragiquement vieilli que le recrutement a longtemps été interrompu. Quant aux églises, quatre sur dix sont gravement endommagées, tandis que la moitié des presbytères sont détruits ou vendus.

Chez les fidèles, la situation est tout aussi dramatique. Même si les familles ont tenté d'y pourvoir, la plupart des jeunes n'ont reçu du catéchisme que des bribes. Quant aux adultes, leur foi a été mise à rude épreuve. Comment croire en la bonté de Dieu quand le pardon abondamment prodigué en 1793 n'a pas empêché, l'année suivante, le massacre organisé de la population ? D'ailleurs, après tant de morts, de ruines matérielles et morales, misère et soif de jouissance vont de pair. Et puis comment surmonter la haine à l'encontre des incendiaires, des violeurs, des massacreurs ? Surtout que les profiteurs de Révolution sont bien là, et même assez nombreux, comme le souligne ce préfet d'Empire qui, soucieux de pacification, déplore au ministre de l'Intérieur la présence de « ces révolutionnaires outrés, gens gorgés de sang et de pillage, qui ont couvert la Vendée d'ossements et de décombres ». Les acheteurs de biens nationaux, qui souvent n'ont de gauche que l'anticléricalisme, tiennent les petites villes et parfois même les bourgs, en tous cas inaugurent, par le biais du cens électoral, leur règne aussi paradoxal que sans partage, et cela jusqu'au retour du suffrage universel, en 1848. Face à eux, les vaincus ne sont même pas unis : un peu partout, tenants de la Petite Église et partisans de l'accommodement avec le nouvel ordre de choses se partagent et s'affrontent. Rien au total, il faut y insister, ne permet donc d'imaginer que le Bocage va devenir un foyer de catholicisme.

La paix, en fin de compte, constitue un acte de volonté de la part des Vendéens, une victoire sur le ressentiment, pour reprendre la belle expression de Thierry Heckmann. À l'arrière-plan, on distingue l'importance du pardon des offenses, dont Grignion de Monfort a fait en son temps la condition même de la conversion. Sinon comment comprendre cette libération progressive vis-à-vis de la haine, aboutissant ici à l'absence de la « terreur blanche » qui, dès la chute de l'Empire, ensanglante le Midi ?

Quelques hommes d'Église sont, plus que d'autres, les promoteurs de cette pacification. Le 4 août 1795, soit six mois à peine après la paix de la Jaunaye, l'ancien vicaire général Brumauld de Beauregard, revenu d'Angleterre, convoque un synode au Poiré-sur-Vie. Réunissant 57 prêtres tout juste sortis de la clandestinité, il y jette les bases de la réorganisation de l'Église. Significativement, il décline l'aide financière offerte par Charette, instituant par là le refus des allégeances partisanes, quelles qu'elles soient. Cette ligne va être celle de tous les reconstructeurs.

Après une nouvelle période de persécution, entre 1797 et 1800, la reconstruction de l'Église revient à Gabriel-Laurent Paillou, vicaire général de l'évêque en exil Mgr de Mercy. C'est lui que l'abbé Bernier, l'ancienne émi-

Louis-Marie Baudouin. Vitrail de l'église des Lucs.

L.-M. Baudouin et ses petits séminaristes, tympan de la chapelle du petit séminaire de Chavagnes.

Le clocher de la chapelle du petit séminaire.

Louis-Marie Baudouin (1765-1835).

Le petit séminaire, côté jardin.

nence grise de Stofflet devenue conseillère de Bonaparte, signale comme ayant « de l'esprit, du talent, du zèle » et « très partisan de la soumission ». Effectivement, Paillou ne cesse de clamer que « la religion catholique est compatible avec toutes les formes du gouvernement » et d'appeler les prêtres à se réconcilier. Dès 1801 il est, sous le couvert de l'évêque de La Rochelle, Mgr Demandolx, chargé du département de la Vendée, qui relève de son diocèse. Puis en 1804, comme le ministre des cultes ne cesse de le désigner comme indispensable, il est carrément nommé sur le siège de La Rochelle.

Comme interlocuteur, il a la chance de trouver face à lui un ancien confrère, Jean-Alexandre Cavoleau, qui quinze ans durant occupe les fonctions de secrétaire général de la préfecture de la Vendée. Féru d'agronomie, ce dernier a prêté le serment constitutionnel et est même devenu le vicaire épiscopal de l'évêque schismatique Rodrigue, puis président du Conseil général de la Vendée. Rien de commun cependant entre cet humaniste probe et désintéressé, et le terroriste Dominique Dillon, ancien curé du Vieux-Pouzauges, son successeur à la tête du département, magnifiquement étudié par Jean Artarit. Défroqué, Cavoleau s'est marié avec une ancienne ursuline, et c'est pourtant lui qui maintenant use de tous ses pouvoirs pour réinstaller les anciens exilés.

Pierre Monnereau.
Vitrail de l'église des Lucs.

Cette pacification, toute indispensable qu'elle soit, ne saurait cependant à elle seule insuffler à l'Église de Vendée un nouvel élan. C'est l'affaire des refondateurs, au tout premier rang desquels se distingue Louis-Marie Baudouin. Né à Montaigu en 1765, ce fils de jardinier, titulaire d'une thèse de théologie, a failli entrer chez les chartreux puis est parti pour les missions étrangères. Réfractaire au serment constitutionnel, il est arrêté puis déporté en Espagne. Il atterrit à Tolède, où il met à profit la fameuse bibliothèque du cardinal du lieu pour approfondir ses connaissances. Avec quatre confrères, il y fonde les Enfants de Marie, une société de prêtres destinée à l'enseignement et à la mission, et dont les constitutions, empruntées aux jésuites, prescrivent les trois vœux de pauvreté, de chasteté et d'obéissance. Débarqué aux Sables en 1797, il y officie clandestinement pendant trois ans. C'est dans ces épreuves et dans ce lent mûrissement qu'il puisera le ressort de son action ultérieure. En 1801, il prend possession de la cure de Chavagnes-en-Paillers, où il constate ce que le massacre de 200 habitants, le 13 février 1794, et dix ans d'interruption du culte ont laissé de ruines, de haines, d'âpreté matérielle et d'ivrognerie parmi la population. Il ne se contente cependant pas de reprendre en main une paroisse partiellement gagnée à la Petite Église. L'urgence, pour lui, c'est de susciter des vocations, et bientôt, dans ce bourg à moitié détruit, il fonde le premier séminaire de France ouvert après la Révolution. On ne s'attardera pas ici sur les transferts de celui-ci à La Rochelle en 1812, ni sur la création des petits séminaires de Saint-Jean-d'Angély, de Luçon et des Sables, puis sur le retour à

Chavagnes. L'essentiel, pour l'avenir, c'est que ce fils du peuple appelle directement le peuple de Vendée à pourvoir lui-même à son propre encadrement ecclésiastique. Et il est entendu, puisque les premières vocations se font contagieuses et que dès 1805 il compte dans son séminaire quelque 250 élèves.

Pierre Monnereau (1787-1856)

C'est l'un d'eux, Pierre Monnereau, qui incarne le mieux cette relève de prêtres suscitée parmi les pauvres, et c'est lui qui prolonge le plus efficacement l'œuvre du refondateur, comme l'a magistralement montré sa biographe, sœur Marguerite Vrignaud. Né en 1787, il n'a pas connu l'Ancien Régime, il est plutôt l'enfant du cataclysme, des caches dans les fourrés pour échapper aux traques républicaines, des cours reçus des religieuses réfugiées en sa paroisse de Saint-Martin-des-Noyers, et des messes clandestines qu'il sert dans les granges. Significativement, c'est au décès du prêtre de sa paroisse qu'il annonce sa vocation, comme s'il répondait, lui le fils de forgeron, à un appel impérieux de remplacer les pasteurs fauchés par la Révolution. Une vocation tardive en somme, formée en quatre ans seulement au séminaire de Chavagnes. Comme Baudouin, il est un moment tenté par la mission étrangère, et comme lui toujours il mène une existence de trappiste.

L'imposante maison-mère des sœurs de Mormaison : au cœur de la Vendée rurale.

Quarante-quatre années durant, il vit cependant cette double vocation de missionnaire et de moine dans le siècle et dans la même paroisse des Brouzils, retrouvant sans peine la veine du christianisme populaire des vieux cantiques et des plantations de croix. Aussitôt arrivé, il ouvre une école presbytérale, le moyen pour lui de susciter quelque 25 vocations sacerdotales. Mais son intuition fondamentale, c'est de créer une congrégation féminine, les futures sœurs de Mormaison, qu'il consacre à l'éducation des filles de la campagne à une époque où l'on hésite même à en scolariser les garçons. Des mères profondément chrétiennes, espère-t-il, auront à cœur de pousser leurs fils à la prêtrise. Bien que résolument libre à l'égard de tout engagement partisan, Monnereau, mollement soutenu par son évêque, n'est pas moins en butte aux tracas suscités par les différents pouvoirs, y compris les notables du cru, qui craignent de voir leurs filles et leurs héritages filer vers la congrégation. La rechristianisation de la Vendée, il faut le souligner, se fait sans les élites et bien souvent contre elles.

Le noviciat, détail.

Une prise d'habit à Mormaison.

Aux origines de la renaissance catholique de la Vendée, il y a donc, chevillée au cœur de la population, l'ardente volonté de surmonter les haines et les divisions. Deux hommes d'Église, Paillou le réfractaire et Cavoleau le défroqué, ouvrent la voie. Mais il revient à Baudouin et à Monnereau, deux saints prêtres issus du peuple, libérés du pouvoir, de l'argent et de la notoriété, d'avoir trouvé la voie de la reconstruction de cette société à partir de sa base. La table rase révolutionnaire, poussée ici plus loin que partout ailleurs, s'y prête plutôt bien, qui permet de renouer avec le radicalisme évangélique. Pour en juger, il suffit de regarder du côté de la Plaine. Les anciens prêtres, issus du milieu urbain, y retrouvent peu ou prou leur place de fonctionnaire des âmes, désormais en butte à la religion des sans-Dieu, ces bourgeois que l'achat de biens nationaux, davantage encore que leur engagement révolutionnaire, emprisonne dans le conformisme antichrétien. Un divorce est donc à l'œuvre, qui ne peut que s'accentuer, entre d'une part une foi réinvestie dans le civisme, qui fait de la religion une affaire de bonnes femmes, une police gardienne de leur vertu, et d'autre part le catholicisme, conquérant au point de n'avoir pas d'expression profane, de cette Vendée aux lèvres closes d'un signe de croix, pour reprendre la belle expression de Jean Yole. De Paillou à Baudouin puis à Monnereau, il n'y a pas seulement l'espace d'une génération, il y a un basculement fondamental. Alors qu'ailleurs le catholicisme devient avant tout une affaire d'élites et verse dans l'anti-modernisme, il est ici au cœur de la construction de la nouvelle Vendée.

Dessin réalisé par Marie de l'Incarnation, sœur de Mormaison.

54. LES VENTRES À CHOUX

SOUVENT, le Vendéen est présenté comme un métayer arriéré, aveuglément soumis à « M'sieur not'maître », en l'espèce au grand propriétaire noble, immanquablement flanqué d'un curé censé l'aider à prolonger localement une atmosphère et des mœurs d'Ancien Régime. En quelque sorte, le Bocage se résumerait en une curiosité archéologique, en la sainte alliance réactionnaire du château, du presbytère et de la métairie.

Dans quelques pages, nous ferons connaissance avec l'inventeur de cette image d'Épinal. Pour le moment, objectons-lui seulement le déclin plus que significatif de la propriété nobiliaire, depuis la fin du XVIIIe siècle. Ainsi à La Chaize-le-Vicomte celle-ci passe de 37 % avant 1789 à 21 % après la vente des biens nationaux, puis à 13 % en 1830, tandis qu'à Chavagnes-en-Paillers, sur les 44 métairies nobles du début de la Révolution, 9 sont vendues comme propriétés d'émigrés, puis 31 dans les décennies suivantes. Paradoxalement, le « M'sieur not'maître » est moins ici un héritage d'Ancien Régime que le fruit de la Révolution. Naguère relative, la propriété est en effet devenue la base intangible de la société, tandis que la bourgeoisie a accaparé la quasi-totalité des biens d'Église ainsi qu'une part de ceux de la noblesse, pour les gérer avec une âpreté sans précédent.

Il est vrai cependant que la Vendée du XIXe siècle, qui à maints égards se prolonge vers 1950, n'a pas grand-chose d'un paradis. La dureté des conditions de vie, l'insalubrité de l'habitat, les ravages de la tuberculose, la pollution des eaux, l'âpreté au gain… on n'en finirait pas d'énumérer des traits, certes répandus dans toutes les campagnes occidentales, mais particulièrement accentués ici. Surtout que les Vendéens reviennent de loin. La population, d'abord, ne se reconstitue pas si facilement, et il faut attendre 1830, voire 1850 ou davantage, pour retrouver celle de 1790. Mais le plus dur sans doute est de retaper les bâtiments incendiés, de remettre en culture les champs abandonnés aux friches, et surtout de reconstituer le cheptel. À

Idylle rurale au Bois-Corbeau, près de Montaigu, d'après le baron de Wismes.

Les batteurs, le temps d'une pause : une population jeune et nombreuse.

Chéri par le métayer : son attelage de bœufs.

Chavagnes par exemple, sur 60 métairies, on ne compte plus au sortir de la Révolution que 60 bœufs au total, et autant de vaches. Même si l'histoire de cette reconstruction reste à faire, le métayage paraît, tout comme au sortir de la guerre de Cent Ans, avoir alors permis aux paysans de reprendre des exploitations, avec l'aide intéressée des propriétaires.

Il faut avoir entendu des anciens de la Plaine évoquer les métiviers bocains, aussi taciturnes qu'extraordinairement durs à la tâche, pour se faire une idée de l'effort consenti. Toujours est-il que dans le Bocage nombre de ces énormes granges, que le Vendéen bâtit comme des églises, datent des années 1840-1860. Cet investissement, considérable, peut se concevoir sur le long terme du fait que, comme les sols, lourds et particulièrement difficiles à travailler, nécessitent un train d'attelage d'au moins six bœufs, en aucun cas on ne démembre les exploitations. Bien que celles-ci restent toutes appelées métairies, en fait le métayage proprement dit recule : s'il demeure majoritaire dans la partie centrale du Bas-Bocage et dans la Plaine aux environs de Fontenay-le-Comte, il est en revanche, dès 1855, nettement supplanté par le fermage dans l'est du département. Dans la partie desséchée du marais Poitevin au contraire, c'est maintenant le faire-valoir direct qui domine, et il faut également voir là une conséquence de la Révolution, qui a certes permis à certains de réaliser le vieux rêve paysan d'être « dans son bien », mais qui au fil des successions morcelle toujours davantage les exploitations. Du coup, ces dernières ne peuvent plus entretenir un nombre suffisant d'animaux de trait, et l'on signale même, en 1869, quelques agriculteurs de Velluire « réduits à s'atteler eux-mêmes à la herse ». Par là, le sud du département s'aligne sur le sort commun au reste des campagnes françaises, où la mentalité de petit propriétaire conduit au fils unique, tandis que les enfants des familles un peu moins malthusiennes savent qu'ils devront tenter leur chance en ville. Déjà net au XVIIIe siècle, l'exode rural vide cette contrée, la condamnant durablement à la stagnation et au déclin.

Disséminé un peu partout, le vignoble s'enorgueillit de quelques fiefs réputés, comme à Mareuil, Brem, Pissotte ou Vix.

Dans le même temps, le Bocage continue sa progression démographique très au-delà de sa période de récupération, puisqu'en un siècle sa population double ou presque. Rarement propriétaire de sa métairie, l'agriculteur n'y a en effet aucune raison de restreindre sa famille, bien au contraire, puisque de nombreux bras lui permettront de prendre une plus grande exploitation et de mieux la tenir. Loin de constituer deux systèmes clos, métairie et borderie sont en réalité complémentaires, comme le montre Jean Yole. Cette dernière peut en effet constituer une solution d'attente pour un exploitant dont

Créés en 1842 et ouverts en 1846, les haras nationaux de La Roche-sur-Yon se spécialisent dans le demi-sang vendéen, le cheval de dragon par excellence.

Souvent détruits lors de la guerre de Vendée, les moulins comme ceux de La Guérinière se multiplient tout au long du XIXe siècle.

Malgré les réticences des agriculteurs, les fours à chaux tirent parti du calcaire et de la houille de la faille de Chantonnay.

Les cinq fours à chaux de Chantonnay.

L'usine à chaux de Saint-Vincent-Sterlanges, construite en béton dans les années 1920, a été un temps jouxtée d'une cimenterie.

les enfants sont encore trop jeunes, et souvent les aînés se gageront quelques années durant, avant que toute la famille puisse s'installer dans l'exploitation convoitée. Souvent d'ailleurs, la métairie associe un père et un fils, ou deux frères, sans compter ces « tontons » et « tantines » qui, pour avoir trop longtemps attendu de s'installer avant de se marier, se retrouvent définitivement célibataires et continuent d'offrir aux leurs une main-d'œuvre quasi gratuite.

C'est aussi l'époque où, loin de se complaire dans l'immobilisme, les Bocains abandonnent la jachère annuelle ainsi que la culture du seigle et du mil. Défrichant les dernières landes, ils cultivent de plus en plus de froment, à grand renfort d'amendements calcaires et d'engrais chimiques. Surtout, ils développent les prairies temporaires et les légumineuses comme la betterave et le chou fourragers, qui permettent, au prix d'une débauche de travail, une intensification jamais atteinte de la production. Est-ce depuis cette date que les Vendéens sont qualifiés de « Ventres à choux » ? Toujours est-il qu'en 1882, ce sont eux qui, en France, en produisent le plus. En même temps que la lande, le Bocain abandonne aussi le mouton et se spécialise encore davantage dans l'élevage bovin, remplaçant les Parthenaises et les Maine-Anjou par les Charo-

À la fin du XIXe, inspirées des Charentes voisines, des laiteries coopératives comme celle du Mazeau se développent dans le marais Poitevin.

Un château transformé… en fromagerie.

L'âge d'or de l'artisanat.

lais sous l'égide des frères Batiot qui, à partir de 1878, entreprennent de faire de la Vendée le second berceau de la race.

Le département cependant demeure enclavé. Le chemin de fer n'atteint Napoléon — alias La Roche — qu'en 1866, et Fontenay demeure à l'écart de l'axe Nantes-La Rochelle, tandis que Luçon, grâce à son canal, maintient une petite activité portuaire. Aux Sables, le creusement d'un bassin à flot, terminé en 1874, arrive trop tard pour développer davantage que l'importation de charbon et d'engrais. La pêche, désormais tournée vers la sardine, permet bien d'y développer des conserveries, mais celles-ci dépendent pour la plupart de maisons nantaises, et la baisse des approvisionnements,

Découvert en 1827, le gisement houiller de Faymoreau, pour lequel on fait venir notamment des mineurs polonais, est exploité jusqu'en 1958.

Les Filatures de l'Ouest à Cugand, en bordure de Sèvre : un embryon d'industrie.

au début du XXe siècle, en provoque la stagnation. Et ce ne sont pas pour l'instant les marais salants, ni les parcs à huîtres, ni les bouchots, qui pourraient développer cette façade maritime que du reste les pêcheurs, attachés à une vision artisanale de leur activité, ne songent guère à moderniser. Il n'en va guère autrement d'ailleurs de l'intérieur du pays, dont toute l'industrialisation se résume en quelques manufactures textiles et papeteries le long de la Sèvre Nantaise, ainsi qu'en l'extraction d'antimoine à Rochetrejoux et au Boupère, et de houille à Faymoreau, entre 1827 et 1958. Celle-ci, fait significatif de la résistance des esprits, doit faire appel à une main-d'œuvre immigrée, notamment polonaise.

Dans ce contexte, le dernier tiers du XIXe siècle paraît se traduire, dans le Bocage, par un regain de métayage. Tandis que nombre d'exploitations se confinent dans la routine, certains propriétaires, que souvent leur apparte-

Les meubles saintongeais et vendéens témoignent d'une évidente parenté, ces derniers se distinguant parfois par une certaine sobriété dans l'ornementation et dans les lignes. La cabinet vendéen superpose deux portes carrées séparées par un tiroir, à la différence de la bonnetière qui n'a qu'une porte et un tiroir en bas. Le mobilier maraîchin est généralement plus petit, celui de la Plaine plus élancé, et celui du Bocage plus volumineux. Les garnitures de porte, en fer large et très découpé dans le Bocage, sont parfois dans la Plaine en cuivre jaune provenant de Normandie.

nance à la noblesse porte à préférer l'investissement dans la terre plutôt que dans l'industrie ou le commerce, font de ce mode de faire-valoir, si l'on en croit René Bourrigaud, un puissant instrument de modernisation, et on les voit bientôt courant les comices et animant les syndicats agricoles. Ils aident ainsi à la promotion d'une autre aristocratie, paysanne celle-là, qui devient quasiment inamovible dans ses métairies et qui cultive à l'égard de ses propriétaires une relation ambivalente faite de déférence et de familiarité, de roublardise et de loyauté, d'obligations et de générosité réciproques, quelque peu décalée en ce siècle démocratique et bourgeois.

Alors que les métairies se dispersent sur le plateau, les borderies, quant à elles, se regroupent au sein des villages, généralement situés dans les vallées. De petits patrimoines s'y consolident, que signalent les nouvelles maisons bourgeoises couvertes d'ardoises. Quant aux bourgs, ils figurent encore un autre monde, qui concentre les nouveaux commerçants, boulangers, cafetiers, libraires, ainsi que des artisans, tisserands, tailleurs, brodeuses et autres, qui connaissent alors leur heure de gloire avant que les produits industriels ne viennent les transformer en simples revendeurs.

Cet univers obstinément rural est en effet en sursis. La surdensité démographique est telle, que la répulsion à l'égard de la ville dévoreuse d'âmes ne suffit plus pour endiguer l'exode. Rien que pour le département, quelque 90 000 personnes quittent leur terre entre 1892 et 1932. Bon nombre cependant, afin de demeurer paysans, choisissent d'émigrer vers la mythique « Garonne », ces terres de Sud-Ouest que le malthusianisme et le phylloxéra ont dépeuplées. Ils y transplantent leur dynamisme et leur foi religieuse, peu à peu cependant dilués dans un environnement hostile. Le premier dimanche à la messe, si l'on en croit le dicton, il y a le Bocain avec

Le Maraîchin sur sa yole.

Bourrines dans le marais *par Milcendeau.*

Maraîchin, *dessin par Milcendeau.*

L'inondation, *pastel, 1904, par Milcendeau.*

son paroissien sous le bras ; le deuxième dimanche, il y a toujours le Bocain, mais sans le paroissien ; et le troisième plus personne.

Il n'empêche : ceux qui sont restés sur place, se sachant vaguement menacés, s'arc-boutent sur leurs valeurs autour de leurs élites. C'est l'époque où plus que jamais chaque « pays » se reconnaît dans ses coiffes, dans ses meubles, dans son patois, et où chaque paroisse constitue une petite république jalouse de son identité. Pas une assemblée, pas un *préveil*, pas un mariage qui ne soient l'occasion de chansons et de danses. Sous l'œil bienveillant de monsieur le curé, mais parfois loin de sa présence : ainsi le *maraîchinage*, ces relations sexuelles préconjugales assez libres qui permettent de patienter en attendant un mariage souvent tardif, ou encore ces sorcelleries, dont l'existence vraie ou supposée est censée rendre compte d'une série de malheurs inexpliqués. Une civilisation rurale longtemps prolongée, en somme, et qui pour de nombreux Vendéens n'est toujours pas devenue un folklore, mais demeure aujourd'hui encore une réalité vivante, faite de malice et de convivialité, de ragots et de surveillance réciproques, d'exigence et de solidarité. De vraies relations humaines, loin des caricatures…

Les coiffes, très variées,
disent l'appartenance à un pays.

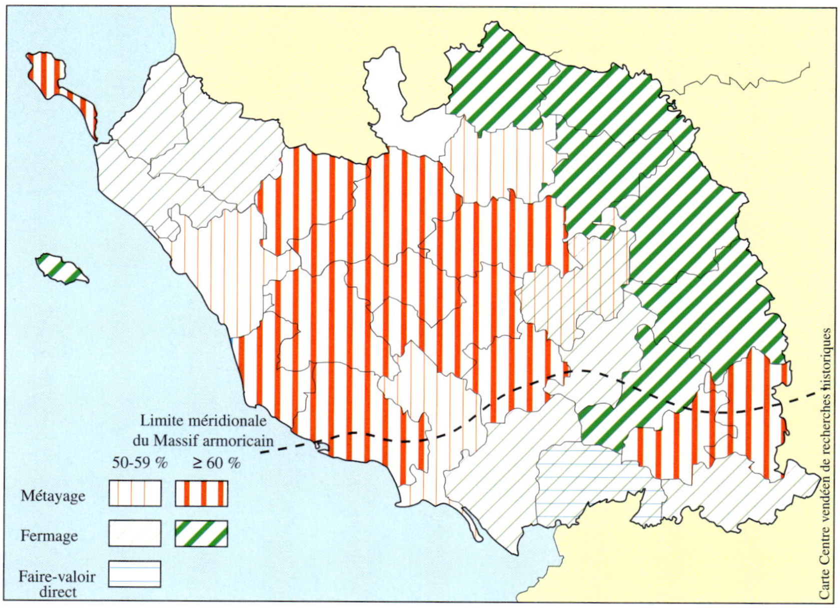

Les modes de faire-valoir en 1855.

55. L'OFFENSIVE ANTICLÉRICALE DE LA IIIE RÉPUBLIQUE

Ce n'est sans doute pas un hasard si le grand politologue André Siegfried commence son *Tableau politique de la France de l'Ouest sous la IIIe République*, un ouvrage fondamental, par la Vendée où il croit discerner, mieux que partout ailleurs, la fracture qui oppose deux France. « Dans la Plaine, résume-t-il, domine une démocratie de petits propriétaires, indépendants et égaux ; dans le Bocage, une hiérarchie où des relations d'allure féodale persistent entre seigneurs et fermiers. » Depuis, ce jugement passe pour un constat, au point de servir de postulat de départ à la plupart des travaux effectués sur la Vendée d'après la Révolution.

Si la description de Siegfried a mieux qu'une apparence de vérité pour les deux décennies qui encadrent l'année 1900, elle ne résiste guère en revanche à la mise en perspective historique. En 1855 par exemple, les petits propriétaires de la Plaine n'en cultivent que 20 % des surfaces, tandis qu'à la même date, comme nous l'avons déjà vu, le fermage domine dans le Haut-Bocage ; en 1946, c'est d'ailleurs en Plaine que le métayage sera le plus répandu. Surtout, Siegfried manipule l'un de ses tableaux censés conférer à son livre un caractère scientifique, « oubliant » dix cantons sur trente afin de prouver que l'opposition politique entre les deux terroirs existe de toute éternité. « Le granit produit le curé, et le calcaire l'instituteur », énonce-t-il sous forme de dicton. Depuis la nuit des temps, la Plaine serait donc une terre de liberté, tandis que le Bocage, par une sorte de fatalité géologique, ne saurait porter que des calotins rédhibitoirement réactionnaires.

La réalité diffère quelque peu de cette description militante. Jusqu'en 1848, par le biais du suffrage censitaire, la Vendée est massivement représentée par des députés classés à gauche. En 1818 par exemple, alors que la Chambre est majoritairement ultra, le département est nettement aux mains de l'opposition, et celle-ci compte dans ses rangs le fameux Manuel qui, réélu en 1822, va jusqu'à justifier, le 21 janvier de l'année suivante, le supplice de Louis XVI au nom de la défense nationale.

Le retour au suffrage universel constitue pour les légitimistes une divine surprise, puisqu'ils remportent sept des neuf sièges, et leur totalité l'année suivante. Sans illusion cependant puisque, comme le dit l'un d'eux, « ce sont les paysans et le clergé qui font l'élection ». La carte politique du département montre cependant que le vote est moins massif et la situation beaucoup moins tranchée qu'elle le deviendra au temps de

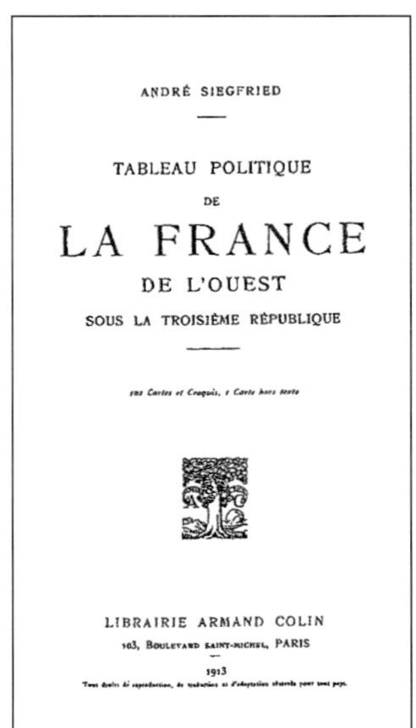
ANDRÉ SIEGFRIED

TABLEAU POLITIQUE
DE
LA FRANCE
DE L'OUEST
SOUS LA TROISIÈME RÉPUBLIQUE

102 Cartes et Croquis, 1 Carte hors texte

LIBRAIRIE ARMAND COLIN
103, Boulevard Saint-Michel, PARIS
1913
Tous droits de reproduction, de traduction et d'adaptation réservés pour tous pays.

Le politologue André Siegfried en académicien.

Son Tableau politique de la France de l'Ouest.

Siegfried : sur trente cantons, treize penchent pour les républicains, et trois d'entre eux sont entièrement bocagers. Sous le Second Empire, la pratique de la candidature officielle suscite une forte abstention, qu'on peut probablement interpréter comme une relative indifférence parmi la population et comme un retrait de la part des royalistes.

Manuel.

Après 1870, la réapparition d'une expression électorale moins muselée permet d'observer comment on en arrive à la superposition, dénoncée par Siegfried, entre politique et géologie. À cheval entre les deux terroirs, les cantons de Talmont et des Moutiers sont durablement conquis par la gauche, tandis que cette dernière perd définitivement ceux de La Châtaigneraie, des Essarts et de Chantonnay, situés en plein Bocage. Ces basculements, toutefois, ne se produisent pas dans les mêmes circonstances : alors que les conquêtes de gauche s'effectuent lors de scrutins sans grand enjeu, les passages à droite se font toujours au cours d'élections de combat, dont l'enjeu est à chaque fois religieux. Comment comprendre ce phénomène ? Roi ou président, la question du régime n'intéresse en Vendée que des minorités. Par contre, dès que la IIIe République entreprend de conquérir les campagnes par le biais de l'école, elle trouve ici le terrain déjà solidement occupé par les congrégations, reflet d'un temps où l'État ne se souciait guère d'alphabétiser les jeunes ruraux. Et chaque coup de boutoir, s'il permet ailleurs d'affaiblir l'influence de l'Église, aboutit en Vendée à l'effet inverse. Ainsi en est-il des lois de 1879 et 1880 visant les congréganistes, dont on exige d'abord le brevet élémentaire puis une autorisation qu'on se garde bien d'accorder. Ces derniers sont également visés par la loi de 1901 sur les associations, avec pour conséquence qu'aux élections de l'année suivante les candidats républicains sont balayés. Enfin, l'application de la loi de 1905 sur la séparation de l'Église et de l'État se traduit par les fameux *inventaires* des objets contenus dans les églises et les sacristies. Dans le Bocage, cette immixtion de l'État dans les affaires paroissiales est vécue comme une grave provocation, et seul le caractère résolument pacifique des manifestations populaires, face aux gendarmes et à la troupe, permet d'éviter l'effusion

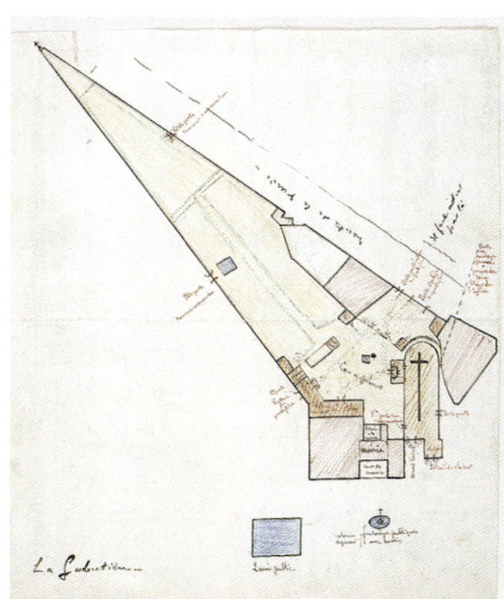

Le plan d'investissement de l'église de La Gaubretière tel que dressé par l'instituteur laïque.

de sang. Ainsi, chez les Bocains, l'anticléricalisme de la IIIe République n'a d'autre effet que de raviver le souvenir du caractère anti-catholique de la première du nom. De même que les terroristes de 93 ont tout fait en Vendée pour créer une guerre leur permettant de venir à bout de leurs concurrents, de même les politiciens de la IIIe République créent le bloc clérico-royaliste et en agitent le spectre, pour faire oublier leur absence de projet social et conjurer leur angoisse de possédants face aux revendications ouvrières. Dès lors, en Vendée tout particulièrement, l'engagement politique prend les allures d'une croisade opposant deux visions du monde : utopie réactionnaire et cléricale contre utopie égalitariste et laïciste. Rien de plus simple alors pour compter ses adversaires — ou ses partisans, c'est selon —, il suffit de se poster à la sortie de la messe…

De prime abord, les nobles légitimistes ne se sentent guère de vocation à entrer dans le jeu partisan, qui rendrait la cause royaliste relative car sujette au jugement populaire. Comme de surcroît ils s'interdisent le coup d'État, ils ont donc tendance à s'effacer volontairement de la vie politique. Et on les voit après 1832, en leur logis rustique à couverture de tuiles vaguement retapé, entamant, à l'encontre de leur vocation de service, une nouvelle existence de propriétaires, économisant bourgeoisement leurs revenus, pour reprendre les expressions ironiques d'Amblard de Guerry.

Tout change dans le dernier quart du XIXe siècle. Pour se protéger de la politique, les Bocains élisent comme maires, conseillers généraux et députés des gentils-

À La Verrie, le commissaire spécial fait enfoncer la porte de la sacristie, ci-dessus.

La Boissière-de-Montaigu : la porte de l'église après l'Inventaire.

Sur une porte de l'église de La Bruffière, la trace des Inventaires.

À la fin du XIXe, de nombreux nobles deviennent maires et bienfaiteurs de leurs communes. Ainsi le comte de La Rochethulon à Saint-Hilaire-de-Talmont.

hommes qui se retrouvent ainsi investis d'une influence et d'un prestige sans précédents. Un équilibre subtil s'instaure, dont il convient de ne pas retenir seulement ce qui heurte nos préjugés égalitaristes : redevenus protecteurs de leurs communautés, ces nouveaux seigneurs égarés en des temps démocratiques s'estiment tenus de s'en faire les insignes bienfaiteurs et d'honorer toutes ces fidélités. Pour un Armand de Baudry d'Asson par exemple (1836-1915), l'argent ne compte pas, et l'on ne comprendrait pas la longueur de son règne si l'on oubliait d'évoquer notamment sa passion, qu'il partage avec ses électeurs, pour la chasse à courre, et plus généralement pour tout ce qui touche à la terre et aux traditions.

On comprend mieux maintenant l'irritation de la bourgeoisie républicaine qui, par la plume de Siegfried, s'avoue incapable d'établir de telles relations avec les ruraux. Pour résister à l'offensive anticléricale, le Bocage a donc pris des allures de forteresse assiégée, au point de figurer, pendant quelques décennies, un monde aussi authentiquement réactionnaire qu'illusoirement coupé de

Baudry d'Asson s'apprêtant à coiffer Combes d'une casserole, à la chambre des députés.

Le château de Fonteclose à La Garnache, fief du député royaliste Armand de Baudry d'Asson.

l'évolution générale. Au cœur de celui-ci figure le château de style troubadour ou néo-renaissance qui se multiplie à partir des années 1880. Pour y accéder, le visiteur, une fois passée la conciergerie, serpente à travers les fourrés pour accéder soudain, à un détour de l'allée, au spectacle saisissant d'un paradis perdu. Là s'étend, protégée de tous côtés par des bois, une grande prairie qui sert d'écrin au château. Des allées sinuant entre des bosquets conduisent vers l'étang, la chapelle néo-gothique, les ruines romantiques couvertes de lierre, le pavillon de chasse, l'orangerie, tandis que les écuries et surtout les logements des domestiques sont désormais tenus à distance respectable. Un haut donjon et des poivrières, de faux mâchicoulis et de fausses gargouilles reconstituent un Moyen Âge de pacotille. À l'intérieur, la salle à manger s'orne presque toujours de meubles Henri II, tandis qu'au grand salon règne le style Louis XVI, et que partout les murs se couvrent de cadres. Quant au maître des lieux, il est censé se complaire dans sa bibliothèque, parmi ses archives et ses armes anciennes. Du coup, nos hobereaux finissent tellement par s'y croire, qu'ils remettent en usage les titres de noblesse un moment tombés en désuétude.

Le château des Essarts, cadre du Congrès eucharistique de 1908.

À cette nostalgie de l'Ancien Régime répond, en face, une égale nostalgie de la Révolution. Bourgeois du Bocage enrichis de biens nationaux, Plainauds mal remis des frayeurs éprouvés en 93, Maraîchins du sud nostalgiques de l'ordre bonapartiste, ou fonctionnaires au service des régimes successifs, ils sont un certain nombre à se réclamer de l'héritage des Lumières. Pas tellement, il est vrai, au nom du progrès social, dans la mesure où les grands propriétaires républicains s'estiment plutôt moins tenus que leurs homologues catholiques à se faire les bienfaiteurs de leurs communes. Et pas non plus au nom de la liberté, en ce sens qu'ils n'hésitent pas plus que les autres à imposer la « bonne » école à leurs paysans. C'est qu'en fait, adossés à l'annonciation révolutionnaire, ils se persuadent volontiers d'incarner l'avenir face à l'obscurantisme clérical, et l'égalité face à une noblesse désormais il est vrai dépouillée de ses privilèges, mais à l'encontre de laquelle ils continuent de cultiver un racisme et peut-être une envie venus de loin. Quant à la population du Bocage, si elle s'obstine à ne pas porter ses suffrages sur une gauche censée incarner les intérêts du peuple, c'est qu'elle est trompée par ses nobles et ses curés…

Acquise en 1796 par le général d'Empire Bonamy, les ruines du château fort de La Flocellière, incendié en janvier 1794 par une colonne infernale, sont intégrées dans la seconde moitié du XIXe siècle à un nouveau château néo-gothique.

Le salon et la bibliothèque.

La salle à manger.

D'où le rôle capital désormais dévolu à l'enseignement d'État. À cet effet, chaque département est tenu d'abriter une école normale, sorte de séminaire laïque avec clôture, célibat et travail de 5 h 00 du matin à 19 h 30. Souvent nommé en premier poste dans le Bocage, le jeune instituteur et son homologue féminin s'y trouvent doublement étrangers : issus pour la plupart de familles de fonctionnaires, ils viennent presque toujours du sud du département, voire de plus loin pour le tiers d'entre eux. Ainsi parachutés, ils figurent l'État déchristianisateur au sein des communautés bocaines, qui leur ferment leurs portes et leurs cœurs. Et la tendance ne saurait leur rendre espoir, puisque pour 11 946 enfants scolarisés en 1885 dans l'enseignement privé, on en compte en 1914, après les grandes offensives anticléricales, pas moins de 29 000. C'est dans un tel contexte sans doute qu'il faut interpréter, chez nombre d'enseignants publics vendéens, cet anticléricalisme devenu existentiel et destiné à persister longtemps après la disparition du cléricalisme. Lors des Inventaires, l'instituteur laïque de La Gaubretière en vient même à signaler aux autorités par où pénétrer dans l'église. Et en 1912, à l'instar de la grande figure de Luneau, le père du laïcisme vendéen, le corps enseignant du département compte en son sein 3,4 % de francs-maçons, soit près du double de la moyenne nationale.

Le châtelain républicain et antiquaire Benjamin Fillon, puis Raoul de Rochebrune, transforment la Court d'Aron en un château néo-renaissance dans la deuxième moitié du XIXe.
La collection d'armes, ci-dessous.

C'est toutefois dans la Plaine que l'instituteur laïque, souvent secrétaire de mairie, est à même de rendre la pareille au prêtre qui y accomplit son temps de purgatoire avant d'accéder à une « bonne cure » du Bocage. Aux cours de catéchisme de ce dernier répondent en effet les leçons de morale de l'autre, qui ne montre pas moins de zèle ni de foi à inculquer et à faire respecter le décalogue, amputé il est vrai du premier commandement. D'une laïcité ouverte et tolérante, on passe vite, en pareil contexte, au laïcisme déchristianisateur. Mairie contre presbytère, œuvres laïques contre œuvres catholiques, générosité contre générosité, l'affrontement prêterait à sourire s'il n'aboutissait toutefois sur d'insondables drames humains. La politique, même érigée en religion, ne saurait en effet apporter de réponse à l'angoisse des fins dernières de l'homme : est-il à cet égard de situation plus tragique que le face à face entre tel anticlérical virulent et sa bête noire d'hier, à laquelle il finit par demander, pour un être cher, un enterrement religieux ? La comédie s'achève en tragédie.

Siegfried aurait-il finalement raison ? Venu chercher dans l'Ouest, et tout particulièrement en Vendée, l'explication de son quadruple échec aux élections, ce grand bourgeois de gauche se console en constatant une glaciation qui laisse, il est vrai, peu de chances aux alternances. Les seuls espoirs selon lui résident dans la destruction de la grande propriété, ou la disparition du pouvoir électoral du prêtre, ou du moins l'existence d'un scrutin véritablement secret. Plus tard cependant, la grande propriété aura quasiment disparu, tandis que le clergé, raréfié, votera plutôt à gauche. Le Bocage ne se sera pas moins industrialisé tout en accentuant son tropisme à droite, tandis que le sud, longtemps fidèle à la gauche, se sera enfoncé dans le sous-développement. En matière de pronostic, Siegfried se sera trompé sur toute la ligne.

La statue de Luneau, le père de ce qu'H.-V. Mallard appelle « le fief irréductible de la laïcité militante » veille sur l'école normale de La Roche.

Depuis l'allée du château de Terre-Neuve, la tour Rivalland, un octogone de béton haut de 25 m surmonté d'une cage de Faraday, construit en 1880 par un riche franc-maçon, paraît dominer l'église Notre-Dame de Fontenay.

Derrière la façade des droits de l'homme, le fanatisme catholique... du moins tel que dénoncé par une certaine propagande.

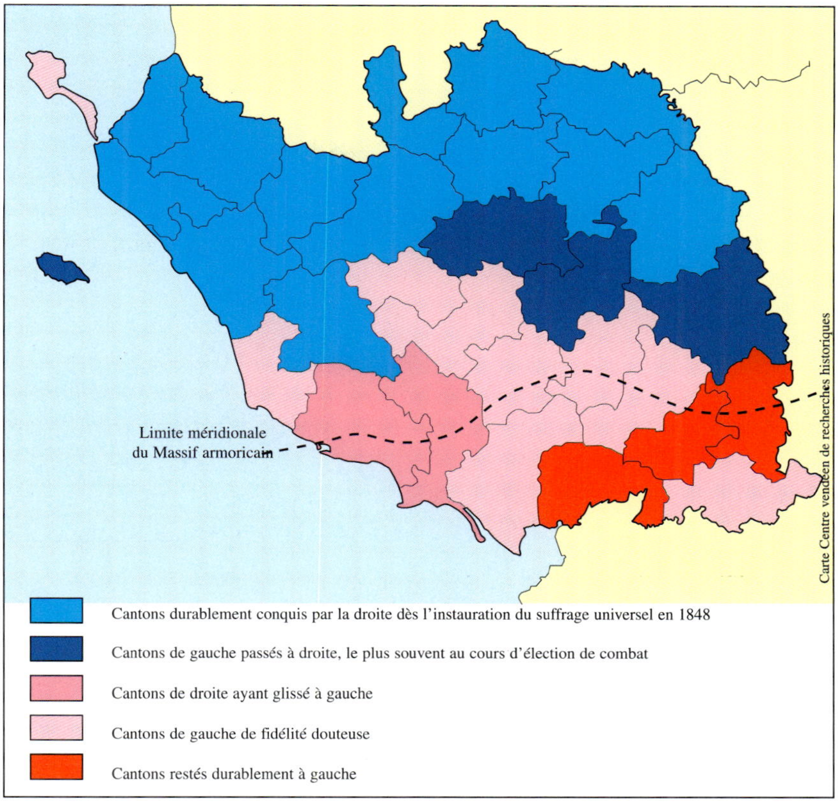

1848-1910 : l'affirmation des deux blocs.

1914-1996 : le recul de la gauche.

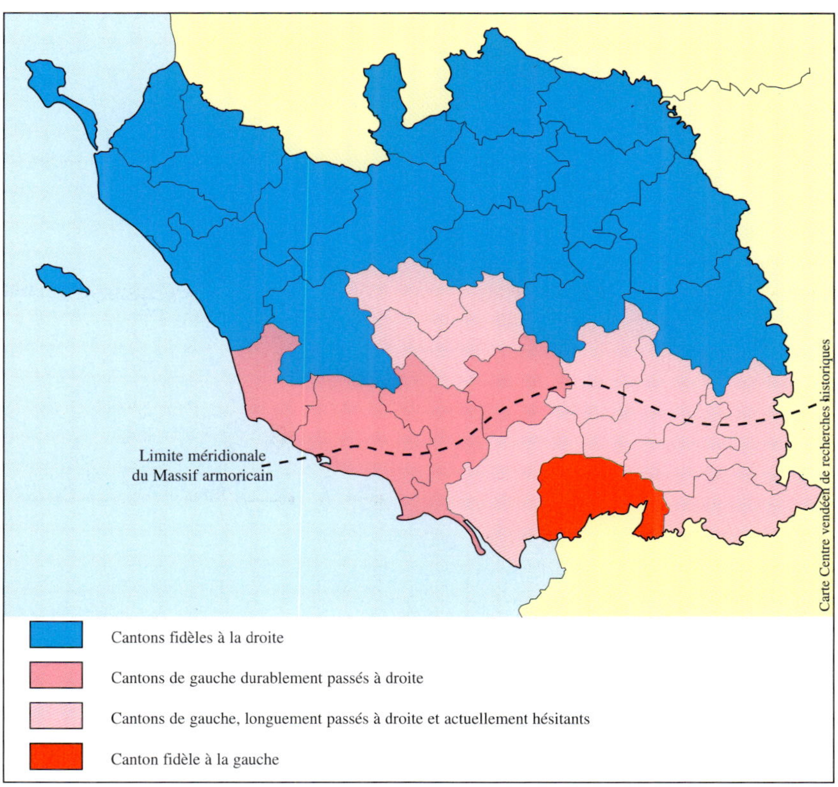

56. UNE CHRÉTIENTÉ

TOUT AU LONG du XIXe siècle, tandis que les flambées de retours à Dieu ne sauraient masquer la lente désagrégation du catholicisme français, telle ou telle région, et tout particulièrement la Vendée, devient ce qu'il est convenu d'appeler une chrétienté, en l'occurrence un foyer de catholicisme tel qu'elle ne l'avait jamais été. La tourmente révolutionnaire a déjà bien entendu laissé sa marque, qui au début des années 1820 oppose les 60 % de communiants habituels de la Plaine aux 90 % et plus du Bocage et du marais Vendéen. Ce haut niveau de pratique ne satisfait cependant pas totalement le clergé, qui en 1848 en souligne le conformisme et l'absence d'intériorisation. Un approfondissement toutefois est à l'œuvre puisque, dans le dernier quart du siècle, la satisfaction devient de mise et que dès lors on se réjouit du quasi-unanimisme du Bocage. Les taux parlent d'eux-mêmes : alors qu'en 1894 49 % seulement des habitants de la Plaine et 39 % de ceux du marais Poivetin font leurs Pâques, ils sont 73 % dans le marais Vendéen, 77 % dans le Bas-Bocage et 88 % dans le Haut-Bocage. On en vient même à compter les abstentionnistes, comme à Saint-Mathurin, où à la communion pascale on a vu « toutes les femmes, sauf la laïque ». L'écart entre les sexes est encore plus parlant : tandis que dans le sud la religion est devenue une affaire de femmes, comme elles strictement confinée dans la sphère privée, ailleurs cette différence s'est quasiment résorbée.

On peine aujourd'hui à se figurer l'expression de ce catholicisme triomphant. Le dimanche au moment de la grand-messe, on dirait que toute vie s'est retirée des villages et des maisons du bourg pour se concentrer dans l'église. Hommes et

Quand la foi est aussi une affaire d'hommes. À Soullans.

Reposoir de la Fête-Dieu, à Longeville.

femmes, strictement séparés, ne sont pourtant pas là pour satisfaire à quelque conformisme, mais pour offrir à Dieu leurs misères et leurs joies, pour communier dans une même ferveur à l'holocauste du Fils. Et lors des cérémonies de clôture des missions paroissiales, c'est encore plus spectaculaire. Des jours durant, tous et chacun ont entrepris la grande lessive de leurs consciences. Et maintenant, à l'issue de cette nouvelle conversion, la joie se fait procession : par les rues jonchées de fleurs, le long des façades tapissées de ce que riches et pauvres ont de plus beau, la lourde croix de bois s'avance, portée à dos d'hommes. La paroisse tout entière est là, derrière ses soutanes, ses cornettes et les bannières de ses confréries, pour laisser entrevoir, le temps d'une apothéose, la force de l'enracinement collectif et personnel d'un catholicisme conquérant, qui galvanise les hésitants et pousse tout un chacun vers la sainteté.

Ainsi mobilisée, cette communauté de croyants tient à s'offrir une église à l'image de sa foi : immense et toute neuve, au point que très paradoxalement cette ferveur aura été, pour les édifices médiévaux du Bocage, plus calamiteuse encore que les colonnes infernales. Au sortir de la Révolution en effet, neuf églises sur dix, bien que le plus souvent ravagées, sont encore debout. Le cas de Chambretaud, tel qu'étudié par Richard Levesque, témoigne à lui seul, jusqu'à la caricature, de cette fièvre bâtisseuse. Dès 1830, les paroissiens se plaignent de leur église, qu'ils estiment « beaucoup trop petite », mais qui en vérité est récente et seulement dégradée. Pour la reconstruire, on s'inspire de Saint-Louis, une basilique à l'antique avec berceau lambrissé, colonnes corinthiennes et portique d'entrée sommé d'un fronton, dont l'ingénieur Duvivier a doté le nouveau chef-lieu. Mais c'est plutôt dans le sud, plus vite relevé du désastre révolutionnaire, et notamment à Vouillé-les-Marais, Doix et Sainte-Hermine, que dans les années 1840-1850 on construit ces églises « grecques » d'inspiration classique. À Chambretaud toutefois, dès 1892, le nouvel édifice, malgré ses 900 places assises, ne convient déjà plus aux fidèles, qui font parvenir au préfet et aux inspecteurs des édifices diocésains un nouveau projet. La réponse est sans appel : l'édifice leur paraît disproportionné, même eu égard à l'accroissement de la population. Quelques navettes plus tard, les autorités finissent par se satisfaire des réductions consenties par les habitants… qui en réalité n'en font qu'à leur tête et réalisent leur projet initial. C'est que dans la seconde moitié du XIXe siècle l'élan religieux du Bocage ne se contente plus de l'hétérogénéité habituelle des églises rurales, désormais considérée comme peu acceptable pour un manifeste à la gloire de Dieu, et de surcroît malcommode pour les cérémonies solennelles et les longues processions. Renouant avec les âges lointains où la foi du peuple l'emportait sur le culte des choses mortes, on démolit sans aucun scrupule l'antique vaisseau de pierre qui avait bercé les premiers siècles de la paroisse, pour bâtir en néo-roman ou en néo-gothique l'immense édifice destiné à exalter la force morale de la paroisse tout autant que la gloire du Seigneur. En un demi-siècle, 142 églises vendéennes sont ainsi reconstruites en totalité, la plupart situées dans le Bocage.

Dans le même temps, le paysage tout entier est progressivement christianisé. Outre les multiples croix, de pierre aux carrefours ou peintes sur les métairies, on remarque les arceaux, ces niches qui témoignent de la vigueur du culte marial. À partir de 1872 s'ouvre en effet l'époque des grands pèlerinages à Lourdes, localement relayés par ceux, plus modestes, de la Salette à La Rabatelière, de Notre-Dame de Lorette à La Flocellière ou de Notre-Dame des douleurs aux Lucs, sans parler de celui qui, chaque année, fait affluer les foules à la suite de Grignion de Montfort à Saint-Laurent-sur-Sèvre. Arborant le Sacré-Cœur, bannières au vent et aux accents de *la Vendéenne*, ils dépassent leurs chauvinismes paroissiaux pour prendre davantage conscience d'une identité vendéenne essentiellement religieuse et de leur appartenance à l'Église universelle. Quoi d'étonnant, dans un pareil contexte si, après que la noblesse a rompu avec le scepticisme élégant de ses pères, une part de la bourgeoisie prend à son tour le chemin de l'Église, par le biais de ses filles ? Alors qu'ailleurs le détachement des élites prépare l'effondrement général, ici le peuple convertit les riches par l'intermédiaire des prêtres issus de ses rangs.

Cette dynamique de la foi prend en effet sa source dans une extraordinaire floraison de vocations populaires. Du côté des prêtres, l'essor n'est interrompu que par les tracasseries de la Monarchie de Juillet, puis par les persécutions de la IIIe République, vers 1880 et 1900. Mais à chaque fois le recrutement reprend de plus belle. Il faut dire que, surtout dans le Haut-Bocage, la fonction sacerdotale représente une insigne promotion, et que la densité de l'encadrement clérical est telle, qu'elle permet de détecter puis de conduire les vocations à maturité. Loin pourtant de se confiner dans quelque localisme, cet élan se fait volontiers missionnaire, et l'on voit des bataillons serrés de Pères de Chavagnes, de Montfortains et d'autres partir, sans perspectives de retour, pour les Amériques, l'Afrique ou l'Extrême-Orient, avec l'espoir inavoué, quelquefois exaucé, du martyre qui sanctifiera leur sacrifice.

Croix peinte à la chaux.

Un arceau entre Les Épesses et Les Châtelliers-Châteaumur.

Le chêne-chapelle de Saint-Denis-la-Chevasse.

Naguère intransigeant, le prêtre vendéen de la fin du XIXe siècle s'accommode volontiers des croyances populaires naïves, comme le culte des saints guérisseurs. La fontaine Saint-Bris, aux Moutiers-sur-le-Lay.

Le premier pèlerinage de Lourdes date de 1872. La bannière de La Garnache.

Plus discret, mais encore plus impressionnant, est l'essor congréganiste. Si dans le sud à Fontenay-le-Comte, les sœurs de l'Union Chrétienne s'adaptent difficilement au monde nouveau, en revanche à Saint-Laurent-sur-Sèvre les Filles de la Sagesse sont d'emblée en phase avec le renouveau religieux du Bocage. En 1821, elles sont déjà 778 en comptant les novices, et 1668 vingt ans plus tard. Sans parler des nouveaux instituts, qui n'ont pas même à s'extraire du passé, comme les Ursulines de Chavagnes et les sœurs de Mormaison, respectivement fondées en 1802 par Baudouin et en 1818 par Monnereau, et qui connaissent une expansion foudroyante. À côté des douze congrégations enseignantes féminines, on en compte également deux masculines, dont les Frères de Saint-Gabriel qui, institués en 1823 par le bouillant supérieur des Montfortains Gabriel Deshayes, se consacrent à l'éducation sur place des jeunes gens dont la région aura besoin. Pour la formation des élites s'ouvre également, en 1856 à Luçon, le collège Richelieu, et en 1876 les collèges Saint-Joseph à Fontenay et Sainte-Marie à La Roche.

Le spectaculaire sanctuaire de La Rabatelière, 1893, à Notre-Dame de la Salette, apparue à deux jeunes bergers en 1846.

La progression continue du nombre d'écoles tenues par les congréganistes est éloquente : 16 en 1815, 30 en 1830, 82 en 1844, 153 en 1860, 243 en 1880, et 289 en 1900. À cette date, sur trente enfants ils accueillent deux garçons et dix filles. C'est dans ce contexte que la IIIe République leur interdit d'enseigner, ce qui les place dans l'alternative déchirante d'abandonner soit la vie communautaire, qu'on sait essentielle dans l'engagement religieux, soit leur vocation éducative. Entre les Frères de Saint-Gabriel, qui acceptent de se séculariser, et les Filles de la Sagesse, dont le refus provoque un choc parmi la population, les attitudes sont très diverses mais aboutissent au résultat exacte-

ment inverse de celui qu'espérait le pouvoir : de 1900 à 1906, les écoles laïques perdent un garçon sur cinq et une fille sur trois.

Si cette capacité de réaction aux agressions traduit la vitalité inentamée des communautés bocaines, elle représente cependant à terme un danger, celui de l'enfermement dans une religion identitaire. Certes, ce catholicisme est en parfaite symbiose avec un milieu essentiellement rural, où quantité de familles nombreuses ont à cœur, à chaque génération, de donner à l'Église l'un au moins de ses enfants. Mais que change un seul des termes de cet équilibre, qu'il soit économique, démographique ou autre, et c'est l'ensemble qui se trouve menacé. Cette religion englobante, totalisante, est en effet mal préparée à affronter l'inéluctable laïcisation de la société, tout comme une pareille foi, communautaire et pensée comme immuable, pourra éprouver de réelles difficultés à se transmettre individuellement et dans l'altérité. En témoigne d'ailleurs le décrochage des îles comme du marais Poitevin, et même la simple stabilisation de la Plaine, en dépit de tous les efforts d'évangélisation. À la limite, on peut d'ailleurs aller jusqu'à se demander si la forme de religiosité cultivée par les prêtres vendéens, de plus en plus souvent originaires du Bocage, n'y a pas joué dans le sens de la déchristianisation.

Le presbytère de Saint-Hilaire-de-Voust et ses occupants.

Le grand salon de l'évêché de Luçon.

En dépit de ces faiblesses, le catholicisme vendéen de la fin du XIXe siècle et du début du XXe conserve cependant de réelles capacités d'adaptation, comme le montre son rapide abandon du royalisme, qui n'allait pas de soi, et

Pierre-Henri Dorie, né à Talmont en 1839, martyrisé à Séoul en 1866, canonisé en 1984, vitrail des Lucs.

Placide Chaigneau, né à Vix en 1865, mort en Chine en 1897.

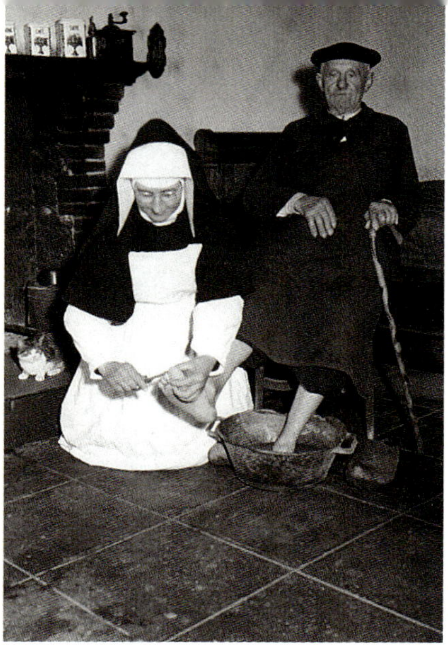

Les sœurs de Mormaison, ces « servantes du Seigneur auxquelles on n'a point à apprendre les habitudes de la maison » (Jean Yole).

qui constitue le prélude à une nouvelle expansion. Le socle doctrinal de cette mutation est fourni par l'appel au ralliement à la République lancé en 1890 par Lavigerie et, l'année suivante, par l'encyclique *Rerum Novarum* invitant les catholiques à approfondir le message social de l'Évangile. À ce titre, il convient d'évoquer la figure, aujourd'hui injustement oubliée, du marquis Zénobe de Lespinay. Né en 1854, celui-ci appartient à une lignée de grands propriétaires de Chantonnay, où il entreprend d'ailleurs, à partir de 1896, de reconstruire le château familial de la Mouhée. A priori dépourvu d'ambition politique, il se passionne pour la vénerie et les questions rurales. Membre de la Société d'agriculture de la Vendée, il crée une Société de secours contre la mortalité du bétail, et de fil en aiguille s'occupe de secours mutuels et de patronages. Poussé par sa femme, il se présente aux municipales de 1881 puis de 1884, mais échoue devant une gauche qui traditionnellement bénéficie des voix des nombreux tanneurs et chaufourniers locaux. La résistance aux lois visant les congrégations le place en première ligne, et en 1886 il finit par accepter de se présenter aux cantonales. Son échec, très relatif, se transforme en succès en 1892, où il obtient 58 % des suffrages

Pour sauver leurs écoles, Mgr Catteau délie de leur vœux les sœurs de Mormaison, qui dès lors adoptent un costume séculier uniformément noir. Religieuse en cornette, sans cornette, sécularisée.

En 1912, elles créent à La Roche, au pensionnat Saint-Joseph, une école normale d'institutrices chrétiennes, page de droite.

contre le châtelain de gauche Daniel-Lacombe. « Ce sont les ouvriers, exulte son épouse, qui ont le plus et le mieux voté. » Outre celle de l'école, la question sociale est donc désormais au premier plan, et sur ce terrain il n'est pas sûr que la bourgeoisie anticléricale soit la mieux placée. En 1898, il est élu aux législatives comme rallié, puis de nouveau en 1902, cette fois très largement grâce à l'intolérance de Combes, et enfin en 1906, l'année de sa mort.

À travers le cas Zénobe de Lespinay, c'est toute une mutation qui est en cours et qui témoigne qu'en Vendée, à la veille de la Guerre de 14, la dynamique catholique est loin d'être essoufflée.

Zénobe de Lespinay.

L'église néo-classique Saint-Louis de La Roche-sur-Yon, conçue en 1812 par l'architecte Duvivier, s'inspire directement de celle de Saint-Philippe-du-Roule de Paris, édifiée en 1784.

L'église de Sainte-Hermine, consacrée en 1847, constitue le chef d'œuvre de Jean-Firmin Lévêque. S'éloignant du modèle de Saint-Louis de La Roche, elle s'inspire du classicisme post-tridentin.

Plus humble, l'église de Damvix, construite entre 1849 et 1864 par Auguste Garnereau.

Ange adorateur doré de Saint-Hiliare-de-Loulay.

En 1826, le conseil des bâtiments civils n'apprécie guère le projet de chapelle du Mont des Alouettes par Amable Macquet, une « architecture tombée en désuétude », en fait annonciatrice du néo-gothique.

L'église de Chambretaud, telle qu'acceptée par les autorités (plan) et telle que voulue par la population et réalisée par Mathurin Fraboulet.

Les deux églises néo-gothiques de La Mothe-Achard et de Bournezeau, ci-dessous à gauche.

L'église néo-byzantine de La Bruffière, par René Ménard, 1886, ci-dessous.

En l'église de Cheffois,
Piéta, Jésus et la Samaritaine, 1880.

57. LES POILUS VENDÉENS

UNE MOISSON comme les autres, en cet été 1914. Sauf que les menaces de guerre s'accumulent. Le 1er août la nouvelle tombe : c'est la mobilisation générale.

Comment, peut-on se demander, vont se comporter ces Vendéens que toute une imagerie persiste à présenter délibérément en marge de la nation, et qui effectivement auraient à cela de solides raisons au vu des récentes persécutions venues raviver d'anciennes blessures ? Et puis ceux que l'on décrit comme des calotins fanatiques aveuglément soumis à leurs maîtres et à leurs curés, sont-ils d'emblée tout désignés pour fournir une docile chair à canon, ou vont-ils au contraire en profiter pour sortir avec éclat de cette double aliénation ? Pour la première fois sans doute, éloignés des êtres qui leur sont chers, et de surcroît désormais alphabétisés, ces paysans et ces artisans prennent la plume pour se raconter. De ce fait, leurs lettres et leurs carnets journaliers sont pour nous l'occasion de découvrir enfin, dans la lumière crue de la mort quotidiennement côtoyée, les sentiments profonds de ces humbles qui sont d'ordinaire les muets de l'histoire.

La certitude que la guerre sera courte… Journal La Vendée *du 9 août 1914.*

N° 7 | Le Numéro : CINQ Centimes | Dimanche 9 Août 1914

La Vendée

Paraissant à FONTENAY-LE-COMTE le Samedi

ÉDITION SPÉCIALE

Bureaux : 1, Rue Turgot | Directeur : Emile MARSAC | Imprimerie : 1, Rue Turgot

Les Français occupent Altkirch et Mulhouse

LES ALLEMANDS SONT EN FUITE

Premier étonnement : ce poilu ne se décrit pas comme Vendéen. Touché mortellement le 30 septembre 1914 par un éclat d'obus, le menuisier Moïse Paquereau tente de rassurer les siens quant à sa « petite blessure d'agrément ». De toutes façons, explique-t-il, « j'ai fait tout mon devoir de *Français et de chrétien* pour défendre notre

Parmi les régiments vendéens qui vont s'illustrer, le 93e RI de La Roche-sur-Yon.

La jeunesse d'un pays, par G. Goudé, ci-dessous.

sol français de l'invasion des Allemands ». Les autres ne s'expriment pas différemment, signe sans doute que la précoce intégration dans l'espace français n'a pas été remise en cause par des avanies probablement perçues comme émanant d'un régime et non de la collectivité nationale. Et on les voit effectivement lors de leurs permissions s'empresser de visiter Paris, enchaînant les lieux d'histoire ou de modernité, Invalides, Trocadéro, Tour Eiffel, musées, métro et cinéma confondus.

La ténacité de ces ruraux les fait d'ailleurs exposer en première ligne plus souvent qu'à leur tour. Ainsi le 93e RI, basé à La Roche-sur-Yon et composé à l'origine de 3 335 hommes, ne compte plus après l'offensive du Chemin des Dames que 173 rescapés. De même le 137e RI de Fontenay-le-Comte, également engagé à Verdun à la même époque, se sacrifie presque totalement sur la crête de Thiaumont. Même si l'histoire de ces soldats ensevelis debout dans la fameuse Tranchée des baïonnettes relève probablement d'une pieuse légende, il n'empêche que cette image symbolique traduit incontestablement la réalité de leur héroïque sacrifice. Au total, pour une saignée de 3,5 % de l'ensemble de la population française, on estime celle du département à 5 %, soit un mort pour cinq mobilisés, sans compter les blessés. Les noms sur les monuments sont là pour l'attester : dans la moindre commune l'hémorragie de jeunes gens a été terrible. Et peut-être ces listes interminables permettent-elles, mieux que tout le reste, de mesurer l'intime soulagement des Vendéens de ne plus se sentir mis au ban de la communauté nationale.

Le poilu vendéen peut-il pour autant être présenté comme la docile victime de la bourgeoisie et du militarisme ? C'est à voir. « Veille de départ, peut-être pour la mort », écrit l'employé d'octroi Édouard Avrilleau en tête de sa première lettre, datée du 1er août 1914 : si certains sont moins pessimistes au début, tous en revanche

conservent les yeux grands ouverts sur la réalité de la guerre. « Pour descendre dans notre gourbi, écrit le viticulteur Auguste Baron en une sinistre allégorie datée de mai 1917, nous sommes obligés de passer sur un mort à peine recouvert de terre. La tête forme la première marche. Pour la deuxième marche, on glisse le long de l'os du bras. Les deux pieds qui sortent en bas forment la troisième marche. » Auprès de ce mort qui sert d'échelle aux vivants, le grand valet Jean-Marie Baron en distingue d'autres « déchiquetés, en bouillie ». Et tout y passe ou presque, jusqu'à l'aveu de la peur intense, des coliques, de l'incapacité d'avaler quoi que ce soit et de l'abrutissement complet après les bombardements. Fustigeant le bourrage de crânes et les planqués, ils bravent volontiers la censure pour relater le refus de monter à l'assaut à Manonville ainsi que les mutineries de 1917. Sans toutefois approuver un défaitisme qui ferait se coucher devant l'ennemi, ils savent le désarroi profond de leurs camarades, dont ils partagent l'écœurement face à l'absurdité de cette guerre.

L'interminable réseau des tranchées, ci-dessus.

Dans la boue.

Même si aujourd'hui nous avons du mal à comprendre, force nous est cependant de constater, globalement, la réalité du consentement général au sacrifice. Ont-ils pour autant cédé à la « brutalisation » qui, très tôt, saisit bon nombre de combattants et qui est appelée à prospérer tout au long du XXe siècle ? Si l'on en croit les témoignages, tous bocains, dont nous disposons, la distribution de couteaux pour achever les blessés ennemis rencontre une nette désapprobation chez nos poilus. Sans doute convient-il de ne pas verser dans l'angélisme, mais on croit en effet deviner chez eux une certaine retenue à l'endroit de l'ensauvagement général que décrivent les historiens.

À L'entrée d'un gourbi.

La camaraderie du front.

Un paysage ravagé par les obus, à droite.

Reste à nous interroger sur l'origine de ce consentement mêlé de retenue. Dès qu'ils le peuvent, les poilus vendéens participent massivement aux cérémonies religieuses, s'étonnant seulement de la déchristianisation qui près du front rend les églises presque désertes. Même en première ligne, ils disent leur joie d'assister à la messe, parfois dans des conditions étonnantes. Ainsi Auguste Baron retrouve-t-il son humour pour décrire celle dite en juillet 1917 dans un poste de secours par l'aumônier de son régiment. « L'église : un gourbi en tôle ondulée pouvant contenir une dizaine de personnes en se serrant. L'ornement : une toile de tente dans le fond, deux bouquets de chèvrefeuille cueillis dans le bois, deux bougies. L'autel : des caisses. Ce n'est pas riche, mais on fait ce qu'on peut. Le grondement du canon sert d'harmonium. » Dieu, dans l'esprit de ces combattants, n'est pas pour autant mobilisé au service de leur camp. Au « Dieu avec nous » de ceux d'en face et probablement de certains catholiques français, ces croyants opposent plutôt en effet un « Dieu bénisse nos efforts », ce qui n'est pas la même chose. À la base, une croyance inébranlable en la Providence, dont ils sont convaincus qu'elle les préservera personnellement. Moïse Paquereau, recevant le 28 août 1914 son baptême du feu, trouve dans sa foi la force qui lui permet de surmonter sa peur. « Au coin d'un bois sous la pluie de balles, écrit-il à sa femme et à sa petite fille, j'ai pensé à vous chers trésors, j'ai pensé ne plus jamais vous revoir. Mais après avoir fait mon *Ave Maria* et mon acte de contrition, j'étais prêt à tout et j'ai marché la tête haute, ne craignant rien. » Mais cette confiance ne concerne pas seulement le salut terrestre. « Je ne redoute pas la mort, écrit le séminariste Marie-Lucien Gaillard dans sa dernière lettre avant d'être tué, je l'ai vue et la vois encore de trop près en ce moment : elle n'a rien d'horrible puisqu'elle apporte le bonheur. » À la source de ce consentement au sacrifice et de cette retenue devant la « brutalisation » de cette guerre, aussi bien que de la capacité à en surmonter l'absurdité, on croit distinguer les effets d'un siècle d'intense christianisation. Et ce catholicisme-là n'a rien d'une religion routinière, mais apparaît bien comme une foi personnelle. Fait prisonnier le 12 août 1918, Auguste Baron témoigne comme d'autres d'une surprenante familiarité avec les Saintes Écritures, qui lui permet de se réjouir malgré tout en pensant à la fête du 15 août toute proche. « Comme les Juifs de l'Ancien Testament emmenés en captivité, écrit-il, nous redisons : assis au bord du fleuve de Babylone, nous avons suspendu nos harpes aux saules qui croissent sur leurs rives, et là nous avons pleuré au souvenir de Sion. Mais ne nous laissons pas abattre. La fête de l'Assomption est une fête de joie. C'est le triomphe de notre mère à tous, et quand la mère est glorifiée, toute la famille est dans l'allégresse. » Le même Vendéen, au spectacle de

La confiance en la Providence. Vitrail de La Chaume.

Vitrail de Chantonnay.

La messe, chaque fois que possible.

prisonniers revenant d'Allemagne, réduits à l'état de squelettes, témoigne de nouveau un peu plus tard de l'universalité de ses valeurs. « Et c'est au XXe siècle, s'indigne-t-il, où l'on se vante d'être civilisé et d'avoir proclamé les droits de l'homme et aboli l'esclavage, que depuis quatre ans l'humanité entière endure de si éprouvantes souffrances ! »

Il est bien sûr difficile de le savoir avec certitude, mais un tel catholicisme paraît également avoir aidé, au sortir de la guerre, à se remettre de la terrible saignée. Nombreux sont dans le Bocage les monuments aux morts christianisés, qui témoignent de l'unanimisme religieux des communautés, ainsi que dans les églises les vitraux qui intègrent le poilu dans la geste des confesseurs de la foi. S'il paraît avéré que la « première guerre démocratique de l'histoire » a miné la démocratie, que l'exacerbation des nationalismes a compromis l'attachement légitime à la patrie, et que souvent le triomphe du mal a fait davantage qu'ébranler la foi en Dieu, les Vendéens ont été plutôt protégés des dérives nihilistes du siècle. À écouter les Bocains impliqués dans cette boucherie, on en comprend mieux l'une des raisons principales : ni conditionnés ni fanatiques, ils se sont montrés intensément chrétiens.

Le soutien de l'arrière.

Pour remplacer les hommes, religieuses aux champs.

Le deuil des Vendéennes : « Aux morts pour la patrie, 8 octobre 1919. » Les Clouzeaux.

Monument aux morts des Essarts : la Vierge recommande au Christ le poilu.

Le poilu intégré dans le vitrail parmi les grands chrétiens. Les Lucs.

La « Victoire douloureuse » d'Henri Bouchard, à Fontenay-le-Comte, ci-contre.

Poilu expirant chapelet en main et drapé de tricolore, sur fond d'apparition du Christ. Bas-relief polychrome d'autel au Boupère.

De nouveaux chevaliers chrétiens : la Résurrection des poilus, *par André Astoul, en l'église Saint-Louis de La Roche.*

Le monument aux morts de Beaulieu-sous-La-Roche, ci-dessous à droite.

Le monument patriotique et naïf
des Magnils-Reigniers.

58. L'ENFANT TERRIBLE DE LA VENDÉE

JAMAIS LES FRANÇAIS en guerre n'ont tant douté d'eux-mêmes qu'en cette fin 1917, après l'échec des offensives de Nivelle et les mutineries dans le 16e Corps d'armée. Et ce n'est pas fini, puisqu'à la fin de l'année la paix de Brest-Litovsk avec les Bolcheviks va permettre à l'Allemagne d'asséner à la France, qui attend l'arrivée massive des Américains, des coups de boutoir l'amenant au bord du désastre. Face au président Poincaré, qu'il accuse impitoyablement de mollesse, se dresse alors Georges Clemenceau, « cet adversaire de tous les gouvernements, surtout des siens ». À ses amis qui lui assurent que l'autre n'attend qu'un signe de lui, le Vendéen répond qu'il ne le fera surtout pas. Le pouvoir, « j'en ai une peur atroce », assure-t-il. Le 15 novembre 1917, Poincaré finit pourtant par surmonter son antipathie et le nomme président du Conseil. Ma politique ? « Je fais la guerre », résume le nouveau chef du pouvoir qui, négligeant de consulter ses propres ministres et décidant de tout, passe le tiers de son temps à visiter le front. C'est lui l'athée qui, jetant dans la balance toute sa foi patriotique, galvanise les poilus et mérite ainsi, même aux yeux de ses très nombreux adversaires, le nom de *Père de la victoire*.

Où donc ce jeune vieillard de 77 ans puise-t-il cette indomptable énergie qui, envers et contre tous, lui permet de vaincre la désespérance ? À s'en tenir aux apparences, l'homme paraît difficile à cerner. Jeune militant révolutionnaire farouchement hostile au Sénat et à l'institution présidentielle, il n'en deviendra pas moins sénateur, puis au sortir de la guerre s'appuiera sur une majorité de droite et finira par accepter la perspective d'être président de la République. Quelles permanences, alors ? L'anticléricalisme d'abord et toujours. Et puis la référence à la Révolution érigée au rang de dogme, qui en 1862 lui fait justifier la Terreur sous couvert des nécessités et qui le porte encore à déclarer, 29 ans plus tard, que « la Révolution française est un bloc » afin de faire interdire, lui l'ardent défenseur de la liberté intellectuelle, une pièce de Victorien Sardou intitulée *Thermidor*. En réalité, c'est plutôt lui le bloc, dont on suit en effet la trajectoire sans guère en comprendre la logique. Quel est donc cet autocrate, ce monstre d'orgueil, réputé pour l'ironie assassine qui lui vaut une douzaine de duels et bien davantage de brouilles inexpiables ? « Il allait, écrit de lui Élie Faure, venait, s'asseyait soudain tout en lâchant des mots cruels ou en taillant dans sa propre chair ses paradoxes. » Et si le

Son père l'a élevé dans le culte de Robespierre. Et pourtant c'est bien à Danton qu'il ressemble.

secret du *Tigre* résidait justement dans une blessure intérieure, héritée de sa Vendée qu'il détestait presque autant qu'il l'aimait ?

Au plus loin qu'on puisse remonter, on trouve un Jehan Clemenceau qui, protégé par son évêque, ouvre à la fin du XVe siècle aux Moutiers-sur-le-Lay l'une des toutes premières imprimeries du Bas-Poitou. Bientôt passée au protestantisme, la famille poursuit son ascension sociale, qui trouve sa consécration au XVIIIe dans l'achat du manoir et de la terre du Colombier, à Mouchamps. La révocation de l'Édit de Nantes a chez les Clemenceau un effet des plus dévastateurs, puisqu'ils en viennent à abandonner toute croyance, cultivant seulement la plus tenace des rancunes envers l'Église. La Révolution venue, l'arrière-grand-père de Georges s'engage très logiquement comme médecin dans l'armée républicaine et devient sous-préfet de Montaigu sous l'Empire. De son grand-père, le futur Tigre retiendra la redingote, la cravate blanche et le haut de forme qu'il arborait en lui faisant visiter ses métairies. Quant à sa grand-mère, la fille du maire de La Réorthe, qui avait fait entrer dans la famille le château de l'Aubraie et l'avait défendu bec et ongles contre les déprédations des Bleus autant que des Blancs, il en héritera

Le Colombier : une échauguette.

Le grand discours de 1906 à La Roche-sur-Yon.

L'anticlérical.

Le chef incontesté de l'extrême-gauche. Composition de Robert Bonfils.

les traits mongoloïdes et l'autorité. La famille cependant n'a pas pour autant fini de régler ses comptes avec l'histoire. Autant l'oncle de Georges se plaît à chasser à courre et à fréquenter des royalistes, autant son père Benjamin se nourrit des idées révolutionnaires qu'il consolide en lisant Michelet. Adulant Robespierre et détestant Danton, ce médecin a tôt fait d'abandonner toute pratique pour se lancer dans le militantisme républicain clandestin. « L'état normal de mon père est l'indignation », dit Georges de ce passionné d'art et d'équitation, et l'on comprend que son épouse ait préféré accoucher à Mouilleron-en-Pareds chez ses parents, de pacifiques protestants. Cependant ce terrible père, assure le jeune homme, est le seul à avoir eu sur lui une réelle influence. Et ce n'est pas peu dire : en 1858, ce farouche opposant à l'Empire, déjà arrêté sept ans plus tôt, est condamné à la déportation en Algérie. « Si tu veux me venger, travaille », lance-t-il à son fils révolté. Dès lors Georges n'aura de cesse que d'établir et consolider la République.

L'enjeu cependant ne saurait se résumer en une simple revanche politico-religieuse, dans la mesure où toute sa vie Clemenceau se sentira d'abord l'enfant de la Vendée, où il vient régulièrement se ressourcer. C'est des Vendéens, explique-t-il le 30 septembre 1906, que je tire mon caractère : « l'instinct d'indépendance, la liberté de la critique, l'obstination têtue, la combativité ». Se réclame-t-il pour autant de ses ancêtres républicains ? Pas vraiment. « Nous sommes, ajoute-t-il tout aussitôt, le plus pur sang des Gaules, les fils de ceux qui n'ont pas capitulé devant César. » Même s'il se garde évidemment de le dire, l'homme connaît trop son histoire pour ignorer que ce n'est pas de la Plaine, peuplée de Pictons dociles aux vainqueurs, qu'est venue cette résistance opiniâtre, mais des Ambilâtres du Bocage, lointains prédécesseurs des insurgés de 1793. Comment

Le tombeur de ministères.

assumer cette double filiation, qui charnellement le place du côté des terroristes, mais qui viscéralement le porte du côté des insurgés ? Poussant à son paroxysme la souffrance des Vendéens bleus, qui souvent croient ne pouvoir aimer le Républicain en eux-mêmes qu'en détestant le Vendéen, il retient surtout la révolte, notamment contre l'Église, accusée d'avoir tout manigancé. D'où à l'égard de Dieu ce rejet passionné, lui-même quasiment objet de culte, et qui, loin de libérer l'idolâtre, l'enferme dans un ressentiment devenu identitaire.

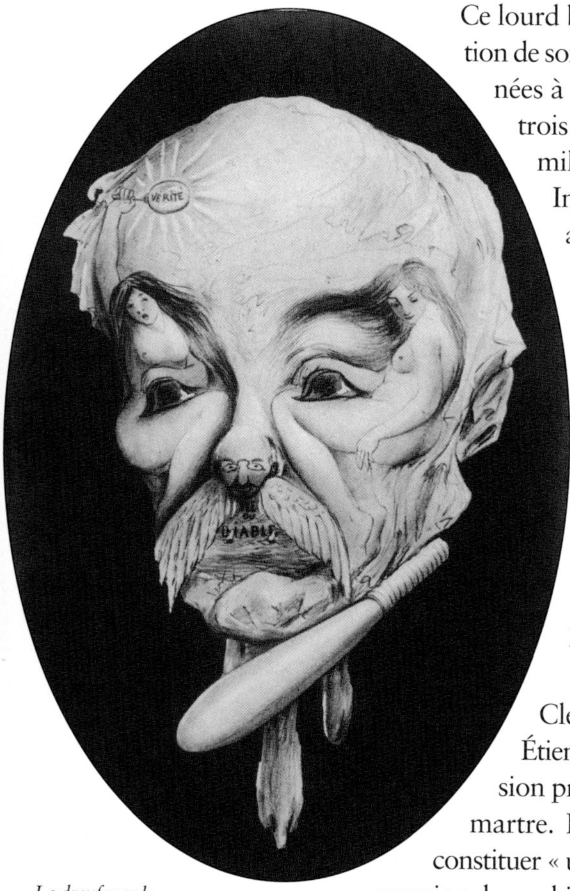

Le dreyfusard : sur le rocher de l'île du Diable (le menton), Dreyfus (le nez) attend sa libération, surmonté par la Vérité et la Justice.

À droite, le briseur de manifestations viticoles.

Ce lourd bagage sur le dos, le jeune Georges, à l'imitation de son père, se lance dans les études médicales destinées à lui assurer l'indépendance matérielle. Après trois ans passés à Nantes, il monte à Paris, où son militantisme l'emporte bientôt sur ses études. Inculpé en 1862 pour avoir provoqué un attroupement armé, il fait 77 jours de prison. C'est là qu'il fait la connaissance de Blanqui, auquel il rend une visite quotidienne pendant un an. Docteur en médecine en 1865, il fuit une France décidément bourgeoise pour s'en aller aux États-Unis, le paradis selon lui de la démocratie, où il ne manque que l'argent de son père pour qu'il s'y établisse. Mais sans doute sait-il qu'il ne peut échapper à son passé : il revient en compagnie de Mary Plummer, épousée en 1869, plus belle et riche, paraît-il, qu'intelligente.

Laissant sa jeune femme chez ses parents, Clemenceau est bientôt à Paris, où son ami Étienne Arago, porté à la mairie à la suite de l'invasion prussienne, le désigne comme maire de Montmartre. La Commune de Paris pourtant lui paraît constituer « une absurdité sans issue », pour reprendre l'expression de son biographe Jean-Baptiste Duroselle. Ce n'est pas tant le bourgeois, que l'homme épris de justice et de liberté, qui est en effet terrifié par les déchaînements sanguinaires de la foule. « Les destructeurs de Bastille et les échafauds révolutionnaires, en vient-il à écrire, n'avancent pas la révolution intérieure qui seule peut faire l'homme nouveau. » Il n'en demeure pas moins partisan de la réconciliation, lui qui est devenu en 1871 conseiller municipal de Paris et qui milite résolument pour l'amnistie totale des anciens Communards. En 1876, il est élu député de la capitale, et peu à peu il s'impose comme le chef incontesté de l'aile avancée radicale-socialiste. Ses très fréquentes interruptions, à l'Assemblée, sont en effet redoutées, et il passe bientôt pour un tombeur de ministères. Un moment, il soutient le général

Ce n'est plus du vin, c'est du sang
6/07
N°133

Boulanger, puis il est vaguement impliqué dans le scandale de Panama. Fermement hostile aux congrégations enseignantes, il n'en est pas moins opposé dans ce domaine à « l'omnipotence de l'État laïque », en laquelle il dénonce « une tyrannie ». En 1885, le glissement à gauche de son électorat parisien le porte à se présenter dans le Var. Mais las, cet homme de conviction, qui répugne à la surenchère démagogique, est battu huit ans plus tard.

Dans les tranchées.

L'hommage des Poilus : recevant le bouquet qui le suivra dans la tombe.

L'aumônier décoré : « C'est la première fois que j'embrasse un président du Conseil ». Clemenceau revenu de son anti-cléricalisme virulent : « Eh bien moi, c'est la première fois que j'embrasse un curé. »

Privé de ressources, Clemenceau se retrouve endetté, au point que ses parents doivent vendre des terres pour le dégager. De ce fait, l'Aubraie reviendra à son frère cadet Paul, avec lequel il se brouillera mais qui finira par léguer la propriété au petit-fils du Tigre, qui portera le même prénom que lui. En attendant, Georges, qui a contraint sa femme au divorce, se lance dans le journalisme, se levant entre 3 et 4 heures chaque matin. Faute d'être un grand écrivain, comme le prouvent quelques incursions en littérature, il révèle un extraordinaire talent critique, notamment lors de l'affaire Dreyfus. Persuadé au départ de la culpabilité de celui qu'il appelle « le traître » dans un article de 1894, il change d'avis trois ans plus tard, et c'est lui qui fournit à Zola le titre de son célèbre pamphlet, *J'accuse*. Se heurtant à la droite aussi bien qu'aux émules de Marx, comme Jules Guesde qui estime que « les prolétaires, eux, n'ont rien à faire dans cette bataille, qui n'est pas la leur », il mobilise son extraordinaire énergie pour sauver un innocent, au nom du droit et à l'encontre de la raison d'État. L'étoile de l'enfant terrible de la Vendée ne cesse de monter, et on le voit, ami de Mallarmé, de Monet et de bien d'autres, fréquenter les salons bourgeois.

En 1902 les radicaux du Var, revenus de leur dérive, le sollicitent pour un mandat de sénateur, qu'il conservera jusqu'en 1920. « Lui qui fut la terreur de la bourgeoisie, écrit en 1907 l'écrivain danois Georges Grandès, en est devenu le rempart, l'espoir et le salut. » En 1906, il est appelé au ministère de l'Intérieur où, désormais partisan de l'ordre et de l'autorité, l'ancien étudiant révolutionnaire fait merveille. C'est sous son règne que sont créés les services spécialisés de la police, les fameuses *brigades du Tigre*. Partisan du progrès social mais fermement opposé à la violence et à l'illégalité, il est également

Le père la Victoire.

confronté à l'ère des grandes grèves, à partir de 1906. À ce titre, il brise notamment les manifestations viticoles de 1907, puis fait donner l'année suivante la cavalerie contre les grévistes. En 1909, il tombe à son tour, victime de l'instabilité gouvernementale et de l'usure du pouvoir. Après la déclaration de guerre, cet éternel opposant accuse, dans son journal *L'homme libre*, les autorités d'avoir laissé transporter des blessés dans des wagons non désinfectés. La feuille est saisie et devient *L'homme enchaîné*. Devenu le très redouté président des commissions de l'Armée et des Affaires étrangères du Sénat, Clemenceau multiplie les visites sur le front, et sa popularité s'accroît d'autant plus qu'il multiplie ses attaques contre Joffre, le général en chef.

Le 15 novembre 1917, l'infatigable vieillard accepte le pouvoir comme une fatalité. Farouchement convaincu de mener la guerre du droit pour récupérer l'Alsace et la Lorraine injustement annexées, il est comme on le sait l'homme de la guerre intégrale, et l'on voit cet ancien adversaire de la peine de mort faire fusiller les traîtres. Grâce aux poilus, se réjouit-il le jour de l'Armistice, le 11 novembre 1918, « la France, hier soldat de Dieu, aujourd'hui soldat de l'humanité, sera toujours le soldat de l'idéal ». Par la suite, à l'encontre des partisans de l'annexion des territoires allemands situés en deçà du Rhin, il défend l'idée de la démilitarisation de la Rhénanie à des fins défensives, et aussi celle, potentiellement plus dangereuse, du paiement par l'Allemagne des fameuses réparations.

La noire ingratitude des démocraties, dont l'esprit égalitariste s'accommode mal des grands talents, est bien connue. En février 1920, les parlementaires lui préfèrent le pâle Deschanel comme président de la République, et le Tigre démissionne aussitôt. Le presque octogénaire donne enfin libre cours à son goût pour l'exotisme, visitant successivement l'Égypte, l'Asie du Sud-Est et les États-Unis. C'est aussi et surtout l'heure du retour aux sources. Il loue sur la dune vendéenne, à Saint-Vincent-sur-Jard, ce qu'il appelle « la bicoque ». Face à la mer et au vaste horizon, il tourne ainsi le dos à la Vendée et en même

« La Bicoque » à Saint-Vincent-sur-Jard

Sa table de travail, face à la mer.

Au soir de la pensée…

temps s'y adosse, en un mouvement qui, pour n'être sans doute pas délibéré, n'en est pas moins symbolique. Que reste-t-il du dogmatisme de sa jeunesse, qui n'ait pas été emporté par l'empirisme nécessaire à l'action ? C'est alors qu'il rédige *Au soir de la pensée*, une vaste synthèse philosophique en laquelle cet athée convaincu en la prééminence de la matière s'évertue à trouver les fondements de l'idéal moral dont il se sait pourtant habité. De plus en plus misanthrope, irréconciliable avec lui-même, il demeure parfois d'une terrible lucidité. « La démocratie, longtemps suprême espoir des peuples en matière de gouvernement, prophétise ce signataire du traité de Versailles, a déjà suscité, par son incoercible paresse et le trop manifeste amoindrissement des caractères, les réactions violentes des soviets et du fascisme, sans parler de ce qui peut être en voie de préparation. »

Le 25 novembre 1929, mort la veille en son domicile parisien de la rue Franklin à l'âge de 88 ans, le Tigre est de retour en Vendée. « Autour de la fosse, a-t-il stipulé dans son testament, rien qu'une grille de fer, sans nom, comme pour mon père. » L'homme des tempêtes est finalement celui des fidélités : à ses origines protestantes par son inhumation hors cimetière ; à son militant de père, auprès duquel il tient à être inhumé en la terre familiale du Colombier ; à la Vendée enfin, envers laquelle il se montre toujours aussi fâché que plein d'amour. Et cette contradiction-là, si elle a été son ressort intime, est tout à son honneur.

Face à son monument à Sainte-Hermine, page du gauche.

Évoquant son grand ami Monet, le jardin de Saint-Vincent-sur-Jard.

En 1848, son père avait planté à Mouchamps, près du Colombier, un arbre de la liberté, un cèdre sous lequel il voulait être enterré.

59. DE L'ACTION CATHOLIQUE À LA LAÏCISATION

Au cours de l'été 1950, le grand politologue André Siegfried est de retour en Vendée, 37 ans après la parution de son *Tableau politique de la France de l'Ouest sous la IIIe République*. « Dans le Bocage, constate le grand bourgeois protestant, subsiste une structure sociale d'Ancien Régime, hiérarchie semi-féodale dans laquelle les exploitants du sol, fermiers et métayers, sont encadrés par le grand propriétaire, généralement noble, et par le prêtre, vrai guide spirituel de cette communauté. » Rien n'aurait donc changé, et ce constat serait particulièrement préoccupant s'il ne se trouvait brutalement démenti quelques années plus tard par le surgissement de ce qu'il est convenu d'appeler le *miracle économique vendéen*. En l'espace de quelques décennies, la Vendée va non seulement s'industrialiser, mais connaître une nouvelle donne sociale, tandis que bientôt les vocations ecclésiastiques vont s'effondrer presque complètement et la pratique religieuse s'éroder fortement.

Siegfried se trouve pourtant avoir raison sur un point : l'absence de « normalisation » politique de la Vendée, qui malgré toutes ces mutations demeure ancrée à droite, et même plus que jamais. Un constat qui évidemment va à l'encontre du postulat que le peuple ne saurait qu'être de gauche, et que cette dernière aurait le monopole du progrès social. D'où, chez certains historiens, l'idée qu'une pareille aberration ne saurait s'expliquer que par la réactivation, par des « notables » soucieux de maintenir l'aliénation de la population, d'un mythe centré sur la Guerre de Vendée. Et parallèlement la conviction que cette industrialisation constitue, de la part de l'Église, un pis-aller orchestré dans le but de maintenir sa domination. « Tout

Le grand séminaire de Luçon vers 1903 : une pépinière de vocations.

Sous le regard des pères Baudouin et Monnereau, une classe au petit séminaire de Chavagnes-en-Paillers.

Autour du supérieur Mgr Soullard, une classe du petit séminaire de Chavagnes.

bouge, résume l'un d'eux, *afin que* rien ne change. » De telles affirmations méritent d'être confrontées à l'évolution de la Vendée dans la première moitié du XXe siècle, paradoxalement très peu étudiée.

Mgr Jarosseau, évêque missionnaire en Éthiopie (1859-1941).

Après un siècle marqué par une intense christianisation, le catholicisme vendéen se trouve, pourrait-on dire, à son zénith. Petits et grands séminaires assurent à des fils de paysans et d'artisans une solide formation classique ailleurs plutôt réservée aux fils de famille. Certes, la confiscation des bâtiments, en vertu des lois de 1901 et de 1905, puis la Guerre de 14 qui emporte une trentaine de grands séminaristes, interrompent brutalement la montée en flèche des ordinations. Mais c'est pour repartir ensuite de plus belle, au point qu'entre 1945 et 1949 l'apogée est atteinte, avec une moyenne de 45 nouveaux prêtres chaque année. C'est l'époque où des bataillons de missionnaires partent d'une Vendée qui donne alors au monde extra-européen pas moins de 16 évêques, dont 7 à l'Afrique et 6 à l'Asie. Sur place, l'encadrement ecclésiastique exceptionnel est doublé d'une croissance régulière de l'école libre, qui en 1906 scolarise 35 % des élèves du primaire, puis passe en 1916 à 50 % et atteint 65 % en 1940. Des sommets inédits qui, compte tenu de la domination de l'école publique dans le sud, transforment certains coins du Bocage et du Marais en « déserts laïques ». Quant à la pratique telle que mesurée par le pourcentage de pascalisants, elle frôle l'unanimisme. Les 88 % de 1894 dans le Haut-Bocage sont 92 %

Jean Yole, penseur du changement. Chez lui à la Noue.

en 1956, tandis que le Bas-Bocage passe de 78 % à 85 %. Le marais Vendéen accuse bien un certain tassement, de 73 % à 69 %, mais le marais Poitevin et la Plaine se maintiennent, allant respectivement de 38 % à 36 %, et de 49 % à 47 %. Au total donc, tandis que le nord poursuit sa progression vers l'unanimisme, dans le sud la chute paraît enrayée, sans doute grâce aux efforts conjugués des missionnaires de la Plaine et des congréganistes enseignants, ainsi qu'à la reprise de quantité de fermes par des Bocains, généralement plus croyants. Du coup, l'Église se retrouve confrontée, en Vendée, à une situation passablement anachronique au XXe siècle : la prise en charge globale d'une société.

La situation cependant est loin d'être idyllique ainsi que le montre Jean Yole, sans doute le meilleur analyste des contradictions qui travaillent la société vendéenne. Son premier roman, *Les Arrivants*, paru en 1909, dépeint sans complaisance un monde de hobereaux réfractaires à toute évolution et plaide pour le renouvellement des élites dans le sillage de l'encyclique *Rerum Novarum* de 1891. C'est d'ailleurs dans cet esprit qu'Henri Bazire, qui a créé en 1899 l'Association catholique de la jeunesse de France, l'ACJF, entreprend une carrière politique en Vendée. Nous sommes, clame-t-il, « sociaux parce que catholiques ». Il n'empêche : battu en 1906 puis en 1910, il l'est de nouveau en 1914 à cause des royalistes, qui lui préfèrent un candidat de gauche. Nombre de ceux-ci n'acceptent pas en effet le ralliement à la République, surtout lorsque celui-ci est incarné par un catholique progressiste.

L'abbé Charpentier, l'homme orchestre du Secrétariat social. À droite, portant une valise, aux côtés de Mgr Casimir Deval, l'archiprêtre de Saint-Louis.

En chanoine, ci-contre.

Parallèlement, Jean Yole étudie, dans *Les Démarqués*, un autre roman paru en 1914, l'hémorragie qui mène nombre de Vendéens sur les chemins de l'exode vers le Sud-Ouest. Cette émigration, assure-t-il, conduit à la perte

Les sociétaires de la Caisse rurale de Saint-Denis-du-Payré en 1954.

Une gestion très simple, à la portée de chacun.

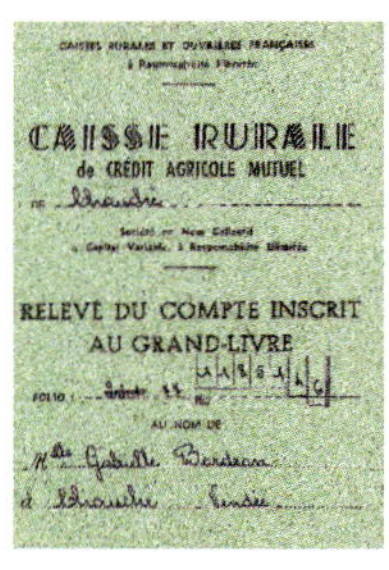
CAISSE RURALE
de CRÉDIT AGRICOLE MUTUEL
RELEVÉ DU COMPTE INSCRIT
AU GRAND-LIVRE
FOLIO
AU NOM DE

de la foi. L'évolution de l'analyse de ce phénomène par les milieux ecclésiastiques est symptomatique, dans la mesure où une enquête de 1911 insiste sur les motivations économiques des migrants, tandis qu'en 1928 on en vient à stigmatiser... la décadence religieuse des Vendéens, responsable de ce qui est présenté comme une désertion. Au total, un double danger existe donc, soit d'immobilisme voire de réaction, soit d'implosion de cette société. Autant dire que le futur de celle-ci ne paraît pas inéluctable.

Pour observer les mutations à l'œuvre, il existe un endroit exceptionnel, puisque précisément conçu pour les analyser et les accompagner : il s'agit du Secrétariat social, créé en 1908 par celui qui est également le fondateur de l'Union régionale de la jeunesse catholique de l'Ouest, l'avocat Charles Gallet. L'institution cependant lui échappe bientôt, et cela est révélateur. Après l'avoir animée plusieurs années durant, il s'estime en effet devoir démissionner du bureau du fait qu'il se lance dans l'action politique. D'autres comme Rochereau et Kervenoaël, situés franchement à droite, feront de même, soulignant ainsi l'exigence d'apolitisme au sein du Secrétariat social, seule susceptible de le sauver des affrontements partisans. À ce titre, l'aventure politique de Gallet mérite d'être brièvement évoquée : candidat en 1928 dans la deuxième circonscription des Sables, il a contre lui Biré, le poulain du légitimiste Baudry d'Asson, ainsi qu'un candidat de gauche, le docteur Mabire. Au premier tour, Biré l'emporte, sans toutefois atteindre la majorité. Mais ensuite Gallet fait répandre quelque 50 000 tracts fournis par l'abbé Trochu, le fondateur du journal *Ouest-Éclair*, au slogan : « grattez Mabire, vous trouverez le marquis » et réussit ainsi à l'emporter en s'assurant les voix de gauche tout en semant le doute sur le candidat royaliste. Aux élections de 1932, les démocrates populaires conquièrent un nouveau siège dans les fiefs du légitimiste, même si leur leader national Marc Sangnier, venu se présenter à La Roche, est battu. Cependant, les élections de 1936, dans le contexte du Front Populaire, galvanisent la gauche locale et rameutent un électorat de droite volontiers abstentionniste, ce qui a pour effet de balayer l'éphémère courant chrétien-démocrate.

L'effacement de Gallet a pour effet d'assurer la prééminence d'un personnage aujourd'hui injustement oublié, mais qui en Vendée a été aussi central que discret pendant la première moitié du XXe siècle : l'abbé Charpentier. Ordonné en 1897, celui-ci se lance aussitôt « dans l'action sociale et chrétienne de notre diocèse », comme il l'écrira un demi-siècle plus tard. À la base de cet engagement qui place explicitement le social au premier plan, il y a les avanies infligées par les tenants d'un laïcisme de combat. « Malgré ces persécutions déchaînées contre les catholiques et, dans un certain sens, on pourrait dire, à cause de cette persécution, note-t-il encore, les premières années de ce siècle évoquent à la mémoire des hommes de notre âge un tableau et surtout une âme de belle époque. » C'est en effet la fin du concordat et la fragilisation de la situation de l'Église qui, selon lui, contraignent le

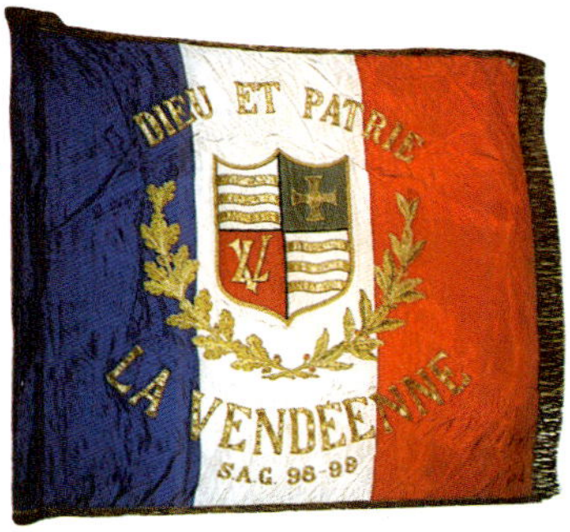

Les vicaires d'action catholique entrepreneurs de loisirs. Concours de gymnastique.

Le drapeau de la société sportive, La Vendéenne. *Presbytère de Saint-Louis.*

D'innombrables troupes paroissiales de théâtre.

Défilé des associations sportives catholiques, clergé en tête, à La Roche-sur-Yon.

clergé à sortir d'un état d'esprit administratif pour adopter une attitude résolument offensive. Certes, rien ou presque ne change dans les régions déjà minées par la crise des vocations, mais dans les contrées comme la Vendée, où le clergé est pléthorique, règne alors une nouvelle figure, celle du vicaire d'action catholique. Disponibles et d'autant plus volontiers portés à bousculer leurs aînés qu'ils se sentent soutenus par leur évêque et qu'ils se savent dans le droit fil des encycliques, ces jeunes gens se font volontiers entraîneurs d'hommes, créant à tour de bras des troupes théâtrales comme des sociétés de musique et de gymnastique, ou des colonies de vacances.

Les temps nouveaux sont donc aux initiatives, y compris hors de l'appareil clérical, et c'est pour les coordonner que se crée le Secrétariat social de Vendée, l'un des tout premiers en France. Celui-ci se propose, en multipliant les enquêtes, de collecter les informations, signe de l'ardente volonté d'être en phase avec son siècle. Les besoins en formation une fois recensés, il organise des stages à destination des milieux les plus divers : journées sociales ouvrières et artisanales, semaines familiales féminines, semaines rurales, et ainsi de suite. Et surtout il se propose d'aider à la création de multiples associations, quitte à s'en dégager par la suite en ne gardant qu'une fonction de coordination.

Un château transformé en école d'agriculture : Notre-Dame-de-la-Forêt, à La Mothe-Achard.

Ainsi naissent en 1907 des comités paroissiaux qui, dans chaque localité, sont censés regrouper autour du curé entre trois et dix personnes constituant le « parti de Dieu » et qui, nommées par la hiérarchie, s'interdisent toute inféodation politique tout en ne dédaignant pas de désigner à l'occasion le candidat qui incarnera le mieux la défense du catholicisme. Si cette initiative à forts relents théocratiques ne rencontre qu'un succès limité, en revanche les associations catholiques des chefs de famille, créées l'année suivante pour la défense de l'école, paraissent répondre à un véritable souci de la population. C'est d'abord la Répartition proportionnelle scolaire, autrement dit la contribution des communes au fonctionnement de toutes les écoles, qu'elles soient publiques ou privées, au prorata du nombre d'élèves. Puis, à l'encontre des menaces du gouvernement Herriot, les manifestations qui, au printemps 1925, rassemblent à La Roche entre 60 et 80 000 personnes. Cependant ce mouvement, essentiellement réactif, retombe rapidement et l'on s'occupe alors des questions d'ordre moral, comme en 1934 des tenues, jugées indécentes, sur la plage des Sables.

Les journaux également figurent un enjeu d'importance au fur et à mesure qu'ils deviennent « comme le tabac, comme le café, un besoin impérieux de l'existence ». D'où en 1908 la création de l'Œuvre de la bonne presse, dont l'abbé Charpentier est naturellement le directeur diocésain. Groupes de diffusion, salles de lecture, bulletins paroissiaux, œuvre des projections, société de conférenciers : rien n'est négligé pour propager la bonne parole, surtout que le journal de l'Action française, adressé gratuitement au clergé, « jetait son venin, écrit suavement notre bon abbé, dans les esprits et dans les cœurs ».

On n'en finirait pas de citer les amicales initiées par le Secrétariat social à destination des anciens combattants, des veuves et des orphelins de guerre, des pupilles de la nation, des anciens élèves des écoles libres, tout comme les mutuelles pour les humains ou le bétail. Mais ce sont surtout les Caisses rurales qui vont accaparer tous les soins de l'abbé. Dans la moindre paroisse, l'épargne disponible est collectée puis prêtée moyennant la caution solidaire d'un voisin, sur ses propres biens. C'est une révolution, dans la mesure où le fait d'emprunter, hier suspecté d'annoncer une faillite prochaine, devient chez ces ruraux une attestation de bonne gestion et de respectabilité, et sert à renforcer le lien social. Sans doute les agriculteurs et les artisans se familiarisent-ils ainsi avec la comptabilité, sous la houlette des instituteurs libres. Mais l'évolution des caisses est très révélatrice,

La JAC dans les années 1950 :

La messe en plein air avec les produits de la terre.

Un char : l'exaltation de la ruralité.

Un des célèbres mouvements d'ensemble.

Les responsables féminines de Vendée.

dans la mesure où ces militants d'action catholique s'y investissent à fond, épousant tellement la logique de l'institution qu'ils finissent par en écarter les curés. Par la suite l'apparition de salariés auprès des bénévoles puis la multiplication et la complexification des services financiers achèvent de laïciser ce qui est devenu une banque mutualiste.

Une pareille tendance, sans doute inéluctable, est également observable parmi les syndicats, dont l'abbé multiplie les créations entre 1920 et 1938. L'Union des artisans de Vendée, forte de plus de 12 000 membres, si elle se réclame explicitement de la morale chrétienne, se veut en revanche non confessionnelle. Quant au Syndicat des employés de banque, du commerce et de l'industrie, il en vient carrément, en 1929, à rejeter son initiateur et aumônier.

La ferveur vendéenne : Notre-Dame-de-Boulogne à Saint-Laurent-sur-Sèvre en 1943.

Cette évolution est encore plus nette en milieu agricole. Créé en 1886 par des propriétaires et animé par Robert de Gouttepagnon et Mercier des Rochettes, le Syndicat des agriculteurs de Vendée passe de 5 000 membres en 1919 à 21 000 dix ans plus tard. Il ne se donne pas seulement pour vocation de procurer des engrais au meilleur prix à ses adhérents et d'améliorer leur formation par la création en 1924 de l'école d'agriculture Notre-Dame-de-la-Forêt à La Mothe-Achard, mais il se préoccupe également des conditions de vie des métayers et des fermiers. Le renouveau, en ce domaine, va venir de la Jeunesse agricole chrétienne, la JAC, née en 1933 et qui ne tarde pas à implanter sa première section paroissiale vendéenne à Nieul-le-Dolent. Hier résignés à leur sort, soumis aux propriétaires et davantage encore à leurs pères, honteux d'être les paysans régulièrement moqués par les citadins, de jeunes agriculteurs, aiguillonnés par leurs aumôniers, connaissent une véritable seconde naissance. « Voir, juger, agir » : telle est leur devise. S'exerçant à reconnaître ce qui les environne pour l'analyser à la lumière de l'Évangile, ils entendent changer ensemble le monde. « La JAC, témoigne Eugène Clautour, m'a complètement libéré d'une mentalité de servitude. » Et qu'importe si les curés de paroisse voient « d'un mauvais œil ces jeunes fidèles prétendre jouer les apôtres », ou si certains propriétaires les traitent de « communistes blancs ». Ils se découvrent dans une indescriptible exaltation un chemin de liberté, et le clivage, témoigne Marcel Brifaud, n'est plus entre la gauche et la droite, mais « entre ceux qui étaient prêts à prendre le risque de la vie et ceux que la peur de perdre tous pouvoirs reléguait dans le conservatisme ». Ce sont ces jeunes gens qui, rompant avec la routine de leurs pères, vont transformer radicalement la Vendée au sortir de la Seconde Guerre mondiale. Ce sont également eux qui, abandonnant progressivement leur ancrage religieux, créeront le Centre départemental des jeunes agriculteurs.

Ce faisant, une sécularisation est donc à l'œuvre, dont les vicaires d'action catholique sont paradoxalement les maîtres d'œuvre. Si ailleurs cette profonde mutation a pu freiner la déchristianisation, en Vendée elle se révèle potentiellement explosive. S'appropriant le message évangélique, les militants laïcs n'en sont pas moins mus par une logique profane, qui leur fait entretenir une relation ambivalente avec un clergé dont ils attendent à la fois théoriquement tout, et pratiquement pas grand-chose. Quant aux clercs, ils sont d'autant plus écartelés que leur formation, classique et de qualité, mais rigoriste et passablement sclérosée, ne brille pas par la réflexion sur les temps nouveaux. À l'apogée de cette christianisation d'une société, l'abbé Charpentier lui-même n'estime-t-il pas « le milieu agricole… particulièrement déchristianisé » ? Le danger est grand alors, de voir les nouveaux séminaristes ne plus se reconnaître dans cette vision décalée, et des vocations peut-être plus sociales que religieuses aller jusqu'au bout de cette dérive en basculant finalement dans le monde. En somme, lors même que l'Église paraissait devoir régner sans partage sur la Vendée, elle a bon gré mal gré poussé à l'émergence d'une société laïcisée d'une inventivité sociale peu commune. En dépit des conservatismes de tous bords, mais au risque de se perdre.

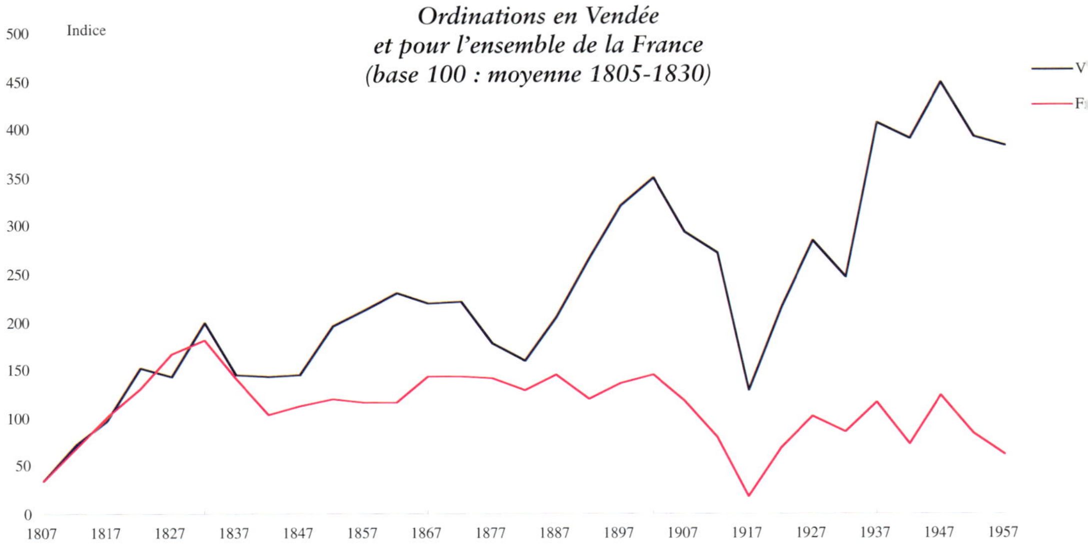
Ordinations en Vendée
et pour l'ensemble de la France
(base 100 : moyenne 1805-1830)
Indice
500
450
400
350
300
250
200
150
100
50
0
1807
1817
1827
1837
1847
1857
1867
1877
1887
1897
1907
1917
1927
1937
1947
1957
V
F

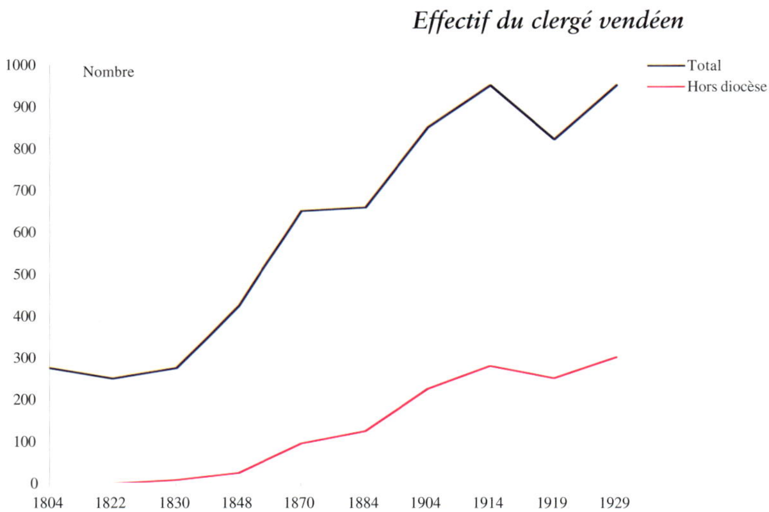
Effectif du clergé vendéen
Nombre
1000
900
800
700
600
500
400
300
200
100
0
1804
1822
1830
1848
1870
1884
1904
1914
1919
1929
Total
Hors diocèse

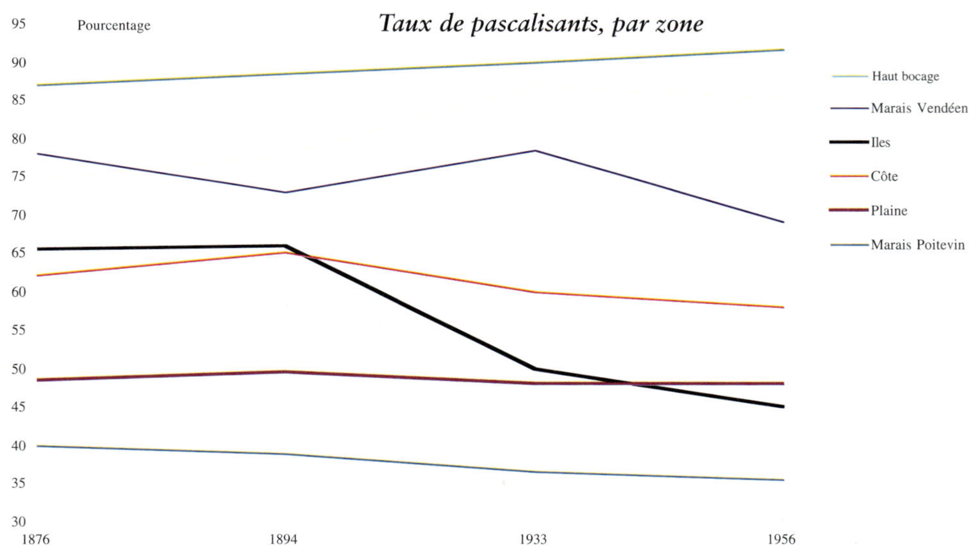
Taux de pascalisants, par zone
Pourcentage
95
90
85
80
75
70
65
60
55
50
45
40
35
30
1876
1894
1933
1956
Haut bocage
Marais Vendéen
Iles
Côte
Plaine
Marais Poitevin

Entrées chez les sœurs de Mormaison (1818-1990)

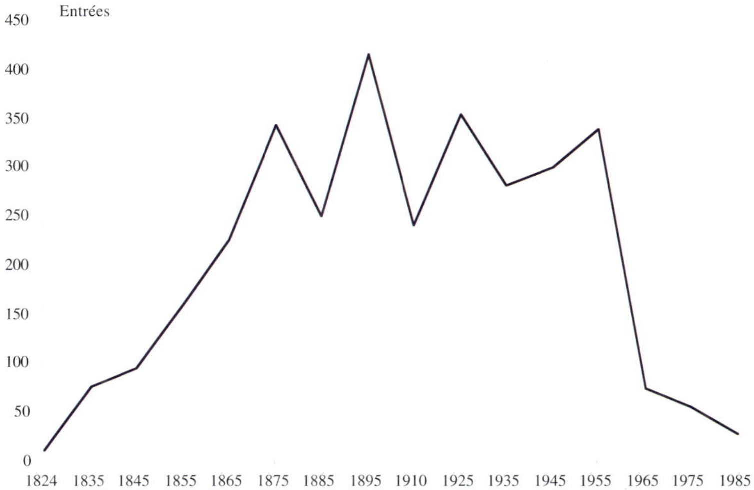

Alphabétisation dans une commune du Bocage
(signature des conjoints aux Brouzils, 1775-1896)

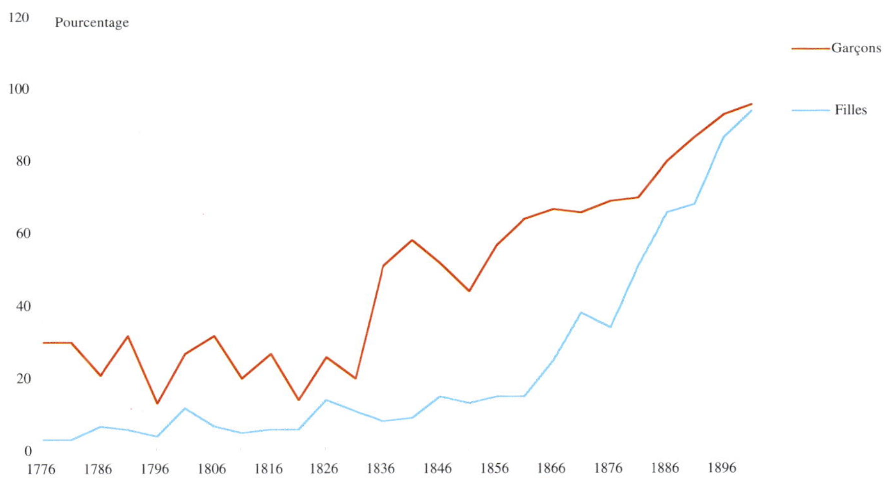

Part des élèves du primaire scolarisés
dans le privé en Vendée (1906-1957)

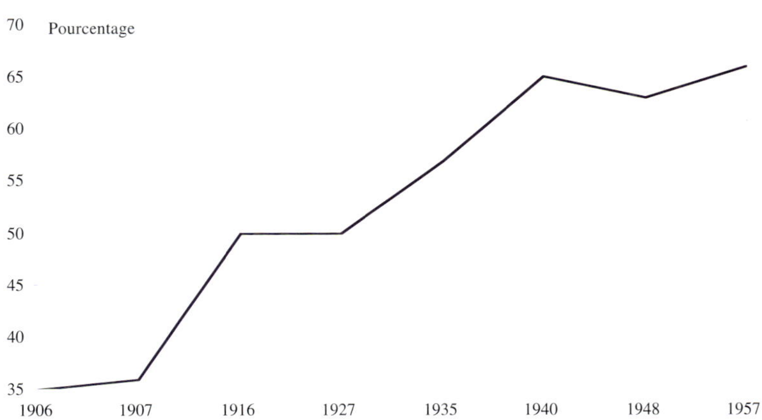

60. LES VENDÉENS DANS LA SECONDE GUERRE MONDIALE

En 1940, en dépit de l'héroïsme de plusieurs de ses unités, la France, encore traumatisée par la saignée de 14-18 et mal préparée à un nouveau type de guerre, s'effondre. Dans une confusion et un désarroi indescriptibles, des populations du nord-est du pays se lancent dans un dramatique exode devant l'armée allemande. Bientôt le Parlement lui-même accorde au maréchal Pétain les pleins pouvoirs constituants, tandis qu'un obscur général rebelle lance depuis Londres le premier appel à la Résistance. L'ennemi occupe la moitié du pays, faisant fonctionner l'économie à son profit et se suscitant des auxiliaires. En parallèle, dans la zone dite libre dirigée depuis Vichy, le gouvernement Laval s'engage dans une honteuse collaboration, devançant même les exigences de l'occupant par la livraison, inhumaine et déshonorante, de juifs qui prennent le chemin des camps d'extermination. Sortant cependant de la prostration générale, des groupes très minoritaires émanés de tous les milieux, depuis le Parti communiste revenu du pacte germano-soviétique jusqu'à la droite patriote en passant par les socialistes et les catholiques, se lancent dans la Résistance, appelée à préparer efficacement une Libération attendue de l'extérieur mais qui repose aussi sur un bon nombre de Français. Dans cette tragédie, quelle est, peut-on se demander, la réalité de l'image parfois répandue, selon laquelle la Vendée, massivement catholique et de droite, aurait aveuglément suivi le maréchal, et pourquoi pas donné dans la collaboration et l'antisémitisme ? Si tel était le cas, il s'agirait alors d'expliquer pourquoi, dans les pires heures de la persécution antisémite, des dizaines de jeunes juifs pourront, à l'ombre des institutions religieuses de Chavagnes-en-Paillers, connaître malgré tout, dans leurs familles vendéennes d'adoption, quelques joies d'enfance. Rappelons aussi que c'est un fils de la Vendée, le futur maréchal de Lattre de Tassigny, qui signera au nom de la France la capitulation de l'Allemagne nazie.

Jean Yole à La Noue. Après la défaite, « tout s'effondrait en lui », dira le préfet Stéphane Moreau, déporté pour faits de résistance, à propos de cet ancien combattant volontaire de 14-18. « Mais il se ressaisit : il nous fut donné, aux pires heures, de confronter nos raisons d'espérer, puis de communier dans la même certitude que la France sortirait libre et grande de l'épreuve. Il demeurait maire de Vendrennes, à un poste d'honneur, pris comme tous ses collègues entre les plaintes légitimes de ses administrés et les exactions de l'armée occupante. Otage n° 1 ».

Précurseur des écrivains de la terre, René Bazin, né à Angers, publia en 1889 La Terre qui meurt, *un grand roman qui a pour cadre le Marais vendéen. Une image du film tiré du roman de Jean Vallée, premier à être tourné en France dans des décors naturels, en 1935.*

Le 20 juin 1940, alors que tout semble perdu, le conseil municipal de Chavagnes-en-Paillers émet le vœu d'ériger un monument à la Sainte Famille pour « témoigner de la foi inébranlable de la commune dans la divine Providence. »

Pour avoir donné plus que leur compte dans la résistance à l'invasion allemande de 1914, les Vendéens ne peuvent un instant imaginer la brusque percée des Ardennes le 10 mai 1940, ni l'effondrement subit de l'État, ni en l'espace de quelques semaines la ruée de l'ennemi jusqu'aux portes de leurs maisons. Certes, ils sont largement présents au sein des unités combattantes, où ils comptent quelque 2 000 morts et plus de 17 000 prisonniers. Mais le rôle dévolu à ce département éloigné des frontières consiste surtout, en vertu d'un plan de juillet 1938, à accueillir les populations du Nord-Est, tout particulièrement les Ardennais. Paniqués par les attaques des Stukas, épuisés par trois semaines de marche, les réfugiés sont presque 300 000 en juin, soit presque autant que les autochtones. Il n'empêche : eux qui ne connaissaient guère de la Vendée que le nom rencontrent, en ces heures d'épreuve, une solidarité telle qu'ils ne seront pas rares à s'y établir définitivement.

Le 10 juillet 1940, l'écrasante majorité des parlementaires français, par 570 oui contre 80 non et 20 abstentions, accorde donc les pleins pouvoirs au maréchal Pétain, âgé de 84 ans, révélant par là le sidérant effondrement d'une classe politique qui se désigne ainsi un homme providentiel derrière lequel se réfugier. Les représentants de la Vendée ne détonent pas, avec sept oui, un non et une absence. Parmi eux l'écrivain Jean Yole, devenu sénateur à cause d'un livre magistral intitulé *Le Malaise paysan*, et qui est l'un des chefs de file des écrivains de la terre, alors nombreux et influents. Pressenti pour le ministère de l'Agriculture, celui-ci, après un bref voyage à Vichy, se garde cependant bien d'accepter.

Faut-il rattacher la Vendée à Nantes ou à Poitiers ? C'est dans le contexte de la régionalisation qu'en 1943, après un long débat, le département se donne pour blason un double cœur surmonté d'une couronne et d'une croix, et pour devise Utrique fidelis, *à l'un et l'autre fidèle. Plusieurs sens peuvent être attribués à cette variante d'un très ancien bijou vendéen : l'amour conjugal, la référence à la Vendée catholique et royale de 1793, le courage des Bleus comme des Blancs, ou encore la fidélité à la grande et à la petite patrie.*

Pour comprendre le fond du malentendu, il convient d'évoquer l'angoisse suscitée depuis des décennies par le déclin du monde rural, dans un pays longtemps resté agrippé à ses racines terriennes ; une inquiétude qu'on perçoit encore aujourd'hui à travers le mouvement écologiste, quoique passablement adoucie et désormais plutôt citadine. D'où à l'époque le prodigieux succès des écrivains dits régionalistes, qui entre 1907 et 1925 raflent pas moins de huit prix Goncourt — dont celui de 1920, qui va au Vendéen Ernest Pérochon. Le grand historien Marc Bloch lui-même témoigne de cette imprégnation dans *L'Étrange défaite*, lui qui en 1940 conteste la prétendue douceur villageoise, en reconnaissant toutefois que « tout pourtant, dans cette apologie de la France rurale, n'était pas faux. Je crois fermement, poursuit-il, que l'avantage demeure grand pour un peuple, encore à l'heure présente, de s'enraciner fortement dans le sol ».

À l'heure où les citadins, soucieux de se ravitailler, se redécouvrent soudain des cousins paysans, le régime né de la débâcle et de l'occupation entreprend de récupérer ce retour à la terre en en faisant la doctrine officielle susceptible de faire oublier la réalité de son organisation hautement centralisée et technocratique, pour reprendre l'expression d'Anne-Marie Thiesse. La création en 1942 du prix Olivier de Serres, dont le jury comporte entre autres Colette, Jean Yole, Gaston Roupnel et Henri Pourrat, illustre ce malentendu intéressé. Ses limites aussi puisque ce dernier, promu écrivain officiel du pétainisme, dédicacera son Goncourt de 1941 à Jean Paulhan, alors emprisonné par les Allemands. Du reste, si l'on excepte Jean Giono, récupéré, et Alphonse de Chateaubriand, l'antisémitisme et l'apologie du national-socialisme seront plutôt le fait des milieux littéraires parisiens. On comprend mieux dans cette optique l'attitude qui prévaut chez les Vendéens, surtout après qu'un décret de 1940 — qui sera prorogé à la Libération — ait mis fin à la législation d'exception à l'encontre des congréganistes, auxquels jusque-là il était interdit d'enseigner en tant que tels. Longtemps l'illusion perdure, d'une connivence de fait entre de Gaulle et Pétain. La désillusion cependant s'installe au fur et à mesure que ce dernier s'avère incapable de protéger le pays contre l'occupant. « Nous ne pouvons tout approuver », dit posément l'évêque Mgr Cazaux, un ancien officier de la Grande Guerre,

[redacted] -- Laissez-Passer de Nuit
Herr, … Kennkarte-Nr.
M., … carte d'identité
wohnhaft … Strasse
domicilié à … Rue
Beruf … [redacted] berechtigt,
Profession … autorisé jusqu'au
die Strasse nur [redacted]
de circuler dans les [redacted]
nach [redacted] der Sperrzeit
à [redacted] les heures d'interdiction
von 23.°° - 5.°° Uhr zu [redacted]
Grund (motif) :
Dieser Ausweis ist nur in [redacted] mit der Identitäts-
karte gültig.
Cette autorisation n'est valable qu'ac[redacted] la carte d'identité
Nach Ablauf wieder abzugeben
A retourner le délai expiré
Hauptmann.

Des déplacements très surveillés.

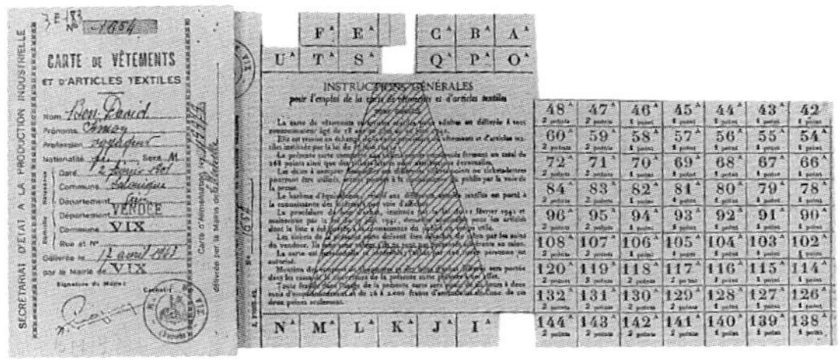
CARTE DE VÊTEMENTS ET D'ARTICLES TEXTILES
INSTRUCTIONS GÉNÉRALES

Le rationnement : carte d'un réfugié juif.

Comment, en 1940, les Allemands s'imaginent leur présence en Vendée…

qui signifie par là qu'il ne saurait avaliser le parti unique. Ayant appris par ailleurs l'existence du camp de concentration de Rawa-Ruska, où les Allemands font disparaître ceux des prisonniers évadés qu'ils rattrapent, il le fait adopter par son diocèse.

Dès le 22 juin 1940, les troupes allemandes pénètrent en Vendée. Des listes d'otages sont dressées et les armes confisquées, tandis que les occupants établissent leurs cantonnements dans les casernes, des écoles, des châteaux, voire des maisons particulières. Du fait des lourdes réquisitions, la population subit des pénuries, notamment en matière de carburants, d'engrais et de papier. Si des cartes d'alimentation et des tickets de rationnement sont institués, force est cependant de constater que les misères du temps sont adoucies, en cette région agricole, par le troc, l'achat direct à la ferme, l'élevage et l'abattage clandestins. Quant au marché noir, cette spéculation sur la détresse, il est fortement réprouvé.

Défense du Remblai des Sables.

À La Guérinière, plage de la Cantine, un blockhaus maquillé en maison vendéenne.

L'occupation, c'est également le couvre-feu ainsi que la censure, qui touche aussi bien le cinéma et le théâtre amateur que les journaux. Surtout, la longueur des côtes de Vendée, qui en fait une région propice à un débarquement, explique une présence allemande massive qui a pu atteindre 50 000 hommes. Dès le 20 octobre 1940, une zone côtière interdite est instituée sur 30 kilomètres de profondeur, pourvue de pièces d'artillerie à longue portée ainsi que d'une importante station radar située à La Jonchère. Réquisitionnant quelque 6 000 personnes, l'organisation Todt édifie ce qu'on appelle le Mur de l'Atlantique, composé de rangées de pieux de bois parfois minés, de tétraèdres en ciment, de barbelés puis de blockhaus.

Pour faire tourner son économie de guerre, l'Allemagne tente d'abord de séduire des travailleurs volontaires. L'échec à peu près total de l'opération la conduit à instituer le Service du travail obligatoire, auquel 4 350 Vendéens ne parviennent pas échapper. L'imperméabilité de la population à la propagande nazie se vérifie par le faible nombre d'adhérents aux mouvements fascisants, qui au total comptent moins de 500 membres, soit un habitant sur mille. Quant aux collaborateurs, ils sont 318, et encore la moitié d'entre eux ne sont pas nés dans le département. Les élus, de droite comme de gauche, sont pour leur part presque tous maintenus en poste par le préfet Jammet, et parmi eux seule une infime minorité collabore, tandis que les autres se préoccupent de préserver leurs administrés des exactions et des réquisitions de l'occupant.

Combien de juifs habitent alors la Vendée ou s'y sont réfugiés ? Utilisant les décomptes de l'administration, probablement sous-évalués, Gérard Nocquet en trouve 148. La persécution à leur encontre commence par leur exclusion de la fonction publique, la fermeture de leurs entreprises et la spoliation de leurs biens. En 1942, 10 sont arrêtés, 1 en 1943, et 46 au cours de la rafle de 1944. Sur ces 57, 53 périront, victimes de la barbarie nazie.

Des enfants juifs à Chavagnes au premier rang d'une cérémonie présidée par Mgr Cazaux.

Quelle a été, à cet égard, l'attitude des autres Vendéens ? L'hébergement par des familles modestes de Chavagnes-en-Paillers, entre 1941 et 1944, de plusieurs dizaines d'enfants juifs — 33 selon le dernier décompte — permet de lever un coin du voile suite aux récentes révélations d'anciens bénéficiaires de cette protection. Mais si l'on croit savoir que les persécutés ont été acheminés depuis la région parisienne sous l'égide du Secours national par la Famille du prisonnier, bien des questions demeurent encore sans réponse. Pourquoi d'abord, de la part des familles juives, ce choix de la Vendée très catholique, et en Vendée tout particulièrement la commune de Chavagnes, avec son petit séminaire qui abrite alors la Kommandantur ? Et puis comment comprendre cette solidarité chavagnaise, trop rare à l'époque, sinon à distinguer ses racines dans une religion nourrie de références bibliques et dans les tribulations de la période révolutionnaire, volontiers identifiées à celles du peuple élu ? Le mystère demeure, et encore plus troublant est peut-être depuis lors le silence des justes.

Un groupe de résistants.

Peu boisée, encore moins montagneuse, et de surcroît lourdement occupée, la Vendée ne subit pourtant pas le joug nazi sans réagir. Tout juste, plutôt que de réseaux bien structurés, a-t-on affaire, jusqu'en 1943, à des initiatives dispersées. Dès septembre 1940, le mouvement Résistance est représenté localement et il organise des évasions ; son chef Seigneuret ayant été arrêté le 19 mai 1941 et fusillé au Mont-Valérien, il est remplacé par Dervieux, qui dirigera en 1944 le mouvement de libération nationale. La Confrérie Notre-Dame, sous l'autorité de La Débuterie, se voue à la collecte de renseignements à partir de 1942, tandis qu'à la même époque le groupe Libération-Nord, appuyé par son agence de renseignements Eleuthère, est dirigé par Valentin puis par Soubeyran. Quant à l'Organisation civile et militaire, conduite par le général Jouffrault, elle bénéficie entre juin et août 1943 de sept parachutages d'armes, mais celles-ci sont récupérées par les Allemands tandis que les membres du réseau sont presque tous arrêtés, probablement à la suite d'une trahison. Démantelé par des arrestations en 1941-1942, le Parti communiste reprend quant à lui ses activités en 1943, avec notamment Auguste Brunet.

Doit-on également qualifier de résistance le témoignage spirituel tel qu'incarné par l'abbé René Giraudet, le remuant jeune curé de Saint-Hilaire-du-Bois ? Bravant les interdictions formelles des nazis, qui craignent la mise en évidence de l'incompatibilité de leur doctrine avec l'Évangile, il part en avril 1943 exercer clandestinement son ministère auprès des requis du STO. Le succès de son activité lui vaut d'être arrêté par la Gestapo le 12 juin 1944 puis interné à Bergen-Belsen, où il contracte la maladie qui l'emporte un an plus tard.

Cependant, la victoire alliée est en vue. De juin à août 1944, la voie ferrée Nantes-Bordeaux et d'autres cibles stratégiques sont l'objet de 39 bombardements et de 58 mitraillages. Sept avions alliés sont abattus, tandis que l'Allemagne perd onze appareils et, entre août et octobre, 21 navires. Par ailleurs, une cinquantaine de sabotages sont effectués par les maquis, forts au 10 septembre 1944 des 2 556 FFI de Baffert et des 826 FTP d'obédience communiste de Germain, essentiellement présents dans le quart sud-est du département.

On ne saurait toutefois oublier les Vendéens qui servent dans les rangs de la France libre du général de Gaulle. Sous le commandement d'un autre général, Jean de Lattre de Tassigny, la Première Armée française, partie d'Afrique du Nord, débarque en Provence le 15 août 1944. Épaulée par quelques divisions américaines et subissant de très lourdes pertes, elle est bientôt en Alsace. S'ensuit en avril la campagne outre-Rhin, couronnée par

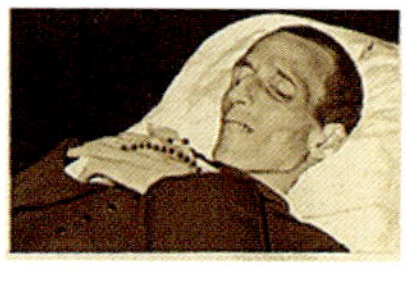

De retour des camps, l'abbé Giraudet sur son lit de mort.

De Lattre signant pour la France la capitulation de l'Allemagne nazie.

Le maréchal de Lattre n'a survécu de quelques mois à la mort de Bernard, son fils unique tué en Indochine en 1951.

Leurs tombes au cimetière de Mouilleron.

la capitulation allemande du 9 mai 1945 à laquelle, grâce à de Lattre, la France n'est pas absente.

En Vendée, le parachutage d'une équipe Jedburgh de trois hommes et de 114 containers permet d'encadrer et d'équiper un peu mieux la Résistance, désormais placée sous le commandement général de Baffert. Au début de septembre 1944, les Allemands évacuent le département, qui le 17 fête officiellement sa libération et installe ses nouvelles autorités. Le nouveau préfet, Léon Martin, est l'ancien secrétaire de Clemenceau. Quant au Comité départemental de libération, nettement orienté à gauche, il est d'abord présidé par le radical-socialiste Louis Joguet puis, lorsqu'il s'ouvre aux autres courants de pensée, par Roger de Lattre, le père du général. Grâce aux 95 tonnes d'armes débarquées par deux destroyers anglais, les FFI peuvent apporter leur contribution à la réduction des poches allemandes de Pornic et de La Rochelle.

Avant d'évacuer Les Sables, les Allemands détruisent la petite jetée, l'écluse, le bassin à flot et coulent des bateaux dans l'entrée du chenal.

Des ordres stricts donnés par le commandant Baffert veillent à empêcher les exécutions sans jugement, dites populaires, qui sont limitées en Vendée à 14. S'ensuit une épuration par une commission qui prononce 540 arrêtés d'internement. Sur 186 personnes jugées, 7 sont condamnées à mort et 133 à une peine de dégradation nationale. Quant aux élus, sur 164 conseillers municipaux nommés sous Vichy, 85 sont maintenus, tandis que tous les parlementaires sont déclarés inéligibles, sauf Achille Daroux, qui avait refusé de voter les pleins pouvoirs et qui est nommé membre de l'Assemblée constituante.

La population cependant n'avalise guère les mesures prises à l'encontre de ses anciens élus, surtout les maires qui, lorsqu'ils se représentent, ne tardent pas à retrouver leur écharpe. Rien de commun en effet avec la Bretagne par exemple, où le mouvement indépendantiste sort complètement déconsidéré par ses tractations avec Hitler. Ici les velléités de nationalisation de l'enseignement et surtout la suppression des subventions à l'école libre en 1945, provoquent même un retour rapide à la situation politique d'avant-guerre. Le 21 octobre 1945, la droite, menée par Hélène de Suzannet, naguère incarcérée pour faits de résistance et Armand de Baudry d'Asson, ancien déporté, remporte quatre sièges de députés, contre un seul à la gauche. La déception de celle-ci est vive, qui par la voix de Verdon, responsable du Front national, tente de se consoler en expliquant que dans le Bocage « on trouve 392 châteaux, 70 % de la population soumis au régime féodal ».

Au total, la Vendée n'a donc pas éprouvé les lourdes pertes humaines et les destructions matérielles subies sur les principaux théâtres d'opérations. Ses quelque 2 500 morts sont essentiellement les soldats tués lors de la campagne de 1940 et ceux de la Première Armée à la fin de la guerre, auxquels il faut ajouter 53 otages et résistants, 147 déportés, 53 requis du STO et 96 civils victimes de bombardements. Malgré certaines rancunes, la société ne s'est pas déchirée. Quant à son apparente immobilité, il ne faut pas s'y fier : pendant les jours sombres de l'Occupation, une relève s'est préparée parmi les jeunes qui, formés à l'école de la JAC, vont bientôt entreprendre de tout transformer.

À La Chapelle-Thémer, le monument qui commémore la déportation d'un groupe de résistants.

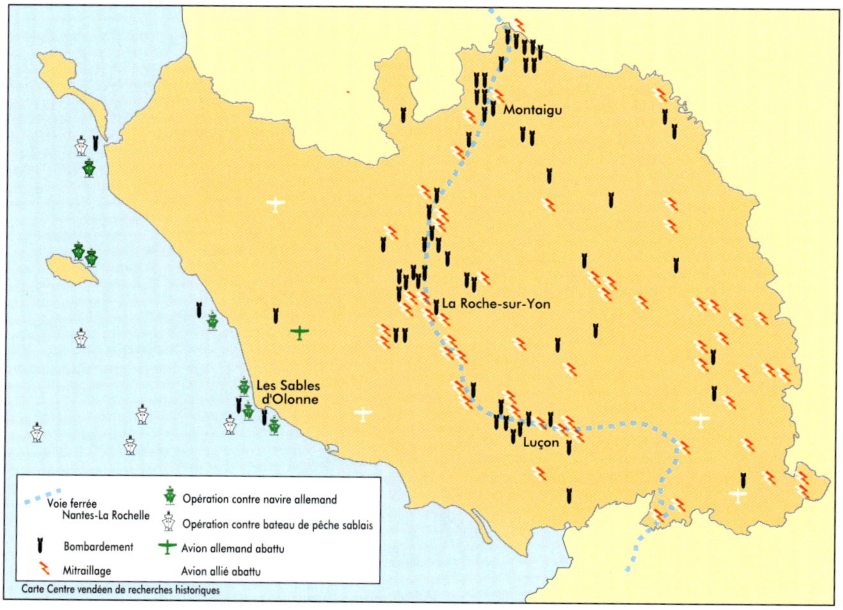

Les opérations aériennes des Alliés, de juin à septembre 1944.

61. LE « MIRACLE VENDÉEN »

Au sortir de la Seconde Guerre mondiale, la Vendée peut passer pour économiquement sous-développée. Pauvre en ressources énergétiques et minières, éloignée des grands axes de communication, et de surcroît dépourvue de grandes villes, elle est en effet demeurée à l'écart de la révolution industrielle. Certes, la Plaine et le marais Poitevin conservent une réputation de relative aisance, mais le Bocage paraît voué à la routine et à la pauvreté, à l'inconfort et à la tuberculose. Comment aurait-on alors pu s'imaginer que, quelques décennies plus tard, la région ne se serait pas seulement industrialisée, mais aurait inventé un autre mode de développement, celui des industries à la campagne ?

C'était hier… La Vendée archaïque d'avant 1950, aux Épesses.

Le marché aux volailles à La Roche-sur-Yon.

Battage.

À considérer que l'épicentre de ce dynamisme économique correspond exactement à celui du soulèvement de 1793, des gens pressés ont été tentés d'ignorer un siècle et demi d'histoire. Les uns ont identifié dans les nouveaux « capitaines d'industrie » les héritiers directs des capitaines de paroisse de jadis, tandis que d'autres ont de façon assez banale voulu voir là une opération menée par les notables et le clergé dans le but de maintenir leur domination. L'idée serait peut-être intéressante, si le processus n'aboutissait précisément à un profond renouvellement des élites et à une chute spectaculaire de l'influence de l'Église. Dépassant ces visions trop sommaires, nous éviterons d'isoler le développement industriel de la révolution agricole qui le précède, et nous nous interrogerons à l'aval sur un phénomène singulier, le spectacle du Puy du Fou qui, à être placé dans une perspective historique, pourrait bien lui aussi devenir moins inexplicable.

En 1955

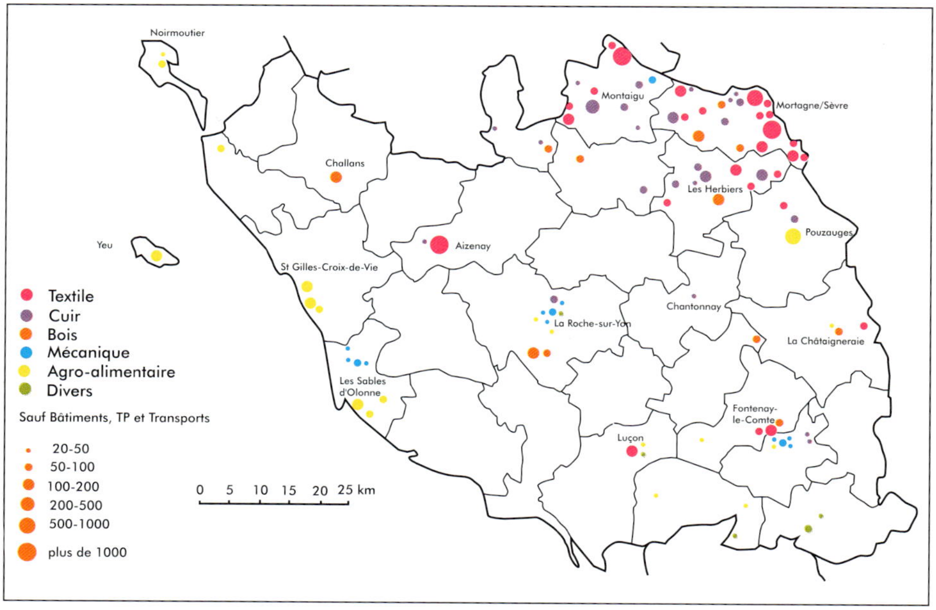

L'industrialisation de la Vendée.

En 1981

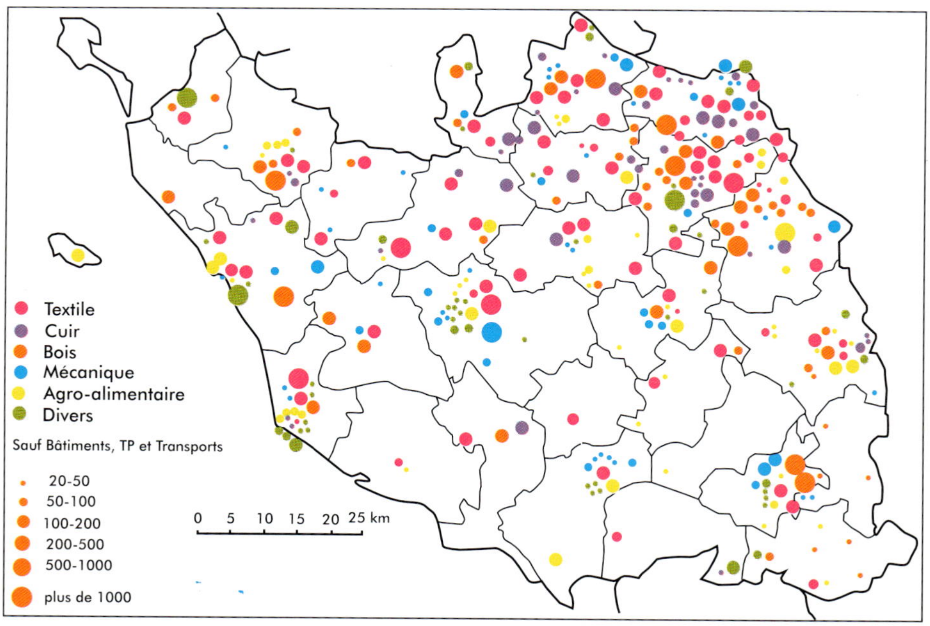

En Vendée, non plus, l'eau n'est pas une ressource inépuisable.

C'est par l'agriculture, il faut y insister, que la Vendée commence sa grande mutation. Aiguillonnés par leurs aumôniers, les militants de la JAC sont à pied d'œuvre pour mettre à profit le nouveau statut du fermage, voté en 1946. Les dispositions de celui-ci avantagent considérablement les preneurs aux dépens des bailleurs, dont les grands domaines se désintègrent au fur et à mesure que la terre devient un investissement moins intéressant. Depuis plusieurs années déjà, une minorité de jeunes agriculteurs a pris conscience de l'insuffisance du savoir empirique de ses pères ainsi que de la légèreté de sa culture générale et professionnelle, suite à l'interruption précoce de sa scolarité. Des livres commencent à circuler, tandis que des Semaines rurales sont organisées à l'école d'agriculture de La Mothe-Achard, en attendant la création de Centres d'études des techniques agricoles et de Groupements de vulgarisation agricole.

Surtout, ces jeunes gens apprennent à s'épauler mutuellement. L'expérience est pourtant difficile, en un milieu traditionnellement aussi individualiste, mais leur foi les aide à reconnaître et accepter les qualités et les limites de chacun. Traités de révolutionnaires, ils n'en persistent pas moins à se doter de ce levier qui va faire leur force. Certains commencent par acheter ensemble des outils trop coûteux pour l'étendue de leur exploitation, créant ainsi des Coopératives d'utilisation de matériel agricole, tandis que d'autres, encore plus audacieux, décident de tout partager en des Groupements d'agriculteurs pour l'exploitation en commun. Avec 500 CUMA et 1 500 GAEC, la Vendée est bientôt leader national, et l'on y organise également des coopératives d'approvisionnement et de vente, apanage jusque-là du sud du département. Cette force collective est reportée également dans l'engagement syndical, avec la Fédération départementale des exploitants agricoles qui supplante l'ancien Syndicat des agriculteurs de Vendée dirigé par des propriétaires. Les nouveaux venus investissent aussi les structures mutualistes et bancaires, notamment le Crédit Agricole. Enfin, ils sont nombreux à être élus dans leurs communes : bousculant les anciens notables jugés trop frileux, ce sont eux qui poussent à l'implantation d'ateliers et à la création de zones artisanales.

Dans leur esprit le groupement ne saurait cependant étouffer la personne, bien au contraire, puisqu'il doit être au service de son épanouissement. Qui dira les victoires, minimes en apparence mais capitales pour chacun, que constituent l'édification d'une cloison qui permettra au jeune ménage de se réserver un espace d'intimité, ou la conception d'une véritable cuisine dotée d'une eau courante difficilement concédée par un propriétaire réticent ? L'amélioration de l'habitat, le droit au confort, le devoir de propreté : voilà qui change la vie.

Bien que plus spectaculaire, le reste n'est au fond que la conséquence de cette révolution culturelle. Ainsi la mécanisation, les engrais chimiques, les stabulations libres et une meilleure organisation du travail. La gestion éga-

Hier l'église et le château, aujourd'hui l'usine. La Rabatelière.

La force de l'agroalimentaire : les premières saucisses en sachets chez Fleury-Michon en 1957, l'usine de Pouzauges en 1967.

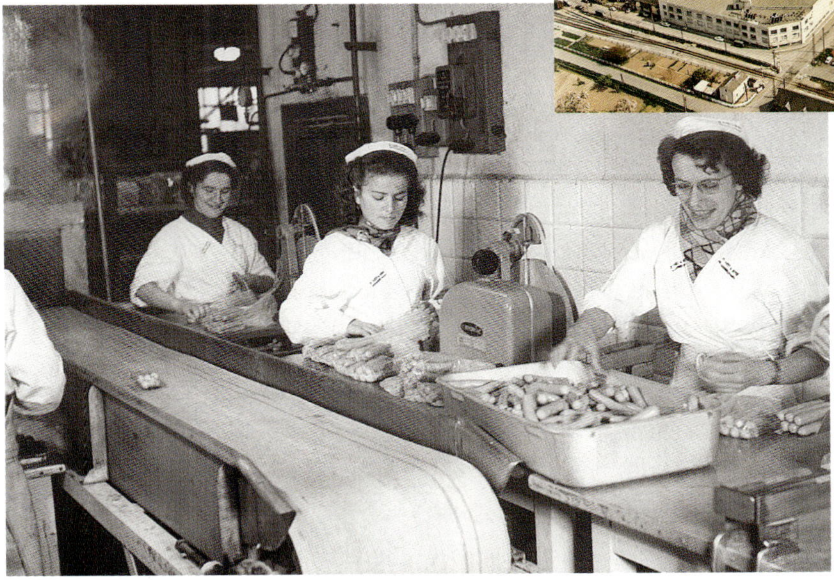

Chaîne de production chez Arrivé.

A la pointe de la mode : Rautureau Apples Shoes, à La Gaubretière.

Le pays des usines à la campagne.

lement, et l'on n'hésite plus à recourir au crédit. Quant au paysage, il est radicalement modifié : le bocage, fruit du labeur de plusieurs siècles, subit les assauts d'un remembrement certes indispensable, mais souvent très excessif. De 1959 à 1998, sur les 560 000 hectares de surface agricole utile du département, il en touche 315 000, soit 56 %. À partir des années 1980, les ateliers d'élevage surtout avicole se multiplient, qui permettent à leurs créateurs de compenser par l'intensification la relative exiguïté de leurs exploitations, mais élèvent considérablement les taux de nitrates contenus dans l'eau. Quant aux nappes phréatiques de la Plaine, d'abord réputées inépuisables, elles sont victimes de l'accroissement considérable des surfaces irriguées, qui conduit à une dangereuse surexploitation. Le marais desséché, traditionnellement plutôt voué à l'élevage et désormais mis en culture, connaît également des problèmes hydrauliques préoccupants.

Il ne faudrait cependant pas se contenter de souligner les limites de cette agriculture productiviste dont la profession perçoit tardivement les excès, dans la mesure où le Bocage tout particulièrement, hier arriéré, en a été puissamment modernisé. Ce faisant les métairies, la grande innovation des XVIe et XVIIe siècles, ont généralement tenu, tandis que les borderies ont disparu. Les 58 000 exploitations de 1929, qui étaient encore 43 000 en 1955, ne sont plus aujourd'hui que 8 000. Tous ces arrachements à la terre sont autant de drames humains, mais ils libèrent les bras qui, précisément, vont être disponibles pour l'aventure industrielle.

Cette mutation, pensera-t-on, s'est faite en dépit des grands propriétaires. Ce n'est qu'en partie vrai. Le sud, réputé terre de faire valoir-direct, s'est au total moins transformé que le reste du département. Et c'est un propriétaire du Bocage, Jean Yole, qui dans *Le Malaise paysan*, paru en 1929, préconisait déjà tous les moyens du changement : l'exploitation en commun, le droit de préemption, les coopératives, le salaire différé, les petites entreprises rurales, sans compter la revalorisation matérielle et morale du métier d'agriculteur, encore à venir.

Pour ce qui est de l'industrialisation des bocages du sud de la Loire, celle-ci est mieux connue, notamment grâce aux travaux des géographes Alain Chauvet et Jean Renard, ainsi qu'à ceux de Louis-Marie Barbarit et Louis-Marie Clénet. Rendue disponible par la révolution agricole que l'on vient d'évoquer, une main d'œuvre potentielle existe. Certes, même les

L'institution Saint-Gabriel à Saint-Laurent-sur-Sèvre.

simples bordiers craignent de déchoir en prenant le chemin de l'atelier, et peut-être davantage encore en voyant leurs femmes et leurs enfants devenir des « filles d'usines ». Mais l'émigration leur paraît bien pire encore, eux qui savent à quel point ils continuent à être raillés en tant que Vendéens. Aussi durs à l'ouvrage que soucieux de bien faire, ils savent gré à ceux qui offrent un emploi à leur faible qualification, quitte à se contenter de salaires relativement modestes.

Et qui sont-ils, ces employeurs ? Des forgerons par exemple, que la mécanisation agricole oblige à changer de métier : ainsi la famille Briand des Herbiers, qui trouve son créneau dans la menuiserie métallique. Ou encore des minotiers comme les frères Arrivé de Saint-Fulgent, qui se reconvertissent dans les aliments pour bétail avant de créer une filière avicole complète sous la marque Maître Coq. Plus ancienne est l'association de Fleury et Michon, deux charcutiers qui, après avoir fait des affaires à Paris, ont créé en 1934 un abattoir à Pouzauges ; en 1968 ils imaginent d'emballer leurs produits pour la vente en libre-service, et huit ans plus tard ils en sont à se lancer dans les plats cuisinés frais. Parmi tant d'autres, on peut encore citer Marcel Albert, parti de rien, et qui à 25 ans crée son entreprise de confection en vendant sa voiture et en empruntant grâce à la caution de trois voisins. Pour tous, le contexte des « trente glorieuses », c'est-à-dire du développement sans précédent des biens de consommation, gourmands en main-d'œuvre, constitue l'opportunité sans laquelle rien n'aurait été possible.

Mais pourquoi donc le développement d'une industrie en milieu rural a-t-il trouvé son lieu de prédilection au cœur de l'ancienne Vendée militaire ? Certes, la population demeure anormalement nombreuse et ne se résigne pas à l'exode, mais surtout la cité d'action catholique de la première moitié du siècle a créé une capacité à se mobiliser autour de personnalités porteuses de valeurs communes. En effet, ces hommes qui réinventent le capitalisme ne sont pas d'abord mus par l'obsession du profit, même s'ils savent que de ce dernier dépendra la poursuite de l'aventure commune. Certains ont fréquenté le petit séminaire, voire le grand, et c'est ce qui laisse penser que cette industrialisation constitue par certains aspects une manière de sécularisation du catholicisme vendéen. D'autres ont été formés par l'institution Saint-Gabriel de Saint-Laurent-sur-Sèvre, créée en 1838 et qui affirme depuis 1898 son penchant pour la formation professionnelle, ouvrant successivement en 1943, 1948 et 1958 des sections pour la chaussure, l'électricité et l'électronique. Tous cependant ont fréquenté les mêmes bancs de l'école primaire que leurs futurs ouvriers, et ce n'est assurément pas du paternalisme s'ils continuent de les tutoyer en les appelant par leur prénom, n'hésitant pas au besoin à prendre leur poste de travail pour leur montrer une nouveauté.

Là réside le secret de cet étonnant développement, bien plus que dans l'octroi temporaire d'une salle paroissiale pour servir d'atelier, ou dans les crédits apportés par telle œuvre catholique. Porteurs d'une solide culture de l'adversité, rejetant par tempérament toute idée de devoir leur salut à une assistance extérieure, ces paysans et ces artisans adoptent d'instinct les méthodes prônées par les spécialistes du management, comme l'adaptabilité, la réactivité, la diversification, l'inventivité technologique et la recherche permanente de nouveaux créneaux. Dans un pareil contexte, l'innovation sociale ne surprend que les chantres et les dénonciateurs d'une Vendée réactionnaire. Le chef d'entreprise est en effet moralement tenu de protéger l'emploi de « ses gars », dans toute la mesure du possible, contre les aléas du capitalisme sauvage, quitte à aménager précocement des horaires flexibles et l'intéressement aux résultats. On comprend mieux ainsi la grève dure menée en 1973 par les salariés d'Arrivé pour soutenir leur patron débarqué par les actionnaires, eux-mêmes dirigés par un gauchiste converti au capitalisme. Même menace, même riposte en 2000 chez Gautier, un fabricant de meubles : ces mouvements atypiques, qui n'empêchent pas l'existence d'un syndicalisme classique, en disent long sur les rapports sociaux.

Retour de Dominique Soulard dans l'entreprise sous les applaudissements des employés ravis.

Une telle réussite globale ne saurait cependant faire oublier la mortalité de ces entreprises de main-d'œuvre, férocement concurrencées par les pays en voie de développement. Ni le manque réel de cadres supérieurs susceptibles de s'imprégner de la « mentalité vendéenne ». Ni le danger que courraient des entrepreneurs qui, sous couvert de rentabilité, oublieraient leurs devoirs à l'égard d'un personnel souvent qualifié d'exceptionnel. Il n'empêche : la plus petite commune a son usine et parfois même plusieurs. Ses lotissements également, car tout un chacun tient à devenir propriétaire de son pavillon. Ses multiples associations enfin, expression de la force du tissu social, de l'étonnante convivialité d'une région qui a semble-t-il réussi sans déchirure majeure la plus radicale des mutations.

Dans le sillage de cette interprétation, est-il possible de dépasser les passions déchaînées autour de la cinéscénie du Puy du Fou ? Les uns, obsédés par son créateur Philippe de Villiers, devenu depuis lors un leader politique, fustigent « l'ambitieux réactionnaire rêvant de devenir châtelain du Puy du Fou », tandis que d'autres croient y trouver une bulle passéiste où se réfugier contre l'irréligion et la décadence des mœurs. Si l'une ou l'autre de ces interprétations était recevable, comment alors comprendre que depuis 1978 l'organisation de ce spectacle accapare l'essentiel des loisirs de plusieurs centaines de bénévoles — aujourd'hui près de 3 000 — et attire chaque saison quelque 400 000 spectateurs, qui viennent sans contrainte et même paient pour cela ?

En 1978, une poignée de « doux rêveurs » menée par Philippe de Villiers entreprend de créer, près d'un château en ruines perdu dans le Haut-Bocage vendéen, un spectacle « unique au monde ».

En un monde obsédé par l'argent et les hiérarchies qu'il fonde, par l'individualisme et l'hédonisme, le Puy du Fou figure une micro-société dont la valeur fondamentale serait le bénévolat. De ce fait, loin d'être subventionné, ce spectacle produit des excédents qui sont versés à des associations caritatives et culturelles. Il se situe ainsi dans le droit fil de l'action catholique telle qu'étudiée précédemment, qui permettait notamment d'en financer les œuvres. Le Puy du Fou, en somme, serait un vaste patronage sécularisé.

Déjà également rencontré dans l'aventure industrielle, le pragmatisme des Puyfolais, leur perfectionnisme dans le moindre détail, leur engouement pour la technicité. Et si les thèmes du spectacle lui-même leur tiennent tant aux entrailles, c'est probablement parce qu'ils correspondent à leur imaginaire collectif davantage encore qu'à l'histoire de la Vendée telle qu'enseignée par l'érudition cléricale jusque dans les années soixante. Plutôt qu'un discours à prétention historique, il s'agit en effet d'une évocation sur le mode poétique, dont le peuple de Vendée, figuré par la lignée des Maupilier, serait le héros. Une fresque donc, qui privilégie la continuité sur la rupture, qu'elle soit sociale, politique ou religieuse et qui, bien que profondément enracinée en un lieu, ne se réclame pas moins de valeurs universelles : c'est peut-être pour cela que tant de spectateurs viennent s'y reconnaître, le temps d'un rêve.

« Depuis que les Vendéens se sont mis en spectacle au Puy du Fou, me répétait François Furet, ils se sont guéris de leur malheur. » C'est probablement vrai, mais on peut également penser qu'en se laissant séduire par ces ruraux réputés catholiques, par ces Vendéens tellement caricaturés, plus d'un spectateur venu d'ailleurs se réconcilie, quant au fond, avec sa propre histoire.

Après un demi-siècle de transformations radicales, qui reconnaîtrait le Bocage vendéen ? Malgré quelques décentralisations comme Michelin à La Roche, c'est de lui-même qu'il a tiré l'essentiel de l'énergie pour, expliquait le préfet Ninin, passer « presque sans transition de la fin du XIXe siècle à la fin du XXe siècle ». Quitte à contredire certains clichés : les conservateurs ne

Un Vendéen d'adoption : le chef d'orchestre William Christie.

sont pas toujours ceux qu'on croit, et l'entassement urbain n'est pas une fatalité. Le Bocage des propriétaires réactionnaires d'antan a en effet laissé place à celui des entrepreneurs, et cela sans traumatisme majeur, sans la dégradante prolétarisation commune aux grandes concentrations industrielles et urbaines. Un consensus y est né autour des valeurs d'initiative, d'autonomie par rapport à l'État et de responsabilité personnelle, tempérées par la solidarité, la sociabilité et le goût de la nature. Quant au sud, celui des bourgeois républicains du XIXe siècle, longtemps résigné à l'exode à l'instar des autres campagnes françaises, il émerge difficilement de son relatif sous-développement. Sur le plan politique, ce n'est pas tant la gauche qui est faible en Vendée, que l'espace politique qu'elle réussit à conserver. Ainsi son éclipse entre 1956 et 1973 s'explique-t-elle peut-être moins par la difficulté à se défaire d'un anticléricalisme identitaire, que par la laborieuse mutation de la gauche des propriétaires du sud à celle des fonctionnaires telle qu'incarnée par Jacques Auxiette à La Roche-sur-Yon.

L'essentiel cependant, pour des Vendéens plus volontiers portés à privilégier l'efficacité, demeure la fierté d'avoir accédé en quelques décennies à une réelle qualité de vie, moins reflétée à vrai dire par le niveau de leurs salaires que par la préservation du tissu social, la sécurité des gens et des biens, ainsi que par la création continue de nouveaux emplois. Depuis 1968, le flux migratoire s'est inversé, faisant désormais de la Vendée un département d'accueil. Les 389 211 habitants de 1936 sont 539 400 en 1999. Mais alors que la France dans son ensemble est devenue massivement urbaine, les Vendéens ont préféré prendre au mot l'humoriste Alphonse Allais en créant leurs villes à la campagne…

62. DES BAINS DE MER AU VENDÉE GLOBE

POUR NOMBRE de nos contemporains, la Vendée fait avant tout penser aux vacances. Tout au long de son littoral ou presque, un ourlet sablonneux déroule en effet son invite au farniente, à la promenade ou aux sports de plage, opportunément servis par des étés chauds et secs qui évoquent le climat méditerranéen. Cependant, cet usage presque exclusivement récréatif de la côte vendéenne résulte d'évolutions récentes, dont les bienfaits comme les traumatismes ont pris un caractère d'une telle brutalité qu'ils continuent de susciter des réactions passionnelles, intéressantes à mettre en perspective.

Jusqu'au XIXe siècle cette côte, essentiellement perçue comme répulsive, n'attire guère les hommes. Aux incursions ennemies, depuis les Normands jusqu'aux Anglais, se conjuguent les assauts des tempêtes qui, en 1741 par exemple, engloutissent Notre-Dame-de-Monts, et encore en 1940 submergent deux mille hectares de polders dans le marais Vendéen. De ce fait, les villages se blottissent en arrière de la dune, et leurs habitants, paysans dans

Couleurs et lumière : L'été, la plage des Sables d'Olonne, *par Albert Marquet, 1933.*

Salines aux Sables, en 1904.

Marins.

l'âme, ne fréquentent guère le rivage que pour la pêche à pied qui leur procure quelques appoints alimentaires. Le développement des communications aidant, certaines cultures ont pu tirer parti de conditions naturelles exceptionnelles. Ainsi l'ail et les tulipes dans les conches, ces dépressions sablonneuses autour de La Tranche, ou encore la pomme de terre primeur, tout particulièrement la bonnotte, de Noirmoutier. Mais depuis, la pression touristique a dangereusement et souvent victorieusement — nous y reviendrons — concurrencé ces activités, les agriculteurs préférant vendre leurs terres à haut prix pour s'investir dans des domaines plus lucratifs.

Il y a bien, mi-agricoles mi-maritimes, les marais salants, mais le déclin de la Grande pêche et l'usage d'autres procédés de conservation a ruiné ceux de la baie de Bourgneuf, du pays d'Olonne et les autres pour ne laisser subsister que quelques rares saulniers, à Noirmoutier notamment. Également la conchyliculture, peut-être aussi ancienne, et qui continue de prospérer avec les huîtres de Bouin et les moules de la baie de l'Aiguillon. Quant aux ports, on l'a vu, les conditions naturelles ne favorisent guère leur pérennité. Un site est-il choisi, que l'ensablement a tôt fait d'en compromettre le développement. Ainsi Le Langon, Talmont et Bouin, dont on imagine mal aujourd'hui qu'ils aient pu, à l'époque romaine ou au Moyen Âge, connaître une réelle

prospérité. L'absence de grand fleuve susceptible de drainer les marchandises loin dans l'arrière-pays n'aide pas non plus, et pas davantage la relative pauvreté d'une région longtemps demeurée à l'écart du développement industriel. Du coup, les grandes fortunes susceptibles d'anticiper de nouvelles activités portuaires ont tôt fait de migrer sur Nantes ou La Rochelle, ne laissant localement subsister qu'une pêche artisanale parfois réticente vis-à-vis de l'introduction des méthodes industrielles.

Abandonnant définitivement l'armement morutier, le port des Sables connaît cependant au XIXe siècle une petite prospérité grâce à la pêche à la sardine, tout comme Saint-Gilles, Port-Joinville et Noirmoutier. En 1880, pas moins de 25 conserveries, soit 12,5 % du total français, emploient une nombreuse main-d'œuvre saisonnière, essentiellement féminine et enfantine, qu'il faut parfois faire venir de Bretagne. Mais la plupart de ces établissements dépendent de maisons nantaises, et du reste la surpêche provoque bientôt la crise qui a raison de cette activité. Le thon germon la remplace, et l'île d'Yeu demeure le premier port français en ce domaine, mais désormais les horizons de la pêche vendéenne paraissent bien rétrécis. Quant aux échanges, le XIXe siècle se résume essentiellement dans l'exportation de céréales et l'importation de charbon anglais, toutes activités que la création après 1845 d'un bassin à flot, d'un brise-lames et d'écluses de chasse concentrent sur le port des Sables, mais qui sont aujourd'hui devenues bien marginales.

Conserverie à Croix-de-Vie.

Le retour des thoniers à l'île d'Yeu.

Le débarquement des thons aux Sables.

De l'autre côté du chenal : La Chaume, industrieuse et populaire. La Ch'noue à La Chaume et les chantiers à charbon sur la Cabaude, *par Jules Lefranc, 1957.*

C'est dans cette perspective qu'il faut comprendre l'accueil somme toute favorable réservé, jusque tard dans le XXe siècle, à ceux qui vont transformer cette côte en un vaste espace de loisirs. En 1816, les premiers baigneurs, suscitant la curiosité générale, font leur apparition sur la plage des Sables. Sept ans plus tard ce sont, inspirées d'outre-Manche, les *bathing-machines*, ces cabines montées sur roues, qui permettent de barboter à l'abri des regards. Mais c'est l'arrivée du chemin de fer en 1866, qui signe la naissance officielle de la station balnéaire. L'aristocratie de la région, et à sa suite la bourgeoisie, se font bâtir en néo-gothique, en style « méditerranéen » et autres exotismes les villas cossues du bois de La Chaise à Noirmoutier et surtout celles du Remblai des Sables. À leur usage, la Compagnie des chemins de fer de

Pour une clientèle fortunée :
Hôtel et plage des bains aux Sables d'Olonne,
par d'Hastrel de Rivedoux, 1852.

Vendée fait construire en 1876 par Gustave Eiffel le Grand casino de la Plage, qui sera suivi vingt ans plus tard par le Casino des Pins dans la forêt de la Rudelière et en 1928 par celui des Sports. Mais Les Sables n'ont jamais eu vocation à jouer le rôle de station à la mode. Grâce au chemin de fer littoral à voie étroite et au développement de l'automobile, les classes moyennes ne tardent pas à affluer à Brétignolles, Jard, Longeville et La Tranche, louant des meublés ou occupant des hôtels aux allures de pensions de famille. Surtout, de nombreuses colonies de vacances confèrent à la côte vendéenne une vocation sociale qui ne va plus la quitter. Aux courses hippiques et démonstrations d'aéroplanes succèdent ainsi les promenades à dos d'âne et les concours de châteaux de sable. Le choc culturel n'en est pas moins considérable. Les cartes postales du temps donnent des indigènes une image folklorisée à l'usage des touristes en quête d'exotisme ; en retour, on n'a guère de mal à se figurer le regard mi-subjugué mi-goguenard des intéressés, prompts à trouver dans l'afflux des 100 à 200 000 « doryphores » d'avant la Seconde Guerre mondiale une aubaine pour une agriculture et un commerce à bout de souffle.

Mais la rupture majeure de tous les équilibres antérieurs date en réalité de l'avènement du tourisme de masse, à partir des années 1960. Qu'on en juge : entre 1962 et 1990, le nombre des résidences secondaires est multiplié par cinq, passant de 10 813 à 58 150. Celles-ci constituent même aujourd'hui plus de la moitié des habitations dans une quinzaine de communes, et La Faute en compte plus de 80 %. Dans le même temps, la capacité d'accueil passe de 162 000 places à quelque 500 000, ce qui met la Vendée au deuxième rang national après les Alpes-Maritimes. Et encore ce tourisme, qui l'été fait plus que doubler la population du département, se concentre-t-il dans une étroite bande côtière. Cela commence en 1968-1969, intercalés entre les terrains de camping, par les premiers grands ensembles immobiliers de type Merlin, Ribourel, Férinel et autres Pierre et Vacances, qui dres-

Le Remblai vers 1920.

Construit sur le Remblai entre 1914 et 1919, le Palazzo Clémentina.

Le Casino des Sports, imaginé par Maurice Durand dans les années 1930.

À La Tranche, un tourisme plus populaire.

Reines des Sables.

Mers, sable et béton à Saint-Jean-de-Monts.

sent à Saint-Hilaire-de-Riez, aux Sables et surtout à Saint-Jean-de-Monts un cordon de béton de cinq à douze étages. Et cela s'achève par des villages de *mobile homes* et par la prolifération, sur une profondeur de plusieurs kilomètres, d'un tissu serré de maisonnettes qui ne s'ouvrent pas deux mois par an. Faut-il en accuser les disgrâces ou, avec Jacques Hussenet, remarquer qu'une stricte protection du littoral aurait surtout profité aux nantis ? Ces maisonnettes aux allures vaguement méditerranéennes n'ont-elles pas également, pour des familles moyennes, le goût de la pétanque et de l'apéro, du barbecue et des après-midi de plage, de ces menus plaisirs et de cette atmosphère bon enfant qui, plus tard, passent pour le bonheur ?

Il n'empêche, cette marée humaine qui déferle sur le littoral vendéen, ce béton que d'aucuns présentent comme un nouveau mur de l'Atlantique, ont aussi quelque chose de terriblement déstructurant. Le mitage de la forêt dunaire là où elle n'est pas strictement protégée par les Domaines, la spéculation foncière et immobilière, la consommation effrénée, constituent un lourd tribut à payer à cette mono-activité touristique qui, sauf pour le bâtiment, aboutit à une nette désindustrialisation et au vieillissement de la population. Quant aux élus, ils ont beaucoup à faire pour maîtriser cette urbanisation galopante aussi bien que pour créer des équipements collectifs, routes, parkings, services de ramassage d'ordures ménagères, stations d'épuration et autres prestations qui suffisent à peine l'été, et qui tout le reste de l'année sont notoirement sous-utilisés. Également pour persuader les visiteurs que les charmes de la Vendée ne résident pas seulement dans son littoral.

Les Vendéens doivent-ils pour autant se résigner à un nouveau contraste, qui n'opposerait plus le Bocage et la Plaine mais le littoral et l'intérieur ? S'ils ont longtemps subi, sur leur passé comme sur leur présent, un regard imposé de l'extérieur, comme ils ont accepté le tourisme davantage qu'ils l'ont organisé, cette situation est peut-être en passe de s'inverser par le biais inopiné du nautisme. À l'origine il y a un ouvrier, Benjamin Bénéteau, qui en 1884 rachète à son patron un petit chantier naval, à Croix-de-Vie. Mais la mutation essentielle de l'entreprise date de 1962, avec la première utilisation du polyester au lieu du bois. Dès lors tout va très vite, et elle passe du « canot-sardine » au voilier de plaisance. Une évolution qui est également celle d'un quincaillier des Herbiers, en plein Bocage cependant, et qui n'en est pas moins à l'origine des bateaux Jeanneau, repris depuis par Bénéteau. Ainsi ce groupe est-il aujourd'hui le numéro un mondial dans la plaisance, une industrie qui conjugue l'expérience accumulée avec l'utilisation des matériaux, des équipements et des procédés les plus novateurs. Et cette réussite de la construction navale vendéenne se concrétise depuis 1989 par l'organisation, sous l'égide du Conseil général, de la Ville des Sables et grâce au mécénat d'entreprises du département, du Vendée Globe, le tour du monde à la voile en solitaire et sans escale. Une compétition qui certes mobilise d'importants moyens matériels et financiers, mais dont les concurrents ont chacun pour horizon d'accomplir l'exploit personnel qui nous fait rêver. Cette nouvelle image des Vendéens, loin des clichés passéistes longtemps persistants, traduit leur foi en l'homme et en l'avenir.

Chalutiers aux Sables.

Les débuts des chantiers Bénéteau, à Saint-Gilles.

Bénéteau, n° 1 mondial de la plaisance.

Grâce au train, Les Sables à 7 heures de Paris, page suivante.

CHEMINS DE FER DE L'ÉTAT
LA PLUS BELLE PLAGE
D'EUROPE
Thor
SABLES D'OLONNE
Deux Casinos _ Théâtre _ Régates _ Forêts de Pins
5 Jours de Courses de Chevaux _ Tir aux Pigeons
TRAMWAYS _ TÉLÉPHONE AVEC PARIS
TRAJET DIRECT DE PARIS EN 7 HEURES SANS CHANGEMENT DE VOITURE

Le départ du Vendée-Globe, en 1992.

63. LES VENDÉENS

Alors, la Vendée existe-t-elle ? Au terme de ce livre, j'ai conscience d'avoir moins déroulé une chronique dont on connaîtrait à l'avance les tenants et les aboutissants, que d'avoir tenté de reconstituer des faits sans cesse soumis à ce que Pierre Chaunu appelle la logique de l'imprévisible, et somme toute d'avoir été confronté à un mystère à élucider. La Vendée ? Mais quelle Vendée ? S'agit-t-il du département, ou de cette région qu'on appelle également la Vendée militaire ? Comme on le sait, celle-ci est plus grande, et pourtant elle ne recouvre pas totalement la première. Mais qu'importe, dans la mesure où partout on s'y réclame plus ou moins de la Vendée. Vu depuis l'extérieur, ce caractère extensible est d'ailleurs encore plus prononcé : pour les bulletins météo, la Vendée commence immédiatement au sud de la Loire, ce qui est défendable, et s'étend parfois jusqu'à la Gironde, ce qui est moins assuré.

Dans un mur du logis de l'Aubraie, la rencontre entre le calcaire et le granite.

Nul n'a su mieux que Jean Yole traduire cette ambivalence. « Alors que toutes les provinces sont devenues des départements, explique-t-il, la Vendée est le seul département qui soit devenu une province. D'un coup de rein vigoureux elle a bousculé le cadastre officiel, brisant les limites trop étroites qu'on lui avait imposées. Elle est venue border la Loire, s'est emparée du coin des Deux-Sèvres qui lui plaisait, s'est offert en apanage une partie de l'Anjou, et tout cela au pas de charge, en quelques journées, et pour toujours. Pour le monde entier, la voilà sœur de la Pologne et de l'Irlande. » L'intuition du poète mérite d'être méditée afin de l'étayer ou de la discuter.

Deux fois fille de la Révolution, d'abord consentante puis rebelle, la Vendée est d'abord en effet un département qui emprunte son nom à la modeste rivière arrosant son chef-lieu d'alors. Par cette création, les révolutionnaires se situent paradoxalement dans le droit fil de l'héritage monarchique et même féodal, dans la mesure où ils retiennent peu ou prou les limites du Bas-Poitou. Comme le rappelle alors l'existence de Marches séparantes au nord, cette délimitation témoigne d'un temps où l'extrémité occidentale du Poitou constituait la sentinelle avancée du pouvoir royal entre la Bretagne et l'Aunis. Du plus profond du Moyen Âge transparaît en effet le loyalisme d'une région menacée au nord par les incursions bretonnes et normandes, et au sud par les velléités d'affermissement d'une grande Aquitaine, même si les comtes de Poitou ont pu un temps capter ce tropisme-ci à leur profit en étendant leur domination jusque très loin dans le Sud-Ouest. Les deux mariages d'Aliénor, français puis anglais, sont d'ailleurs là pour témoigner d'une dernière hésitation entre les deux royaumes, et il convient également de se rappeler que son fils préféré, Richard Cœur de Lion, fait du Bas-Poitou sa résidence d'élection. Cependant, à la différence des féodaux, le peuple d'ici a déjà massivement choisi, lui qui pendant la guerre de Cent Ans considère l'Anglais comme un occupant. Fontenay en constitue l'éloquente illustration, qui assoit sa prospérité sur les offices royaux et qui en retour fournit à l'État nombre de grands serviteurs. Et ce n'est pas un hasard si la Renaissance situe la ville de Viète et le séjour d'élection de Rabe-

Un chemin dans la mer : le passage du Gois, vu par Gilbert Pajot.

lais à la pointe des audaces scientifiques, littéraires et architecturales. Depuis lors, le loyalisme des Bas-Poitevins est sans faille, et ni les massacres révolutionnaires ni les persécutions de la IIIe République n'y changeront rien. Quand bien même on aura voulu à toute force mettre les leurs au ban de la nation, les poilus vendéens de 1914 ne se distingueront que par l'abondance du sang versé. La Vendée ne sépare pas, elle rassemble.

Fragile témoin de la civilisation romaine, une céramique sigillée, au Bernard.

Mais la Révolution enfante également une autre Vendée lorsque, en mars 1793, le peuple des bocages du sud de la Loire, jusque-là silencieux, passe brutalement à l'action pour s'inscrire à l'encontre de la dérive terroriste. Même si la transformation d'une jacquerie en une véritable guerre relève de la responsabilité des Montagnards, soucieux de piéger les Girondins, la délimitation du territoire insurgé conserve une part de mystère que toutes les analyses économiques et sociales ne parviennent pas à lever complètement. Et pas davantage encore les données religieuses, dans la mesure où ni la pratique ni surtout les vocations ecclésiastiques ne signalent alors une région de foi particulièrement intense. Et pourtant, depuis longtemps sans doute le Bas-Poitou, fruit de la dispute entre la terre et la mer, lieu de la confrontation entre la rugosité du granite et la tendreté du calcaire, nourrit en son sein les contradictions qui constituent les ressorts intimes de notre civilisation. Mystérieusement déjà, les premiers agriculteurs du Néolithique choisissent le socle ancien pour y planter leurs menhirs, qui de ce fait surplombent leurs demeures d'éternité, ces dolmens qu'ils installent plus volontiers sur le calcaire. En dépit d'une culture commune, la fêlure se repère encore lorsque César s'acquiert sans trop de peine la collaboration des Pictons, tandis que les Ambilâtres d'au-delà du Lay refusent de plier sous le joug du vainqueur. Par la suite, la région devient un haut-lieu d'affrontement spirituel. D'abord entre l'arianisme qui un moment tente les Aquitains et, sur leurs marges septentrionales, la pureté de la foi chrétienne telle qu'illustrée par saint Hilaire de Poitiers et saint Martin de Tours. Beaucoup plus tard la Réforme, venue d'Aunis, trouve ici tout à la fois une terre d'élection à travers la bourgeoisie fontenaisienne et la noblesse du pays, et un lieu de confrontation avec la catholicité armoricaine qui lui résiste obstinément. Mais là encore, plutôt qu'une nette opposition entre deux terroirs, il faut voir là comme une dispute susceptible de partager chaque communauté, voire chacun de ses membres. Une frontière religieuse intime en quelque sorte, et qui est moins créée que révélée par Grignion de Montfort et ses disciples.

Toujours fleuri par les paroissiens, le saint Nicolas très archaïsant de Saint-Nicolas-de-Brem.

L'archange de l'Annonciation, à Mesnard-la-Barotière.

Mais c'est l'événement révolutionnaire qui, littéralement, crée la Vendée. Dédaignant les délimitations religieuses telles qu'héritées du Moyen Âge et obéissant à une mystérieuse géographie du cœur, ses habitants se retrouvent bientôt un cousinage spirituel peut-être hérité du fond des temps, et qui s'étend sur l'ensemble des bocages situés au sud de la Loire. Sont-ils pour autant les réactionnaires dénoncés par les factions qui se disputent le

Richelieu, évêque de Luçon puis cardinal premier ministre.

pouvoir ? Certainement pas, dans la mesure où ils n'ont rien contre la Révolution de 1789, annonciatrice de liberté. Les déceptions cependant s'accumulent ensuite, se cristallisant à partir de 1791 autour du serment exigé des ecclésiastiques, qui mieux que tout autre révèle les tendances liberticides des extrémistes. Surtout, par sa seule existence, l'insurrection vendéenne, parce qu'éminemment populaire, prouve l'infidélité de la Révolution à ses propres principes, et dès lors son sort est scellé. Pourtant, ce n'est pas par haine, mais « par principe d'humanité » que les terroristes vont, après leur victoire totale de décembre 1793 et donc sans aucune nécessité militaire, entreprendre l'extermination systématique de la population de la région, n'épargnant pas même leurs propres partisans. Et depuis le terme *Vendée* sera repris par leurs héritiers pour stigmatiser toute région dont le peuple ne consent pas à entrer dans le bonheur promis par l'utopie.

Ainsi précipités en 1793 et surtout en 1794 au plus profond de l'abîme, les Vendéens auraient dû désespérer d'eux-mêmes, des autres et de Dieu. Mystérieusement pourtant, à la violence des pourvoyeurs de guillotine, ils trouvent à opposer la violence absolue du pardon, qui récuse l'antique loi du talion pour renvoyer à l'agresseur l'image de sa propre iniquité. Geste dérisoire, du moins dans un premier temps, mais qui permet aux rescapés des massacres d'échapper au poison de la haine et de bâtir ensuite la paix en eux-mêmes et pour les autres. Tant de sang innocent ne peut avoir été versé en vain. Sur ce fondement d'amour se bâtit alors une nouvelle société, habitée par un christianisme renouvelé. Tandis que pour la France dans son ensemble la Révolution se solde par l'édification d'une société encore plus inégalitaire qu'avant, plus dure aux faibles, ici le redressement de l'Église devient une affaire éminemment populaire. À l'universalisme bourgeois répond de la sorte un autre universalisme, chrétien celui-là, qui répand sur tous les continents le flot sans cesse accru de ses missionnaires, dont on peut aujourd'hui juger la pastorale passablement datée, mais qui, conscients de se devoir au monde, ne se lancent dans l'inconnu que pour lui donner le meilleur de la Vendée.

Saint Louis-Marie Grignion de Montfort, la grande figure d'une réforme catholique qui se poursuit tardivement dans l'Ouest.

Vers la fin du XIXe siècle, la Vendée réactionnaire telle que décrite par Siegfried a probablement existé, mais l'éminent politologue se garde bien de révéler que celle-ci est avant tout le fruit de l'intolérance anti-chrétienne de la IIIe République. À preuve, au lieu de tendre vers une théocratie, cette société retrouve bientôt le génie propre au christianisme, en l'occurrence l'acceptation de la tension entre le spirituel et le temporel, pour ouvrir la voie à une laïcisation en profondeur — une laïcisation qui n'a pas grand-chose à voir avec le laïcisme desséchant qui lui est opposé. Cette sécularisation, déjà visible dans la création d'une société d'action catholique dans la première moitié du XXe siècle, l'est bien davantage par la suite. À partir des années 1960, ce pays déshérité par la nature et par l'histoire, caractérisé par ses terroirs ingrats, par l'ensablement côtier et l'absence de site favorable qui contrarient l'émer-

En avril à Chemillé, le général d'Elbée protégeant des prisonniers républicains contre la vindicte des insurgés.

gence d'un grand port, ainsi que par l'insigne faiblesse de son développement urbain, cette région souvent ravagée par la guerre, s'invente une voie originale de développement, celle des usines à la campagne. Dans le même temps l'effondrement des vocations ecclésiastiques et de la natalité ainsi que l'érosion de la pratique religieuse font davantage que l'aligner sur le sort commun au reste de l'Occident : preuve encore, s'il en fallait, que les Vendéens ne se conçoivent pas comme coupés de leur temps ni du monde. L'histoire de la Vendée, c'est l'histoire de France préservée de la tentation de la table rase. C'est une ombrageuse fidélité, une longue ténacité, une conviction qui précède les arguments raisonnables et leur survit. C'est une braise sous la cendre.

Invérifiable mais éminemment symbolique de la foi confessée sous la persécution : les fidèles rassemblés dans l'église en flammes du Petit-Luc, le 28 février 1794.

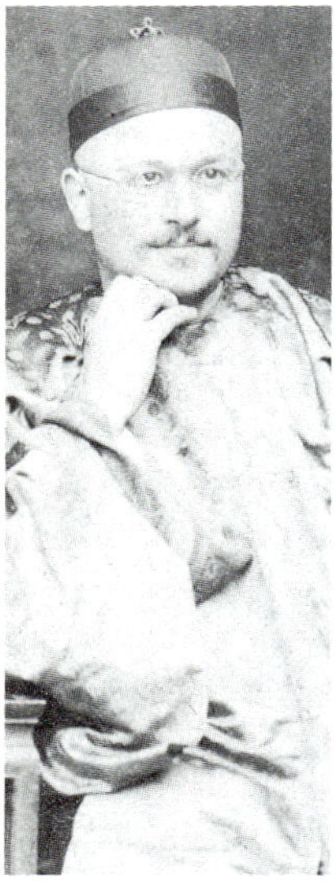

Quand la Vendée dépêchait de par le monde des bataillons de missionnaires… Placide Chaigneau (1865-1897) en Chine.

Assiste-t-on pour autant à un alignement sur ce que la modernité a de plus inquiétant : la perte de repères, la mondialisation à tout crin et la prolifération d'un individualisme exacerbé ? Bien malin qui pourrait augurer de la suite d'une histoire toujours très ouverte. Mais pour le moment la Vendée s'en tire plutôt bien. Depuis 1793, ses habitants se montrent rétifs au bonheur imposé d'ailleurs, et ils cultivent volontiers cet esprit d'entreprise et de responsabilité qui constitue la clé de leur réussite économique actuelle, sans pour autant succomber, semble-t-il, au capitalisme sauvage, largement contrebattu par la solidarité, le bénévolat et la convivialité que chacun leur reconnaît. En somme, la Vendée serait moins une entité administrative — du reste impossible à définir — qu'une sorte de lieu métaphysique, un état d'esprit propre à s'incarner dans les hommes et les femmes qui l'habitent. C'est peut-être comme cela qu'il faut comprendre avec quelle facilité elle assimile ceux qui viennent s'y fixer. Alors, la Vendée existe-t-elle ? On peut en douter. Mais pas de l'existence des Vendéens.

Georges Clemenceau entre ses deux petits fils.

Technologie et foi en l'homme : le « miracle économique vendéen ».

L'écrivain Michel Ragon, libertaire et passionnément vendéen.

Repères chronologiques

-80 000	Outils les plus anciens, datant du Paléolithique, découverts au bois de la Chaize, à Noirmoutier.
-5300	Traces du Néolithique, les plus anciennes de la France atlantique, à la pointe de Groin du Cou.
-5000	Site Néolithique retzien de la Pointe du Payré.
-4500	« Dolmens » à encorbellement des Cous (Bazoges-en-Pareds) et du Pey de Fontaine (Le Bernard).
4-000 -4200	Premier établissement humain aux Châtelliers du Vieil-Auzay.
-4200 -3500	Mégalithisme caractéristique du Néolithique moyen. Dolmens et menhirs sont particulièrement nombreux dans la région d'Avrillé.
-3500 -2800	Enceintes fortifiées au cours du Néolithique récent : Champ-Durand (Nieul-sur-l'Autise), Vieil-Auzay…
-2500	Four de métallurgiste à la République (Talmont-Saint-Hilaire), le plus ancien de l'Ouest de la France.
-1300 -1200	Les haches de bronze dites vendéennes, en feuilles de marronnier, témoignent de l'intense activité commerciale de la région.
-700	Début d'une occupation dense de la Plaine par des populations celtes de l'âge du Fer ; exploitation intensive du sel entre Luçon et Le Gué-de-Velluire.
-51	Alors que les Pictons acceptent l'occupation romaine, les Ambilâtres du nord du Lay poursuivent la résistance.
351	Les chrétiens de Poitiers élisent comme évêque Hilaire, dont la sainteté contribue puissamment à l'évangélisation de la région.
406	Alains, Suèves et Vandales ravagent le Poitou.
462	Les Wisigoths s'emparent du Poitou.
507	Les Wisigoths, battus par Clovis près de Poitiers, laissent l'Aquitaine aux Francs.
2 août 686 (ou 687)	Mort de saint Philibert en l'abbaye qu'il a fondée à Noirmoutier.
732	Charles Martel repousse les musulmans près de Poitiers.
781	Louis le Pieux, fils de Charlemagne, est sacré roi d'Aquitaine ; il crée au-delà du Lay le pays d'Herbauge.
799	Premier raid des Normands sur Bouin.
836	Les moines fuient Noirmoutier pour Saint-Philbert-de-Grand-Lieu.
845	Nominoë, roi des Bretons, écrase Charles le Chauve à Ballon ; le Poitou perd le pays de Rais et Herbauge.
853	Luçon est brûlé par les Normands.
868	Renoul II, comte de Poitou, vainqueur des Normands près de Poitiers, se proclame duc d'Aquitaine.
977	Guillaume Fier à Bras, duc d'Aquitaine, et son épouse Emma décident de construire une forteresse à Maillezais ; ce sera finalement une abbaye.
1003	L'abbé Théodelin obtient du duc Guillaume le Grand l'ensemble de l'île de Maillezais.

1006	Aimery, vicomte de Thouars, participe avec 4 000 Poitevins à la conquête de l'Angleterre.
1063	Guillaume VIII, duc d'Aquitaine, a l'initiative de la première expédition européenne contre les Sarrazins.
1068	Le seigneur de Vouvant fonde l'abbaye de Nieul-sur-l'Autise.
1137	Aliénor, l'héritière des ducs d'Aquitaine, épouse le roi de France Louis VII, qui double ainsi l'étendue de ses états.
1152	Aliénor se sépare de Louis VII et épouse le futur Henri II d'Angleterre.
1190	Richard Cœur de Lion fonde l'abbaye de Lieu-Dieu en Jard en son cher Talmondais.
1204	Sitôt la mort d'Aliénor, Philippe-Auguste entreprend la reconquête du Poitou.
1214	Victorieux des Anglais à Bouvines, Philippe-Auguste consolide son empire sur le Poitou.
1217	Les abbayes de Maillezais, Nieul, Saint-Michel-en-l'Herm, Saint-Maixent et l'Absie s'associent pour creuser le canal des Cinq Abbés, décisif dans le dessèchement du marais Poitevin.
1218	Savary de Mauléon fonde Les Sables.
1241	Saint Louis confie le Poitou en apanage à son frère Alphonse ; s'ensuit un siècle de prospérité.
1242	Saint Louis prend d'assaut Pouzauges, Mervent, Vouvant et Fontenay.
1245	Alphonse de Poitiers acquiert la seigneurie de Fontenay et fait de la ville la tête de pont de l'administration royale en Bas-Poitou.
1259	Par le traité de Paris, Henri III d'Angleterre renonce au Poitou.
1283	Le pouvoir royal, prenant le relais des abbayes, décide le creusement des canaux de ceinture du marais Poitevin : l'Achenal le Roi et le Contrebot le Roi.
1317	Le pape Jean XXII scinde en trois le diocèse de Poitiers, créant ainsi ceux de Luçon et de Maillezais.
1340	Raids anglais en Bas-Poitou.
1360	Par le traité de Brétigny, le Poitou est cédé aux Anglais.
1372	Du Guesclin reprend Fontenay ; le Poitou est définitivement rattaché à la France.
1411	L'Anglais d'Heilly prend Fontenay.
1417	Rédaction du *Vieux Coustumier du Poitou*.
1427-1433	Guerre privée entre Richemont et La Trémoïlle.
1430	Depuis Poitiers, où le dauphin Charles VII l'a faite entendre par une commission d'universitaires, Jeanne d'Arc lance la reconquête du royaume.
1440	Exécution de Gilles de Rais, le sire de Tiffauges, Pouzauges et d'autres lieux, compagnon de Jeanne d'Arc devenu assassin d'enfants.
1471	Louis XI érige Fontenay en commune.
1483	Garcie-Ferrande, de Saint-Gilles, publie son *Grand routier de la mer*.
1520-1527	Au cours de son séjour à Fontenay, Rabelais apprend le grec et entre en contact, par Pierre Amy, avec Guillaume Budé. Secrétaire de Geoffroy d'Estissac, évêque de Maillezais, il fera de ce lieu le modèle de l'abbaye de Thélème.

1533	Gérard de l'Espée, marchand drapier luthérien, est brûlé à Fontenay.
1534	Calvin, venu prêcher à Poitiers, gagne à la Réforme nombre d'étudiants et de professeurs.
1542	Première fontaine classique en France : celle des Quatres-Tias, à Fontenay ; elle inaugure une extraordinaire floraison architecturale.
1550	Première imprimerie à Fontenay.
1557	L'église réformée est organisée à Fontenay par des pasteurs venus de Genève.
1567	Réunis à Pouzauges, les gentilshommes huguenots du Bas-Poitou déclarent vouloir détruire la « Babylone papistique » ; l'intolérance réciproque mène à la guerre, dès l'année suivante.
1570	Prise de Fontenay par les protestants.
1581	La Popelinière, de Sainte-Gemme-la-Plaine, rédige la première histoire impartiale des guerres de religion, dont il a été l'acteur et le témoin.
1587	Le Fontenaisien Barnabé Brisson publie le *Code Henri*, qui clarifie la législation royale.
1588	Le chef protestant Agrippa d'Aubigné prend Maillezais, où il rédige une grande partie de son œuvre.
1588	Henri de Navarre, futur Henri IV, mène campagne en Bas-Poitou.
1591	François Viète, lui aussi de Fontenay, pose les bases de l'algèbre.
1595	Les ligueurs bretons du duc de Mercœur massacrent 28 réformés à la Brossardière, près de La Châtaigneraie.
1598	Par l'Édit de Nantes, Henri IV impose la coexistence religieuse ; Talmont, Beauvoir et La Garnache deviennent des places de sûreté protestantes.
1599	Édit de Henri IV, qui confie à un ingénieur hollandais, Humphrey Bradley, l'assèchement du marais Poitevin, ruiné par les guerres de religion.
1608	Luçon accueille son nouvel évêque, âgé de 23 ans : le futur cardinal de Richelieu et premier ministre de Louis XIII.
1612	Création à Luçon, par Richelieu, d'un des premiers séminaires de France.
1618	Richelieu fait paraître son *Instruction du chrétien*, dédiée à ses diocésains de Luçon.
1622	Louis XIII écrase les protestants de Soubise dans les marais de Riez.
1642	Pierre Siette, ingénieur et géographe du roi, crée la Société de dessèchement du Petit-Poitou, qui fait appel à des capitaux hollandais, parisiens et poitevins.
1681	Premières dragonnades de l'intendant Marillac à l'encontre des protestants bas-poitevins.
1685	L'annonce par l'intendant Foucault de la conversion totale du Poitou sert de justification à la révocation de l'Édit de Nantes ; l'émigration de l'élite protestante est une catastrophe économique.
1698	Premières assemblées protestantes clandestines dite du *désert*.
28 avril 1716	Mort à Saint-Laurent-sur-Sèvre de saint Louis-Marie Grignion de Montfort.

1767	L'intendant de Blossac ouvre à Fontenay la rue Royale, parallèle à la rue des Loges.
1787	L'édit de tolérance rend officiellement un état civil aux protestants.
4 août 1789	L'Assemblée vote la disparition des servitudes et des privilèges.
26 août 1789	La Déclaration des droits de l'homme proclame la liberté individuelle et l'égalité en droits, posant ainsi en France les fondements de la modernité politique.
17 juillet 1790	Constitution civile du clergé, qui sera désormais élu et devra prêter serment à la Constitution.
Février-mai 1791	Premiers troubles en Vendée contre la constitution civile.
Été 1791	Processions nocturnes et apparitions dans les Mauges. Les commissaires envoyés par l'Assemblée constatent l'exaspération du bocage.
2-6 septembre 1791	Exécutions populaires à Paris d'environ 1 400 prisonniers, prêtres, politiques, Suisses, délinquants, fous et enfants confondus.
4 mars 1793	Premières échauffourées à Cholet contre la levée d'hommes.
11-12 mars 1793	Refusant la levée d'hommes, plusieurs paroisses se soulèvent. L'administration de la Loire-Atlantique fait déjà état de plus de 20 000 insurgés.
12-19 mars 1793	Pétitions vendéennes réclamant le respect des principes de 89.
19 mars 1793	À l'annonce de l'insurrection massive des Mauges, l'Assemblée décrète que tout révolté sera mis à mort dans les 24 heures. La suite prouvera que les Montagnards, en créant une guerre civile, entendent ainsi faire tomber les Girondins.
25 mai 1793	Prise de Fontenay par les Vendéens.
2 juin 1793	La guerre en Vendée a permis de dégarnir la Convention des troupes qui la protègent, tandis que les Montagnards conservent sur place les volontaires qui leur sont favorables. Une insurrection contraint les députés à décréter l'arrestation des principaux Girondins.
1er août 1793	Sur la foi d'une (fausse) lettre anglaise, l'Assemblée décide de détruire la Vendée et d'en déporter les vieillards, les femmes et les enfants.
17 septembre 1793	La loi des suspects instaure le terrorisme d'État.
1er octobre 1793	« L'inexplicable Vendée » devenue le « creuset où s'épure la population nationale ».
17 octobre 1793	Battus à Cholet, 40 000 insurgés avec autant de non-combattants passent la Loire. Début de la Virée de galerne. Bonchamps, mourant, fait libérer 5 000 prisonniers républicains.
4 novembre 1793	Turreau est affecté à l'armée de l'Ouest, dont il reçoit le 28 le commandement en chef.
16 novembre 1793	À Nantes, l'église Sainte-Croix devient le siège de la société populaire Vincent-la-Montagne et l'évêque constitutionnel y renonce à la prêtrise. La nuit même, 90 prêtres sont noyés. La Convention, dûment avertie, ne réagit pas.
6 décembre 1793	Carrier prévient le Comité de salut public qu'une nouvelle noyade, de 53 prêtres, va avoir lieu (deux jours plus tard).
11 décembre 1793	Carrier annonce au Comité de salut public qu'il va donner l'ordre d'achever d'incendier la Vendée et d'en tuer tous les habitants.

14 décembre 1793	Carrier fait noyer 129 prisonniers de droit-commun, dont la plupart attendaient leur jugement.
17 et 19 décembre 1793	Carrier ordonne de guillotiner sans jugement 24 puis 27 Vendéens, dont plusieurs femmes et enfants.
21 décembre 1793	Nouvelle noyade à Nantes de 360 personnes. Celles qui suivent sont difficiles à dater. En tout, elles concernent peut-être 5 000 personnes, toutes non jugées.
23 décembre 1793	Ce qui reste de l'armée vendéenne est écrasé dans les marais de Savenay.
25 décembre 1793	Turreau demande au Comité d'approuver son plan d'anéantissement de la Vendée par 12 colonnes.
16 janvier 1794	Turreau demande au Comité de salut public s'il doit également exterminer les femmes et les enfants. Pas de réponse, ni à deux autres lettres.
17 janvier 1794	Ordre de marche des colonnes infernales, complété par l'instruction du 19 : il faut tout exterminer. Elles vont faire plusieurs dizaines de milliers de victimes et relancer la guerre.
24 janvier 1794	Turreau assure au Comité du salut public que l'extermination est en voie d'achèvement.
6 février 1794	Le Comité de salut public répond enfin à Turreau : ses mesures sont bonnes et ses intentions pures mais il attend les résultats pour juger.
8 février 1794	Rappel de Carrier, qui « a eu des formes dures » contre les patriotes.
21 février 1794	Devant la Convention, Carrier justifie la politique d'extermination des Vendéens.
28 février-1er mars 1794	Aux Lucs, la colonne de Cordellier extermine 564 personnes, dont 110 enfants de moins de huit ans. Cette tuerie apparaîtra d'autant plus emblématique, que la liste des victimes a été conservée.
13 mai 1794	Turreau est remplacé par Vimeux. Une semaine plus tard, il est nommé commandant de Belle-Île-en-Mer. Ses adjoints forment le nouvel état-major.
10 juin 1794	La loi du 22 prairial, qui inaugure la Grande Terreur, supprime les dernières garanties juridiques. Carrier est chargé de la deuxième lecture.
27 juillet 1794	S'estimant menacés, Fouché, Collot, et d'autres terroristes renversent Robespierre.
8-14 septembre 1794	Procès des bourgeois nantais que Carrier avait expédiés à Paris. Ils sont triomphalement acquittés.
16 octobre 1794	L'acquittement des notables nantais provoque l'ouverture du procès du comité révolutionnaire de Nantes, puis celui de Carrier.
21-23 novembre 1794	Carrier comparaît devant la Convention qui le 24, à l'unanimité moins deux abstentions, l'envoie devant le Tribunal révolutionnaire. Il tente de se suicider.
16 décembre 1794	Carrier et deux de ses complices sont exécutés, les autres relaxés pour n'avoir pas eu d'intention contre-révolutionnaire.
17 février 1795	L'entrevue de la Jaunaie aboutit à une suspension des hostilités.
22 et 25 mars 1795	Capturé à la Chabotterie, Charette est exécuté à Nantes. Fin de la guerre de Vendée.
19 décembre 1795	Après un emprisonnement de 14 mois, Turreau, blanchi par un tribunal militaire, est applaudi à sa sortie par la foule.

1799	Nouveaux troubles.
16 juillet 1801	Signature du Concordat, complété le 8 avril 1802 par la loi d'organisation des cultes. Le nombre des évêchés est réduit à cinquante ; le territoire de la Vendée est rattaché au diocèse de La Rochelle. Du refus du Concordat par Mgr de Coucy naît la Petite Église.
1802 et 1806	Louis-Marie Baudouin (1765-1835) fonde les Ursulines de Jésus et les Enfants de Marie.
25 mai 1804	Napoléon décide le transfert du chef-lieu à La Roche-sur-Yon et le percement de routes.
7-8 août 1808	Passage de Napoléon en Vendée.
Mai-juin 1815	L'insurrection royaliste contre le retour de Napoléon ne mobilise guère les Vendéens.
1815-1847	Dans une France royaliste, les notables libéraux de Vendée envoient constamment à la Chambre une représentation « de gauche ».
1818	Pierre Monnereau (1787-1856) fonde la Congrégation des sacrés cœurs de Jésus et de Marie.
Mai 1832	Marie-Caroline, duchesse de Berry, tente de soulever la Vendée pour mettre son fils le comte de Chambord sur le trône de France.
1848	Le suffrage universel révèle d'une part un Bocage et un marais Vendéen légitimistes, d'autre part une Plaine et un marais Poitevin républicains. Une géographie électorale appelée à se durcir lors des offensives anticléricales de la IIIe République.
1853	Premières conserveries sur la côte vendéenne.
Décembre 1866	Ouverture de la liaison ferroviaire Nantes-La Roche-sur-Yon.
1871	Les Sables d'Olonne, station balnéaire.
À partir de 1879	Offensive contre les écoles congréganistes, très nombreuses en Vendée. La question scolaire devient l'enjeu central des luttes électorales.
1882-1886	Législation Ferry-Goblet instituant la laïcité des programmes de l'enseignement primaire public et de son personnel.
Novembre 1890	Le cardinal Lavigerie appelle les catholiques à se rallier à la République.
1891	L'encyclique *Rerum Novarum* pose les bases du catholicisme social.
1er juillet 1901	Loi sur les associations, qui contient sous son titre III des dispositions anti-congréganistes.
7 juillet 1904	Loi Combes qui décide de la fermeture des dernières écoles congréganistes. Cette loi a peu d'effet en Vendée, la presque totalité des écoles des sœurs étant déjà fermées.
9 décembre 1905	Loi de séparation de l'Église et de l'État.
Début 1906	Les Inventaires provoquent de graves troubles.
1914-1918	La guerre enlève à la Vendée 5 % de sa population (3,5 % pour le reste de la France).
Août 1914	Suppression des décrets d'application des lois de 1901 et 1904, en raison de la situation nationale.
1917	Le Vendéen Georges Clemenceau président du Conseil.
1919-1939	Migration de nombreux agriculteurs vers le Sud-Ouest.
1932	Création de la JAC en Vendée.
22 juin 1940	Les troupes allemandes pénètrent en Vendée.
Septembre 1940	Suppression de la législation anti-congréganiste du début du siècle.

19 mai 1941	Seigneuret, chef du mouvement de résistance qu'il a organisé dès septembre 1940, est fusillé au Mont-Valérien.
8 mai 1945	À Berlin, le Vendéen Jean de Lattre de Tassigny reçoit pour la France la capitulation allemande.
1950	Des agriculteurs et des artisans, souvent militants catholiques, industrialisent le bocage. Début du « miracle économique » vendéen.
1956	Mort de Jean Yole, chantre de la Vendée (né en 1878).
31 décembre 1959	La loi Debré met fin à la « guerre scolaire ».
1969-1972	Effondrement des vocations.
1978	À l'initiative de Philippe de Villiers, création du spectacle du Puy du Fou.
1989	Départ du premier Vendée Globe, qui consacre l'industrie nautique vendéenne.
1993	Aux Lucs, Soljénitsyne réitère son admiration pour les Vendéens, précurseurs selon lui des résistances russes au totalitarisme.

BIBLIOGRAPHIE

PAYSAGES — GÉOLOGIE — DU CHAPITRE 1 AU CHAPITRE 3

Alain Chauvet, Jean Renard, *La Vendée. Le pays. Les hommes*, 1978, 246 p.
J. Gabilly et collab., *Guides géologiques régionaux. Poitou, Vendée, Charente*, 1978, 199 p.

PRÉHISTOIRE — DU CHAPITRE 4 AU CHAPITRE 10

Michel Boiral, Roger Joussaume, *La Tranche-sur-Mer avant notre ère, dans son contexte régional*, 1990, 141 p.
Bulletin du Groupe vendéen d'études préhistoriques, une association loi de 1901 créée en 1978 (9 impasse Gallot, 85000 La Roche-sur-Yon), qui organise également des conférences, des sorties et des expositions.
Direction régionale des affaires culturelles, *Bilans scientifiques annuels.*
Roger Joussaume, Émile Bernard (dir.), *150 années de découvertes archéologiques en Vendée. La Mort et le Sacré*, 1990, 467 p.
Roger Joussaume, *Le Néolithique de l'Aunis et du Poitou occidental dans son cadre atlantique*, thèse Rennes I, 1981, 625 p.
Roger Joussaume, *Des Dolmens pour les morts : les mégalithismes à travers le monde*, 1985, 398 p.
Roger Joussaume, Jean-Pierre Pautreau, *La Préhistoire en Poitou*, 1990, 600 p.
Roger Joussaume, « Les temps préhistoriques », in *La Vendée des origines à nos jours*, 1982, p. 21-60.
Jean-Marc Large (dir.), *La mort : passé, présent, conditionnel*, Colloque organisé par le Groupe vendéen d'études préhistoriques, La Roche-sur-Yon, 1994, 203 p.
Maurice Marsac, *Inventaire archéologique par photographie aérienne des abords du Golfe des Pictons*, 1991, 120 p., et 1993, 103 p.
Jean-Pierre Pautreau, *Le Chalcolithique et l'Âge du Bronze en Poitou*, thèse Poitiers, 1979.
Bertrand Poissonnier, *La Vendée préhistorique*, 1997, 368 p.
Préhistoire de Poitou-Charentes : problèmes actuels, Actes du 111e congrès national des sociétés savantes, Poitiers, 1987, 467 p.

PROTOHISTOIRE — ÉPOQUE ROMAINE — DU CHAPITRE 11 AU CHAPITRE 16

Gérard Aubin, « La Gaule indépendante et l'époque gallo-romaine », in *La Vendée des origines à nos jours*, 1982, p. 61-86.
Ferdinand Baudry, Léon Ballereau, *Puits funéraires du Bernard (Vendée)*, 1982, p. 21-60.
Émile Bernard, « Vases ordinaires et verreries d'apparat », *303*, 1993, p. 26-37.
Samuel Noirtault, *La religion gallo-romaine en Vendée (Ier-IIIe s. ap. JC)*, maîtrise Nantes, 1997, 146 p.
Patrick Bretagne, « Autoroute A83 : le fil du temps », *303*, 1995, p. 33-41.
Christian Gendron, « Les verres gallo-romains, richesses méconnues des musées vendéens », *Archéologia*, mars 1974, p. 36-45.
Jean Hiernard, « Poitou et Vendée avant les Romains : une enquête numismatique », *Société d'émulation de la Vendée*, 1979, p. 45-111.
Olivier Nillesse, « Les établissements ruraux gaulois dans le sud de la Vendée », in *Les installations de l'âge du fer en Ile de France*, Actes du colloque de Paris, 1994, 299 p.
Michel Provost, Jean Hiernard, Jérôme Pascal, Émile Bernard, Dominique Simon-Hiernard, Jean-Pierre Pautreau, Christian Gendron, Patrick Péridy, *Carte archéologique de la Gaule, La Vendée 85*, 1996, 246 p.

MOYEN ÂGE — DU CHAPITRE 17 AU CHAPITRE 30

Georges Bataille, *Le procès de Gilles de Rais*, 1965, 338 p.
Yves Blomme, *Poitou gothique*, 1993, 383 p.
Prosper Boissonnade, *Histoire du Poitou*, 1915, 310 p.

Prosper Boissonnade, « Les îles du Bas-Poitou pendant les cinq premiers siècles du Haut Moyen Âge (Ve-IXe siècles) », *Bulletin de la Société des Antiquaires de l'Ouest*, 1918, p. 365-403.
Eugène Bossard, *Gilles de Rais maréchal de France, dit Barbe-Bleue (1404-1440)*, 1886, 426 p.
Gilles Bresson, *Châteaux-forts de Vendée. Guide d'histoire et de visite*, 1999, 95 p.
Jean-Pierre Brunterch, *L'extension du ressort politique et religieux du Nantais au sud de la Loire : essai sur les origines de la dislocation du pays d'Herbauge (IXe siècle-960)*, École des Chartes, 1981, p. 38-49.
Étienne Clouzot, « Les Marais de la Sèvre Niortaise et du Lay du Xe à la fin du XVIe siècle », *Mémoires de la Société des Antiquaires de l'Ouest*, 1904, 181 p.
Michel Dillange, *Les comtes de Poitou, ducs d'Aquitaine (778-1204)*, 1995, 303 p.
Michel Dillange, *Vendée romane*, 1976, 330 p.
Michel Dillange, *Églises et abbayes romanes en Vendée*, 1983, 264 p.
Myriam Doriath, « L'occupation du sol dans la région mareuillaise des origines à la fin du Moyen Âge », *Recherches vendéennes*, 1994, p. 155-177.
Jean-Jacques Douillard, « L'habitat seigneurial fortifié en Talmondais du XIe au début du XIVe siècle », *Recherches vendéennes*, 1994, p. 112-124.
Robert Favreau, « Les ports de la côte poitevine au XVe siècle », *Bulletin philologique et historique*, 1962, p. 13-61.
Robert Favreau, « La ville de Poitiers à la fin du Moyen Âge. Une capitale régionale », *Mémoires de la Société des Antiquaires de l'Ouest*, 1978.
Marcel Garaud, *Les châtelains du Poitou et l'avènement du régime féodal*, 1967, 290 p.
Gaston Godard, « Histoire d'une énigme : les buttes coquillières de Saint-Michel-en-l'Herm », *Recherches vendéennes*, 1995, p. 193-229.
Edmond-René Labande, Robert Favreau, *Histoire du Poitou, du Limousin et des Pays charentais*, 1976, p. 91-238.
Yvonne Labande-Mailfert, *Poitou roman*, 1957, 260 p.
Philippe Markarian, « Entre guerre et Renaissance : Fontenay-le-Comte au XVe siècle », *Recherches vendéennes*, 1998, p. 189-222.
Louis Merle, *La métairie et l'évolution de la Gâtine poitevine de la fin du Moyen Âge à la Révolution*, 1958, 252 p.
Hans Meyer, « Le contrat des cinq abbés avec le seigneur de Marans », *Éthique et territoire*, Actes du colloque des 20-22 octobre 1995, La Roche, 1997, p. 41-47.
Hans Meyer, « Les marais de l'Anglée : des acquisitions de l'abbaye de l'Absie aux XIIe et XIIIe siècles », *Recherches vendéennes*, 1998, p. 169-188.
Myriam Pineau, « Châteaux et peuplement dans la seigneurie de La Garnache, XIe-XIIIe siècles », *Recherches vendéennes*, 1994, p. 99-100.
Georges Pon, Yves Chauvin (éd.), *La fondation de l'abbaye de Maillezais. Récit du moine Pierre*, 2001, 332 p.
Alfred Richard, *Histoire des comtes de Poitou, 778-1204*, 1903, 508 + 598 p.
Michel Rouche, *L'Aquitaine des Wisigoths aux Arabes, 418-781, Naissance d'une région*, 1979.
Julien Rousseau, *Les vieilles églises de Vendée*, 1974, 328 p.
Jean-Luc Sarrazin, « Les fondements sociaux de la création du Marais poitevin au Moyen Âge », *Éthique et territoire*, Actes du colloque des 20-22 octobre 1995, La Roche, 1997, p. 27-39.
Jean-Luc Sarrazin, « Le Moyen Âge », *La Vendée des origines à nos jours*, 1982, p. 87-160.
Société française d'archéologie, *Congrès archéologique de France. Vendée*, 1997, 288 p.
Cécile Treffort, « Le comte de Poitiers, duc d'Aquitaine, et l'Église aux alentours de l'an mil (970-1030) », *Cahiers de civilisation médiévale*. CESCM, Poitiers, 2000, p. 395-445.

Ancien Régime — du chapitre 31 au chapitre 41

Jacques Bailbé, *Agrippa d'Aubigné, poète des « Tragiques »*, 1968.
François Baudry, *La Révocation de l'Édit de Nantes et le protestantisme en Bas-Poitou*, 1922, 585 p.
Anne-Marie Beaulieu, *Les Trois Mondes de La Popelinière*, 1997, 530 p.

André Benoist, « Catholiques et protestants en Moyen-Poitou jusqu'à la révocation de l'Édit de Nantes (1534-1685) », *Bulletin de la Société historique et scientifique des Deux-Sèvres*, 1983, p. 236-442.
Joseph Bergin, *L'ascension de Richelieu*, trad. fr. 1994, 365 p.
Philippe Bossis, « Une « entreprise intégrée » au XVIIIe siècle, celle de Jacques Mercier de Lépinay des Sables d'Olonne », *Enquêtes et documents CRHFA*, 1972, p. 63-71.
Philippe Bossis, « Le marais Poitevin occidental et la domination de l'Église au XVIIIe siècle », *Enquêtes et documents* CRHFA, 1980, p. 55-77.
Claude Bouhier, « Un siècle de pouvoir seigneurial à Noirmoutier (1687-1789) », *Recherches vendéennes*, 1996, p. 145-157.
Jacques Brejon, *André Tiraqueau (1488-1558)*, 1937, 405 p.
Louis Châtellier, « Grignion de Montfort et le catholicisme français », *La Vendée. Après la Terreur, la reconstruction*, 1997, p. 427-436.
Joseph Dehergue, *Le Bas-Poitou à la veille de la Révolution*, 1963, 313 p.
Pierre Dez, *Histoire des protestants et des églises réformées du Poitou*, 1936, 470 p.
André Duret, Pascal Even (dir.), *L'histoire religieuse dans les pays poitevins et charentais à l'époque moderne*, Colloque de La Rochelle, 8 et 9 janvier 1999, 2000, 305 p.
Alain Gérard, *Pourquoi la Vendée ?*, 1990, 311 p.
Jean Grisard, *François Viète, mathématicien à la fin du XVIe siècle*, doct. EPHE, 1970, 371 p. dactyl.
Roger Guillemet, *Les débuts du Fontenay moderne. Essai sur l'urbanisme et l'architecture au XVIIIe siècle*, 1946.
Jean-François Henry, *L'Ile d'Yeu sous le règne de Louis XIV (1661-1715)*, doct. 1981, 567 p.
Yves Krumenacker, « Être protestant en terre catholique : l'exemple du Bas-Poitou au XVIIIe siècle », *Christianisme et Vendée. La création au XIXe d'un foyer du catholicisme*, *op. cit.*, p. 179-195.
Yves Krumenacker, *Les Protestants du Poitou au XVIIIe siècle (1681-1789)*, 1998, 521 p.
Lucien Lacroix, *Richelieu à Luçon : sa jeunesse, son épiscopat*, 1890, 329 p.
Richard Levesque, *Fenêtre sur combles, Le théâtre de l'art de charpenterie en Bas-Poitou*, 1995, 76 p.
Richard Levesque, *La Vendée au temps de la Renaissance*, 2000, 144 p.
Jacques Marcadé, « Le protestantisme poitevin à la veille de la Révolution », *Christianisme et Vendée. La création au XIXe d'un foyer du catholicisme*, *op. cit.*, p. 197-209.
Jacques Marcadé, *Protestants poitevins de la Révocation à la Révolution*, 1998, 237 p.
Claude Morillon, *La reconquête du Marais Poitevin au XVIIe siècle. Vix, Maillé, Maillezais*, DES Poitiers, 1970, 100 p. dactyl.
Roland Mousnier, *L'homme rouge, ou la vie du cardinal de Richelieu (1585-1642)*, 1992, 905 p.
Louis Pérouas, *Ce que croyait Grignion de Montfort et comment il a vécu sa foi*, 1973, 218 p.
Louis Pérouas, *Le diocèse de La Rochelle de 1648 à 1724. Sociologie et pastorale*, 1964, 532 p.
Jean Plattard, *L'adolescence de Rabelais en Poitou*, 1923, 209 p.
Maurice Pougeard, « La vie maritime et les gens de mer à Saint-Gilles et à Croix-de-Vie (XVIe-XVIIIe siècles) », *Société d'émulation de la Vendée*, 1979, p. 187-254.
Nicolas Rapin, *Œuvres*, p.p. Jean Brunel, 1982, 3 t.
Marie-Thérèse Réau, *Fontenay-le-Comte, Vendée. Inventaire général des monuments et des richesses artistiques de la France*, 1998, 80 p.
Jean Rivierre, *La vie des protestants du Poitou après la Révocation (1685-1700)*, 1973, 236 p.
Paul Romane-Musculus, *Histoire de l'Église réformée de Pouzauges, 1957-1962*, 179 p.
Claude-Josèphe Vuischard, *René Grignon, sieur de la Pellissonnière*, DES Bordeaux, 1962, 44 p.

GUERRE DE VENDÉE — DU CHAPITRE 42 AU CHAPITRE 52

Le nombre de livres consacrés à la Vendée pendant la période révolutionnaire étant immense, on ne saurait évidemment qu'opérer des choix difficiles. J'ai opté pour une sélection d'ouvrages qui ne constituent qu'une première introduction, mais dont les références permettent à chacun de repérer les travaux susceptibles de l'intéresser.

Jean Artarit, *Dominique Dillon. Curé, Vendéen et révolutionnaire*, 1995, 296 p.
Paul Bois, *Paysans de l'Ouest*, 1960, éd. abrégée 1971, 384 p.
Charles-Louis Chassin, *Études documentaires sur la Révolution française, 1891-1900*,

11 vol., 6 944 p.
Louis-Marie Clénet, *Religion catholique et contre-révolution. Essai sur les origines de l'insurrection vendéenne de mars 1793*, 1990, thèse inédite.
Jacques Crétineau-Joly, *Histoire de la Vendée militaire*, 1840-1842, 5 vol., 3 070 p.
Félix Deniau, *Histoire de la Guerre de Vendée*, 1906-1911, 6 vol., 4 607 p.
Émile Gabory, *Les Bourbons et la Vendée*, 1923, 366 p.
Émile Gabory, *Napoléon et la Vendée*, 1914, 507 p.
Alain Gérard, *Pourquoi la Vendée ?*, 1990, 311 p.
Alain Gérard, *La Vendée. 1789-1793*, 1993, 330 p.
Alain Gérard, « *Par principe d'humanité...* » *La Terreur et la Vendée*, 1999, 589 p.
Marquise de La Rochejaquelein, *Mémoires*, 1889, rééd. 1984.
G. Lenôtre, *Monsieur de Charette, le roi de la Vendée*, 1924, 295 p.
Les Oubliés de la Guerre de Vendée, dir. Alain Gérard et Thierry Heckmann, *Société d'émulation de la Vendée*, 1993, 327 p.
Roger Lévêque, *Napoléon, ville de Vendée. La naissance de La Roche-sur-Yon*, 1998, 339 p.
Pierre Marambaud, *Les Lucs. La Vendée, la Terreur et la mémoire*, 1993, 228 p.
Jean-Clément Martin, *La Vendée et la France*, 1987, 408 p.
Jean-Clément Martin, *Le Souvenir de la Guerre de Vendée, 1800-1980*, thèse dactyl. 1987, 581 p.
Jacques Péret, *La Terreur et la guerre. Poitevins, Charentais et Vendéens de l'an II*, 1992, 259 p.
Jean-Julien Savary, *Guerre des Vendéens et des Chouans contre la République française (...) par un officier supérieur de la République*, 1824-1827, 6 vol., 2 857 p.
Reynald Sécher, *Le Génocide franco-français : la Vendée-Vengé*, 1986, 338 p.
Charles Tilly, *The Vendée, a Sociological Analysis of the Counter-Revolution of 1793*, 1964, Trad. fr. *La Vendée. Révolution et contre-révolution*, 1970, 373 p.
Louis-Marie Turreau, *Mémoires pour servir à l'histoire de la guerre de Vendée...*, an III, rééd. 1992.

XIX-XXe SIÈCLES — DU CHAPITRE 53 AU CHAPITRE 63

Jean Artarit, « L'ex-curé Cavoleau, reconstructeur de la Vendée », *La Vendée. Après la Terreur la reconstruction*, Actes du colloque de 1996, p. 374-393.
Jean Artarit, « Les prêtres vendéens : des Lumières à un nouveau christianisme », *Christianisme et Vendée. La création au* XIXe *siècle d'un foyer du catholicisme*, Actes du colloque de 1999, p. 123-158.
Christiane Astoul, « René Vallette ou le Bas-Poitou amoureusement revisité », *Recherches vendéennes*, 1998, p. 361-392.
Louis-Marie Barbarit, Louis-Marie Clénet, *La Nouvelle Vendée (voyage dans la Vendée industrielle)*, 1990, 257 p.
Bertrand Barbeau, « La répression politique en Vendée, 1815-1818 », *Recherches vendéennes*, 1997, p. 351-388.
Maurice Bedon, *Le château au* XIXe *siècle en Vendée*, 1971, 92 p.
Père Joseph Bertaud, « La Petite Église ou l'enracinement dans la seule fidélité », *La Vendée. Après la Terreur la reconstruction*, Actes du colloque de 1996, p. 419-426
Fernand Boulard, *Matériaux pour l'histoire religieuse du peuple français :* XIXe*-XX*^e^ *siècle*, 1982, 635 p.
René Bourrigaud, *Le développement agricole au* XIXe *siècle en Loire-Atlantique*, 1994, 496 p.
Élisabeth Bousseau, *La reconstruction religieuse de la Vendée au* XIXe *siècle*, DEA 1997, Paris III, dactyl. 154 p.
Marcel Briffaud, « Aux sources du développement vendéen », *Christianisme et Vendée. La création au* XIXe *siècle d'un foyer du catholicisme*, Actes du colloque de 1999, p. 547-562.
Marcel Briffaud, *De la révolution dans le sang à la révolution silencieuse*, 1992, 194 p.
Louis Champain, *En Vendée vers l'an 2000. Mémoires*, 1986, 263 p.
Abbé Charpentier, *Cinquante ans d'action sociale en Vendée (1900-1950). Notes d'histoire*, dactyl., 321 p.
Louis Châtellier, « Grignion de Montfort et le catholicisme français », *La Vendée. Après la Terreur la reconstruction*, Actes du colloque de 1996, p. 427-436.

Alain Chauvet, « Des lieux collectifs aux espaces communautaires : recherche sur l'industrialisation des campagnes de la Vendée choletaise », *Actes du colloque de Saint-Fulgent*, 1979, 147 p.
Alain Chauvet, « Le bourg industriel de la Vendée choletaise, essai d'interprétation », *Cahiers nantais* n° 22, 1983, p. 49-62.
Alain Chauvet, Jean Renard, « La Vendée aujourd'hui », *La Vendée des origines à nos jours*, p. 405-453.
Alain Chauvet, Jean Renard, *La Vendée. Le pays. Les hommes*, 1978, 246 p.
Eugène Clautour, *Eugène, ou la rage de vivre*, 1981, 125 p.
Eugénie Debouté, « Une ancienne congrégation, l'Union Chrétienne, face au renouveau », *Christianisme et Vendée. La création au XIXe siècle d'un foyer du catholicisme*, Actes du colloque de 1999 p. 287-296.
Alain Delaval, « En Vendée, des églises « grecques » », *303*, n° 43, p. 47-55.
Bernard Destremeau, *De Lattre*, 2000, 609 p.
Jean-Baptiste Duroselle, *Clemenceau*, 1988, 1 077 p.
Marcel Gendrot, « Le père de Montfort — Gabriel Deshayes : un même projet, deux styles », *Christianisme et Vendée. La création au XIXe siècle d'un foyer du catholicisme*, Actes du colloque de 1999, p. 345-364.
Alain Gérard, « La Vendée cléricale et nobiliaire d'André Siegfried », *id.*, p. 563-598.
Alain Gérard, Thierry Heckmann (dir.) « La Vendée, histoire d'un siècle, 1900-2000 », *Recherches vendéennes*, 1999, 636 p.
Alain Gérard, Véronique Tesson, *L'Argent solidaire. Des Caisses rurales au Crédit Mutuel Océan*, 2000, 341 p.
Jean Guénel, « Des zouaves pontificaux aux volontaires de l'Ouest », *Christianisme et Vendée. La création au XIXe siècle d'un foyer du catholicisme*, Actes du colloque de 1999, p. 481-490.
Amblard de Guerry, « Reconstruction ou construction ? », *La Vendée. Après la Terreur la reconstruction*, Actes du colloque de 1996, p. 500-506.
Amblard de Guerry, *Chavagnes, communauté vendéenne*, 1988, 319 p.
Marie-Paule Halgan, « Des architectes en Vendée au XIXe siècle », *303*, n° 54, 1997, p. 26-41W.
Thierry Heckmann, « Dieu et le Roi ! La Vendée légitimiste au milieu du XIXe siècle », *Christianisme et Vendée. La création au XIXe siècle d'un foyer du catholicisme*, Actes du colloque de 1999, p. 453-480.
Thierry Heckmann, « La paix de la Vendée, une victoire sur le sentiment », *La Vendée. Après la Terreur la reconstruction*, Actes du colloque de 1996, p. 374-458.
Yves Hello, Florence Regourd, « Un long XIXe siècle », *La Vendée des origines à nos jours*, 1982, p. 261-403.
Philippe Hermouet, Guy Manoury, *L'agriculture des Épesses, commune du Haut-Bocage vendéen, 1780-1980*, dactyl. 1982, 128 p.
Jean-Marc Herreng, « Le recrutement des instituteurs publics au XIXe siècle : une image inversée de la société vendéenne », *Recherches vendéennes*, 1994, p. 269-292. « Les instituteurs publics et la société vendéenne au XIXe siècle », *Recherches vendéennes*, 1995, p. 355-386.
Jacques Hussenet, « Le tourisme sur le littoral vendéen : soixante ans de recherches », *Recherches vendéennes*, 1998, p. 11-48.
Augustin Laffay, « Le renouveau monastique dans l'Ouest à l'époque de la Restauration », *Christianisme et Vendée. La création au XIXe siècle d'un foyer du catholicisme*, p. 305-324.
Marcel Launay, *Le Diocèse de Nantes sous le Second Empire. Mgr Jacquemet, 1849-1969*, 1982, 979 p. en 2 t.
Pierre-Yannick Legal, « Les lois laïques, de la monarchie à la république », *Christianisme et Vendée. La création au XIXe siècle d'un foyer du catholicisme*, Actes du colloque de 1999, p. 523-538.
« Les Poilus vendéens. Lettres, photographies et carnets de route inédits », préf. A. Gérard, *Recherches vendéennes*, 2000, 581 p.
Richard Levesque, « « Nous étouffons… permettez-nous de bâtir notre église tant désirée ! » Réflexions sur l'architecture religieuse vendéenne au XIXe siècle », *Christianisme et Vendée. La création au XIXe siècle d'un foyer du catholicisme*, p. 411-426.

Henri Maisonneuve, « Recherches sur la sociologie religieuse de la Vendée », *Mélanges de science religieuse*, 1954, p. 147-202, 1955, p. 73-113.
Henri-Victor Mallard, *La question scolaire en Vendée*, doct. Droit Poitiers, 1849, dactyl. 355 p.
Jean-Clément Martin, « Chavagnes-en-Paillers immobile à grands pas : la société vendéenne face au changement social au XIXe siècle », *Cahiers nantais*, 1981, p. 5-52.
Jean-Clément Martin, *Les Vendéens de la Garonne*, 1984, dactyl. 175 p.
Pierre Michaud, *Vie du véritable Louis-Marie Baudouin*, 1903, 566 p.
Alain Péridy, « Un député face à son époque : le marquis de Lespinay (1854-1906) », *Recherches vendéennes*, 1994, p. 293-328.
Clément Pichaud, *Traditions et mutations. Essai sur l'évolution d'une commune rurale de l'Ouest*, 1971, 271 p.
Henri Pitaud, *Souvenirs, 1921-1940*, 1988, 247 p.
Marie-Thérèse Réau, « Problèmes de sociologie religieuse. La Vendée avant la crise du laïcisme », *Revue du Bas-Poitou*, 1961, p. 197-204.
Florence Regourd, *La Vendée ouvrière*, 1981, 353 p.
Jean Renard, « Les transformations contemporaines des structures foncières dans le canton de Saint-Fulgent et leur rôle sur le changement social », *Actes du colloque de Saint-Fulgent*, 1979, 147 p.
Jean Renard, « Trente-cinq ans d'industrialisation en Vendée. 1947-1982. Évolution et bilan », *Actes du colloque de La Roche*, 1982, 180 p.
Jean Renard, *Géopolitique des Pays de la Loire. À la recherche d'une région perdue et retrouvée*, 1988, 236 p.
Jean Renard, *Les évolutions contemporaines de la vie rurale dans la région nantaise (Loire-Atlantique, Mauges, Bocages vendéens)*, 1976, 448 p.
Jean Renard, « Saint-Fulgent : tout bouge et rien ne change ? », *in* « Le changement social et culturel dans le canton de Saint-Fulgent », *Cahiers nantais*, 1981, 202 p.
Dominique et Pierre Rézeau, *De la Vendée aux Caraïbes, Le Journal (1878-1884) d'Armand Massé, missionnaire apostolique*, 1995, 463 + 410 p.
Jean Rousseau, *L'archiprêtré de Fontenay-le-Comte (Vendée) de 1876 à 1915. Essai de sociologie religieuse*, DES Nancy, s. d., dactyl. 157 p.
André Siegfried, *Tableau politique de la France de l'Ouest sous la IIIe République*, 1913, 536 p.
Jean-François Tessier, « Le clergé vendéen au sortir de la tourmente », *La Vendée. Après la Terreur la reconstruction*, Actes du colloque de 1996, p. 351-373.
Luc Tessier, *Espace et société : la mutation touristique du littoral sud-vendéen*, thèse Nantes, 1988, dactyl. 688 + 61 p.
Félix Torrès, *La Vendée économique. Aux sources du dynamisme vendéen, hier et demain. Étude préliminaire*, 1992, 117 p.
Sœur Marguerite Vrignaud, *La Vendée aux lèvres closes... Pierre Monnerau, le saint oublié (1787-1856)*, 1998, 371 p.
Jean Yole, *Essais : Le Malaise paysan, La Population et l'habitation rurales, La Vendée, Le Marais de Monts*, rééd. 1998, préf. A. Gérard, 524 p.
Jean Yole, *Romans : Les Arrivants, La Dame du bourg, Les Démarqués*, rééd. 2000, préface C. Astoul, 532 p.

INDEX DES NOMS DE PERSONNES

A
Abd-ar-Rahman, p. 74
Alacoque Marguerite-Marie, p. 202
Alaric II, p. 72
Albert Marcel, p. 445
Albret Jeanne d', p. 186, 187
Aliénor d'Aquitaine, p. 13, 89, 91, 100, 119, 127, 145, 462
Allais Alphonse, p. 449
Alphonse II de France, p. 127
Amand, saint, p. 72
Amboise Louis d', p. 156
Amy Pierre, p. 163, 164, 168
Angoulême Louis-Antoine de Bourbon, duc d', p. 343, 348
Angoulême Marie-Thérèse, Charlotte, duchesse d', p. 348, 352
Ansoald, p. 74
Aquitaine Eudes d', p. 85
Arago Étienne, p. 410
Aristote, p. 163
Arnould, abbé, p. 75
Arras Jehan d', p. 147
Artarit Jean, p. 365
Artois, comte d', futur Charles X, p. 334
Astoul André, p. 405
Aubert du Bayet Jean-Baptiste, p. 296, 298
Aubigné Agrippa d', p. 112, 161, 167-169
Aubin, saint, p. 204
Audebert Giraud, p. 99
Auguis Pierre-Jean-Baptiste, p. 280
Auguste, p. 59
Autichamp Charles d', comte d', p. 338
Auxiette Jacques, p. 449
Avrilleau Édouard, p. 400

B
Baffert, p. 434, 436
Baïf Jean-Antoine de, p. 161, 167
Ballard David-Pierre, p. 264
Bar Marie de, p. 147
Bara Joseph, p. 357
Barbarit Louis-Marie, p. 444
Barbaro Francesco, p. 162
Barbedette Charles-Vincent, p. 317, 322, 339, 359
Barère de Vieuzac Bertrand, p. 284, 295, 315
Barillon Henri de, p. 202, 241
Baron Auguste, p. 401-403
Baron Jean-Marie, p. 401
Basville, p. 209
Baudouin Louis-Marie, p. 364-368, 392, 417
Baudouin Marcel, p. 25, 52
Baudry d'Asson Armand de, p. 382, 420, 437
Baudry François, p. 213
Bazin René, p. 429
Bazire Henri, p. 419
Beaudesson J.-B., p. 315
Beaumanoir Robert de, p. 146
Belliard Auguste-Daniel, p. 343
Belloti, p. 213
Bénéteau Benjamin, p. 457
Bénéteau Gérard, p. 47
Benoît, saint, p. 72
Benoît-Levy, p. 306, 314
Bernier Étienne, p. 339, 341, 364
Berry Jean de France, duc de, p. 147, 157
Berry Marie-Caroline de Bourbon-Sicile, duchesse de, p. 348-350
Berry Charles-Ferdinand, duc de, p. 349
Berthault-Duplessis, p. 324
Bérulle Pierre de, p. 194
Beysser Jean-Michel, p. 329, 330
Bèze Théodore de, p. 165, 186
Biré Alfred, p. 420
Birocheau Patrice, p. 35
Biron Arnaud-Louis, duc de, p. 288
Bitton Amable, p. 231
Blanc Louis, p. 356
Blanqui Louis-Auguste, p. 410
Bloch Marc, p. 430
Blondel Merry Joseph, p. 93
Blossac Esprit de la Bourdonnaye de, p. 212, 242, 257
Bodin Arnold, p. 184
Bois Paul, p. 359
Boislecomte E. de, p. 294
Boissonnade Prosper, p. 71
Bonamy Charles-Auguste-Louis-Joseph, p. 384
Bonaparte, voir Napoléon
Bonchamps Charles-Melchior-Artus de, p. 14, 275, 277, 298, 299, 326, 330, 351, 361
Bonfils Robert, p. 408
Bonnemère Eugène, p. 289, 356
Bottu Claude, p. 200

Bouchard Henri, p. 405
Bouchotte Jean-Baptiste, p. 296, 311
Boulanger Georges, p. 412
Boulard Henri-François, p. 329
Boullemer, p. 277, 278
Bourbon Charles de, p. 187
Bourbotte Pierre, p. 331
Bourdon Léonard, p. 283
Bourloton Edgar, p. 113
Bourmont Louis-Auguste-Victor, p. 351
Bourrigaud René, p. 374
Bouthillier Sébastien, p. 195
Boutin Émile, p. 25
Bradley Humphrey, p. 229
Brantôme Pierre de Bourdeilles, abbé de, p. 161
Bretagne Patrick, p. 53
Briffaud Marcel, p. 425
Brisson Barnabé, p. 163, 165, 168, 176, 231
Brissot Jacques-Pierre, p. 285
Brumauld de Beauregard Jean, p. 364
Brunet Auguste, p. 434
Brunswick Othon de, p. 90
Budé Guillaume, p. 163
Bulkeley, Mme de, née Céleste-Marie-Michelle Talour de la Cartrie p. 328, 329
Bussy Rabutin Roger de, p. 241

C
Cadoudal Georges, p. 351
Cailler Artus, p. 163
Cailler Marie, p. 162
Callot Jacques, p. 196
Calvin Jean Cauvin dit, p. 13, 184-186
Canclaux Jean-Baptiste, p. 288, 298
Carnot Lazare, p. 331
Carpentier Évariste, p. 313
Carra Jean-Louis, p. 280
Carrier Jean-Baptiste, p. 299, 303-307, 309, 310, 319
Cassini, p. 231, 246
Cathelineau Henri de, p. 351
Cathelineau Honoré, p. 351
Cathelineau Jacques, p. 267, 272-274, 290, 304, 327, 349, 351
Cathelineau Jacques-Joseph, p. 351
Cathus Jean, p. 172
Catteau Clovis-Nicolas-Joseph, p. 394
Cavaillé-Coll Aristide, p. 142
Cavoleau Jean-Alexandre, p. 365, 367
Cazanne, p. 327
Cazaux Antoine-Marie, p. 431, 433
César Jules, p. 14, 59, 263, 409, 463
Chabot Philippe, p. 173
Chaigneau Placide, p. 393, 466
Chambord Henri de Bourbon, comte de, p. 352
Chandos Jean, p. 145
Charbonneau-Lassay Louis, p. 28
Charette Athanase de, p. 351
Charette de la Gascherie Louis, p. 328
Charette François-Athanase de, p. 279, 290, 313, 317, 327, 329-331, 333-335, 347-349, 352, 359, 364
Charlemagne, p. 74
Charles le Chauve, p. 76
Charles Martel, p. 74
Charles V, p. 146
Charles VII, p. 147, 148, 150, 151, 161, 175
Charles X, p. 349, 361
Charpentier Constant, p. 419, 420, 423, 425
Chassin Charles-Louis, p. 356, 357
Chateaubriand Alphonse de, p. 347, 348, 431
Chaunu Pierre, p. 461
Chauvet Alain, p. 444
Choudieu Pierre-René, p. 313
Choulot Jacques, p. 243
Christie William, p. 448
Cicéron, p. 163
Clamens Jean, p. 280, 288, 298-300, 304, 316, 329, 333, 338, 351, 353, 359
Clautour Eugène, p. 425
Clemenceau Benjamin, p. 409
Clemenceau Georges, p. 14, 15, 227, 407, 408-410, 412, 413, 436, 466
Clemenceau Jehan, p. 408
Clemenceau Paul, p. 412
Clément XI, p. 200
Clénet Louis-Marie, p. 361, 444
Clisson Olivier de, p. 145
Clovis, p. 12, 72, 74
Coessin de La Fosse, p. 290
Colette Sidonie Gabrielle, p. 431
Coligny Gaspard de Châtillon, sire de, p. 186
Collinet André, armateur, p. 202, 260
Columban saint, p. 74
Combes Émile, p. 382, 395
Commynes Philippe de, p. 157
Concini Concino, p. 195, 196
Condé, Henri II de Bourbon, prince de, p. 195
Constance II, p. 71
Cordellier Etienne-Jean-François, p. 317, 320
Corisandre, p. 229
Cormier Marie-François, p. 341
Coubard Charles, p. 359
Coucy Jean-Charles de, p. 340

Couturier Léon, p. 284
Crassus Publius, p. 59
Crétineau-Joly Jacques, p. 356, 359
Crucy Louis, p. 335

D

Dagobert Ier, p. 74
Dangereuse, p. 86
Daniel-Lacombe Pierre, p. 395
Danton Georges-Jacques, p. 284, 285, 288, 301, 313, 318, 407, 409
Daroux Achille, p. 436
David d'Angers, p. 299, 327, 357
David Jacques-Louis, p. 264
Debay, p. 310
Decaisne Henri, p. 127
Demandolx Jean-François, p. 339, 365
Deniau Félix, p. 359
Dervieux Maxime, p. 434
Deschanel Paul-Louis-Eugène, p. 413
Deshayes Gabriel, p. 203, 392
Desjardins R., p. 314, 324
Desmoulins Camille, p. 311
Deutz Simon, p. 350
Deval Casimir, p. 419
Dillange Michel, p. 97
Dillon Dominique, p. 212, 265, 365
Domnin, saint, p. 69
Donnissan Guy-Joseph, marquis de, p. 274
Doré Gustave, p. 154
Dorie Pierre-Henri, p. 393
Drake Tom, p. 246, 289, 313, 328, 347
Dreyfus Alfred, p. 412
Drouard Élie, p. 240
Du Bellay Joachim, p. 161
Du Boullay, p. 179
Du Cerceau Androuet, p. 179
Du Chaffault Louis-Charles, p. 259
Du Guesclin Bertrand, p. 13, 146
Du Plessis Alphonse, p. 192, 193
Du Plessis Armand-Jean, voir Richelieu
Du Plessis François, p. 192
Du Plessis Henri, p. 192, 193
Du Plessis Jacques, p. 192
Dugast-Matifeux Charles, p. 356
Duhamel du Monceau Henri Louis, p. 257
Dumaresq E. Armand, p. 285
Dumnacos, p. 59
Dumouriez Charles-François, p. 268, 280, 328, 334
Dupré, p. 57
Dupuy Roger, p. 359
Durand Maurice, p. 455
Duras, Mme de, p. 361
Duratios, p. 59
Duroselle Jean-Baptiste, p. 410
Duvivier Claude-Raphaël, p. 390, 396

E

Eble Manzer, p. 85
Édouard III, p. 145
Eiffel Gustave, p. 454
Elbée Maurice-Louis Gigot d', p. 274, 277, 290, 292-294, 298, 329-331, 465
Emma, p. 85, 110
Eschallard Maximilien, p. 210
Espée Gérard de l', p. 184
Estissac Geoffroy d', p. 112, 164, 173, 239
Estissac Louis d', p. 173
Estoile Pierre de l', p. 165
Eudes, roi, p. 74
Eudes, fils de Guillaume le Grand, p. 86

F

Faure Élie, p. 407
Ferchault de Réaumur René-Antoine, p. 250
Féron, p. 152
Fillon Benjamin, p. 25, 385
Flameng François, p. 278
Flavigny Jacques de, p. 195
Florentin Jehan, p. 156
Fontanes Pierre Marcellin, p. 212
Fortunat, saint Venance, p. 72
Foucault Nicolas-Joseph, p. 209
Foucher Jacques, p. 224
Fouquet Nicolas, p. 306
Fournier Lux, p. 320
Fraboulet Mathurin, p. 397
Francastel Marie-Pierre-Adrien, p. 301, 305, 306, 315, 318
François Ier, p. 165, 172, 174, 181, 184
François II, p. 175
Fulcanelli, p. 181
Furet François, p. 311, 355, 359, 448

G

Gaillard Marie-Lucien, p. 403
Gallet Charles, p. 420
Gallois Jean-Antoine Gauvin, dit, p. 268, 269
Gallot Jean-Gabriel, p. 212, 249
Garcie-Ferrande Pierre, p. 254, 255
Garnereau Auguste, p. 396
Garrau Pierre-Anselme, p. 315
Gasnier-Chambon, Mme, p. 335
Gaston, p. 301
Gaulle Charles de, p. 431, 434
Gaultier d'Ancyse Jacquemet, p. 241
Gautier Dominique, p. 446

Gauzbert, p. 110
Geefs Guillaume, p. 343
Gensonné Armand, p. 168, 269
Geoffroy la Grand-Dent, p. 90, 93, 127
Germain André, dit Laroche, p. 434
Giet Rose, p. 324
Gilles, saint, p. 139
Gillray James, p. 338
Giono Jean, p. 431
Girard Jean, p. 222
Girardet J., p. 300
Giraudet René, p. 434
Gobin Jacques, p. 180
Goderan, p. 110
Goscelme, p. 110
Goudé Georges, p. 400
Gouffier Artus, p. 231
Gouffier Guillaume, p. 171, 173
Goupilleau Philippe-Charles-Aimé, p. 265
Gouttepagnon Robert de, p. 424
Gouvion Louis-Jean-Baptiste, p. 340
Goy-Martinière, p. 318
Grandès Georges, p. 412
Grignion de La Pellissonnière René, p. 218
Grignion de Montfort Louis-Marie, p. 14, 199-203, 364, 391, 463, 464
Grimouard Nicolas-Henri-René de, p. 259
Guérin Paulin, p. 277, 329, 335
Guerry de Beauregard Amblard de, p. 220, 381
Guerry de Beauregard, p. 352
Guesde Jules, p. 412
Guignard François, p. 350
Guillaume le Chauve, p. 86
Guillaume III, Tête d'Étoupe, p. 85, 109
Guillaume IV, Fier-à-Bras, p. 85, 110
Guillaume V le Grand, p. 86, 110
Guillaume VI le Gros, p. 86
Guillaume VII Aigret, p. 86
Guillaume VIII, p. 86
Guillaume IX, p. 86
Guillaume X le Toulousain, p. 87, 89
Guillemet Gaston, p. 178
Guillot, Olivier, p. 72
Guitton Jean, p. 196
Gutenberg Johannes Gensfleisch dit, p. 161

H

Hanriot François, p. 285
Hastrel de Rivedoux, p. 454
Haxo Nicolas, p. 308, 317, 330, 331
Heckmann Thierry, p. 364
Hector Jean-Charles, comte d', p. 259
Heilly, p. 147
Henri II, roi d'Angleterre, p. 89-91
Henri, fils du précédent, p. 90
Henri V, roi d'Angleterre, p. 147
Henri II, roi de France, p. 222, 383
Henri III, roi de France, p. 165, 192
Henri IV, roi de France, p. 124, 125, 166-168, 186, 187, 192, 193, 195, 229
Henri V, comte de Chambord, p. 349, 352
Henri III, empereur, p. 86
Henri VI, empereur, p. 91
Hentz Nicolas-Joseph, p. 305, 315, 318
Hérault de Séchelles Jean-Marie, p. 304
Herbert Gabriel-Henri, p. 340
Herbert, vicomte de Thouars, p. 86, 87
Herriot Édouard, p. 422
Hiernard Jean, p. 59
Hilaire de Poitiers, saint, p. 69, 71, 121, 463
Hitler Adolphe, p. 436
Hoche Lazare, p. 333, 334, 338
Hofer Andreas, p. 361
Hondius Judocius, p. 252
Hugues Capet, p. 85
Hussenet Jacques, p. 315, 326, 456
Huygens Christian, p. 231
Huysmans Georges-Charles, p. 152
Hyver François, p. 192

I

Innocent II, p. 118
Innocent X, p. 113
Irland Robert, p. 161
Israël Sylvestre, p. 192

J

Jallet Jacques, p. 264
Jammet Gaston, p. 433
Jarosseau Élie-Marie, p. 418
Jean de Craon, p. 150
Jean II le Bon, p. 145, 146
Jean Sans Terre, p. 89, 91
Jean V de Bretagne, p. 151
Jean XXII, p. 111
Jean-Baptiste, saint, p. 139
Jeanne d'Arc, sainte, p. 145, 148-151
Jeanne la Sage, p. 149
Joffre Joseph-Jacques-Césaire, p. 413
Joguet Louis, p. 436
Joly Jean-Baptiste-Joseph, p. 279, 329
Jordy Louis-Nicolas, p. 331
Josnet de La Doussetière Marie-Angélique, p. 328
Jouffrault Paul, p. 434
Joussaume Roger, p. 26, 38, 41, 42, 45
Jouve, p. 256
Jullien Marc-Antoine, p. 308

K
Kervenoaël Émile de, p. 420
Kléber Jean-Baptiste, p. 296, 298, 305, 330

L
La Cathelinière Ripault de, p. 329
La Débuterie Stanhope Majou de, p. 434
La Garnache Pierre de, p. 91
La Morandière Charles de, p. 258
La Pasture, p. 328
La Révellière-Lépeaux Louis-Marie de, p. 267
La Roche Saint-André, marquis de, p. 277
La Rochefoucauld Catherine de, p. 177
La Rochefoucauld, madame de, née Marie-Adélaïde de la Touche-Limousinière, p. 329
La Rochejaquelein Auguste de, p. 351
La Rochejaquelein Henri de, p. 275, 277, 292, 293, 327, 330, 331, 349, 352
La Rochejaquelein Louis de, p. 343
La Rochejaquelein Louise de, p. 350
La Rochejaquelein, Marie-Louis-Victoire de Donnissan, marquise de, p. 275, 327, 335, 355, 356
La Rochethulon, p. 382
La Strada Octavio de, p. 231
La Trémoille Georges de, p. 148, 150
Lamandé François-Laurent, p. 341
Lamarque Jean-Maximilien, p. 343, 344, 349
Lamberty Guillaume, p. 306
Lamoricière Christophe-Louis-Léon Juchault de, p. 351
Lancastre Henri de, p. 145
Large Jean-Marc, p. 35
Las Cases Emmanuel-Augustin-Dieudonné, comte de, p. 328
Lattre de Tassigny Bernard de, p. 435
Lattre de Tassigny Jean-Marie Gabriel de, p. 15, 429, 434, 435, 436
Lattre de Tassigny Roger de, p. 436
Laval Catherine de, p. 177
Lavigerie Charles-Martial, p. 394
Le Bouvier-Desmortiers, p. 327, 331
Le Frère de Laval Jean, p. 167
Lecesve René, p. 264
Léchelle Jean, p. 298, 305
Leduc François, dit Toscane, p. 141, 239
Lefèvre R., p. 292
Lefranc Jules, p. 453
Lénine Vladimir Ilitch Oulianov dit, p. 358
Lequinio de Kerblay Joseph-Marie, p. 318, 323
Leschassier François, p. 200
Lescot Pierre, p. 179, 222
Lescure Henri, p. 356
Lescure Jean-François, p. 238, 241, 356
Lescure Louis-Marie de Salgue, marquis de, p. 275, 277, 290, 292, 298, 300, 330
Lespinay Zénobe de, marquis, p. 394, 395
Leuduger Jean, p. 201
Lévêque Jean-Firmin, p. 396
Levesque Richard, p. 390
Liénard de la Réau, p. 174, 176
Louis le Pieux, p. 74, 75
Louis VI, p. 89
Louis VII, p. 13, 89-91, 119
Louis VIII, p. 91
Louis XI, p. 136, 148, 156, 157, 255
Louis XIII, p. 14, 191, 195, 196
Louis XIV, p. 174
Louis XV, p. 241
Louis XVI, p. 238, 259, 264, 284, 288, 343, 348, 379, 383
Louis XVIII, p. 337
Louis-Philippe, p. 349, 350
Louvois François Michel Le Tellier, marquis de, p. 209
Lucchesi-Palli, comte Hector, p. 350
Lucy, p. 29
Luneau Sébastien, p. 385, 386
Luther Marthin, p. 184, 186

M
Mabire, p. 420
Macaire, saint, p. 72
Macquet Amable, p. 396
Malestroit Jean de, p. 152
Mallard Henri-Victor, p. 386
Mallarmé Stéphane, p. 412
Manuel Jacques-Antoine, p. 379, 380
Marambaud Pierre, p. 317
Marcé Louis-Henri-François, comte de, p. 279, 280, 284
Marceau Desgraviers François-Séverin, p. 298
Mareuil Hervé de, p. 115
Marie de France, p. 90
Marie de l'Incarnation, p. 368
Marillac René de, p. 209
Marquet Albert, p. 451
Marsac Maurice, p. 42
Martin de Tours, saint, p. 71, 72, 463
Martin Jean-Clément, p. 361
Martin Léon, p. 436
Martin, p. 71
Martincourt, p. 317
Marx Karl, p. 412
Masse Claude, p. 114, 231, 237, 240, 253
Mathieu, saint, p. 139

Mathiez Albert, p. 357
Mauléon Savary de, p. 255, 355
Maunoir Julien, p. 201
Maupilié Jacques, p. 350
Médicis Catherine de, p. 186
Médicis Marie de, p. 195
Mellinet Camille, p. 278
Mélusine, p. 93, 147
Ménard René, p. 397
Mercier de Lépinay Jacques, p. 259
Mercier des Rochettes André, p. 424
Mercier du Rocher André-Charles-François, p. 356
Mercœur, duc de, p. 187
Mercy Charles-Marie-Isidore, p. 241, 339, 364
Merle Louis, p. 156, 217
Merlet Jean-François, p. 337
Michel, saint, p. 67
Michelet Jules, p. 265, 327, 356, 409
Miguel, dom, p. 351
Milcendeau Charles, p. 375
Moncornet Balthazar, p. 210
Monet Claude, p. 412, 415
Monnereau Pierre, p. 365-368, 392, 417
Montmorency Anne, duc de, p. 191
Moreau Stéphane, p. 429
Moulin Jean-François, p. 314, 315
Münster Sebastian, p. 161

N

Napoléon-Bonaparte, p. 161, 243, 292, 327, 337, 342, 343, 355, 361, 365
Nau dit l'Olonnois, p. 255
Nicolas, saint, p. 96, 463
Nillesse Olivier, p. 53-55
Ninin Roger, p. 448
Niou Joseph, p. 279, 280
Nivelle Pierre, p. 193, 407
Nocquet Gérard, p. 433
Nominoë, p. 76

O

Orléans Louis-Philippe Joseph, duc d', p. 334

P

Paillou Gabriel-Laurent, p. 339, 364, 365, 367, 368
Pajot François, p. 329
Pajot Gilbert, p. 462
Pajot Paul-Émile, p. 12
Papin, p. 271
Paquereau Moïse, p. 399, 403
Parthenay Catherine de, p. 166
Pascal Blaise, p. 231
Paul V, p. 193
Paulhan Jean, p. 431
Pedro, Pierre V, ex-dom, p. 351
Péret Jacques, p. 361
Pérochon Ernest, p. 430
Pétain Philippe, p. 429-431
Petitfrère Claude, p. 359
Pezot Luc, p. 256, 260-262
Phelippes de Coatgoureden de Tronjolly, p. 305, 309
Philibert, saint, p. 71, 74-76
Philippe II, p. 187
Philippe-Auguste, p. 13, 89, 91
Pie VII, p. 339
Pie IX, p. 351
Pierre, p. 109, 110
Pirodon, p. 280
Plantagenêt Henri, p. 13, 89
Platon, p. 163
Plummer Mary, p. 410
Poincaré Raymond, président, p. 407
Popov, p. 357
Pougnard Pierre, p. 213
Pourrat Henri, p. 431
Prieur de la Marne Pierre-Louis, p. 305, 315, 331
Prince Noir, p. 145, 146
Prudhomme Jean-Louis-Marie, p. 323
Puy du Fou Bonaventure du, p. 172
Puy du Fou Guy II du, p. 175

Q

Queyré Jean, p. 156
Quinet Edgar, p. 356

R

Rabelais François, p. 15, 161-165, 168, 171, 173, 462
Radegonde, sainte, p. 72
Ragon Michel, p. 466
Raimondin, p. 93
Rais Gilles de, p. 149-152, 154
Rambaud Toussaint, p. 350
Rapin Nicolas, p. 161, 165, 167, 168, 174, 180
Raymond de Poitiers, p. 89
Regnon Élie de, p. 226
Regrenil, p. 337, 342
Renard Jean, p. 444
Renaud, p. 75
René Ier, p. 177
Renoul II, p. 76
Richard Ier Cœur de Lion, p. 89-91, 93, 100, 116, 135, 462

Richelieu Armand-Jean du Plessis, duc de, p. 13, 15, 136, 141, 142, 191-194, 196, 241, 464
Richemont Arthur de, p. 148
Rictiovare, p. 69
Rieupeyroux F., p. 82
Rigomer, saint, p. 110
Roannez, duc de, p. 231
Robespierre Maximilien Marie Isidore de, p. 285, 287, 295, 301, 308, 311, 319, 324, 333, 335, 337, 357, 407, 409
Robuchon Jules, p. 113, 176
Roch, saint, p. 204
Rochebrune Octave de, p. 25, 61, 173, 174, 176, 180, 385
Rochereau Henri, p. 420
Rodrigue François-Ambroise, p. 365
Rogiero Pietro, p. 252
Roland Jeanne-Marie, p. 285
Romane-Musculus Paul, p. 214
Ronsard Pierre de, p. 167
Ronsin Charles, p. 296
Rossignol Jean-Antoine, p. 295, 296
Rougé, p. 317
Roupnel Gaston, p. 431
Rubens Pierre-Paul, p. 195
Ruelle Albert, p. 333

S
Sade, Donatien Alphonse-François, marquis de, p. 151, 152
Saint Louis ou Louis IX, p. 91, 127
Sainte-Marthe Scévole de, p. 161
Sangnier Marc, p. 420
Santerre Antoine-Joseph, p. 288
Sardou Victorien, p. 407
Scott Walter, p. 347
Sébastien, saint, p. 204
Sécher Reynald, p. 361
Seigneuret Ernest, p. 434
Servet Michel, p. 185
Sidonius, p. 74
Siegfried André, p. 379, 380, 382, 386, 417, 464
Siette Pierre, p. 229
Soboul Albert, p. 357
Sochet des Touches Charles-René-Dominique, p. 259
Soljénistyne Alexandre, p. 359, 360
Sorieul Jean, p. 302
Soubeyran Numa, p. 434
Soubise Benjamin de Rohan, seigneur de, p. 14, 196, 256
Souchu René-François, p. 277, 278
Soullard Léon-Marie, p. 417
Steuben Charles, p. 75
Stofflet Jean-Nicolas, p. 273, 274, 329, 331, 334, 339, 349, 365
Storni, p. 213
Sutherland Donald, p. 359
Suzannet Hélène de, p. 436

T
Tavernier de Jonquières, p. 193
Thalberg, p. 357
Théodelin, p. 110
Thiesse Anne-Marie, p. 431
Thionville Merlin de, p. 299
Thomas Becket, saint, p. 90
Thomassin, p. 275
Thouars Aimery de, p. 86
Thouars Catherine de, p. 150
Thuriot Jacques-Alexis Clérel de, p. 301
Tilly Charles, p. 359
Tiraqueau, André, conseiller d'Henri II, p. 161-165, 168
Tocqueville Charles-Alexis-Clérel de, p. 356
Touros de Millon Charles-François, p. 253, 258
Travot Jean-Pierre, p. 338, 343
Tréhouard Bernard-Thomas, p. 308
Trichet Marie-Louise, p. 200, 201
Trochu, p. 420
Turreau Louis-Marie, baron de Linières, p. 288, 295, 311, 313, 315, 319, 331, 348

V
Valentin, p. 434
Vallée Jean, p. 429
Vauban Sébastien le Prestre de, p. 134
Vaugondy Robert de, p. 252
Ventadour Bernard de, p. 90
Vercingétorix, p. 59
Verdon Jules, p. 437
Véron Philippe, p. 185
Verthamon de Chavagnac Samuel de, p. 202, 238, 241
Vicq d'Azyr, p. 249
Victor-Emmanuel II, p. 351
Viella, p. 328
Viète François, p. 161, 164, 166, 168, 462
Villaret-Joyeuse Louis-Thomas, comte de, p. 329
Villars Girard de, p. 211
Villers François-Toussaint, p. 278
Villiers Philippe de, p. 446, 447
Vimeux Louis-Antoine, p. 319
Vivent, saint, p. 72
Volvire Pierre de, p. 111

Voyneau Louis-Michel, p. 317, 318
Voysin de La Popelinière Lancelot, p. 161, 166-168
Vrignaud Marguerite, p. 366
Vrignaud, p. 329

W
Wallia, p. 72
Washington George, p. 259
Westermann François-Joseph, p. 288, 299, 313
Wieland Jean-Conrad, p. 330
Wismes, baron de, p. 369

Y
Yole Jean, Léopold Robert, dit, p. 368, 371, 394, 418, 419, 429-431, 444, 461

Z
Zola Émile, p. 412

INDEX DES NOMS DE LIEUX

(Les références à Loire, Vendée, Poitou, Haut-Poitou, Bas-Poitou et France ne sont pas mentionnées.)

A

Absie (L'), p. 111, 122
Afrique, p. 29, 30, 391, 434
Aiguillon-sur-Mer (L'), p. 23, 195, 452
Aizenay, p. 72, 340, 343
Alésia, p. 59
Algérie, p. 409
Allemagne, p. 404, 407, 413, 429, 432, 434, 435
Allier, p. 64
Alouettes (Mont des), p. 20, 348, 352, 396
Alpes-Maritimes, p. 455
Alsace, p. 11, 413, 434
Amboise, p. 145, 168, 184, 186
Amérique, p. 258, 259, 391
Ancenis, p. 273, 299, 328
Andes, p. 59
Angers, p. 59, 76, 106, 271, 290, 296, 299
Anglée (l'), p. 122, 123
Angles, p. 29, 49, 90, 106, 116
Angleterre, p. 13, 45, 86, 89, 90, 148, 196, 210, 249, 268, 364
Anjou, p. 39, 75, 76, 89, 131, 149, 263, 284, 461
Apremont, p. 55, 156, 172, 173, 267
Aquitaine, p. 12, 53, 59, 69, 72, 74, 85-87, 89, 90, 99, 100, 146, 159, 462
Aragon, p. 86
Ardennes, p. 430
Armorique, p. 11, 53, 59, 263
Asie, p. 413, 418
Asturies, p. 30
Aubiers (Les), p. 277, 338
Aubraie (l'), p. 13
Aubusson, p. 259
Aunis, p. 11, 14, 173, 177, 178, 201, 462, 463
Aurillac, p. 303
Autriche, p. 257
Auvergne, p. 11
Auzay, p. 50, 55
Aveyron, p. 64
Avignon, p. 194, 196
Avrillé, p. 39, 40, 45, 47, 52, 69, 222, 267
Azincourt, p. 147, 158

B

Babylone, p. 403
Ballon, p. 76
Baltique, p. 45
Barbatro, p. 86
Barre-de-Monts (La), p. 18
Bassin Aquitain, p. 21
Bassin Méditerranéen, p. 33
Bassin Parisien, p. 239
Bayonne, p. 254
Bazoges-en-Pareds, p. 37, 38, 135-137, 175
Beauce, p. 238
Beaulieu-sous-La-Roche, p. 405
Beaupréau, p. 274, 285, 298
Beauvoir-sur-Mer, p. 78, 122, 129, 145, 157, 166, 168, 184, 187, 204
Bellefontaine, p. 267, 268
Belle-Ile-en-Mer, p. 319
Belleville-sur-Vie, p. 97, 129, 145, 333, 334
Benet, p. 53, 70, 101
Bergen-Belsen, p. 434
Bernard (Le), p. 37, 39, 61, 63, 64, 67-69, 463
Bernardière (La), p. 347
Blanche (La), p. 116, 119
Bocage, p. 11, 12, 14, 15, 20, 21, 55, 79, 156-158, 175, 178, 199, 203, 213, 214, 231, 240, 245-251, 266, 267, 269, 279, 289, 290, 298, 340, 341, 343, 363, 369, 370, 371, 373, 374, 379, 380, 382, 383, 384, 386, 389-393, 404, 410, 417-419, 437, 439, 444, 447-449, 457
Bois-de-Céné, p. 77
Bois-Grolland, p. 115, 119
Boismé, p. 275
Boissière-de-Montaigu (La), p. 381
Bois-Tiffrais, p. 186, 198, 209-214
Bonnivet, p. 164, 171-173
Bordeaux, p. 85, 165, 254, 255, 434
Bouffay (Le), p. 307
Boufféré, p. 194
Bouillé-Courdault, p. 64-66, 68-70
Bouin, p. 75, 129, 330, 452
Boulaye (La), p. 333
Boupère (Le), p. 139, 145, 219, 317, 373, 405
Bourbon, *voir La Roche-sur-Yon*
Bourges, p. 148, 339
Bourgneuf, p. 129, 157, 308, 329, 452
Bourgogne, p. 75
Bourneau, p. 171, 172

Bournezeau, p. 397
Bouvines, p. 91
Brem, p. 370
Brésil, p. 167
Bressuire, p. 174, 269, 275, 277
Brest, p. 288, 298
Brest-Litovsk, p. 407
Bretagne, p. 11, 13, 14, 45, 76, 90, 131, 134, 136, 166, 176, 178, 187, 216, 263, 284, 287, 303, 328, 436, 453, 462
Brétignolles-sur-Mer, p. 22-24, 33, 34, 53, 454
Brétigny, p. 145
Breuil-Herbaud, p. 116
Brouzils (Les), p. 367
Bruffière (La), p. 31, 148, 381, 397

C

Canada, p. 200, 248, 249
Canterbury, p. 90
Castelfidardo, p. 351
Castille, p. 86, 90
Caucase, p. 131
Causses, p. 45
Cézais, p. 96, 97
Chaillé-les-Marais, p. 11, 111
Chaix, p. 46, 47, 67
Chaize-Giraud (La), p. 101
Chaize-le-Vicomte (La), p. 86, 87, 129, 145, 369
Chalais, p. 102, 204
Challans, p. 23, 50, 51, 72, 274, 329, 339
Chalus, p. 91
Chambord, p. 174, 181
Chambretaud, p. 15, 390, 397
Champtocé, p. 149
Chantonnay, p. 21, 22, 59, 61, 279, 371, 380, 394, 403
Chanzeaux, p. 267, 280, 317, 353
Chapelle-Thémer (La), p. 437
Chassay-Grammont, p. 116, 118, 119
Chassenon, p. 184
Châtaigneraie (La), p. 183, 187, 248, 380
Château d'Olonne, p. 129
Châteaubriant, p. 176, 177
Château-Gontier, p. 308
Châtellerault, p. 86
Châtelliers-Châteaumur (Les), p. 132, 135, 136, 391
Châtillon, p. 268, 293
Chaume (La), p. 136, 184, 253, 255, 257-259, 403, 453
Chavagnes-en-Paillers, p. 63, 64, 317, 352, 364, 365, 366, 369, 370, 392, 417, 429, 430, 433
Cheffois, p. 139, 185, 398
Chemillé, p. 293, 465
Chine, p. 393, 466
Chinon, p. 90, 150
Cholet, p. 133, 271, 273, 285, 298, 300, 305, 315, 330, 343, 348
Clisson, p. 168, 275, 317
Clouzeaux (Les), p. 331, 404
Cluny, p. 110
Cologne, p. 64
Commequiers, p. 136, 137
Coron, p. 273
Corse, p. 11, 279, 342
Couffé, p. 328
Coulonges-sur-l'Autize, p. 173-176, 181, 184
Coussay, p. 193
Croix-de-Vie, p. 255, 453, 457
Cugand, p. 373
Cunauld, p. 75
Curzon, p. 97

D

Damvix, p. 19, 396
Deas, *nom ancien de Saint-Philbert-de-Grand-Lieu*, p. 75
Denant, p. 68, 184
Deux-Sèvres, p. 82, 173, 263, 268, 284, 287, 340, 461
Doix, p. 390
Dompierre-sur-Yon, p. 68
Dordogne, p. 30
Durinum, *alias Montaigu*, p. 63

E

Écarpière (L'), p. 21
Égypte, p. 49, 338, 413
Entrammes, p. 299
Épesses (Les), p. 248, 391, 439
Espagne, p. 72, 74, 255, 268, 337, 361, 365
Essarts (Les), p. 135, 380, 383, 405
États-Unis, p. 410, 413
Éthiopie, p. 418
Europe, p. 23, 30, 33, 49, 129, 161, 168, 187, 254, 269, 283, 296, 297, 337, 355, 361

F

Faute-sur-Mer (La), p. 455
Faymoreau, p. 15, 21, 373
Fère-Champenoise (La), p. 342
Flandre, p. 121

Flocellière (La), p. 384, 391
Fontainebleau, p. 180
Fontenay-le-Comte, p. 14, 19, 59, 64, 67, 91, 123, 127, 129, 135, 140-143, 145-148, 157-161, 165-169, 171, 174, 177-181, 184-187, 192, 210, 214, 231, 237, 239-243, 249, 290, 292, 318, 340, 342, 370, 373, 386, 392, 400, 405, 462
Fontenelles (Les), p. 116, 119
Fontevraud, p. 91
Foussais-Payré, p. 78, 93, 99, 166, 184
Fréligné, p. 333
Fromentine, p. 18

G
Gand, p. 72
Garnache (La), p. 78, 135, 136, 187, 248, 279, 382, 392
Garonne, p. 374
Gascogne, p. 86
Gâtine, p. 156
Gaubretière (La), p. 67, 204, 317, 351, 380, 385, 443
Gaule, p. 59, 63, 64, 67
Genève, p. 168, 185
Gesté, p. 317
Gironde, p. 31, 350
Grainetière (La), p. 116, 119, 120, 139
Granville, p. 299, 302
Graufesenque (La), p. 64
Grèce, p. 49, 361
Grues, p. 233
Gué-de-Velluire (Le), p. 53, 57
Guérinière (La), p. 95, 259, 371, 432
Guyane, p. 337
Guyenne, p. 145

H
Hasting, p. 76
Haut-Bocage, p. 21, 67, 131, 245, 379, 389, 391, 418
Herbauge, pays d', p. 12, 75, 76, 85
Herbiers (Les), p. 136, 330, 445, 457
Herio, *ancien nom de l'île de Noirmoutier* p. 74, 76
Hermenault (L'), p. 180, 239
Hollande, p. 45
Hongrie, p. 30

I
Ile d'Elle, p. 232
Ile-Chauvet (L'), p. 116, 119
Iles Britanniques, p. 49
Ille-et-Vilaine, p. 284
Inde, p. 22
Indochine, p. 435
Indre, p. 45
Irlande, p. 245, 461
Italie, p. 15, 64, 99, 171

J
Jallais, p. 272, 274
Jard-sur-Mer, p. 31, 91, 454
Jaunaye (La), p. 330, 333, 334
Jérusalem, p. 86
Jonchère (La), p. 432
Jumièges, p. 74

L
La Chaise (bois de), p. 23, 29, 454
Landeronde, p. 204
Landreau (Le), p. 155, 248
Langon (Le), p. 63, 68, 452
Lausanne, p. 212
Laval, p. 167, 299
Legé, p. 317, 329, 349
Lemonum, *ancien nom de Poitiers*, p. 59, 63
Ligugé, p. 71, 164, 173
Lille, p. 295
Limoges, p. 85, 86, 112
Loigny, p. 352
Loire-Inférieure, p. 263, 283, 287, 307, 342, 347
Londres, p. 87, 295, 343, 429
Longeville-sur-Mer, p. 33, 50, 51, 389, 454
Lorraine, p. 413
Lourdes, p. 391, 392
Luçon, p. 13, 19, 40, 53, 75, 115, 119, 122, 123, 129, 140-142, 146, 157, 161, 167, 171, 186, 191-196, 202, 206, 209, 210, 232, 237-241, 289, 290, 296, 330, 339, 365, 373, 392, 393, 417, 464
Lucs-sur-Boulogne (Les), p. 129, 317, 318, 320, 338, 339, 360, 364, 365, 391, 393, 405
Lusignan, p. 78, 93

M
Maastricht, p. 72
Machecoul, p. 149-151, 277-279, 328, 329
Magnils-Reigniers (Les), p. 140, 406
Maillé, p. 168
Maillezais, p. 78, 79, 85, 93, 100, 109, 111-115, 119, 122, 124, 129, 139, 145, 146, 164, 168, 173-175, 229, 239
Mainborgère (La), p. 341
Maine, p. 89
Maine-et-Loire, p. 263, 275, 283, 287, 347, 359
Mallièvre, p. 175

Manche, p. 299
Manonville, p. 401
Mans (Le), p. 299, 302
Marais Breton ou marais Vendéen, p. 18, 21, 389, 419
Marais de Monts, p. 24
Marais Poitevin, p. 11, 14, 15, 19, 21, 23, 35, 96, 109, 121, 123, 125, 155, 159, 178, 229, 232, 233, 235, 266, 370, 372, 389, 393, 419, 439
Marans, p. 123, 157, 167, 229, 238
Marchoux, p. 240
Mareuil-sur-Lay, p. 96, 135, 148, 210, 370
Massif Armoricain, p. 21, 40, 156, 178, 218, 247
Massif Central, p. 287
Mathes (Les), p. 344
Mauges, p. 12, 72, 76, 267, 271, 279, 284, 329, 331
Maulévrier, p. 273, 349
Mayence, p. 296
Mazeau (Le), p. 19, 372
Méditerranée, p. 11, 33
Melle, p. 85
Merlière (La), p. 25, 50, 52
Mervent, p. 91, 202, 203
Mesnard-la-Barotière, p. 139, 140, 463
Mésopotamie, p. 49
Messay, p. 75
Mexique, p. 23
Mirebeau, p. 91
Monsireigne, p. 183
Montaigu, p. 50, 63, 72, 133, 135, 136, 145, 168, 184, 200, 265, 330, 365, 369, 408
Montans, p. 64
Montfaucon-sur-Moine, p. 338
Montfort-la-Cane, p. 199
Montilliers, p. 316
Montmartre, p. 410
Montpellier, p. 165, 249
Mont-Valérien, p. 434
Morbihan, p. 308, 318
Moreilles, p. 115, 119, 122, 167
Mormaison, p. 366, 392, 394
Mortagne-sur-Sèvre, p. 146, 175
Mothe-Achard (La), p. 397, 422, 424, 442
Mouchamps, p. 139, 166, 211, 214, 246, 317, 408, 415
Mouilleron-en-Pareds, p. 158, 183, 209, 409, 435
Moutiers-les-Mauxfaits, p. 248, 380
Moutiers-sur-le-Lay, p. 391, 408
Mouzeuil, p. 53
Mursay, p. 168

N

Nalliers, p. 53, 57, 64, 67-69
Nantes, p. 63, 123, 149, 157, 159, 175, 187, 200, 209, 210, 239, 240, 248, 254, 256, 274, 283, 290, 296, 303-305, 307-309, 329, 330, 334, 338, 350, 356, 373, 408, 410, 430, 434, 453
Napoléon, *voir La Roche-sur-Yon*
New-York, p. 63
Nice, p. 30
Nieul-le-Dolent, p. 115, 424
Nieul-sur-l'Autise, p. 26, 38, 42, 68, 89, 98, 111, 116-119, 122, 184, 192
Niort, p. 35, 85, 90, 123, 148, 157, 159, 161, 168, 178, 180, 212, 240
Noirmoutier, p. 18, 23, 29, 61, 74-76, 85, 115, 116, 132, 135, 136, 140, 156, 157, 204, 254, 255, 305, 329-331, 452-454
Normandie, p. 89, 100, 245, 303, 374
Notre-Dame-de-Monts, p. 451
Notre-Dame-des-Gardes, p. 267
Notre-Dame-des-Landes, p. 23

O

Oiron, p. 174, 175, 231
Olonne-sur-Mer, p. 40, 79, 129, 254, 260, 452
Orbestier, p. 115, 118, 145
Orbrie (L'), p. 67, 68
Orléans, p. 74, 148, 150, 283, 284, 339
Oulmes, p. 88

P

Paimbœuf, p. 273
Palestine, p. 69
Panama, p. 412
Paray-le-Monial, p. 202
Paris, p. 85, 87, 127, 147, 148, 161, 164-168, 184, 192, 193, 199, 249, 277, 278, 288, 306, 309, 311, 319, 348, 396, 400, 410, 445, 457
Parthenay, p. 78, 147, 148, 158, 290
Patay, p. 150
Pavie, p. 172, 224
Payré, p. 184
Pays Basque, p. 11
Pays-Bas, p. 46
Pénissière (La), p. 350, 359
Perrier (Le), p. 344
Petosse, p. 49, 57, 58
Phrygie, p. 71
Pin-en-Mauges (Le), p. 272, 273, 292, 298-300, 304, 329, 333, 349, 351, 359

Pissotte, p. 55, 370
Plaine, p. 11, 14, 15, 21-23, 35, 49, 53, 61, 64, 76, 79, 110, 121, 123, 129, 164, 178, 203, 231, 237-239, 243, 245, 249-251, 266, 289, 370, 374, 386, 389, 393, 409, 419, 439, 444, 457
Poiré-sur-Vie (Le), p. 25, 50, 52, 59, 65, 364
Poitiers, p. 12, 13, 55, 59, 63, 69, 71, 72, 74, 76, 85, 89-91, 93, 100, 106, 111, 129, 145-148, 158, 159, 161, 165-167, 172, 173, 180, 184-187, 193, 200, 201, 210, 231, 240, 242, 340, 430
Pologne, p. 361, 461
Pommeraie-sur-Sèvre (La), p. 140
Pons, p. 168
Pontchâteau, p. 201
Pontigny, p. 115
Ponts-de-Cé, p. 306, 308
Pornic, p. 277, 279, 436
Port-Joinville, p. 453
Port-Juré, p. 91
Port-Saint-Père, p. 329
Portugal, p. 351
Pouillé, p. 49, 53, 54
Pouzauges, p. 67, 90, 91, 135, 145, 149, 183, 186, 211, 214, 317, 443, 445
Prailles, p. 212
Provence, p. 11, 350, 434
Provinces Unies, p. 210
Puits-Saint-Martin, p. 164, 179, 240
Puy Crapaud, p. 20
Pyrénées, p. 12, 30, 89
Pyrénées-Orientales, p. 311

Q

Quatre-Chemins-de-l'Oie (Les), p. 337
Québec, p. 238, 327
Quiberon, p. 331, 334

R

Rabatelière (La), p. 391, 392, 443
Rawa-Ruska, p. 432
Ré (Ile de), p. 167, 280
Réaumur, p. 145, 250
Remouillé, p. 274, 342
Rennes, p. 199, 278
Réorthe (La), p. 13, 47, 55, 227, 408
Retz, pays de, p. 12, 31, 76
Rhénanie, p. 413
Rhône, p. 64
Riez, p. 14, 196
Rift Valley, p. 29
Rochelle (La), p. 14, 91, 113, 119, 123, 129, 157, 159, 161, 167, 173, 177, 184, 186, 187, 191, 195, 196, 201, 202, 226, 229, 238-240, 254, 279, 288, 296, 298, 339, 340, 365, 373, 436, 453
Roche-sur-Yon (La), p. 29, 31, 86, 146, 243, 246, 328, 340-342, 344, 345, 371, 373, 386, 392, 394, 396, 400, 405, 408, 420-422, 439, 448, 449
Rochetrejoux, p. 373
Rome, p. 12, 67, 189, 193, 200, 266, 351
Rouen, p. 74, 254
Rouillère (La), p. 333

S

Sables d'Olonne (Les), p. 11, 15, 26, 129, 136, 157, 202, 237, 240, 253-260, 267, 279, 296, 329, 342, 365, 373, 420, 422, 432, 436, 451-454, 456, 457
Sainte-Hélène, p. 344
Saint-Aubin-la-Plaine, p. 61, 204
Saint-Christophe-du-Ligneron, p. 21, 267
Saint-Denis-du-Payré, p. 419
Saint-Denis-la-Chevasse, p. 391
Sainte-Flaive-des-Loups, p. 224
Sainte-Florence, p. 49, 337
Sainte-Gemme-la-Plaine, p. 167
Sainte-Hermine, p. 55, 59, 148, 183, 214, 225, 390, 396, 415
Sainte-Pexine, p. 226
Saintes, p. 63, 74
Saint-Étienne-de-Brillouet, p. 71
Saint-Étienne-de-Mer-Morte, p. 152
Saint-Étienne-de-Montluc, p. 274
Saint-Étienne-du-Bois, p. 266
Saint-Florent-le-Vieil, p. 268, 271, 272, 275, 299, 300, 327, 348, 349
Saint-Fulgent, p. 330, 445
Saint-Germain-en-Laye, p. 186
Saint-Gervais, p. 67, 279, 329
Saint-Gilles-sur-Vie, p. 184, 196, 253-256, 260, 329, 453, 457
Saint-Hilaire-des-Loges, p. 184
Saint-Hilaire-de-Loulay, p. 396
Saint-Hilaire-de-Riez, p. 121, 456
Saint-Hilaire-de-Talmont, p. 382
Saint-Hilaire-de-Voust, p. 393
Saint-Hilaire-du-Bois, p. 434
Saint-Hilaire-la-Forêt, p. 12, 39, 40
Saint-Jacques-de-Compostelle, p. 87, 88, 99
Saint-Jean-d'Angély, p. 365
Saint-Jean-de-Beugné, p. 19
Saint-Jean-de-Monts, p. 267, 456
Saint-Juire, p. 13, 223
Saint-Laurent-de-la-Plaine, p. 267
Saint-Laurent-sur-Sèvre, p. 14, 199, 201, 203, 391, 392, 424, 444, 445

Saint-Maixent, p. 111, 122, 148
Saint-Malo-du-Bois, p. 175
Saint-Mars-la-Réorthe, p. 23
Saint-Martin-de-Fraigneau, p. 49
Saint-Martin-des-Noyers, p. 366
Saint-Mathurin, p. 49, 389
Saint-Maurice-le-Girard, p. 249
Saint-Médard-des-Prés, p. 61, 64, 69
Saint-Mesmin, p. 136
Saint-Michel-en-L'Herm, p. 26, 74, 85, 86, 111, 115, 119, 121-123, 129, 139, 145, 167, 186, 204, 232-234
Saint-Michel-Mont-Mercure, p. 67, 228
Saintonge, p. 11, 37, 99, 100, 168
Saint-Paul-en-Pareds, p. 140
Saint-Philbert-de-Grand-Lieu, p. 75, 76, 278, 329
Saint-Pierre-le-Vieux, p. 110
Saint-Pompain, p. 184
Saint-Pourçain, p. 75
Saint-Prouant, p. 189
Saint-Rémy-en-Rollat, p. 64
Saint-Vincent-Puymaufrais, p. 115
Saint-Vincent-Sterlanges, p. 279, 371
Saint-Vincent-sur-Jard, p. 413, 415
Salle-de-Vihiers (La), p. 314, 324
Sanxay, p. 63
Saumur, p. 192, 290
Saumurois, p. 39
Savenay, p. 288, 299, 307, 315
Savoie, p. 11
Sibérie, p. 360
Sicile, p. 90
Sigournais, p. 136
Sion, p. 21, 403
Soullans, p. 389
Suisse, p. 45, 164

T
Talmont-Saint-Hilaire, p. 22, 46, 47, 65, 78, 79, 85, 86, 91, 115, 129, 133, 135, 136, 157, 172, 187, 254, 255, 380, 393, 452
Tambov, p. 360
Tarn, p. 64
Terre-Neuve, p. 72, 167, 174, 180, 386
Thiaumont, p. 400
Thiré, p. 45
Thouars, p. 40, 78, 85-87, 90, 110, 132, 156, 157, 290, 296
Tiffauges, p. 129, 131, 133-136, 150, 151, 317
Tolède, p. 340, 365
Torfou, p. 288, 296, 330, 349
Toulouse, p. 167
Touraine, p. 165
Tournus, p. 75
Tours, p. 72, 74, 110
Tranche-sur-Mer (La), p. 33, 34, 334, 452, 454, 456
Tremblaye (La), p. 298
Triaize, p. 234
Trizay, p. 115, 119
Troyes, p. 147
Tyrol, p. 361

U
URSS, p. 357

V
Val de Loire, p. 68, 171
Var, p. 412
Veillon (Le), p. 65, 71
Velluire, p. 35, 123, 233, 370
Vendrennes, p. 135
Verdun, p. 400
Vérone, p. 334
Verrie (La), p. 381
Versailles, p. 414
Vertou, p. 72
Vezins, p. 273, 317
Vichy, p. 429, 430, 436
Vieil-Auzay, p. 26, 27, 34, 35, 43, 44
Vienne, p. 352
Vieux-Pouzauges, p. 79, 106, 212, 265, 365
Vihiers, p. 288
Vix, p. 229, 231, 232, 370, 393
Vouillé, p. 72
Vouillé-les-Marais, p. 390
Vouvant, p. 76, 78, 91, 93, 104, 118, 127, 135, 158

W
Wassy, p. 185
Waterloo, p. 344

X
Xanton-Chassenon, p. 43, 45, 46

Y
Yeu (Ile d'), p. 12, 39, 55, 56, 72, 115, 134, 136, 255-257, 334, 453
Yzernay, p. 273, 274

Table des matières

Préface de Pierre Chaunu p. 9
1. La Vendée existe-t-elle ? p. 11
2. Côte, marais, plaine et bocage p. 17
3. Sous les paysages, les ères géologiques p. 21
4. Des « antiquaires » aux archéologues p. 25
5. Les chasseurs du Paléolithique p. 29
6. L'homme se fait agriculteur p 33
7. L'habitat Néolithique du Vieil-Auzay p. 35
8. Parmi les plus anciens bâtisseurs des mégalithes p. 37
9. Les enceintes fortifiées du Néolithique récent p. 41
10. Du Néolithique aux premiers métallurgistes p. 45
11. Les cachettes de l'Âge du Bronze p. 49
12. Saulneries et fermes gauloises p. 53
13. Chez les Celtes, une épée pour l'au-delà p. 57
14. La conquête romaine p. 59
15. L'intégration dans l'empire romain p. 63
16. Dieux gaulois, dieux romains et christianisme p. 67
17. Le Poitou, lieu des grands affrontements p. 71
18. Xe-XIIe siècles : châtellenies et hébergements p. 77
19. Les Guillaume, comtes de Poitou, ducs d'Aquitaine et rois sans couronne p. 85
20. Aliénor, la trois fois reine p. 89
21. La foi des humbles : les églises romanes p. 95
22. Splendeurs et misères de Maillezais, l'abbaye des ducs d'Aquitaine p. 109
23. Les abbayes au service de la rechristianisation p. 115
24. Au XIIIe siècle, le grand dessèchement du marais Poitevin par les abbayes p. 121
25. 1230-1340 : la prospérité française p. 127
26. Le château fort, témoin des mutations de la société médiévale p. 131
27. La discrétion de l'empreinte gothique p. 139
28. Les calamités de la Guerre de Cent ans p. 145
29. Gilles de Rais : du compagnon de Jeanne d'Arc à l'assassin d'enfants p. 149
30. Le Bas-Poitou à la fin du Moyen Âge p. 155
31. Fontenay, foyer de l'humanisme p. 161
32. À la pointe de l'architecture Renaissance p. 171
33. Le Bas-Poitou, terre de protestantisme p. 183
34. Richelieu à Luçon, de l'évêque réformateur au Premier ministre p. 191
35. Grignion de Montfort, ou l'anticonformisme évangélique p. 199
36. La double tragédie protestante p. 209
37. Le logis vendéen p. 215
38. Sociétés capitalistes et classes sociales dans le marais Poitevin p. 229
39. La plaine de Luçon et Fontenay p. 237

40. Le bocage, conservatoire de culture populaire p. 245
41. La grande pêche de l'âge d'or à la crise p. 253
42. Espoirs et désillusions (1789-1792) p. 263
43. L'insurrection de mars 1793 p. 271
44. La loi du sang du 13 mars 1793 p. 283
45. Le pré-carré vendéen p. 287
46. « Détruisez la Vendée... » p. 295
47. « Par principe d'humanité... » : les noyades de Carrier p. 303
48. Les colonnes infernales de Turreau p. 311
49. Le chevalier Charette p. 327
50. Napoléon et la Vendée p. 337
51. Le baroud d'honneur de la Vendée légitimiste p. 347
52. Le double héritage p. 355
53. Les refondateurs p. 363
54. Les ventres à choux p. 369
55. L'offensive anticléricale de la IIIe République p. 379
56. Une chrétienté p. 389
57. Les poilus vendéens p. 399
58. L'enfant terrible de la Vendée p. 407
59. De l'Action Catholique à la laïcisation p. 417
60. Les Vendéens dans la Seconde Guerre mondiale p. 429
61. Le « miracle vendéen » p. 439
62. Des bains de mer au Vendée Globe p. 451
63. Les Vendéens p. 461
Repères chronologiques p. 467
Bibliographie p. 475
Index des noms de personnes p. 481
Index des noms de lieux p. 489
Table des illustrations p. 497

TABLE DES ILLUSTRATIONS

Puits à Chaillé-les-Marais, p. 11 ; Chalutiers dans le port des Sables d'Olonne, p. 11 ; Dolmen de La Sulette, Saint-Hilaire-la-Forêt, p. 12 ; Paul-Émile Pajot, « *Le vieux château, ancien repaire du baron Gilles de Retz, seigneur cruel, par forte tempête* », gouache, coll. part., p. 12 ; Abbaye de la Grainetière, p. 13 ; L'Aubraie à La Réorthe, p. 13 ; Le château de Saint-Juire, p. 13 ; David d'Angers, *Le Pardon de Bonchamps*, Saint Florent-le-Vieil, p. 14 ; Massacre d'une trentaine de femmes et d'enfants au carrefour des Chats, vitrail, La Salle-de-Vihiers, p. 14 ; L'église de Chambretaud, XIXe, p. 15 ; Les corons de Faymoreau, p. 15 ; Le Palazzo Clementina, Les Sables d'Olonne, p. 15 ; Les paysages vendéens, carte CVRH, p. 17 ; La dune à la Pointe d'Arçay, p. 17 ; Le goulet de Fromentine, coll. J.-M. Viaud, p. 18 ; L'Aiguillon-sur-Mer, p. 18 ; Le marais de Monts au niveau du Daviaud, La Barre-de-Monts, vue aérienne, p. 18 ; Carrelets à La Barre-de-Monts, p. 18 ; Le marais ennoyé à Soullans, coll. J. M. Viaud, p. 18 ; Damvix, p. 19 ; La Dive, p. 19 ; Le Mazeau, p. 19 ; La Smagne à Saint Jean-de-Beugné, p. 19 ; Le bocage à Chantonnay, p. 20 ; La Sèvre à Tiffauges, p. 20 ; Le bocage au Mont des Alouettes, p. 20 ; Schiste à Saint Christophe-du-Ligneron, coll. J.-M. Viaud, p. 21 ; Mine de l'Écarpière, SSNOF, 1982, coll. J.-M. Viaud, p. 21 ; La corniche de Sion à marée basse, vue aérienne, coll. J.-M. Viaud, p. 21 ; La géologie de la Vendée, carte et coupe, CVRH, p. 22 ; Rocher Sainte-Véronique, à Brétignolles, coll. J.-M. Viaud, p. 22 ; Le vieux socle à la Pointe du Payré, coll. J.-M. Viaud, p. 22 ; Empreinte de pas de dinosaure, Anse de la République à Talmont, coll. J.-M. Viaud, p. 22 ; Le toarcien à Chantonnay, coll. J.-M. Viaud, p. 22 ; Sablière à Notre-Dame-des-Landes, coll. J.-M. Viaud, p. 23 ; Ammonite du Jurassique, coll. J.-M. Viaud, p. 23 ; Pollen de palmier, Bois de la Chaise à Noirmoutier, coll. J.-M. Viaud, p. 23 ; Argile noire à l'Anse Rouge du Bois de la Chaise, coll. J.-M. Viaud, p. 23 ; Saint-Mars-la-Réorthe, coll. J.-M. Viaud, p. 23 ; Sables du quaternaire à Challans, coll. J.-M. Viaud, p. 23 ; Bri du Marais de Monts, coll. J.-M. Viaud, p. 24 ; Molaire d'*elephaas antiquus*, p. 24 ; Bois daté de l'holocène, p. 24 ; Fouilles d'Émile Boutin au clos des Jacobins, Conservation dép. des Musées de Vendée, p. 25 ; Descente dans un puits, Brétignolles, 1909, fonds Marcel Baudouin, coll. Musée Abbaye Sainte-Croix, Les Sables d'Olonne, p. 25 ; Sépulture d'Auzay, coll. J.-M. Large, p. 27 ; Louis Charbonneau-Lassay, inventeur de la cachette des Essarts, coll. Musée de Loudun, p. 28 ; Galet aménagé, Angles, legs E. Bocquier, coll. Musée de La Roche-sur-Yon, p. 29 ; Biface, La Bruffière, legs E. Bocquier, coll. Musée de La Roche-sur-Yon, p. 31 ; Empreintes de bovidés et d'ovicapridés sous la plage du Rocher à Longeville-sur-Mer, coll. J.-M. Large, p. 33 ; Tessons de poteries décorées, plage du Batard, Brétignolles, Conservation dép. des Musées de Vendée, p. 34 ; Pointes de flèches en silex à tranchant transversal, Châtelliers du Vieil Auzay, Conservation dép. des Musées de Vendée, p. 34 ; La pointe du Grouin du Cou à La Tranche-sur-Mer, photo aérienne, p. 34 ; La pointe des Châtelliers du Vieil Auzay, vue aérienne sud, 2000, coll. J.-M. Large, p. 35 ; Vue d'ensemble du site d'Auzay, 1998, coll. J.-M. Large, p. 36 ; Dent de canidé et plaquette de schiste perforée, Auzay, coll. Dépôt archéol. dép., p. 36 ; Le dolmen de Savatole au Bernard, p. 37 ; La Ciste des Cous, vue d'ensemble, à Bazoges, p. 38 ; La chambre sépulcrale à la Ciste des Cous, p. 38 ; Reconstitution graphique de la Ciste des Cous, par R. Joussaume, p. 38 ; Céramiques et collier du dolmen des Cous, issus de la fouille, coll. Dépôt archéol. dép., p. 38 ; Dolmen de la Planche à Puare, Ile d'Yeu, p. 39 ; Dolmen de La Frébouchère, Le Bernard, p. 39 ; Les mégalithes vendéens, carte CVRH, p. 39 ; Menhir dit du camp de César, Avrillé, p. 40 ; Les Pierres Jumelles, Olonne-sur-Mer, p. 40 ; Dolmen de La Sulette, Saint-Hilaire-la-Forêt, p. 40 ; Vue aérienne de Champ-Durand, coll. J.-M. Large, p. 41 ; Plan de Champ-Durand, CVRH, p. 41 ; Reconstitution graphique de Champ-Durand, d'après Roger Joussaume, p. 41 ; Poterie funéraire, Champ-Durand, coll. Dépôt archéol. dép., p. 42 ; Ciseau en os, Champ-Durand, coll. Dépôt archéol. dép., p. 42 ; Crâne de bœuf trépané, Champ-Durand, coll. J.-M. Large, p. 42 ; Sépulture dans un fossé, Champ-Durand, coll. J.-M. Large, p. 42 ; Structures ovalaires de Xanton-Chassenon, vue aérienne du site, coll. J.-M. Large, p. 43 ; Vue d'ensemble des squelettes prise du sud, tombe 3, 1986, Les Châtelliers, coll. J.-M. Large, p. 43 ; Squelette 5, tombe 3, flèche tranchante fichée dans la vertèbre, 1986-1994, coll. J.-M. Large, p. 43 ; Vue de la tranchante fichée dans une vertèbre lombaire, squelette 5, coll. J.-M. Large, p. 43 ; Les enceintes fortifiées néolithiques autour du Golfe des Pictons, carte CVRH, p. 44 ; Plaquette d'or, alène de cuivre, perle d'angélite et objets d'os du dolmen de Thiré, coll. Dépôt archéol. dép., p. 45 ; Hache en dolérite et son emmanchement en bois de cerf, La Pierre-Virante, Xanton-Chassenon, coll. Dépôt archéol. dép., p. 46 ; Pointes de flèches à ailerons et pédoncule et une à tranchant transversal, La Pierre Virante, Xanton-Chassenon, coll. Dépôt archéol. dép., p. 46 ; Lame importée du Grand Pressigny, coll. Musée Vendéen, Fontenay-le-Comte, p. 46 ; Site de la République à Talmont-Saint-Hilaire, p. 47 ; Les Terriers, Avrillé, p. 47 ; Reconstitution graphique des Terriers, G. Bénéteau, p. 47 ; Hache en cuivre, Le Grand Massigny, coll. Dépôt archéol. dép., p. 47 ; La pointe dite de Palmela d'inspiration ibérique trouvée à La Réorthe, coll. Dépôt archéol. dép., p. 47 ; Gobelet campaniforme Champ-Durand, coll. Dépôt archéol. dép., p. 48 ; Cinq types de hache en bronze, coll. Musée d'Histoire de la Vendée, p. 49 ; Moule pour couler des haches en bronze, Angles, coll. Musée Vendéen, Fontenay-le-Comte, p. 49 ; Épingle à tête de bronze en provenance du lit de la Vendée, coll. Musée Vendéen, Fontenay-le-Comte, p. 50 ; Bracelet en bronze de Montaigu, coll. Musée Dobrée, Nantes, p. 50 ; Extrémité de broche à rôtir en forme de tête de cerf, Challans, moulage, coll. Musée d'Histoire de la Vendée, p. 50 ; Pointe de lance, cachette de Challans, moulage, coll. Musée d'Histoire de la Vendée, p. 51 ; Bracelet en bronze, cachette de Challans, moulage, coll. Musée d'Histoire de la Vendée, p. 51 ; Vase peint de Longeville, Bronze final, début de l'âge du Fer, coll. Dépôt archéol. dép., p. 51 ; Hache en bronze, cachette de Challans, moulage, coll. Musée d'Histoire de la Vendée, p. 51 ; La fontaine Saint-Gué, Avrillé, p. 52 ; Pierre de la Merlière, Le Poiré-sur-Vie, p. 52 ; Le double enclos du Grand Paisilier, à Pouillé, photo aérienne, p. 54 ; Plan du Grand Paisilier, d'après Olivier Nillesse, p. 54 ; L'enclos à bétail des Grandes Versennes, à Sainte-Hermine, d'après Olivier Nillesse, p. 55 ; Statère vénète en or, cheval à torque et génie ailé, Musée municipal, La Roche-sur-Yon, p. 55 ; Statère d'or picton, cheval et main, coll. Musée municipal, La Roche-sur-Yon, p. 55 ; Cap du Châtelet, île d'Yeu, service régional de l'Inventaire des Pays de la Loire, p. 56 ; Épées en fer, Nalliers, Musée d'Histoire de la Vendée, p. 57 ; Lelleton, commune de Petosse. Fosse 2023, sépulture de guerrier, Direction régionale des Pays de la Loire, p. 57 ; Reconstitution, dessin de Dupré, p. 57 ; Lelleton, Petosse. Fosse 2025, sépulture 2, position des squelettes d'homme, de poulain, de vache, de taureau et de veau, relevé P. Meniel, P. Courtaud, L. Loiseleur, p.58 ; Statère en or, p. 59 ; Casque d'apparat du « légionnaire romain » de Jard, origine inconnue, coll. Musée Dobrée Nantes, p. 59 ; Personnage reproduit sur tesson de céramique, Le Bernard, coll. Musée d'Histoire de la Vendée, p. 60 ; Villa de Chantonnay, « la Treille de la Charlière », cave, p. 61 ; Villa des Vieilles Eaux, Saint-Aubin-la-Plaine, coll. Musée de Vendée, p. 61 ; O. de Rochebrune, Reconstitution très hypothétique de la villa avec atrium et péristyle de Saint-Médard-des-Prés, grav., p. 61 ; Poterie, Le Bernard, legs Baudry, coll. Musée d'Histoire de la Vendée, p. 63 ; Coupe en céramique sigillée, coll. Musée Vendéen, Fontenay-le-Comte, p. 63 ; Salle chaude ou *caldarium* en abside appartenant aux Thermes antiques du Langon, p. 63 ; Gobelet aux gladiateurs, Chavagnes-en-Paillers, moulage (original au *Corning Glass Museum* de New York), coll. Musée d'Histoire de la Vendée, p. 63 ; Lampe à huile, Le Bernard, legs Baudry, coll. Musée d'Histoire de la Vendée, p. 63 ; Clé, Le Bernard, legs Baudry, coll. Musée d'Histoire de la Vendée, p. 64 ; Gourde en bronze, Le Bernard, legs Baudry, coll. Musée d'Histoire de la Vendée, p. 64 ; Passoire en bronze, Nalliers, coll. Musée d'Histoire de la Vendée, p. 64 ; Boîte à fards, Saint-Médard-des-Prés, coll. Musée Vendéen, Fontenay-le-Comte, p. 64 ; La Vendée gallo-romaine, carte CVRH, p. 65 ; Bracelets torsadés en or, Le Poiré-sur-Vie, coll. Musée Dobrée, Nantes, p. 65 ; Bijoux du Veillon, Talmont-Saint-Hilaire, coll. Musée d'Histoire de la Vendée, Dépôt de la D.R.A.H., p. 65 ; Flacon conchyforme, IIe s. av. J.C., Bouillé-Courdault, p. 65 ; Flacon en grappe de raisin, IIe s. av. J.C., Bouillé-Courdault, p. 65 ; Gobelets décorés de Cologne, IIIe s. av. J.C., Bouillé-Courdault, p. 66 ; Statue de Saint-Michel, Saint-Michel-Mont-Mercure, p. 67 ; Victoire ailée conduisant un quadrige intaillé en jaspe rouge, Le Bernard, coll. Musée Dobrée Nantes, p. 68 ; La déesse Épona, L'Orbrie, moulage, coll. Musée d'Histoire de la Vendée, p. 68 ; Le temple de Nalliers, vue aérienne, p. 69 ; 18e puits funéraire, Le Bernard, grav., XVIIIe, publ. dans Baudry et Ballereau, 1873, coll.

Musée d'Histoire de la Vendée, p. 69 ; Statuette, Le Bernard, coll. Musée d'Histoire de la Vendée, p. 69 ; Femme versant à boire, stèle funéraire, Benêt, moulage, coll. Musée d'Histoire de la Vendée, p. 70 ; Sarcophage à toit en bâtière et à acrotères, calcaire, Bouillé-Courdault, coll. Musée Vendéen, Fontenay-le-Comte, p. 70 ; Vase au trésor monétaire, Le Veillon, Talmont, Musée d'Art et d'Histoire de la Vendée, Dépôt du Musée municipal de La Roche-sur-Yon et de la D.R.A.H., p. 71 ; Souterrain de Brillouet, Service archéol. dép., p. 71 ; Croix mérovingienne de Challans, original en calcaire à Notre-Dame de Challans, coll. Musée d'Histoire de la Vendée, p. 72 ; Sarcophage dans le parc du château de Terre-Neuve, Fontenay-le-Comte, p. 72 ; Mordant de ceinture en bronze, coll. Musée Dobrée, Nantes, p. 72 ; Tête d'épingle à cheveux ? en or, Montaigu, coll. Musée Dobrée, p. 72 ; Saint Hilaire, statue en bois polychrome, p. 73 ; Saint Philbert, vitrail, église de Noirmoutier, p. 74 ; La crypte de l'église de Noirmoutier, p. 74 ; Charles Steuben, *Bataille de Poitiers, octobre 732*, huile sur toile, Châteaux de Versailles et de Trianon, p. 75 ; Plaque de fibule en or, VIIe s., coll. Musée Dobrée, p. 76 ; Châsse, crypte de l'église de Noirmoutier, p. 76 ; Vitraux, église de Noirmoutier, p. 76 ; Motte féodale à Bois-de-Cené, p. 77 ; La tour Mélusine de Vouvant, XIIIe, p. 77 ; Sculptures romanes, église de Foussais-Payré, p. 78 ; Sculptures romanes, église de Vouvant, p. 78 ; *Vieux coustumier du Poitou*, détail, p. 78 ; Peinture murale, église du Vieux Pouzauges, p. 79-81 ; Société et vie féodale au Moyen Âge : le *Vieux Coustumier du Poitou*, de F. Rieupeyroux, éd. CDDP des Deux Sèvres, 1983, p. 82-83 ; Peinture murale, église du Vieux-Pouzauges, p. 84 ; Gisant d'Eudes d'Aquitaine, Maillezais, XIIIe, Musée du Donjon, Niort, p. 85 ; Tour du XIIe, château de Talmont, p. 85 ; Les remparts de La Chaize-le-Vicomte, p. 86 ; Église de La Chaize-le-Vicomte, portail, p. 87 ; Église de La Chaize-le-Vicomte, la nef, p. 87 ; Église de La Chaize-le-Vicomte, les chapiteaux, p. 87 ; Coquille Saint-Jacques peinte provenant d'une sépulture fouillée dans l'église d'Oulmes, p. 88 ; Cloître de l'abbaye de Nieul, p. 89 ; Enfeu gothique, tombe de la mère d'Aliénor, p. 89 ; Château de Pouzauges, donjon de type niortais, p. 90 ; Église d'Angles, sculptures représentant Aliénor, Henri II Plantagenêt et Richard Cœur de Lion, p. 90 ; Sceau équestre d'Henri II Plantagenêt, Arch. nat., p. 91 ; Mariage d'Aliénor et de Louis VII, enluminure, Bibliothèque nationale de France, ms fra 2606, fol. 229° v°, p. 91 ; O. de Rochebrune, *L'abbaye de Lieu-Dieu en Jard,* grav., 1860, coll. Arch. dép. Vendée, p. 91 ; Mélusine quittant Lusignan, enluminure, Bibliothèque nationale de France, ms fra 12575 fol. 86, p. 92 ; Mélusine se faisant insulter par Raimondin, enluminure, Bibliothèque nationale de France, ms fra 12575, fol. 79, p. 93 ; Mélusine, sc., chapiteaux, église de Vouvant, p. 93 ; Mélusine, sc., chapiteaux, église de Foussay-Payré, p. 93 ; J. Merry Blondel, *Richard Cœur de Lion, roi d'Angleterre en 1189, représenté en Croisé*, Châteaux de Versailles et de Trianon, p. 94 ; Vitrail, église de La Guérinière, p. 95 ; Village de Cezais, p. 96 ; Église de Cezais, l'abside et l'intérieur, p. 96 ; Église de Saint-Nicolas de Brem, p. 96 ; Mareuil-sur-Lay, mur sud de l'église, p. 96 ; Église de Curzon, la crypte, et détail de sculpture, p. 97 ; Ruines de l'église de Belleville, l'ancien porche et détail de sculpture, p. 97 ; Saint-Nicolas de La Chaume, vue d'ensemble et détail, p. 97 ; L'abbatiale de Nieul-sur-l'Autize, p. 98 ; J. Robuchon, *L'abbatiale de Nieul-sur-L'Autize,* avant restauration, p. 98 ; Le décor roman de l'église de Foussais-Payré, du XIIe, p. 99 ; Église de Maillezais, détail, le porche, la nef centrale, p. 100 ; Église de La Chaize-Giraud, le porche et détail des sculptures, p. 101 ; Église de Benêt, le porche et détail, p. 101 ; Église de Chalais, les modillons et chapiteaux, le chevet, l'intérieur, p. 102-103 ; Église de Vouvant, le portail, le chevet, détails des sculptures, p. 104 ; Église d'Angles, l'intérieur, p. 106 ; Église du Vieux-Pouzauges, l'extérieur, p. 106 ; Église du Vieux-Pouzauges, peintures murales, p. 106-108 ; L'abbaye de Maillezais, p. 109 ; Le donjon-porche, XIe, p. 110 ; Le gisant de Goderan, calcaire, Musée du Donjon, Niort, p. 110 ; Sépultures dans le massif roman, p. 110 ; Chapiteaux romans, p. 111 ; Le transept gothique, p. 111 ; La porte du jubé, p. 111 ; Crosse abbatiale en émail de Limoges (fin XIIIe), p. 112 ; Fouilles du chœur Renaissance, 1984, p. 112 ; L'hostellerie et le bâtiment des convers, p. 112 ; Échauguette, p. 112 ; Un fragment du jubé Renaissance, p. 113 ; Reconstitution du jubé par Richard Levesque, p. 113 ; J. Robuchon, *Maillezais, vue du marais*, p. 113 ; Plan de Claude Masse, vers 1700, S.H.A.T., p. 114 ; L'abbaye de Maillezais, plan CVRH, p. 114 ; Ruines de Trizay, Le cloître et la salle capitulaire, p. 115 ; Nieul, le cloître, p. 116 ; Nieul, dalle funéraire du XIVe, p. 116 ; L'abbaye de Nieul-sur-L'Autize, Les ordres religieux en

Bas-Poitou (fin xe-début xiiie s), carte CVRH, p. 117 ; L'abbatiale, Saint-Jean d'Orbestier, p. 118 ; Chassay-Grammont, le réfectoire, la salle capitulaire, le cloître, p. 118 ; Chassay-Grammont, vue aérienne, p. 118 ; La Grainetière, le cloître, les ruines de l'abbatiale, la salle capitulaire, p. 120 ; Saint Hilaire, vitrail, église de Saint-Hilaire-de-Riez, p. 121 ; Buttes coquillières à Saint-Michel-en-L'Herm, p. 122 ; Huîtres, traces d'ouverture avec un outil du Moyen âge, coll. J.-M. Viaud, p. 122 ; L'abbaye de Saint-Michel-en-L'Herm, le chauffoir et la salle capitulaire, p. 123 ; Vue du marais vers Maillezais, p. 124 ; J. Robuchon, *Les huttiers dans le marais*, p. 124 ; *Henri IV en cuirasse et panache blanc,* huile sur toile, École française, XVIe siècle, Châteaux de Versailles et de Trianon, p. 125 ; Henri Decaisne, *Alphonse de France, comte de Poitiers et de Toulouse (1220-1271), croisé en 1250*, médaillon rond dans un encadrement décoratif, Châteaux de Versailles et de Trianon, p. 127 ; Église de Fontenay-le-Comte, bout de banc, bois sculpté, p. 128 ; *L'isle de Bouin*, grav., Arch. dép. de Vendée, p. 129 ; *Bouin*, grav. Arch. dép. de Vendée, p. 129 ; Plan du Château de Tiffauges, p. 131 ; Château de Tiffauges, p. 131 ; Château de Noirmoutier, p. 132 ; Les Châtelliers-Châteaumur, la porte et le donjon du château, p. 132 ; Talmont, le château, p. 133 ; Montaigu, les fortifications, p. 133 ; L'île d'Yeu, le château, p. 134 ; Vue aérienne du château de l'île d'Yeu, Service régional de l'Inventaire, p. 134 ; Bazoges, le donjon et détails, p. 135 ; Saint-Mesmin, le château, p. 136 ; Ardelay, le donjon, p. 136 ; La tour de Moricq, coll. A. Gérard, p. 137 ; Le château de Commequiers, p. 137 ; Château de Commequiers, vue aérienne, coll. J.-M. Viaud, p. 137 ; Heaume, Château de Bazoges, p. 138 ; Mesnard-la-Barotière, peintures murales, fin xiiie, p. 139 ; Église de Saint-Paul-en-Pareds, le portail méridional, gothique flamboyant, p. 140 ; Église et prieuré des Magnils-Régniers, p. 140 ; La Pommeraie-sur-Sèvre, peintures murales, p. 140 ; Luçon, la façade romane du transept nord, chapiteau, la nef gothique de la cathédrale par François Le Duc, p. 141 ; La galerie sud du cloître, p. 141 ; Cathédrale de Luçon, le baldaquin, du xviie, p. 141 ; Cathédrale de Luçon, l'orgue de Cavaillé-Coll, p. 142 ; Cathédrale de Luçon, boiserie de stalles, p. 142 ; La bibliothèque de l'évêché, Luçon, p. 142 ; La façade de l'évêché, Luçon, p. 142 ; Église Notre-Dame de Fontenay-le-Comte, vierge à l'enfant, sc., portail oriental, 143 ; Église Notre-Dame de Fontenay-le-Comte, la crypte, p. 143 ; Église Notre-Dame de Fontenay-le-Comte, la travée en gothique flamboyant, p. 143 ; Église Notre-Dame de Fontenay-le-Comte, le clocher et la flèche, p. 143 ; Maison forte à Pouzauges, Le Puy-Papin, p. 145 ; Église fortifiée de La Chaize-le-Vicomte, p. 145 ; Église fortifiée du Boupère, p. 145 ; Église fortifiée de Réaumur, p. 145 ; *Jean II le bon, 1319-1364, roi de France*, École française, 14e, huile sur bois, Le Louvre, p. 146 ; Sceau et contre-sceau moulés sur la cloche l'Université de Poitiers, fondue en 1451, et encore installée dans le clocher de Saint-Porchaire de Poitiers. Daté du 28 nov. 1519, extr. de *Sigillographie du Poitou* de Eygun, Médiathèque François-Mitterrand, Poitiers, p. 147 ; *Palais des comtes de Poitou*, grav., Médiathèque François-Mitterrand, Poitiers, p. 147 ; Jeanne d'Arc, statue, place de la Bruffière, p. 148 ; *Arthur III, comte de Richemont*, de Contenau/Perlet, Musée Carnavalet, est., p. 148 ; *Gilles de Rais devant ses juges*, miniature, Bibl. nat. de France, ms. lat., xviie, p. 149 ; *Lettre patente de Charles VII accordant à Gilles une « orleure » de fleurs de lys*, 1429, sceau pendant, Arch. nat., p. 150 ; Château de Tiffauges, le donjon, p. 151 ; Signature de Gilles de Rais, Arch. dép. de Loire-Atlantique, p. 151 ; Tiffauges, ruines de la chapelle, la crypte, p. 152 ; *Procès criminel de Gilles de Rais*, miniature, Bibl. nat. de France, ms. lat., xviie, p. 152 ; Éloi-Firmin Féron, *Gilles de laval, sire de Rais, compagnon de Jeanne d'arc, maréchal de France en 1 429 (1404-1440)*, huile sur toile, Châteaux de Versailles et de Trianon, p. 153 ; *Gilles de Rais*, grav. de Gustave Doré, p. 154 ; La métairie de Libergère, extr. *Chartrier du Landreau,* Arch. dép. Vendée, p. 155 ; Moulin des fiefs des Merlatières, extr. *Chartrier du Landreau*, Arch. dép. Vendée, p. 155 ; Le Châtelier, extr. *Chartrier du Landreau*, Arch. dép. Vendée, p. 155 ; *« Isle de Narmoustier »*, grav., Arch. dép. Vendée, p. 156 ; *Les productions naturelles de l'isle de Noirmoutier*, art. extr. des *Mémoires* de M. P. renfermant des recherches statistiques sur cette île, Noirmoutier, 1818, Arch. dép. Vendée, p. 156 ; Jehan-Baptiste Florentin, *Rouleau d'Apremont*, 1542, fac-similé, coll. Musée d'Histoire de la Vendée, p. 156 -159 ; Fontenay-le-Comte, la rivière Vendée, p. 160 ; Fontenay-le-Comte, les fortifications, p. 160 ; Fontenay-le-Comte, maisons, xve., p. 160 ; Fontenay-le-Comte, p. 161 ; Anonyme, A. *Tiraqueau*, s.d., huile sur toile, coll. Musée Vendéen,

Fontenay-le-Comte, p. 162 ; *Rabelais*, huile sur toile, coll. Musée de Châteauroux, p. 162 ; *Barnabé Brisson*, Musée du Bois-Tiffrais, p. 163 ; Barnabé Brisson, *Selectarum ex iure ciuili Antiquitatum*, Lyon, 1558, 315 p., coll. Musée d'Histoire de la Vendée, p. 163 ; Anonyme, *François Viète*, huile sur toile, coll. Musée Vendéen, Fontenay-le-Comte, p. 164 ; Équation de François Viète, extr. du Ier livre des *Zététiques*, p. 164 ; Anonyme, *Nicolas Rapin*, huile sur toile, s.d., coll. Musée Vendéen, Fontenay-le-Comte, p. 165 ; Logis de la Popelinière, Sainte-Gemme, p. 166 ; *L'Amiral de France et par occasion, de celuy des autres nations, tant vieiles que nouvelles,* page de titre d'un ouvrage de La Popelinière, 1584, p. 166 ; *Histoire universelle*, par Agrippa d'Aubigné, 1516, Médiathèque de Niort, p. 169 ; Bartholomaüs Sarburgh, *Portrait du maréchal de camp, Agrippa d'Aubigné,* huile sur toile, 1622, Oeffentliche Kunstsammlung Basel, Kunstmuseum, p. 170 ; Bourneau, chapelle des Puy-du-Fou, p. 171 ; Le château des Granges-Cathus, vue d'ensemble et détail de l'escalier, p. 172 ; Le château d'Apremont, *Rouleau d'Apremont*, de Jehan-Baptiste Fromentin, 1542, fac-similé, coll. Musée d'Histoire de la Vendée, p. 172 ; Apremont, le château, détail, p. 172 ; La tour du château d'Apremont, p. 172 ; Le château de Coulonges-sur-L'Autize, vers 1540, vu par O. de Rochebrune, 1846, coll. part., p. 173 ; Le déménagement du château de Coulonges vu par O. de Rochebrune, p. 173 ; Château de Terre-Neuve, Fontenay-le-Comte, p. 174 ; Détail d'une niche, p. 174 ; La cheminée dite alchimique, p. 174 ; O. de Rochebrune à Terreneuve, grav., p. 174 ; Panneau de Chambord, la Salamandre, p. 174 ; Terre-Neuve, panneau de Chambord, le soleil, emblème de Louis XIV, p. 174 ; *Le château du Puy-du-Fou, 1545-1570,* lith. du baron de Wismes, vers 1846, Arch. dép. Vendée, p. 175 ; La cour, p. 175 ; Une aile du château, p. 175 ; La chapelle de Brisson, église de Fontenay-le-Comte, XVIe, p. 176 ; La fontaine des Quatre-Tias, 1542, Fontenay-le-Comte, photographiée par J. Robuchon avant restauration, p. 176 ; La fontaine des Quatre-Tias, aujourd'hui, p. 176 ; L'hôtel de la Pérate, 1550, Fontenay-le-Comte, p. 177 ; La porte de l'hôtel de la Pérate, p. 177 ; La maison Billaud, Fontenay-le-Comte, p. 178 ; L'escalier du premier logis, p. 178 ; La maison Millepertuis, Fontenay-le-Comte, p. 179 ; L'hôtel de la Sénéchaussée, XVIe, p. 180 ; Son ancienne cheminée actuellement à Terre-Neuve, p. 180 ; La façade de la place Belliard à Fontenay-le-Comte, p. 181 ; Le cimetière de Sainte-Hermine, p. 183 ; Croix huguenote, p. 184 ; Christ du XVIIe, Cheffois, p. 185 ; *Luther*, grav., Musée du Bois-Tiffrais, p. 186 ; *Poitiers*, grav., Musée du Bois-Tiffrais, p. 186 ; *Jeanne d'Albret*, grav., Musée du Bois-Tiffrais, p. 187 ; *Henri IV*, grav., Musée du Bois-Tiffrais, p. 188 ; Le temple de Saint-Prouant, ancienne église, sa chaire, p. 189 ; Portrait de Richelieu, huile sur toile, 1654, hôpital de Luçon, p. 191 ; Sylvestre Israël, *Vue du château de Richelieu, du côté du parc,* encre brune/plume, Louvre D.A.G., p. 192 ; Tavernier de Jonquières, *La cathédrale de Luçon*, XVIIIe, Musée d'Histoire de la Vendée, p. 193 ; Chaire dite de Richelieu, décorée par Mgr Nivelle son successeur, XVIIIe, cathédrale de Luçon, p. 193 ; *L'Instruction du Chrestien*, par Richelieu, 1618, rééd. 1642, p. 194 ; P.-P. Rubens, *La réconciliation de la reine et de son fils, après la mort du connétable Concini, le 15 décembre 1621, dit autrefois : L'entrevue de Marie de Médecis et de son fils,* détail : Louis XIII et Marie de Médicis sont dans les nuées, huile sur toile, Louvre, p. 195 ; *La bataille de Riez,* grav. du XVIIe, coll. Musée d'Histoire de la Vendée, p. 196 ; *Siège de La Rochelle du 10 août 1627 au 28 octobre 1628,* d'après Jacques Callot, huile sur toile, époque Louis XIII, Châteaux de Versailles et de Trianon, p. 197 ; *Les Rochelais demandant pardon au Roi,* grav., Musée du Bois-Tiffrais, p. 198 ; Saint-Laurent-sur-Sèvre, Fonds Ricoulleau, Arch. dép. Vendée, p. 199 ; Basilique, Saint-Laurent-sur-Sèvre, p. 200 ; Grignion de Montfort en adoration, couvent des Sœurs de la Sagesse, p. 200 ; Mission de Grignion de Montfort, orig. inconnue, p. 200 ; Grignion de Montfort fondateur de la congrégation des Filles de la Sagesse, basilique, Saint-Laurent, p. 201 ; Grignion de Montfort, père des pauvres, vitrail de la chapelle des Filles de la Sagesse, p. 201 ; Les Filles de la Sagesse dévouées aux malades, couvent des Filles de la Sagesse, huile sur toile, p. 201 ; La grotte de Montfort dans la forêt de Mervent, p. 202 ; La statue de Grignion de Montfort dans la grotte, p. 202 ; Dans l'oratoire, une représentation du saint sur son lit de mort, p. 203 ; La chapelle des Filles de la Sagesse, p. 203 ; *Saint Sébastien*, sculpture, église du Bocage, p. 204 ; *Saint Aubin*, détail de retable, Saint-Aubin-la-Plaine, XVIIe, p. 204 ; *Saint Épourail*, détail du retable, La Gaubretière, XVIIe, p. 204 ; Le retable de la Vierge à Beauvoir-sur-Mer,

1649, p. 204 ; Retable du Rosaire, Landeronde, 1722, p. 204 ; Retable, Noirmoutier, 1650, p. 204 ; Autel tombeau, Saint-Michel-en-L'Herm, XVIIIe, p. 204 ; Retable de Saint Roch, Chalais, XVIIIe, p. 205 ; La chapelle Sainte-Ursule, couvent des Ursulines, Luçon, ensemble et détails, p. 206-207 ; *Marillac, intendant du Poitou*, grav., Musée du Bois-Tiffrais, p. 209 ; Couvent de l'Union chrétienne, entrée de la chapelle, en partie inachevée en 1780, Fontenay, p. 210 ; Balthazar Moncornet, *Maximilien Eschallard, marquis de La Boulaye*, grav. sur cuivre, 1656, Musée du Bois-Tiffrais, p. 210 ; Méreaux de Lezay et de Chenay, Musée du Bois-Tiffrais, p. 211 ; Calices démontables, Musée du Bois-Tiffrais, p. 211 ; Chaire du désert, Musée du Bois-Tiffrais, p. 212 ; Assemblée au désert, grav. de Belloti, d'après Storni, 1775, Musée du Bois-Tiffrais, p. 213 ; *Code secret* du pasteur Pierre Pougnard, dit Dézérit, Musée du Bois-Tiffrais, p. 213 ; Cimetière de l'Aubonnière, p. 213 ; Temple de Sainte Hermine, 1825, p. 214 ; Cérémonie, 1926, Musée du Bois-Tiffrais, p. 214 ; Logis de La Chabotterie, Saint-Sulpice-le-Verdon, p. 215 ; Lavoir et bâtiments d'exploitation, p. 216 ; Le logis, p. 216 ; La salle à manger, la cuisine, le salon, le cabinet de musique, une soupente, p. 217 ; Charpente du château de la Guignardière, Conservation des antiquités et objets d'art de Vendée, p. 219 ; Charpente du Fief-Milon, Le Boupère, Conservation des antiquités et objets d'art de Vendée, p. 219 ; Dessin aquarellé d'un logis vendéen, coll. part., p. 220-221 ; Logis de La Guignardière, p. 222 ; Château de Saint-Juire, vue aérienne et détails, p. 223 ; Logis du Guy, bâtiments et détails, p. 224 ; La Petite Coudraie, logis et bâtiments d'exploitation, les ponnes dans la buanderie, une canonnière, p. 225 ; Chaligny, vue d'ensemble et détails, p. 226 ; L'Aubraie, logis XVIIIe, bâtiment d'exploitation, les douves, vue d'ensemble, p. 227 ; La Bonnelière, p. 228 ; Carte de Cassini, fin XVIIIe s., p. 230 ; Plan de Claude Masse, XVIIIe, p. 231 ; Le canal des Hollandais, p. 232 ; Canaux et écluses dans le marais, p. 232 ; L'aqueduc de l'île d'Elle, extr. du plan de Claude Masse, XVIIIe s., encart, p. 232 ; L'écluse de Vienne, et le canal, p. 233 ; La cabane de la Forêt Nadeau, près d Velluire, carte post., arch. dép. Vendée, p. 233 ; La terre de Triaize, Arch. dép. Vendée, p. 234 ; Plan des environs de Saint-Michel-en-L'Herm, Arch. dép. Vendée, p. 234 ; Séchant au soleil, des bousats, coll. part., p. 234 ; L'économie du Bas-Poitou au XVIIIe s., carte CVRH, p. 235 ; Le dessèchement du centre du marais Poitevin, carte CVRH, p. 235 ; Découpages administratifs du Bas-Poitou, cartes, p. 236 ; Berger dans la Plaine, carte post., Arch. dép. Vendée, p. 237 ; *Plan de Claude Masse*, dessin aquarellé, 1703, Arch. dép. Vendée, p. 237 ; La cathédrale de Luçon, vue du cloître, p. 238 ; Le *Rituel* de l'église de Luçon, 1768, p. 238 ; Cheminée de l'hôpital de Luçon, p. 238 ; *Jean-François de Lescure, évêque de Luçon, 1699-1723*, huile sur toile, évêché de Luçon, p. 238 ; *Samuel-Guillaume de Verthamon de Chavagnac, évêque de Luçon, 1737-1758*, p. 238 ; Château de l'Hermenault, vu du miroir, p. 239 ; Château de l'Hermenault, la tour, seul vestige de la partie construite par Geoffroy d'Estissac, p. 239 ; Château de l'Hermenault, la prairie en hémicycle, p. 239 ; Château de l'Hermenault, moulin et pont, p. 239 ; Homme d'église de Fontenay, dessin, Arch. dép. Vendée, H 245/1, p. 240 ; Robuchon, abat-voix de la chaire de l'église Notre-Dame à Fontenay, par Élie Drouard, 1784, p. 240 ; Claude Masse, *Plan de Fontenay,* 1703, p. 240 ; Maison Louis XV, rue des Loges à Fontenay, p. 241 ; Hôtel Lépinay de Beaumont, Fontenay-le-Comte, 1784, p. 241 ; Mascarons, Fontenay-le-Comte, p. 241 ; Caserne de cavalerie et écuries, 1753-1768, p. 242 ; O. de Rochebrune, *Fontenay vu du Pont-Neuf,* 1861, p. 242 ; L'hôtel Pervinquière, Fontenay-le-Comte, p. 243 ; O. de Rochebrune, *Moulin à vent près de Fontenay-le-Comte,* Arch. dép. Vendée, 1862, 1784, 1784, p. 243 ; Le Haut-Bocage, p. 245 ; Un chemin creux, p. 245 ; T. Drake, « *Vue de Mouchamps* », *Album vendéen*, Arch. dép. Vendée, p. 246 ; La Moutillière, vue aérienne, p. 246 ; Carte de Cassini, coll. part., p. 246 ; Train de labour, fonds Ricoulleau, Arch. dép. Vendée, p. 247 ; Halles, Moutiers-les-Mauxfaits, XVIIIe, p. 248 ; Moulin, Les Épesses, p. 248 ; Moulin des Puys Ronds, *Chartrier du Landreau,* Arch. dép. Vendée, p. 248 ; La Garnache, Arch. dép. Vendée, 6 Fi 1017, p. 248 ; Le maraîchinage, coll. part., p. 249 ; *Jean-Gabriel Gallot*, grav., Musée du Bois-Tiffrais, p. 249 ; *Mémoire sur l'épidémie qui a régné dans la province du Poitou*, de J.-Gabriel Gallot, Arch dép. Vendée, p. 249 ; J.-B. Lemoyne, *Réaumur,* sculpt., buste en terre cuite, face, Louvre, p. 249 ; Pietro Rogiero, carte du Poitou : *Pictonum vicinarum que regionum fidiss. descriptio*, 1579, Musée du Bois Tiffrais, p. 252 ; Judocius Hondius, *Poictou Pictaviensis comitatus.* Amsterdam, 1633, Arch.

dép. Vendée, p. 252 ; Robert de Vaugondy, *Carte des côtes de France*, 1759, Arch. dép. Vendée, p. 252 ; Saint-Gilles, Charles-François Tourois de Millon, *Carte générale de la coste du Poitou,* vers 1740, dessin sur papier, carte Michel Beauchet-Filleau, arch. Beauchet-Filleau, Chef-Boutonne, détail, p. 253 ; Plan de Claude Masse, papier aquarellé, 1703, p. 253 ; Pierre Garcie dit Ferrande, *Grant Routtier et pillotage et enseignement pour encrer tant es ports, havres, que autres lieux de la mer*, 1e éd. 1483, 1520, p. 254 ; Roly, Embarquement du sel sur le brick *Les Deux Amis, coll. part.*, huile sur toile, 1828, service régional de l'Inventaire des Pays de la Loire, p. 254 ; *Francisco L'Olonnois*, grav. extr. des *Aventuriers et les Boucaniers d'*Amérique, *chirurgiens des aventuriers de 1666 à 1672,* par A.-O. Oexmelin, Paris, p. 255 ; *Le port des Sables d'Olonne, vu de La Chaume*, réuni à la collection des ports de France dessinés pour le roi en 1776, grav., Lamet del., Le Gonas, sc., p. 255 ; *Intérieur du port des Sables d'Olonne*, Hastrel de Rivedoux, pinx et lith., p. 255 ; « Bâtiment olonnois fesant la pêche sur le grand banc », *Album de Jouve*, grav., d'après Pierre Ozanne, Musée national de la Marine, p. 256 ; En pêche sur le grand banc, in *Le traité général des pêches* de Duhamel du Monceau, d'après une peinture originale de Rudolph Backnizen, 1766, grav., P.C. Canot, sc., Musée national de la marine, p. 257 ; *Carte du bourg et fort de La Chaume et des Sables en 1683*, extr. Charles de La Morandière, *Histoire de la pêche française de la morue*, Musée national de la marine, p. 258 ; La rade des Sables, Charles-François Tourois de Millon, *Carte générale de la coste du Poitou, vers 1740*, dessin ms. sur papier, carte Michel Beauchet-Filleau, détail, Arch. Beauchet-Filleau, Chef-Boutonne, détail, p. 258 ; *Plan de la ville et du port des Sables*, papier aquarellé, Arch. dép. Vendée, p. 258 ; Louis-Charles du Chaffault de Dené, huile sur toile, coll. Musée d'Histoire de la Vendée, p. 259 ; Vitrail, La Guérinière, p. 259 ; Vitrail, La Chaume, p. 259 ; Maquette de bateau, église de Vendée, p. 260 ; Mouette, p. 260 ; Tableau ex-voto, huile sur toile, coll. part., p. 260 ; Château de Pierre-Levée, boiseries, décors sur bois et moulures, vue extérieure, p. 261-262 ; Médaillons, pastels, coll. part., p. 262 ; Vendée militaire et département de la Vendée, carte CVRH, p. 263 ; David, *Le Serment du Jeu de Paume*, huile sur toile, Musée Carnavalet, p. 264 ; Massacres de septembre, in Dulaure, *Esquisses historiques des principaux événements de la Révolution française depuis la convocation des États généraux jusqu'au rétablissement de la maison de Bourbon,* t. 1-5, 1823-1825, grav. par Couché f., p. 265 ; Goupilleau de Montaigu, carte post., F. Chapeau éd., Arch. dép. Vendée, p. 265 ; *Dominique Dillon*, portr., grav., p. 265 ; Vitraux, Les Lucs-sur-Boulogne, p. 266 ; Notre Dame-de-Charité à Saint-Laurent-de-La-Plaine, 1817-1820, p. 267 ; Cathelineau et l'apparition de la Vierge, vitraux, Notre Dame-de-Charité, p. 267 ; La Révellière-Lepeaux, grav. par Couché f., in Dulaure, *Esquisse..., op. cit.*, p. 267 ; Notre Dame de-Bon-Secours à Bellefontaine, p. 268 ; Vitrail, abbatiale de Saint-Florent-le-Vieil, p. 268 ; Gallois et Gensonné, grav. par Y. Dargent, J. Claye imp. et Furne éd., p. 269 ; A. de Beauchamps, *Carte du pays insurgé en mars 1793*, p. 271 ; Vitrail, La Salle-de-Vihiers, p. 271 ; La Loire à Saint-Florent-le-Vieil, p. 272 ; O. Penguilly, grav., in Pitre-Chevalier, *Histoire des guerres de la Vendée comprenant l'histoire de la Révolution dans la Bretagne, l'Anjou, le Poitou, le Maine et la Normandie, précédée des préliminaires de la Révolution en Bretagne (1650-1832)*, 1851, p. 272 ; J.-P. Sauzeau, *Les Vendéens demandent à Cathelineau de prendre la tête de l'insurrection*, huile sur toile, coll. Musée de Niort, dépôt à la Conservation des Musées de Vendée, p. 273 ; Vitraux, Le Pin-en-Mauges, p. 274 ; Vitrail, Les Lucs-sur-Boulogne, p. 274 ; Vitrail, Le Pin-en-Mauges, p. 275 ; P. Guérin, *Henri de La Rochejaquelein,* et détails, huile sur toile, coll. Musée d'Art et d'Histoire de Cholet, p. 276-277 ; F. Flamenc, *Les massacres de Machecoul*, huiles sur toile, 1884, Musée d'Art et d'Histoire de Cholet, p. 278 ; O. Penguilly, grav. in Pitre-Chevalier, *op. cit.*, p. 279 ; Pirodon, *L'armée en sabots* d'après un tableau de J. Leblanc, lith., p. 280 ; Vitrail, église de Chanzeaux, p. 281 ; B. de Gironde, *Les Chouans*, 1882, tableau et détails, coll. part., p. 282 ; La guillotine, grav. in V. Hugo, *Quatre-Vingt-Treize,* p. 283 ; O. Penguilly, Massacres républicains en Vendée, in Pitre-Chevalier, *op. cit.*, p. 284 ; Danton, de Deveria del. et Leclerc sculp., in Dulaure, *op. cit.*, p. 284 ; Léon Couturier, *Le tocsin des Chouans*, p. 284 ; Brissot, grav. Rafiet del. et Mauduisan sc., in Dulaure, *op. cit.,* p. 285 ; Robespierre, grav. Lefebvre jne sc., et couché f. dir., in Dulaure, *op. cit.,* p. 285 ; *La Convention*, grav. de Méaulle, in V. Hugo, *Quatre-Vingt-Treize, op. cit.*, p. 285 ; E. Armand Dumaresq, *Le Conven-*

tionnel, huile sur toile, Coll. Musée d'Art et d'Histoire de Cholet, p. 286 ; Le pré-carré vendéen, carte CVRH, p. 287 ; Un chemin creux aux Lucs, p. 287 ; *Westermann,* carte postale, F. Chapeau éd., coll. Arch. dép. Vendée, p. 288 ; Clamens, vitrail, Le Pin-en-Mauges, p. 288 ; Soldat républicain, grav. de Brion, in V. Hugo, *Quatre-Vingt-Treize, op. cit.*, p. 289 ; Les Bleus in Eugène Bonnemère, *Les guerres de Vendée,* p. 289 ; *Vue de Luçon,* in *Album vendéen,* grav. T. Drake, del., Daniaud lith., p. 289 ; Coessin de La Fosse, *L'embuscade,* coll. Musée d'Art et d'Histoire de Cholet, p. 290-291 ; Clamens, vitrail, Le Pin-en-Mauges, p. 292 ; R. Lefèvre, *Lescure,* coll. Musée d'Art et d'Histoire de Cholet, p. 292 ; Sacré-Cœur, tissu, coll. part., p. 292 ; Imprimerie portative, Musée Dobrée, p. 293 ; H. de La Rochejaquelein, grav. in Pitre-Chevalier, *op. cit.,* p. 293 ; E. de Boislecomte, *Le pater de d'Elbée,* coll. Musée d'Art et d'Histoire de Cholet, p. 294 ; *Agenda anglais,* Arch. nat., p. 295 ; Rossignol, grav. in Pitre-Chevalier, *op. cit.,* p. 295 ; Kléber (1753-1800), grav., Couché f., in Dulaure, *op. cit.,* p. 296 ; O. Penguilly, Le Mayençais, in Pitre-Chevalier, *op. cit.*, grav. colorisée, p. 297 ; Lescure dit le Saint du Poitou, vitrail Le Pin-en-Mauges, p. 298 ; Marceau, grav., Couché f., in Dulaure, *op. cit.,* p. 298 ; « Grâce aux prisonniers », vitrail de Clamens, Le Pin-en-Mauges, p. 299 ; Abbatiale de Saint-Florent-le-Vieil, p. 299 ; David d'Angers, *Le pardon de Bonchamps,* Saint-Florent-le-Vieil, p. 299 ; J. Girardet, *La déroute de Cholet,* huile sur toile, coll. Musée d'Art et d'Histoire de Cholet, p. 300 ; La Loire à Saint-Florent-le-Vieil, ph., p. 300 ; *« J'ai servi mon Dieu, mon roi, ma patrie… »,* vitrail de Clamens, Le Pin-en-Mauges, p. 300 ; La virée de Galerne, carte CVRH, p. 301 ; Jean-François Hue, *L'incendie de Granville par les Vendéens,* huile sur toile, 1800, Musée du Louvre, p. 302 ; Jean Sorieul, *La bataille du Mans,* huile sur toile, coll. Musée Tessé, Le Mans, p. 302 ; L. Prudhomme, *Histoire générale et impartiale des erreurs, des fautes et des crimes commis pendant la Révolution française,* t. VI, an V (1797), grav., p. 303 ; Les noyades, huile sur toile, coll. part., p. 303 ; Carrier, grav., carte post. F. Chapeau, p. 303 ; *Attaque de Nantes par les Vendéens, 25 messidor an II,* coll. Musée Carnavalet, p. 304 ; Clamens, vitrail, Le Pin-en-Mauges, p. 304 ; Hérault-Séchelles, lettre à Carrier, 29 sept. 1793, Arch. nat., p. 304 ; Église Sainte-Croix, Nantes, p. 305 ; La guillotine, Musée Dobrée, grav., p. 305 ; Le Bouffay à Nantes, *Album vendéen* par Lemarchand, 1856-1860, lith. Daniaud d'après Drake, coll. Musée d'Histoire de la Vendée, p. 305 ; L'Hôtel de la Villestreux à Nantes, p. 306 ; J. Benoît-Lévy, *Interrogatoire du Prince de Talmont,* coll. Musée d'Histoire de la Vendée, p. 306-307 ; Prison de l'Entrepôt, à Nantes, grav., p. 308 ; *Nantes, Les noyades dans la Loire par ordre de Carrier,* coll. part., p. 309 ; A.-H. Debay, *Épisode de 1793, place du Bouffay à Nantes,* 1850, Musée des Beaux-Arts de Nantes, p. 310 ; Anonyme, *Le général Thurreau à l'affaire de Gravière,* XIXe, réplique d'un tableau conservé à Carnavalet, huile sur toile, Musée d'Art et d'Histoire de Cholet, p. 311 ; Évariste Carpentier, *Après le combat,* huile sur toile, 1882, coll. Musée d'Art et d'Histoire de Cholet, p. 312 ; Ordre de Turreau, 19 janv. 1794, Arch. nat., p. 313 ; T. Drake, *L'incendie de La Durbelière,* coll. Arch. dép. Vendée, p. 313 ; Desjardins, vitrail, La Salle-de-Vihiers, p. 314 ; Benoît-Lévy, *La mort du général Moulin,* huile sur toile, coll. Musée d'Art et d'Histoire de Cholet, p. 314-315 ; Le trajet des colonnes infernales, carte CVRH, p. 316 ; Clamens, vitrail, Montilliers, p. 316 ; Restes des victimes retrouvées dans un puits du château de Clisson, p. 317 ; Chemin creux aux Lucs-sur-Boulogne, p. 318 ; La Boulogne aux Lucs, p. 318 ; Vitrail, Les Lucs-sur-Boulogne, p. 318 ; Presbytère de l'abbé Voyneau aux Lucs, p. 319 ; Vitraux, Les Lucs, p. 320-321 ; Liste des victimes, chapelle commémorative des Lucs, p. 322 ; Cabane reconstruite en forêt de Grasla, p. 322 ; *Martyrologe,* microfilm, coll. P. Gendrot, p. 322 ; Lequinio, grav., p. 323 ; L. Prudhomme, *Histoire générale et impartiale des erreurs…, op. cit.,* p. 323 ; Berthault, Duplessis, *Supplice de Gobel, évêque de Paris, Hébert, Vincent, Chaumette, etc., le 14 mars 1794,* Musée Carnavalet, est., p. 324 ; Naudet, *Fête de l'Être suprême,* Musée Carnavalet, dessin, p. 324 ; Anonyme, *Robespierre, guillotinant le bourreau après avoir fait guillotiner tous les Français,* Musée Carnavalet, est., p. 324 ; Vitrail, La Salle-de-Vihiers, p. 325 ; *La dépopulation de la Vendée militaire 1790-1791 et 1800* ; carte d'après Jacques Hussenet, p. 326 ; Cazanne, *Masque mortuaire de Charette,* Musée Dobrée, p. 327 ; Rossel de Cercy, A.L., *Combat de La Surveillante contre Le Québec,* 1779, huile sur toile, 1789, Musée national de la marine, p. 327 ; Logis de Fonteclose à La Garnache, carte postale, Arch. dép. Vendée, p. 328 ; T. Drake, *Charette quittant le logis de Fonteclose, à La Garnache*, p. 328 ; *M*[me] *de Bulkeley au combat de La Roche-sur-Yon (26 août 1793),* lith. de C. Motte, p. 328 ; Julien Le Blant, *La mort du général d'Elbée,* huile sur toile, 1828, p. 329 ; Stofflet visitant son hôpital, vitrail, Le Pin-en-Mauges, p. 329 ; La mort de La Rochejaquelein, grav., p. 330 ; Traité de La Jaunaye, p. 330 ; Anonyme, Médaillon trouvé dans le portefeuille de Charette, p. 330 ; Jean Sorieul, *Le combat de Quiberon en 1795*, coll. Musée d'Art et d'Histoire de Cholet, p. 331 ; François Gérard, *Hoche,* portrait rétrospectif, huile sur toile, 1836, coll. Musée national du château de Versailles, p. 332 ; Arrestation de Charette, grav. extr. de l'ouvrage de Désiré Lacroix, p. 333 ; Cuisine de La Chabotterie, p. 333 ; Charette conduit au supplice, vitrail de Clamens, Le Pin-en-Mauges, p. 333 ; Julien Le Blant, *Exécution du général Charette*, place Viarme à Nantes en mars 1796, coll. part., p. 333 ; Anonyme, *Charette*, huile sur toile, coll. part., p. 335 ; Louis Crucy, *Charette prisonnier*, huile sur toile, coll. part., p. 335 ; *« Charette dessiné après son arrival à Nantes »*, est., fin XVIIIe siècle, coll. part. p. 335 ; P. Guérin, *Charette*, huile sur toile, coll. Musée d'Art et d'Histoire de Cholet, p. 336 ; *M*[lle] *Regrenil,* aquarelle de Gouachon, coll. Pajot, p. 337 ; James Gillaray, *The apothéosis of Hoche*, est., Musée Carnavalet, p. 338 ; Barbedette à Noël, vitrail, Église des Lucs, p. 338 ; R. *Renaudineau, V. Bonave, E. Caroleau, Legeay, près Challans, dép. de la Vendée, 22 nivôse an VII (11 janv. 1 798),* grav., Arch. dép. Vendée, p. 339 ; L'abbé Bernier, grav. par Y. Dargent, Arch. dép. Vendée, p. 339 ; Barbedette officie dans son église, vitrail de Clamens, église des Lucs, p. 339 ; Statue de Napoléon et église Saint-Louis à La Roche-sur-Yon, p. 339 ; Aux origines de la Petite Église, carte CVRH, p. 340 ; Lamandé, Plan de la ville de La Roche-sur-Yon, 1807, Arch. dép. Vendée, p. 341 ; Maison de La Roche-sur-Yon, dessin, ms., 1820, Arch. dép. Vendée, 10 FI 44, p. 341 ; La Mainborgère, route de Mareuil, carte post., Arch. dép. Vendée, p. 341 ; Le faubourg d'Ecquebouille, carte post., Arch. dép. Vendée, p. 341 ; Statue de Napoléon, bronze, La Roche-sur-Yon, p. 341 ; Salon de la préfecture, ph., coll. Préfecture de la Vendée, p. 342 ; Guillaume Geefs, *Le général Belliard,* plâtre, 1838, Musées royaux des Beaux-Arts de Belgique, p. 343 ; Bourbon-Vendée, in *La France pittoresque,* Arch. dép. Vendée, p. 344 ; La cité Travot, La Roche-sur-Yon, p. 344 ; Viollet, *Plan de la place royale de Bourbon-Vendée*, dessin aquarellé, 1823, p. 344 ; Vue aérienne de La Roche-sur-Yon, coll. part., p. 345 ; T. Drake del., Château de la Pénissière, *Album vendéen, 1856,* p. 347 ; *La Vendée venant d'accoucher de ses cent mille garçons*, grav., Bibl. nat., p. 348 ; Monument érigé en l'honneur de la duchesse d'Angoulême, Saint-Florent-le-Vieil, p. 348 ; Vitrail, abbatiale de Saint-Florent-le-Vieil, p. 348 ; Sir Lawrence Thomas, *Marie-Caroline de Bourbon-Sicile, duchesse de Berry (1798-1870)*, huile sur toile, Châteaux de Versailles et de Trianon, p. 348 ; Chapelle de Legé, Monument à Charette, grav. extr de l'ouvrage de Pitre-Chevalier, *op. cit.,* p. 349 ; Statue de Charette du Monument de Legé, grav. par Cholet, coll. Musée Dobrée, p. 349 ; *Album de Louise de La Rochejaquelein,* Toussaint Rambaud, François Guignard, Jacques Maupilié, dessin aquarellé, p. 350 ; Trois générations de Cathelineau, vitraux de Clamens, Le Pin-en-Mauges, p. 351 ; L'insurgé de 93 et le zouave pontifical, vitrail, église de La Gaubretière, p. 351 ; Chapelle du Mont des Alouettes, vitraux de Gabriel Loire, p. 352 ; J. Robuchon, *La chapelle du Mont des Alouettes,* Arch. dép. de la Vendée, p. 352 ; Clamens, vitrail de l'église de Chanzeaux, détail, p. 353 ; Croix, grav. in V. Hugo, *Quatre-Vingt-Treize, op. cit.,* p. 355 ; La Marquise de La Rochejaquelein, portrait, carte postale, F. Chapeau, arch. dép. Vendée, p. 355 ; Crétineau-Joly, *Histoire de la Vendée militaire*, grav., p. 356 ; Eugène Bonnemère, *Les guerres de Vendée,* grav., p. 356 ; La Vendée, V. Hugo, *op. cit.,* grav. de E. Fromentis et A. Lancon, p. 356 ; Thalberg, *Robespierre martyr,* détrempe sur plâtre, 1970, p. 357 ; *Les Vandéens,* Popov, huile sur toile, 1980, p. 357 ; David d'Angers, *Bara*, sculpt., marbre, coll. Musée d'Art et d'Histoire de Cholet, p. 357 ; *Épisode de Ripoche,* Pelleron, image d'Épinal, coll. musée d'histoire de la Vendée, p. 358 ; Charette faisant jurer sur les Évangiles, vitrail, Le Pin-en-Mauges, p. 359 ; Barbedette revient prendre son chapeau, vitrail, église des Lucs, p. 359 ; 25 septembre 1993, inauguration par Soljenitsyne du Mémorial des Lucs-sur-Boulogne, Arch. Ouest-France, p. 360 ; Portrait d'Alexandre Soljénitsyne, Photothèque Conseil général de la Vendée, p. 360 ; Mémorial des Lucs-sur-Boulogne, p. 360 ; David d'Angers, *Monument à Bonchamps*, marbre, abbatiale de Saint-Florent-le-Vieil, p. 361 ; Louis-Marie Baudouin, vitrail, église des Lucs, p. 364 ; Baudouin et ses petits séminaristes, sc., chapelle du séminaire de Chavagnes, p. 364 ; Le clocher de la chapelle, petit séminaire, p. 364 ; *Louis-Marie Baudouin*, huile sur toile, p. 364 ; Le petit séminaire côté jardin, carte post., coll. Arch. dép. Vendée, p. 364 ; Pierre Monnereau, vitrail, église des Lucs, p. 365 ; Pierre Monnereau, ph., Arch. des Sœurs des sacrés Cœurs de Jésus et de Marie, Mormaison, p. 366 ; Communauté des religieuses des sacrés cœurs de Jésus et de Marie, Mormaison, carte postale, Lapie éd., coll. Arch. des Sœurs de Mormaison, p. 366 ; Le noviciat, détail du bâtiment, p. 367 ; Une prise d'habit à Mormaison, début XXe, carte postale, coll. H. Moreau, Arch. dép. Vendée, p. 367 ; Dessin sur un cahier d'écolier, par sœur Marie de l'Incarnation, gouache, p. 368 ; De Wismes, *Le Bois Corbeau, près Montaigu*, grav., Arch. dép. de Vendée, p. 369 ; Les batteurs, ph., fonds Marcel Baudouin, Arch. dép. Vendée, p. 370 ; L'attelage de bœufs, ph., coll. part., p. 370 ; Le logis de la Fortécuyère, vendanges, photothèque, Conseil général de la Vendée, p. 370 ; Haras de La Roche-sur-Yon, Comité départemental du Tourisme, Vendée, p. 371 ; La Guérinière, Noirmoutier, ph., 1955, p. 371 ; Les fours à chaux de Chantonnay, p. 371 ; L'usine à chaux de Saint-Vincent-Sterlanges, p. 371 ; La laiterie coopérative du Mazeau, ph. 1959, p. 372 ; Fromagerie au Poiré-sur-Velluire, Château du Châtellier-Barlot, coll. Arch. dép. Vendée, p. 372 ; Les sabotiers, Fonds Guesdon, Arch. dép. Vendée, p. 372 ; Le maréchal-ferrant, Fonds Guesdon, Arch. dép. Vendée, p. 372 ; Mines de Faymoreau, Puits Sainte-Claire, reprod. carte postale, p. 373 ; Lampe de mineur, coll. Centre minier de Faymoreau, p. 373 ; Pic de mineur, Coll. Centre minier de Faymoreau, p. 373 ; Hucheloup, Les filatures de l'Ouest, à Cugand, Arch. dép. de Vendée, p. 373 ; Meubles vendéens, coll. part., p. 374 ; Intérieur d'une ferme vendéenne, Sion, coll. Arch. dép. de Vendée, p. 374 ; Maraîchin sur sa yole, coll. part., p. 375 ; Ch. Milcendeau, *Bourrines dans le marais*, huile sur toile, 1917, coll. Musée Milcendeau-Jean Yole, Soullans, p. 375 ; Ch. Milcendeau, *Maraîchin,* dessin, coll. Musée Milcendeau-Jean Yole, Soullans, p. 375 ; Ch. Milcendeau, *L'inondation,* pastel, 1904, coll. Musée Milcendeau-Jean Yole, Soullans, p. 375 ; Agriculteurs et tracteur, coll. V. Roussière, Conservation départementale des Musées de Vendée, p. 376 ; An., *Femme et coiffe de l'Ile d'Elle,* huile sur toile, n.d., coll. Musée Vendéen, Fontenay-le-Comte, p. 376 ; Les modes de faire-valoir directs, carte CVRH, p. 378 ; A. Siegfried, *Tableau politique de La France de l'Ouest,* page de titre, p. 379 ; André Siegfried en académicien, ph. Bibl. nat. de France, p. 379 ; *J.-A. Manuel (1775-1827)*, portr. lith. par Grenier, coll. Musée de l'Abbaye Sainte-Croix, Les Sables d'Olonne, p. 380 ; Plan d'investissement de l'église de La Gaubretière, dessin aquarellé, Arch. dép. Vendée, p. 380 ; Les Inventaires à La Verrie, ph. Hisson, Conservation dép. des Musées de Vendée, p. 381 ; La grande porte de l'église après l'Inventaire, à La Boissière-de-Montaigu, 7 mars 1906, Conservation dép. des Musées de la Vendée, p. 381 ; La porte de l'église de La Bruffière, aujourd'hui, p. 381 ; Vitraux de l'église de Saint-Hilaire de Talmont, p. 382 ; Baudry d'Asson à la séance du 14 janvier de la chambre des députés, *Le Monde illustré*, p. 382 ; Château de Fonteclose, La Garnache, carte postale, Arch. dép. Vendée, p. 382 ; Congrès eucharistique, 1908, château des Essarts, carte post., Arch. dép. Vendée, p. 383 ; Château de La Flocellière, les ruines du château fort, la bibliothèque, les salons, p. 384 ; Château de La Cour d'Aron, ph. 2001, p. 385 ; Château de La Cour d'Aron, coll. d'armes, carte post., Arch. dép. Vendée, p. 385 ; Statue de Luneau devant l'école normale de La Roche-sur-Yon, p. 386 ; La tour Rivalland, 1880, à Fontenay-le-Comte, p. 386 ; carte postale de propagande, début XXe, coll. part., p. 386 ; *1848-1910 : l'affirmation des deux blocs*, carte CVRH, p. ; *1914-1996 : le recul de la gauche*, carte CVRH, p. 387 ; Mission à Soullans, ph., coll. J.-M. Viaud, p. 389 ; Reposoir de la Fête-Dieu à Longeville, carte post. Arch. dép. Vendée, p. 389 ; Porte avec croix à la chaux, Bazoges, p. 391 ; Arceau entre Les Épesses et Les Châtelliers-Châteaumur, p. 391 ; Grotte et fontaine de Saint-Bris, Moutiers-sur-Lay, Arch. dép. Vendée, p. 391 ; Chêne-chapelle de Saint-Denis-la-Chevasse, 1911, p. 391 ; Bannière de la paroisse de La Garnache, p. 392 ; Sanctuaire de La Sallette, La Rabatelière, 1893, p. 392 ; Presbytère, Saint-Hilaire-de-Voust, carte post., Arch. dép. Vendée, p. 393 ; Évêché de Luçon, le grand salon, p. 393 ; Pierre-Henri Dorie, vitrail, Église des Lucs, p. 393 ; Placide Chaigneau, ph., coll. part., p. 393 ; Une sœur de Mormaison, coll. Arch. des Sœurs des Sacrés de Jésus et de Marie, Mormaison, 4 H 11, p. 394 ; Religieuses de Mormaison, 1954, 1963 et s.d., coll. Arch. des Sœurs des Sacrés de Jésus et de Marie, Mormaison, p. 394 ; Le pensionnat Saint-Joseph, à La Roche-sur-Yon tenu par les sœurs de Mormaison, coll. Arch. des Sœurs des Sacrés de Jésus et de Marie, Mormaison, p. 395 ; Le marquis de Lespinay, in Jouve, *Dictionnaire biographique de la Vendée et Album,* Paris, s.d., p. 395 ; Église de La Roche-sur-Yon, intérieur et extérieur, XIXe, p. 396 ; Église de Sainte-Hermine, intérieur et extérieur, p. 396 ; Église de Damvix, par Auguste Garnereau, milieu XIXe, p. 396 ; Église de Saint-Hilaire-de-Loulay, ange adorateur, p. 396 ; La chapelle du Mont des Alouettes, p. 396 ; Église de Chambretaud, p. 397 ; Projet de Fraboulet, 15 juill. 1895, dessin sur calque, p. 397 ; Église de La Mothe-Achard, p. 397 ; Église de Bournezeau, p. 397 ; Église néo-byzantine de La Bruffière, p. 397 ; Église de Cheffois, Piéta, marbre, p. 398 ; Église de Cheffois, Jésus et la Samaritaine, marbre, p. 398 ; Journal *La Vendée*, éd. spéciale, du 9 août 1914, p. 399 ; Le 93e défilant à La Roche-sur-Yon, carte post., Arch. dép. Vendée, p. 400 ; Portr. de poilu, par G. Goudé, papier aquarellé, coll. part., p. 400 ; La guerre, ph. Herbreteau, Chauché, coll. J. Caillé, p. 401, 402 ; Vitrail, La Chaume, p. 403 ; Vitrail, Chantonnay, p. 403 ; La messe, ph. Herbreteau, Chauché, coll. J. Caillé, p. 403 ; Affiche impr., 1916, p. 404 ; Religieuses aux champs à Saint-Laurent-sur-Sèvre, fonds Ricoulleau, Arch. dép. Vendée, p. 404 ; *Aux morts pour la patrie*, Les Clouzeaux, 8 oct. 1919, carte post., Arch. dép. Vendée, p. 404 ; Monument aux morts, les Essarts, p. 405 ; Vitrail, Les Lucs, p. 405 ; Fontenay-le-Comte, Monument aux morts d'Henri Bouchard, p. 405 ; Bas relief polychrome, église du Boupère, p. 405 ; André Astoul, *La Résurrection des Poilus*, église Saint-Louis de La Roche-sur-Yon, p. 405 ; Beaulieu-sous-La Roche, monument aux morts, p. 405 ; Les Magnils-Reigniers, monument aux morts, p. 406 ; Clemenceau en Danton, Coll. des lith. d'Henri Boulet, 1918, coll. O. Fort, p. 407 ; Le colombier, Mouchamps, p. 408 ; Souvenir du voyage de Clemenceau à La Roche, le 30 sept. 1906, coll. O. Fort, p. 408 ; Clemenceau, maire de Montmartre, composition de Robert Bonfils, p. 408 ; Un tireur émérite, Dreds, 6 mars [s.d.], coll. O. Fort, p. 408 ; Sirat, *« Ici reposent les ministères »*, coll. O. Fort, p. 409 ; Le dreyfusard, coll. O. Fort, p. 410 ; *« Ce n'est plus du vin, c'est du sang »*, coll. O. Fort, p. 411 ; Clemenceau dans les tranchées, coll. O. Fort, p. 412 ; Clemenceau et les poilus, coll. O. Fort, p. 412 ; Décoration d'un aumônier par Clemenceau, coll. O. Fort, p. 412 ; *« Le revoici »*, carte post., coll. Musée national des Deux Victoires, Mouilleron-en-Pareds, p. 413 ; *« La Bicoque »*, maison de Clemenceau à Saint-Vincent-sur-Jard, p. 413 ; Sa table de travail face à la mer, p. 413 ; Au soir de la Pensée, coll. Musée Clemenceau, Paris, p. 413 ; Face à son monument à Sainte-Hermine, coll. O. Fort, 414 ; Le jardin de Saint-Vincent-sur-Jard, p. 415 ; La tombe de Clemenceau à Mouchamps, p. 415 ; Le grand séminaire de Luçon, vers 1903, p. 417 ; Classe du petit séminaire de Chavagnes, fonds Guesdon, Arch. dép. Vendée, p. 417 ; Mgr Soullard et les enseignants du petit séminaire de Chavagnes, fonds Guesdon, Ach. dép. de Vendée, p. 417 ; Mgr Jarosseau, évêque missionnaire, coll. part., p. 418 ; Jean Yole rendant une visite, ph., coll. Conservation départementale des Musées de Vendée, p. 418 ; L'abbé Charpentier et Mgr Deval, coll. Presbytère Saint-Louis, La Roche-sur-Yon, p. 419 ; L'abbé Charpentier, in Jouve, *Dictionnaire biographique de la Vendée*, Paris, s.d., p. 419 ; Les sociétaires de la Caisse rurale de Saint-Denis-du-Payré en 1954, Arch. Crédit Mutuel, p. 419 ; *Relevé du compte inscrit au Grand Livre, Caisse rurale de crédit agricole mutuel de Chauché,* arch. du Crédit Mutuel, p. 419 ; Le drapeau de *La Vendéenne*, presbytère Saint-Louis, La Roche-sur-Yon, p. 421 ; Troupes de théâtre et de gymnastique, presbytère Saint-Louis, La Roche-sur-Yon, p. 421 ; Notre-Dame-de-la-Forêt, à La Mothe-Achard, carte post., p. 422 ; La JAC dans les années 1950, coll. part., p. 423 ; Sur la route de Saint-Malo-du-Bois, Notre-Dame-de Boulogne à Saint-Laurent-sur-Sèvre, 12 nov. 1943, coll. B. Raymond, Saint-Laurent-sur-Sèvre, p. 424 ; Ordinations en Vendée et pour l'ensemble de la France, graphique CVRH, p. 426 ; Effectif du clergé vendéen, graphique CVRH, p. 426 ; Taux de pascalisants, par zone, graphique CVRH, p. 426 ; Entrée chez les soeurs de Mormaison (1818-1890), graphique CVRH, p. 427 ; Alphabétisation dans une commune du Bocage, graphique CVRH, p. 427 ; Part des élèves du primaire scolarisés dans le privé en Vendée (1906-1957), graphique CVRH, p. 427 ; Jean Yole à La Noue, Arch. privées, p. 429 ; *La Terre qui meurt*, affiche du film, détail, 1935, p. 429 ; Monument aux morts, par O. Maes, Chavagnes-en-Paillers, 1940, p. 430 ; Blason, 1943, p. 430 ; Laissez-passer de nuit, Arch. dép. Vendée, 4m129, p. 431 ; Carte d'un réfugié juif, Arch. dép. Vendée, 13 m 3738, p. 431 ; *Strand von Les Sables d'Olonne*, dessin extr. d'une brochure allemande, *Die Vendee*, Arch. dép. Vendée, p. 431 ; Défense sur le remblai des Sables, ph. coll. G. Nocquet, p. 432 ; Blockhaus, plage de la Cantine, La Guérinière, p. 432 ; Des enfants juifs à Chavagnes, coll. part., p. 433 ; Un groupe de résistants, ph. coll. G. Nocquet, p. 433 ; L'abbé Giraudet, coll. part., p. 434 ; Le général de Lattre de Tassigny lors de la capitulation de l'Allemagne, juin 1945, p. 435 ; Jean et Bernard de Lattre en permission en Vendée, 20 février 1945, p. 435 ; Tombes des de Lattre, cimetière de Mouilleron-en-Pareds, p. 435 ; Destructions allemandes dans le port des Sables, coll. G. Nocquet, p. 436 ; Monument aux résistants déportés à La Chapelle-Thémer, 1939-1945, p. 437 ; *Les opérations aériennes des alliés, de juin à septembre 1944*, carte CVRH, p. 438 ; Les Épesses, vers 1905, p. 439 ; Le marché aux volailles à La Roche-sur-Yon, un jour de foire, début du XXe, p. 439 ; Battage, coll. Chambre d'agriculture de la Vendée, p. 439 ; L'industrialisation de la Vendée, cartes CVRH, p. 440 ; L'eau, p. 441 ; Vue aérienne de La Rabatelière, p. 443 ; Fleury-Michon à Pouzauges, la fabrication en 1957 des premières saucisses en sachets, p. 443 ; Fleury-Michon, vue aérienne de l'usine en 1967, p. 443 ; Arrivé S.A., chaîne de production, 1997, coll. CEEV, p. 443 ; Rautureau Apples Shoes, 1997, coll. CEEV, p. 443 ; Le Landreau, La Verrie, vue aérienne, 1997, coll. CEEV, p. 443 ; L'institution Saint-Gabriel à Saint-Laurent-sur-Sèvre, coll. part., p. 444 ; Dominique Gautier de retour dans son entreprise, 2000, coll. Gautier-France, p. 446 ; Le spectacle du Puy-du-Fou, arch. Le Puy-du-Fou, p. 447 ; Philippe de Villiers à l'origine du spectacle du Puy-du-Fou, arch. Le Puy-du-Fou, p. 447 ; William Christie, Les Arts Florissants, p. 448 ; A. Marquet, *L'été, la plage des Sables d'Olonne*, 1933, huile sur toile, coll. Musée de l'Abbaye Sainte-Croix, Les Sables d'Olonne, p. 451 ; An., *Marins*, tirage noir et blanc sur papier, coll. Musée de l'Abbaye Sainte-Croix, Les Sables d'Olonne, p. 452 ; Salines aux Sables en 1904, Fonds Pargade, Arch. dép. Vendée, p. 452 ; Jules Lefranc, *La Ch'noue de La Chaume et les chantiers à charbon sur la Cabaude*, huile sur toile, 1957, coll. Musée de l'Abbaye Sainte-Croix, Les Sables d'Olonne, p. 452-453 ; Usine de conserves de sardines à Croix-de-Vie, carte post., Arch. dép. Vendée, p. 453 ; Ile d'Yeu, Thonniers rentrant de la pêche, carte post., Arch. dép. Vendée, p. 453 ; Arrivage de thons, quai de La Chaume, carte post., Arch. dép. Vendée, p. 453 ; Hastrel de Rivedoux, *Hôtel et plage des Bains, Sables d'olonne,* 1852, lith. couleur, coll. Musée de l'Abbaye Sainte-Croix, Les Sables d'Olonne, p. 454 ; An., Sur la plage, début XXe, Bibl. mun. des Sables d'Olonne, p. 454 ; Le remblai des Sables, vers 1920, carte post., Arch. dép. Vendée, p. 455 ; Le palazzo Clementina, construit aux Sables entre 1914 et 1919, p. 455 ; M. Durand, Le Casino des Sports dans les années 1930, carte post., Arch. dép., p. 455 ; Plage de La Tranche-sur-Mer, carte post., Arch. dép. Vendée, p. 456 ; Reines des Sables, coll. part., p. 456 ; Saint-Jean-de-Monts, vue aérienne, p. 456 ; Chalutiers aux Sables, p. 457 ; Les débuts des Chantiers Bénéteau, Saint-Gilles, p. 457 ; Océanis Clipper 331, Bénéteau, p. 457 ; Affiche publicitaire, coll. Musée de l'Abbaye Sainte-Croix, Les Sables d'Olonne, p. 458 ; Le départ du Vendée-Globe en 1992, photothèque Conseil général de la Vendée, p. 459 ; Mur du logis de l'Aubraie, p. 461 ; Gilbert Pajot, Passage du gois, « *Ile de Noirmoutier (Vendée). Le passage du Gois à marée-basse. Balise servant de refuge aux imprudents* », gouache, coll. Anaïs Jeanne, p. 462 ; Céramique sigillée, Le Bernard, legs Baudry, coll. Musée d'Histoire de la Vendée, p. 463 ; Église de Saint-Nicolas-de-Brem, p. 463 ; Peinture murale, Mesnard-la-Barotière, p. 463 ; Richelieu, Évêché de Luçon, huile sur toile, p. 464 ; Grignion de Montfort, d'après une peinture du XVIIe, p. 464 ; E. de Boislecomte, *Le pater de d'Elbée*, huile sur toile, coll. Musée d'Art et d'Histoire, Cholet, p. 465 ; Vitrail, Les Lucs, p. 465 ; Placide Chaigneau, coll. part., p. 466 ; Clemenceau et ses deux petits fils, L'Aubraie, ph. s.d., p. 466 ; Entreprise L'Océane, coll. CEEV, p. 466 ; Michel Ragon, coll. de l'auteur, p. 466.

Réalisation technique des cartes E.T.S., 85190 Aizenay.

CRÉDITS PHOTOS

Les photos non référencées dans la liste suivante et dans la précédente ont été prises par l'auteur.

Cl. an., p. 327, 386, 389, 393, 394, 404, 418, 419, 424, 429, 429, 431-433, 435, 436, 439, 444, 452-456, 466 ; Arch. dép. Vendée, p. 61, 129, 175, 231, 232, 234, 239, 240, 246, 248, 253, 255, 258, 303, 339, 341, 344, 347, 355, 368, 369, 380, 395, 400, 401, 407-413, 417, 419, 430 ; Arch. Sœurs de Mormaison, p. 394, 395 ; Cl. L. Arrivé, p. 246 ; Artaud-Nozais, p. 341 ; S. Bauchet, Conservation départementale des Musées de Vendée, p. 12, 15, 29, 31, 32, 34, 36, 38, 42, 45-51, 55, 57, 59, 60, 63, 64, 68-70, 71, 72, 76, 156-159, 162, 164, 165, 169, 172, 173, 193, 196, 220, 221, 255, 259, 273, 282, 292, 297, 302, 306, 307, 312, 328, 329, 333, 335, 349, 358, 375, 462 ; 465 ; An., reprod. S. Bauchet, Conservation départementale des Musées de Vendée, p. 25, 373 ; Cliché Cormerais, reprod. S. Bauchet, Conservation départementale des Musées de Vendée, p. 381 ; Cliché Defontaine, reprod. S. Bauchet, Conservation départementale des Musées de Vendée, p. 317 ; Cliché coll. Musée de Loudun, reprod. S. Bauchet, Conservation départementale des Musées de Vendée, p. 28 ; Cliché Cormerais, reprod. S. Bauchet, Conservation départementale des Musées de Vendée, p. 381 ; Cliché G.V.E.P., reprod. S. Bauchet, Conservation départementale des Musées de Vendée, p. 47 ; Cliché Hisson, reprod. S. Bauchet, Conservation départementale des Musées de Vendée, p. 381 ; Cl. J. Robuchon, reprod. S. Bauchet, Conservation départementale des Musées de Vendée, p. 176 ; Cliché J. Roubier, reprod. S. Bauchet, Conservation départementale des Musées de Vendée, p. 418 ; Cliché Roussière, reprod. S. Bauchet, Conservation départementale des Musées de Vendée, p. 376 ; S. Bauchet, Conservation départementale des Musées de Vendée, coll. Centre minier de Faymoreau, p. 373, 377 ; Reprod. S. Bauchet, Conservation départementale des Musées de Vendée, cliché B. Renoux, service régional de l'Inventaire des Pays de la Loire, p. 335 ; Reprod. S. Bauchet, Conservation départementale des Musées de Vendée, cliché Institut royal du patrimoine artistique, Bruxelles, p. 343 ; Reprod. S. Bauchet, Conservation départementale des Musées de Vendée, cliché RMN, p. 332 ; Clichés Baudouin, p. 370 ; Photothèque Bénéteau, p. 457 ; Photothèque Bénéteau, cliché Roland Fardeau, p. 457 ; Cl. R. Bergevin, p. 372, 385 ; Photo É. Bernard, p. 63, 71 ; Cliché Bezançon, p. 383 ; Clichés Bibliothèque nationale de France, Paris, p. 91-93, 149, 152, 379 ; A. Bienvenu, p. 419, 421 ; C. Blanloeil, p. 109, 305, 306, 421 ; Cliché Jacques Boulissière, p. 453 ; Boutain ph., p. 374 ; Ph. Britrel f., p. 423 ; Cl. M.-Th. Camus, p. 112 ; Centre historique des Archives nationales, atelier de photographie, p. 91, 150, 223, 304, 332 ; CDDP des Deux-Sèvres, p. 78, 82-83 ; F. Chapeau, p. 355, 373 ; Cinémathèque de Vendée, p. 429 ; Coll. part., p. 234, 303, 364, 366, 370, 375 ; Combier, « CIM », p. 443 ; cl. Conseil général de la Vendée, p. 459 ; Photo Th. Cornec, A.F.A.N., p. 61 ; © Dangla/CEEV, 443, 466 ; ph. Découpille, Challans, p. 382 ; © DIATHEM, p. 370 ; « Droits réservés », p. 246, 345 ; Dugleux ph., p. 400, 439 ; Édimages, Paris, p. 309 ; Fleury-Michon, 443 ; Gautier-France, p. 446 ; Reprod. A. Gérard, p. 417 ; Guesdon, p. 372 ; Cliché Ch. Hémon, Musées départementaux de Loire-Atlantique, Musée Dobrée, p. 293, 305, 327, 349 ; Herbreteau, Chauché, p. 402, 403 ; Cl. R. Joussaume, p. 33 ; Agence Keystone, Paris, 435 ; Clichés J.-M. Large, p. 24, 27, 35, 36, 42 ; F. Lasa, © Inv. Gén. ADAGP, p. 56, 134 ; Lapie, p. 366, 422 ; Ph. Alain Lebot, p. 360 ; Photo M. Lecomte, p. 423 ; © Jean Lesage, p. 371 ; Clichés R. Levesque, p. 112, 113, 219, 222 ; LL, p. 455 ; Libr. Guitton, Mareuil, p. 341, 391 ; Libr. Poupin, p. 439 ; Mainard, La Roche-sur-Yon, p. 237 ; Clichés Marsac, p. 41, 69 ; Photo Médiathèque François-Mitterrand, Poitiers (O. Neuille), p. 147 ; Coll. H. Moreau, phot., p. 367 ; Photo Morgoli, p. 432 ; Musée de l'Abbaye Sainte-Croix, Les Sables d'Olonne, p. 25, 380, 451, 453, 454, 458, Musée d'Art et d'Histoire de Cholet, clichés studio Golder, Cholet, p. 276, 286, 290-292, 294, 300, 311, 314, 315, 331, 336 ; Musée d'Art et d'Histoire de Cholet, cliché Patrick Pestre, Musée de Cholet, 278 ; Musée d'Art et d'Histoire de Cholet, cliché P.L. martin, Nuaillé, p. 357 ; Cliché P. Jean, Ville de Nantes, Musée des Beaux-Arts, p. 310 ; © Musée national de la Marine, P. Dantec, p. 327, Musée national de la Marine, Palais de Chaillot, p. 255-258 ; Musée national des Deux Victoires, Mouilleron-en-Pareds, p. 413 ; Cliché Musée de Niort, p. 162 ; Cl. B. Renaud, Musée du Donjon, Niort, p. 85, 110 ; Cl. P. Nauche, p. 97, 111 ; Oeffentliche Kunstsammlung Basel, Martin Bülher, p. 170 ; Mme Ollivier, p. 380 ; Photo Ouest-France, p. 360 ; Cliché Pargade, p. 452 ; photo J. Pascal, A.F.A.N., p. 88 ; Photothèque des Musées de la ville de Paris, © by SPADEM, p. 264 ; © Photothèque des Musées de la ville de Paris, cliché Joffre, p. 148, 285, 338 ; Photothèque des Musées de la ville de Paris, cliché Ladet, p. 324 ; Photothèque des Musées de la ville de Paris, cliché Jean-Yves Trocaz, p. 324 ; Cliché Préfecture de la Vendée, p. 342 ; Clichés Puy-du-Fou, p. 447 ; Cl. Ragon, p. 466 ; Clichés Ramuntcho, 453, 456 ; Cl. Ramuntcho, éd. Bergevin, p. 233 ; Cliché P. Giraud, copyright 2001, Inventaire général, ADAGP, p. 178, 181 ; Cliché Bernard Renoux, copyright 2001, Inventaire général ADAGP, p. 57, 58, 66 ; Copyright 2001, Inventaire général, ADAGP, p. 241-243, 254, 260 ; Cliché P. Rethière, p. 203 ; Cliché Ricoulleau, p. 199, 247, 404 ; Châteaux de Versailles et de Trianon, photo RMN, p. 75 ; Châteaux de Versailles et de Trianon, photo RMN-P. Bernard, p. 348 ; Photo RMN, p. 125 ; Photo RMN - Gérard Blot, p. 94, 127, 153, 197 ; Photo RMN - Michèle Blot, p. 192 ; © RMN, p. 195 ; Louvre, Photo RMN - J.-G. Berizzi, p. 146 ; Photo RMN - R.G. Ojeda, p. 250 ; Clichés Robuchon, p. 98, 113, 124, 352 ; Cl. Michel Sezbo, p. 448 ; S.H.A.T., p. 114 ; Cliché p. Gendrot, SMM, p. 322 ; © by SPADEM, p. 456 ; Cliché SSM, p. 464 ; SSNOF, 1982, p. 21 ; cl. Van Eenoo-Clerjeau et fils, p. 421 ; Clichés J.-M. Viaud, p. 18, 19, 21-24, 122, 392 ; Cliché an., reprod. J.-M. Viaud, p. 56.

Ouvrages publiés par le Centre vendéen de recherches historiques

en vente dans les librairies et les grandes surfaces
commande possible franco de port,
au Centre vendéen de recherches historiques,
87 rue Chanzy - 85000 La Roche-sur-Yon

Jean Artarit, *Dominique Dillon. Curé, Vendéen et révolutionnaire*, 1995, 296 p., 70 ill., 120 F, 18,29 €.

Roger Lévêque, *Napoléon, ville de Vendée. La naissance de La Roche-sur-Yon*, 1998, 339 p., 200 ill., 120 F, 18,29 €.

Sr. Marguerite Vrignaud, *La Vendée aux lèvres closes... Pierre Monnereau, le saint oublié (1787-1856)*, 1998, 371 p., 150 ill., 120 F, 18,29 €.

Jean Yole, *Essais* : *Le Malaise paysan, La Population et l'Habitation rurales, La Vendée, Le Marais de Monts*, 1998, 524 p., 150 ill., 120 F, 18,29 €.

Jean Yole, *Essais* : *Brin d'Aiguail et autres contes, Méditations à la barrière d'un champ, Combats, La Terre et les vivants*, 1999, 665 p., 137 ill., 140 F, 21,34 €.

Actes du colloque organisé en 1999 : *Christianisme et Vendée. La construction au XIX*e *d'un foyer du catholicisme*, 2000, 736 p., 50 ill., 130 F, 19,82 €.

Jean Yole, *Romans* : *Les Arrivants, La Dame du bourg, Les Démarqués*, 2000, 534 p., 120 F, 18,29 €.

Thérèse Rouchette, *Le dernier des régicides. Antoine-Claire Thibaudeau (1765-1854)*, 2000, 508 p., 185 ill., 130 F, 19,82 €.

Alain Gérard, Véronique Tesson, *L'Argent solidaire. Des caisses rurales au Crédit Mutuel Océan*, 2000, 352 p., 245 ill., 130 F, 19,82 €.

Georges Pon, Yves Chauvin, *La Fondation de l'abbaye de Maillezais. Récit du moine Pierre*, 2001, 332 p., 18 ill., 140 F, 21,34 €.

Jean Yole, *Romans* : *Sa Veuve, Limogé, La Servante sans gages*, 2001, 414 p., 120 F, 18,29 €.

Jean Rousseau, *Aller simple pour la Chine. Lettres de Placide Chaigneau, missionnaire vendéen (1865-1897)*, 2001, 336 p., 175 ill., 1 cahier coul., 130 F, 19,82 €.

En co-édition avec la Librairie Académique Armand Perrin, les Actes des colloques organisés en 1993 et 1996 :

La Vendée dans l'Histoire, 1994, 481 p., 145 F, 22,11 €.

La Vendée. Après la Terreur, la reconstruction, 1997, 671 p., 159 F, 24,24 €.

Recherches vendéennes

revue annuelle éditée depuis 1994 en collaboration
entre la *Société d'Émulation de la Vendée*
et le *Centre vendéen de recherches historiques*

en vente 140 F (21,34 €) au siège de la Société,
dans les librairies et dans les grandes surfaces

n° 1, dossier : *La Vendée au Moyen Âge*, 1994, 399 p.

n° 2, dossier : *La mort des Vendéens*, 1995, 494 p.

n° 3, dossier : *La Vendée de l'Occupation à la Libération*, 1996, 486 p.

n° 4, dossier : *Jean Yole, « Il représentait la terre »*, 1997, 474 p.

n° 5, dossier : *La Vendée océane*, 1998, 493 p.

n° 6 : *La Vendée. Histoire d'un siècle, 1900-2000*, 1999, 640 p.

n° 7 : *Les poilus vendéens. Lettres, photographies et carnets de route inédits*, 2000, 592 p.

n° 8 : dossier : *Guerre de Vendée, la nouvelle histoire*, 2001, 478 p.

Achevé d'imprimer en novembre 2001
sur les presses de l'imprimerie
Offset Cinq Édition
La Mothe-Achard
Vendée

Dépôt légal 4e trimestre 2001
Novembre 2001

Pour réconcilier la mémoire de la Vendée avec une histoire universitaire qui l'a longtemps ignorée ou dénaturée

Le *Centre vendéen de recherches historiques*

est géré par l'*Association pour le développement de la recherche sur l'histoire de la Vendée*
Président, Olivier Guillot
Secrétaire, Thierry Heckmann
Trésorier, Henri-Jacques Masson

s'appuie sur son *Conseil scientifique*
† François Furet, président fondateur
Jean-Pierre Bardet et Pierre Chaunu, présidents
Yves-Marie Bercé, Alain Besançon, Marie-Thérèse Camus, Georges Cesbron, Marie-Yvonne Crépin, Roger Dupuy, Alain Erlande-Brandenburg, Robert Favreau, Alain Gérard, Raoul Girardet, Olivier Guillot, Roger Joussaume, Emmanuel Le Roy-Ladurie, Jacques Marcadé, Xavier Martin, Yves-Henri Nouailhat, Claude Petitfrère, Jean-Pierre Poussou, Pierre Rézeau, Jean Tulard, ses membres

reçoit le soutien de collectivités publiques comme le *département de la Vendée*, ainsi que de partenaires privés soucieux de promouvoir une recherche historique objective
publie avec la *Société d'émulation de la Vendée* la revue *Recherches vendéennes*
organise des colloques et d'autres manifestations scientifiques
aide financièrement la recherche ainsi que la publication d'ouvrages concernant la Vendée

est dirigé par Alain Gérard
assisté par Catherine Blanlœil

87 rue Chanzy, 85000 La Roche-sur-Yon
tél. 02 51 47 74 49 — fax. 02 51 62 29 19 — E-mail : cvrh@wanadoo.fr

Pour ouvrir de nouvelles pistes de recherche et faire connaître les meilleurs travaux consacrés à l'histoire de la Vendée